기독교교육의
현실적 정초

기독교교육의 현실적 정초

박종석 지음

한국학술정보㈜

머리말

이 책은 몇 년 동안 쓴 논문들을 모은 것이다. 논문들을 이렇게 모아 놓고 보니 내 관심이 어디에 있었는지 알 것 같다. 기독교교육학자로서 기독교교육학을 좀 더 꼼꼼하게 할 수 없을까 하는 마음이 늘 있었는데, 나름대로 그렇게 한 글들이 제1부에 묶여 있다. 그리고 사람이 현실적이어서 그런지 교회 현장에서 보이는 기독교교육이 왠지 남의 옷을 입은 것같이 어설프다는 느낌이 들곤 했는데, 이 같은 마음은 아마 무의식적으로 우리나라, 이 땅에서 하는 기독교교육은 저렇게 하면 안 된다는 생각과 우리의 토착적 기독교교육학이 정립되어야 한다는 생각을 하고 있었던 때문인 듯하다. 현실에 설득력 있는 기독교교육에 대한 관심이 2부에 묶여 있는 글들을 쓰게 했을 것이다.

제1부에 묶인 글들에서는 기독교교육의 기본적인 주제들을 다루었다. 그것들은 기독교교육을 안으로부터 고찰한 것이라 할 수 있다. '기독교교육철학 연구의 반성과 방향'은 기독교교육철학의 배경을 이루는 신학적 성향, 철학이나 교육과학과 같은 타 분과학문의 응용 등에 따른 혼란을 겪고 있는 기독교교육철학의 상황을 검토하고, 비평적 성찰을 통해 기독교교육철학의 방향을 모색한 글이다. '기독교신앙교육 인식론을 향하여'는 무엇을 어떻게 가르쳐야 하는가라는 면에서 인식론에 개재되어 있는 기독교교육이 인식에 대한 이성과 경험이라는 양대 접근의 한계를 극복할 수 있는 대안들을 모색한 내용이다.

'엠마오 사건에 나타난 기독교교육의 구조'는 기독교교육학의 학문적 정체성 수립을 구조적 접근을 통하여 시도하고자 하는데, 그 예로 성서에 나오는 엠마오 사건 이야기를 통해 그 구조를 보여 주고자 한 글이다. '기독교교육과 신학의 관계'는 기독교교육이란 학명 속에 이미 내재된 숙명과 같은 기독교와 교육의 여러 가지 관계 양상에 대해 탐구한 글이다. '예수의 교육목표와 방법의 상관성에 대한 연구'는 예수의 가장 두드러진 교육 행위라고 보이는 제자들의 발을 씻긴 사건(요 13:1 – 17)을 중심으로 벤저민 에스 블룸(Benjamin. S. Bloom) 등의 교육목표분류학에 기초해서 예수의 교육에서 교육목표와 방법의 상관성을 과학적으로 검토한 것이다. '현실과 교육'은 교회교육을 파울로 프레이리(Paulo Freire)를 근거로 반성하면서 교회교육이 사회적 실천성을 강화해야 한다는 점을 지적한 글이다.

제2부에 묶인 글들은 우리나라의 기독교교육에 관한 내용들이다. 여러 주제들에 관한 이 글들은 우리의 문제에 대응하고자 하는 동기로부터 나온 것이다. '한국 기독교교육학 논의의 조건'은 한국기독교교육학의 학문공동체가 공통의 언어를 갖고 있지 못하다는 전제하에 한국에서 논의된 다양한 기독교교육학의 입장들에 대해서 비판적 개관을 한 뒤에, 그와 같은 입장들의 공통된 한계를 근거로 기독교교육학 논의를 위한 한 마당을 제안한다. '한국 기독교교육학의 성격과

전망'은 한국에서 기독교교육이 학문적으로 논의되기 시작한 60년대 이후의 기독교교육 문헌들을 통해 문제점들을 찾아보고 기독교교육이 앞으로 어떤 방향으로 나가야 할 것인지를 궁리해 본 글이다. '교회의 사명 수행을 위한 교육목회: BCM 교육목회제도'는 기독교대한성결교회 창립100주년기념사업 중의 하나로 수행된 프로젝트를 정리한 내용이다. 교회학교식 교육 형태를 탈피해 돌봄의 목회 형태를 주장하는 이 제도는 '그리스도의 몸'(Corpus Christi, Body of Christ) 교회론에 근거해서 시스템 이론(systemic approach)을 활용해서 구체적인 체계를 제시하고 있다. '건강한 교회성장을 위한 SMG 양육체계'는 교회의 성장이 정체되면서 성숙까지를 포함하는 양육 체계가 필요하다는 인식에서 신학과 학습자의 신앙을 바탕으로 한 순환론적 체계를 제안한다. '한국 기독교평화교육의 반성과 방향'은 기독교교육의 과제를 하나님과 인간 사이의 관계 매개로서의 평화교육으로 보고, 종래의 기독교평화교육을 비판하면서 기독교평화교육의 방향을 제시하고 있다. '변화하는 세계와 신학교육의 내용'은 기존의 신학교육에 대한 논의가 신학교라는 범위에서만 논의되었음을 비판하면서 교회, 교단, 사회와 신학교의 관계 양상을 내용적 차원에서 다루고 있다. '한국 기독교교육 관련 연구기관의 현황과 전망'은 신학대학교 기독교교육연구소를 중심으로 그 현황을 보여 주면서 교회 현장과의 관계에서 이론과 실천의 연계를 활성화할 수 있는 방안을 제시하고 있다. '한국 주요 교단의 교육조직에 대한 검토와 제언'은 교단의 교육정책과 지역교회의 교육방향을 제시하는 교단의 교육부(국)의 인사와 업무를 평가하고 효과적인 조직이 되기 위해서 갖추어야 할 조건들에 대해 언급하고 있다.

전체적으로 여기에 한 권으로 묶인 글들은 기독교교육이 현장에서 은혜와 타성에 젖어 섬세하고 전문적이지 못한 것 같다는 아쉬움으로부터 나왔지만 교회 현장을 돌아보면 아직도 그와 같은 아쉬움이 여전히 남아 있는 상태다. 한국에서 기독교교육학은 더욱 전문적이어야 하고 교회가 지금 하고 있는 실천에 관심을 갖고 그것을 이론적으로 정리하고 정교화하는 작업을 해야 한다.

이 글들이 쓰여지는 기간 동안에 현수와 귀연이는 자라 대학생이 되었고, 아내는 새로운 길을 찾았고 그 길을 여행 중이다. 돌아보면 감사한 마음뿐이다. 거기에 이 책의 출간을 함께 기뻐해 준다면 무엇을 더 바라겠는가. 교정을 보고 색인 작업을 해 준 정혜향 전도사에게도 고마운 마음을 전한다.

2010년 7월
지은이 박종석

contents

제1부 | 기독교교육의 내재적 고찰

기독교교육철학 연구의 반성과 방향 _ 15

기독교신앙교육 인식론을 향하여 _ 46

엠마오 사건에 나타난 기독교교육의 구조 _ 72

기독교교육과 신학의 관계 _ 95

예수의 교육목표와 방법의 상관성에 대한 연구
  : 요한복음 13장 1－17절을 중심으로 _ 132

현실과 교육: 파울로 프레이리(Paulo Freire)를 중심으로 _ 159

제2부 | 기독교교육의 외연적 탐구

한국 기독교교육학 논의의 조건 _ 179

한국 기독교교육학의 성격과 전망 _ 214

교회의 사명 수행을 위한 교육목회: BCM 교육목회제도 _ 245

건강한 교회성장을 위한 SMG 양육 체계
　: 기독교대한성결교회를 중심으로 _ 288
한국 기독교평화교육의 반성과 방향 _ 325
변화하는 세계와 신학교육의 내용 _ 346
한국 기독교교육 관련 연구기관의 현황과 전망
　: 신학대학교 기독교교육연구소를 중심으로 _ 373
한국 주요 교단의 교육조직에 대한 검토와 제언 _ 414

참고문헌 _438

색 인 _ 463

출처

"기독교교육철학 연구의 반성과 방향". 「기독교교육정보」 4. 한국기독교교육정
보학회, 2002: 321 – 49; 박종석. 『기독교교육의 지형도』. 서울: 기독교
대한성결교회 출판부, 2005: 141 – 71.

"기독교신앙교육 인식론을 향하여". 「기독교교육정보」 10. 한국기독교교육정보
학회, 2005: 241 – 67.

"엠마오 사건에 나타난 기독교교육의 구조". 「한국기독교신학논총」 23. 한국기
독교학회, 2002: 245 – 65.

"기독교교육과 신학의 관계". 박종석 편. 「기독교교육의 시선」. 부천: 서울신학
대학교 기독교교육연구소, 2005: 9 – 38.

"예수의 교육목표와 방법의 상관성에 대한 연구: 요한복음 13장 1 – 17절을 중
심으로". 「기독교와 교육」 9. 부천: 서울신학대학교 기독교교육연구소,
2001: 44 – 56.

"현실과 교육: 파울로 프레이리(Paulo Freire)를 중심으로". 「기독교와 교육」 8.
부천: 서울신학대학교 기독교교육연구소, 1995: 47 – 56.

"한국기독교교육학 논의의 조건". 「복음과 교육」 1. 한국복음주의 기독교교육학
회, 2004: 180 – 209.

"한국기독교교육학의 성격과 전망". 「교수논총」 16. 부천: 서울신학대학교,
2004: 213 – 42; "한국기독교교육학의 성격과 전망: 1960 – 1999년을 중
심으로". 『21세기 한국 교회교육의 과제와 전망』 고용수 교수 은퇴기념
논문집, 서울: 장로회신학대학교 기독교교육연구원, 2007: 435 – 64.

"교회의 사명 수행을 위한 교육목회: BCM 교육목회제도". 「기독교교육논총」
    17. 한국기독교교육학회, 2008: 1 - 34.

"건강한 교회성장을 위한 SMG 양육 체계: 기독교대한성결교회를 중심으로". 「신
    학과 선교」 35. 서울신학대학교 기독교신학연구소, 2009: 227 - 62.

"한국기독교평화교육의 반성과 방향". 「한국기독교신학논총」 24. 한국기독교학
    회, 2002: 333 - 52.

"변화하는 세계와 신학교육의 내용". 「성경과 신학」 40. 한국복음주의신학회,
    2006: 74 - 99.

"한국기독교교육 관련 연구기관의 현황과 전망: 신학대학교 기독교교육연구소를
    중심으로". 「기독교교육논총」 20. 한국기독교교육학회, 2009: 113 - 53.

"한국 주요 교단의 교육조직에 대한 검토와 제언". 「교수논총」 14. 부천: 서울
    신학대학교, 2003: 261 - 86.

제 1 부

기독교교육의 내재적 고찰

기독교교육철학 연구의 반성과 방향

기독교신앙교육 인식론을 향하여

엠마오 사건에 나타난 기독교교육의 구조

기독교교육과 신학의 관계

예수의 교육목표와 방법의 상관성에 대한 연구
       : 요한복음 13장 1 – 17절을 중심으로

현실과 교육: 파울로 프레이리(Paulo Freire)를 중심으로

기독교교육철학 연구의 반성과 방향

Ⅰ. 들어가는 글

기독교교육철학은 기독교교육학의 모호한 하부전공 영역이다. 기독교교육학의 하부전공 영역에는 기독교교육신학, 기독교교육과정, 기독교교육심리, 기독교교육행정 등이 있다. 기독교교육철학은 이들 하위전공 영역 중의 하나이다. 그런데 기독교교육철학의 다른 전공 영역들이 비교적 그 범위와 성격에서 합의를 보이는 데 비하여, 기독교교육철학은 그에 대한 정의부터 그 배경을 이루는 신학적 성향의 차이에서 비롯된 상반된 입장들의 노출로 인해, '기독교교육철학'이라는 동일한 명칭하에 그 목적, 범위, 구성, 원리 등에서 상이한 성격들의 연구들이 수행됨으로써 기독교교육철학을 접하는 사람들에게 혼란을 야기하고 있다.

한편, 기독교교육철학을 하는 방식에 있어서도 기독교교육철학을 교육철학의 특수한 형태로 전제하고 교육철학적 지평에서 기독교교육철학을 논의하거나, 기독교교육철학을 철학의 적용 대상으로 보고,

철학에서 검토된 특수한 내용들을 기독교교육에 적용하는 일에 관심을 갖는다.

결국, 기독교교육철학은 그 정체성의 모호함과 철학이라는 분과학문의 응용학문으로서 독자적 위상을 확보하지 못한 상태에 있다. 기독교교육철학의 이와 같은 학문적 현실은, 기독교교육철학이 기독교교육학에 대해 갖는 본질적 근거성을 고려할 때, 기독교교육학의 이론과 실천 자체에도 부정적 영향을 끼치게 될 것이다. 따라서 기독교교육철학이 현재 어떤 상태에 있는지 검토하고 그에 대한 합리적 반성을 통해 앞으로 나아갈 방향을 모색하는 일은 대단히 중요하다.

따라서 이 글에서는, 저간의 기독교교육철학의 연구의 상황을 검토하고, 그에 대해 기독교교육철학의 학문적 정체성의 입장에서 비평적 성찰을 통해 기독교교육철학의 방향을 모색할 것이다.

우리는 여기서 기독교교육철학의 전체 연구를 다 다룰 수 없다. 사실 그중의 일부라도 철저히 다루는 것은 힘에 겨운 일이다. 그런 까닭에 여기서는 원칙적으로 '기독교교육철학'이라고 분명히 밝힌 문헌들과 철학적 내용을 기독교교육과 관련시킨 문헌들에 한하여, 그것을 바탕으로 논의를 해 나갈 것이다.

Ⅱ. 기독교교육철학 연구의 성격

기독교교육철학은 이용되는 학문 비중과의 연관성 면에서 볼 때, 신학, 교육학, 철학과의 관련 속에서 논의되고 있다.[1) 이것들을 차례

---

1) 일반교육철학의 경우에 연구방법의 유형에는 열전적 방법, 원리적 방법, 사상사적 방법,

대로 살펴보자.

1. 규범적, 신학적 연구

기독교교육철학을 연구하는 첫 번째 입장은 신학적 연구이다. 이 입장은 기독교교육철학을 기독교교육에 대한 특정한 관점의 부여로 여기는 입장이다. 즉 기독교교육학이 무엇인가 하는 것보다는 어떤 것이어야 한다고 규정하는 규범적 입장이다. 이 입장의 특성은 세 가지이다. 첫째, 이 입장의 신학적 경향은 보수정통적이다. 그중에서도 개혁주의적 입장에 속한다. 둘째, 기독교교육철학 규정의 근거는 '성경'이다. 이 입장은 성서를 '해석된 것으로서의 성서'가 아닌 '지켜야 할 것으로서의 성경'을 따른다.

> "기독교교육철학이란 하나님 말씀에 있는 원칙에 따라서, 교육기관을 포함하여 교수-학습과정의 전 측면에 대한 포괄적인 접근인 것이다."[2]

셋째, 철학을 세계관(Weltanschauungen) 또는 가치관적인 의미로 본다. "철학은 삶에 대한 일관된 관점이다."[3] 그래서 이론으로서의 철학이 아닌 삶에 대한 관점으로서의 철학이 있을 뿐이다. 철학적 관점은 세 가지이다.[4] ① 세속적 경험론이다. 이것은 초월적 세계를 인

비교적 방법, 본질추구 방법, 분석철학적 방법 그리고 주제적 방법론, 절충적 방법 등이 있다. 김정환·강선보, 『교육철학』(서울: 박영사, 1998), 26-30.

2) Norman E. Harper, *Making Disciples: The Challenge of Christian Education at the End of the 20th Century*, 이승구 역, 『제자훈련을 통한 현대기독교교육』(서울: 엠마오, 1990), 16.

3) Mark Fakkema, *Christian Philosophy and Its Educational Implications*, 황성철 역, 『기독교교육철학』(서울: 한국기독교교육연구원, 1982), 44.

4) Fakkema, *Christian Philosophy and Its Educational Implications*, 53-55.

정하지 않는다. 이 입장의 관심은 현실세계에 있으며 이성을 통해 이 세계를 해석하는 데 있다. ② 이원론이다. 초월적 세계는 타계적 성격을 띤다. 현실에서의 삶은 내세적 삶을 위한 수단일 뿐이다. ③ 기독교철학이다. 사물을 전체적으로 보기 위해서는 하나의 준거가 필요하다. 그 준거가 궁극자 하나님이시다. 따라서 기독교교육철학이란 기독교교육을 하나님의 관점에서 전체적인 체계를 잡으려는 노력이라고 할 수 있다.[5]

넷째, 인간과 하나님의 관계가 기독교교육철학의 초석이 된다. 인간은 하나님의 형상이다. 이 형상은 세 가지로 해석된다. 하나는 인간 본질로서의 해석이다. 인간은 하나님의 속성으로서의 원형을 반사해야 하는 하나님의 형상이다.[6] 다른 하나의 해석은 적극적이다. 아브라함 카이퍼(Abraham Kuyper)는 『성령의 사역』이라는 책에서 '우리의 형상을 따라'에 대하여 다음과 같이 말한다.

> "이 땅에서 우리의 형상이 될 사람을 만들자 …… 이 땅에서 우리의 형상의 구실을 할 그런 존재, 곧 우리의 형상으로서 우리를 나타낼 존재를 만들자."[7]

마지막으로, 교육적 해석이다. 하나님의 형상은 '성장의 가능성'이다.[8] 그것은 종교적 성장으로, '사물들이 어떠한가?' 하는 지적 성장, '사물은 마땅히 어떠해야 하는가?' 하는 도덕적 성장 그리고 하나님

---

5) Fakkema, *Christian Philosophy and Its Educational Implications*, 58.

6) Fakkema, *Christian Philosophy and Its Educational Implications*, 73 - 82.

7) Abraham Kuyper, The Work of the Holy Spirit(New York; London: Funk & Wagnalls company, 1900).
   Fakkema, *Christian Philosophy and Its Educational Implications*, 73 재인용.

8) Nicholas H. Beversluis, *Christian Philosophy of Education*, 최광석 역, 『기독교교육철학』(서울: 한국개혁주의 신행협회, 1979), 82 - 114.

께 대한 인간적 소명으로서의 응답인 창조적 성장이다.9)

다섯째, 실제적이다. 예를 들어, 니콜라스 에이치 베버슬루이스
(Nicholas H. Beversluis)는 니콜라스 볼터스토프(Nicholas Wolterstorff)
의 견해를 따라,10) 기독교적 가치관을 위임(commitment) 중심으로
기독교교육의 목적, 목표 그리고 내용들에 대해 언급한다.11) 그는 기
독교교육의 목적을 하나님의 피조물로서의 전인, 창세기 1장 26절에
근거한 문화를 통한 그리스도께 대한 순종, 인격적 하나님께 응답하
는 신앙적 삶, 그리스도를 주인으로 하는 공동체 의존적 삶 등으로
본다.12)

위와 같은 기독교교육철학적 입장은 다분히 규범적이다. 교육학의
성격을 규범적이라고 주장하더라도,13) 이미 정해진 규범이 있다면
연구의 노력은 무용하다. 이와 같은 규범적 입장에서의 기독교교육
철학은 상식적인 비판을 가능하게 한다. 즉 성서는 기독교교육의 모
든 내용을 포함하고 있으며, 그 모든 내용에 대해 답해 줄 수 있는
가? 이에 대한 대답은 '그렇지 않다'라는 부정이며, 적절한 대답은
윤화석의 다음과 같은 말에서 들을 수 있다.

---

9) 하나님의 형상을 다른 차원에서 교육적으로 해석하기도 한다. 즉 하나님의 형상은 인간
   이 판단할 수 없는 은사, 합리성, 의지와 자기 결정의 능력으로서의 책임, 동기유발의 능
   력, 교제할 수 있는 능력 등이다. Harper, *Making Disciples*, 28 – 47.

10) Nicholas Wolterstorff, *Curriculum: By What Standard?*(Grand Rapids, MI: National Union
    of Christian Schools, 1967.)

11) Beversluis, *Christian Philosophy of Education*, 28.

12) Beversluis, *Christian Philosophy of Education*, 25 – 56.

13) 얀 워터링크(Jan Waterrink)는 '교육학을 하나의 규범과학으로 간주'하며(Jan Waterrink,
    Basic Concepts in Christian Pedagogy [St. Catharines: Paideia Press], 9 – 10), 코넬리우스 야
    스마(Cornelius Jaarsma) 역시 교육에서의 실험적 접근을 인정하면서도, 실험에서 얻은
    결론에 대한 규범적 평가를 주장한다(Cornelius Jaarsma, *The Education Philosophy of
    Herman Bavinck: a Textbook in Education*, 정정숙 역, 『헤르만 바빙크의 기독교교육철학』
    [서울: 총신대학출판부, 1983], 278).

"기독교교육학적 (철학)인간론의 기독교교육신학적 의의는 바로 성경전체의 규범적 성격의 인간의 사회·문화적 그리고 개인적 지적·감정적·영적 발달의 상황을 무시한 직접적용이 아닌, 삶의 자리에서 매순간 발생하는 질문으로서의 교육현실에 입각한 기독교교육학적 접근 방법을 통한 성경의 재해석에 의한 이론의 실천적 행위에 기독교교육신학의 열쇠가 있다."[14]

또한 규범적 입장의 기독교교육철학의 배경에는 규범 만능주의가 스며 있다. "학교에서는 그 철학에 따라 가르치기 마련이고 학생들은 학교에서 가르친 대로 생각하기 마련이다."[15] 따라서 이와 같은 입장에서의 기독교교육철학은 교육의 기초인 인간 이해를 결여하고 있어 불완전하다.

2. 교육학 응용적 연구

교육학과 관련된 기독교교육철학 연구는 크게 두 가지이다. 하나는 교육철학을 기독교교육에 응용하려는 입장에서 두드러진다. 일반적으로 교육철학은 대표적인 철학사상의 영향을 받은 것으로 알려져 있다. 이상주의(idealism)와 실재주의(realism)로부터 본질주의(essentialism)가 나오며, 실재주의와 실증주의(positivism)로부터 행동주의(behaviorism)가 나오며, 신스콜라주의(neo-scholasticism)로부터 항존주의(perennialism)가 나오며, 실용주의(pragmatism)로부터 진보주의(progressivism)를 거쳐 재건주의(reconstructionism)가 그리고 그로부터 미래주의(futurism)가 나온다. 또한 실용주의로부터 나온 진보주의와

---

14) 윤화석, "기독교교육 인간론의 기독교교육 신학적 의의", 『기독교교육논총』 4(한국기독교교육학회, 1999), 106-107, ( )는 필자.

15) Fakkema, *Christian Philosophy and Its Educational Implications*, 45.

실존주의(existentialism)의 영향을 받아 인본주의(humanism)가 출현하며, 그것은 탈학교화(deschooling)로 이어진다.16)

기독교교육철학에 대한 이와 같은 방식의 접근은 직접적으로 기독교교육철학에 응용되는 형태로 이어지지 못한다. 교육철학을 기독교교육에 응용하려는 본래 의도와는 다르게 다시 철학의 영역들로 회귀함으로써 교육철학의 성과가 가져올 수 있는 유익을 상실하고 있다.

교육학과 관련된 다른 한 가지의 기독교교육철학 연구는 교육이론을 응용하려는 입장이다. 오인탁은 기독교교육철학의 과제 영역 중의 하나는 기독교교육학을 하나의 독립과학으로서 조정하고 그 자명성을 확인하는 일로 본다. "여기에는 이론과 실천의 관계, 기독교교육학 안에서의 부분 과학들 상호간의 관계, 기독교교육학과 인접과학들과의 관계, 기독교교육의 개별 현상들에 대한 해명과 이를 일정한 논리적인 전체 안으로 짜 넣는 일 등이 포함된다. 말하자면 기독교교육학의 조직론(Systematik)의 과제이다."17) 오인탁은 기독교교육학의 기본 바탕을 이룬다는 이유에서18) 기독교교육학 방법론 중에서 이론과 실천의 관계에 주의를 기울인다.19)

이론과 실천의 문제는 일반적으로 크게 넷으로 묶어서 정리할 수 있다. 그것들은 규범적 – 연역적 논리, 정신과학적 – 해석학적 논리, 경험적 – 분석적 논리 그리고 변증법적 – 이념비판적 논리이다.20) 규

---

16) George R. Knight, *Philosophy and Education: An Introduction in Christian Perspective*, 박영철 역, 『철학과 기독교교육』(대전: 침례신학대학 출판부, 1995), 105.

17) 오인탁, "기독교교육철학", 오인탁 외 편, 『기독교교육론』(서울: 대한기독교교육협회, 1984), 54. 기독교교육철학의 그 밖의 과제 영역으로는 신앙과 신학의 교육학적 재구성, 기독교교육의 기본 개념 설명, 기독교교육학 방법론 그리고 교육사상을 조직하는 과제 등이 있다. 오인탁, "기독교교육철학", 54 – 55.

18) 오인탁, "기독교교육철학", 55.

19) 오인탁, "기독교교육철학", 59 – 70.

20) 오인탁은 20세기에 독일에서 생겨나 지금도 전개되고 있는 교육철학적 연구 동향들 중

범적 – 연역적 논리는 최상의 가치라고 여겨지는 규범을 확인하고 그로부터 실천이 연역된다. 이 논리는 역사적, 사회적 정황을 고려하지 않는다는 비판을 받는다. 정신과학적 – 해석학적 원리는 현실을 이해하고 해석함으로써 의미를 부여하려고 한다. 그러나 현실과 거리를 둔 해석은 주관적으로 흐르기 쉽다. 경험적 – 분석적 논리는 실제적인 교육의 경험들을 중시하며 교육활동의 조건을 연구하고 통제의 가능성을 추구하는 등 교육실제적이다. 그러나 구체적 교육현실에 대해 초점을 맞추다 보니 전체적인 조망을 상실하게 된다. 변증법적 – 이념비판적 논리는 사회라는 넓은 문맥에서 교육을 보려고 한다. 사회에서 이론과 실천은 각기 독립된 역할을 하기 쉬운데, 변증법적으로 쌍방이 교호적이 되어야 한다는 것이다.

이론과 실천의 관계가 기독교교육철학의 결정적인 주제이기는 하지만, 이론과 실천이 기독교교육철학을 형성시키지는 못한다. 더구나 오인탁은 독일 교육철학을 기독교교육학에 그대로 적용함으로써 태생적 한계를 지닌 채, 기독교교육학을 외래적 '응용철학'으로 변형시키고 있다.

3. 철학 적용적 연구

기독교교육과 철학의 관계를 다루는 입장들에는 성격 면에서는 같

에서 중요한 동향인 행위정향적 교육학을 누락시키고 있다. 그리고 활발하게 논의되지 않고 있는 규범적 교육학을 첨가시킨다(오인탁, 『현대교육철학』[서울: 서광사, 1990] 참조). 각 교육철학의 사상적 근원은 다음과 같다: 정신과학적 교육학→딜타이의 해석학, 경험적 – 분석적 교육학→포퍼의 비판적 합리주의, 비판적 이론적 교육학→하버마스의 비판이론, 행위정향적 교육학→사회 행태적 행위이론. Christoph Wulf, *Theorien und Konzepte der Erziehungswissenschaft*, 정은해 역, 『해석학·경험론·비판론 사이에서의 교육학』(서울: 철학과현실사, 1999) 참조.

으나 규모 면에서 다른데, 크게 두 가지가 있다. 첫째, 철학의 주요 주제들을 기독교교육에 적용하려는 입장이다. 철학의 주제나 문제들이 기독교교육에 대해 갖는 함의를 추구하려는 시도라고 할 수 있다. 둘째, 철학의 주요 연구 영역을 기독교교육에 적용하려는 시도이다. 기독교교육이 철학의 주요 영역 내에서 갖는 의미를 추구하려는 시도라고 할 수 있다.

여기서 첫째 입장과 같은 방식의 연구는 대단히 넓은 범위에 걸쳐 있고, 그 관심의 다양성 때문에, 그것들을 될수록 단순하고 명료하게 정리해 주면서도 신뢰할 만한 기준이 필요하다. 그 기준으로 삼을 만한 것으로 여겨져 여기서 이용한 자료는 두 가지이다. 하나는 가브리엘 모란(Gabriel Moran)의 논문이고,21) 다른 하나는 디 캠프벨 와이코프(D. Campbell Wyckoff) 등에 의한 문헌목록이다.22)

1) 철학적 주제의 적용

이와 같은 입장에서의 기독교교육철학은 기독교교육과 관련이 있다고 생각되는 철학의 내용들이 기독교교육에 대해 가지는 함의를 추구하고, 나아가 철학의 내용으로 기독교교육을 설명하거나, 철학적 내용으로 기독교교육을 더 충실하게 하고자 하는 시도이다.23)

---

21) Gabriel Moran, "Interest in Philosophy: Three Themes for Religious Education", *Religious Education* 81:3(Summer 1986), 424 – 45.

22) D. Campbell Wyckoff and George Brown, Jr., eds., *Religious Education, 1960 – 1993: An Annotated Bibliography*(Wesport, CT · London: Greenwood Press, 1995).

23) 기독교교육철학의 이 연구 방식은 철학의 두드러진 내용을 기독교교육에의 시사 가능성을 예측하고 연구하려는 입장이다(Moran, "Interest in Philosophy", 425). 물론 이와 같은 입장은 단순히 철학→기독교교육학의 일방적 영향만을 의미하는 것은 아니다. 모란은 "교육은 철학적 구별들이 구체화되고 시험되는 실험실이다."(John Dewey, *Democracy and Education*[New York: Macmillan, 1929], 384)라고 말한 존 듀이(John Dewey)의 예를 들어, 철학은 교육, 특히 종교교육과의 관계 속에서 그 사상을 명료하게 할 수 있을

모란은 기독교교육과 관련된 20세기 철학의 가장 두드러진 주제를 의미, 해방 그리고 관계로 본다.[24] 그것은 각각 해석학, 프락시스 (praxis) 그리고 과정으로부터 나온 것이다. 모란은 이와 같은 내용을 기독교교육과 연관시킨다. 즉 기독교교육의 의미, 기독교교육의 방법 그리고 기독교교육의 내용과 관계된다고 본다. 모란의 이와 같은 연구는 현대 철학의 주요 주제들에 대한 자기 나름대로의 철학적, 신학적 모색이라고 할 수 있다. 그것은 나름대로 의미가 있으나 여기서의 관심은 철학적 의미의 확장이 아니라 철학적 주제들이 기독교교육에 어떻게 적용되었는지이기 때문에, 그가 철학의 주요 주제로 택한 해석학, 프락시스 그리고 과정만이 주의를 끈다.[25]

것이라고 한다. 교육과 철학의 관계에 대한 연구는 찰스 퍼스(Charles Peirce), 윌리엄 제임스(William James), 윌리엄 이 호킹(William E. Hocking)과 그들의 후계자들에게서 볼 수 있다(Moran, "Interest in Philosophy", 425).

24) Moran, "Interest in Philosophy", 425.

25) 그 밖에, 철학적 주제들을 기독교교육에 적용하려는 시도에는 현상학이나 윤리철학, 실존철학자들의 성과를 적용하려는 시도도 있다. 크리스 아서(Chris Arther)는 종교현상학의 기원과 성격 그리고 방법론의 발전 과정을 설명하면서, 종교현상학이 종교의 차이를 비교하는 데서, 특정 종교의 외적 형식을 기술하는 단계를 거쳐, 종교참여자(신자)의 체험을 이해하려는 방향으로 나가고 있다고 하면서, 기독교교육에서 종교를 배우는 것과 종교인이 되는 것의 구별을 통하여, 정보(information)와 변형(transformation)의 차원에서 반성할 것을 요구한다. Chris Arther, "Some Remarks on the Role and Limitations of Phenomenology of Religion in Religious Education", *Religious Education* 90:3 ‒ 4(Sum ‒ Fall 1995): 445 ‒ 62.
한편, 크리스 해리스(Chris Harris)는 기독교교육의 장의 하나인 가정에 대해 엠마누엘 레비나스(Emmanuel Levinas)를 통해 새로운 이해를 시도한다. 레비나스 철학의 주된 가치는 서양철학이 함몰되어 있던 자아(the self)로부터 타자(the other)로의 초점의 전환이다. 타자는 신의 흔적이다. 우리는 타자와의 만남을 통해 신과 관계한다. 이것은 이기적이 아닌 타자적 의미에서의 가정에서 일어날 수 있는 사건이다. 그러므로 "레비나스에게 있어 '가정'은 하나의 형이상학적 실재이며, 아마도 인간이 무엇인지에 대해 해명해 주는 신비로운 암호이다."(437) 현대에 있어서 기독교교육에 대해 가정이 주는 의미는 타자배려의 영성교육에 대한 촉구이다. "Toward an Understanding of Home: Levinas and the New Testament", *Religious Education* 90:3 ‒ 4(Summer ‒ Fall 1995): 433 ‒ 44.
제롬 더블유 베리만(Jeronme W. Berryman)은 실존주의 철학을 존재에 대한 가르침과 교육과정에 반영하고자 한다. 그는 기독교교육이 아동의 실존적 경험을 무시해 왔다고 지적하고, 실존적 경험을 위한 자료를 제공함으로써 하나님을 직접적으로 경험할 수 있는 가능성이 열린다고 주장한다. 인간에게 보편적인 실존적 한계들은 죽음, 자유, 외로

(1) 해석학

기독교교육의 영역에서 해석학은 주로 성서의 본문 해석과의 관련 하에서 언급된다. 기독교교육은 과거의 신앙의 전통을 오늘날 우리 들의 삶과 연결시키는 과제를 갖는다. 로버트 엘 콘라드(Robert L. Conrad)는 그 연결의 고리를 '갈등'(conflicts)에서 찾는다. 갈등은 무시간적이고 보편적 경험이라는 것이다. 더구나 갈등은 그것을 통해 새로운 학습과 삶을 위한 새 방향을 지시한다.26) 이 갈등의 모델은 학습자의 갈등을 확인하고 성서의 갈등을 소개하는 첫 단계로부터 갈등에 대해서 묵상(silence and meditation)을 통해 새로운 통찰을 얻는 단계를 거쳐 학습공동체 안에서 그 통찰을 해석하는 단계로 이어진다.27) 콘라드의 이와 같은 모델을 '아래로부터'의 해석학28)이라고 한다면 월터 윙크(Walter Wink)의 모델은 '위로부터'의 해석학29)이라고 할 수 있다.

윙크의 변증법적 해석학은 두 가지 방향으로 진행된다.30) 하나는 성서에 대해 문학적 · 역사적 비평이다. 처음 단계는 성서를 있는 그 대로 객관적으로 보지 못하게 하는 선입견을 부정하면서 본문에 대해 비평적 물음을 제기하는 단계이다. 이 단계는 동시에 성서로부터

움, 무의미이다. 그러나 이것들은 정체감을 제공한다는 면에서 기독교교육의 자원이 될 수 있다고 하면서, 그 활용 방안을 제시한다. "Teaching as Presence and the Existential Curriculum", *Religious Education* 85:4(Autumn 1990): 509 – 34.

26) Robert L. Conrad, "A Hermeneutic for Christian Education", *Religious Education* 81:3 (Summer 1986): 395.

27) Conrad, "A Hermeneutic for Christian Education", 398 – 400.

28) Conrad, "A Hermeneutic for Christian Education", 398. 아래로부터의 해석학의 또 하나 의 예는 토마스 에이치 그룸(Thomas H. Groome)이다. 그의 *Christian Religious Education: Sharing Our Story and Vision*(San Francisco: Harper and Row, 1980), 207 – 32 참조. Conrad, "A Hermeneutic for Christian Education", 400.

29) Conrad, "A Hermeneutic for Christian Education", 397.

30) Walter Wink, *Transforming Bible Study*(Nashville: Abingdon Press, 1980).

듣는 행위를 포함하는데, 이 뒤에 자신의 삶을 본문과의 대화를 통해 형성된 안목으로 바라볼 수 있는 단계가 이어진다.

한편, 윙크의 방법을 칼 바르트(Karl Barth) 신학의 입장에서, 칼 지융(Carl G. Jung) 심리학의 사용에 대한 비판을 통해 재구성하려는 시도가 있다. 엘리자베스 에이 프리크버그(Elizabeth A. Frykberg)는 윙크의 해석학이 전적으로 인간적 작업이라고 단정하면서, 윙크의 변형적 성서연구가 이성적 연구에 의해 주도된 심리적 과정이라고 비판한다. 그는 윙크의 '변형시키는 성서연구'(Transforming Bible Study)를 '변형된 변형시키는 성서연구'(Transforming Bible Study Transformed)로 대체시킨다.31) 프리크버그의 대안은 성서에 대한 비평적 물음으로부터 시작하여 상상력을 동원하여 성서의 본문을 확대시켜서 획득된 통찰력을 갖고 독자의 삶으로 돌아오는 전반부의 내용은 윙크의 단계와 유사하다. 프리크버그의 독특성은 그녀의 해석학의 후반부에서 드러난다. 그녀는 바르트의 신학을 적용하여 그리스도를 만나려는 욕망을 지닌 독자가 성서 본문에서 그리스도를 만나 자신의 세계를 부정하고 재건하여 그리스도와의 지속적인 만남을 유지한다는 '변형된 변증법적 해석학'(Transformed Dialectical Hermeneutic)을 제안한다.32)

보다 실제적인 성서해석은 에른스트 헤스(Ernest Hess)에게서 볼 수 있다.33) 그는 특히 해석자를 '해석학적 원'(hermeneutical circle)에 포함시키는 한스-게오르그 가다머(Hans-Georg Gadamer)에 관

---

31) Elizabeth A. Frykberg, "Transforming Bible Study Transformed", *Religious Education* 88:2(Spring 1993): 178-89.

32) Frykberg, "Transforming Bible Study Transformed", 182-89.

33) Ernest Hess, "Practical Biblical Interpretation", *Religious Education* 88:2(Spring 1993): 190-210.

심을 갖는다. '편견'(prejudices)을 갖는 해석자는 관찰자로서 '해석학적 원'의 밖에 위치하지 않는다. 그는 그 원의 일부이다. 그는 해석적 결론 이전의 판단이라고 할 수 있는 편견을 갖고 참여한다.[34] 이에 따라 헤스는 실제적 성서해석의 과정을 제안한다. 과정은 다섯 단계로 나뉜다. 1단계: 우리의 편견에 참여하기 – 우리가 있는 곳에서 출발하기, 2단계: 성서 본문과의 만남을 통해 우리의 지평을 넓히기 – 본문이 말하게 하기, 3단계: 타자와의 만남을 통해 우리의 지평을 넓히기, 4단계: 대화 행위에 편견의 모험하기, 5단계: '지평의 융합' – 현재에 적용하기.[35]

존 디 보겔상(John D. Vogelsang)은 다양한 성서해석학들을 포괄한다.[36] 그는 마르틴 부버(Martin Buber)에게서 차용한 '재건' (reconstruction)의 개념[37] 아래, 전통적 방법과 양식비평(form criticism), 정경비평(canonical criticism), 문학비평(literary criticism), 가다머(Hans – Georg Gadamer) 회복의 해석학(hermeneutics of recovery), 여성론자와 해방신학의 의심의 해석학(hermeneutics of suspicion), 해체주의(deconstructionism)에 이르는 방법들을 종합한다. 그는 해석학적 원의 세 가지 요소를 우리의 이야기(our story) – 그 이야기(the story) – 역사 안에서 전개되는 그 이야기(the story unfolding in history)로 본다.[38] 여기서 그 이야기는 본문을 듣는 단계로, 여기서 네 가지 복수적 문맥이 고려된다. 역사적, 문학적, 전

---

34) Hans – Georg Gadamer, *Truth and Method*(New York: Crossroads, 1975), 239 – 40.

35) Hess, "Practical Biblical Interpretation", 194 – 209.

36) John D. Vogelsang, "A Hermeneutics of Reconstruction", *Religious Education* 88:2 (Spring 1993): 167 – 77.

37) Martin Buber, *Paths in Utopia*(New York: Collier Books, 1949), 27.

38) Vogelsang, "A Hermeneutics of Reconstruction", 172.

통적 그리고 이데올로기적 문맥.39) 이와 같은 해석학의 의도는 개인적 삶의 변형뿐만 아니라 사회적 재건과 하나님 나라(God's commonwealth)의 전개에 참여케 하는 데 있다.40)

(2) 실천

기독교교육은 그 수행을 위해 이론과 실천을 포함한다. 기독교교육을 실천적 차원에서 고려할 때, 기독교교육의 문제는 교육을 어떻게 하느냐이다. 이때 언어의 문제는 간과될 수 없다. 기독교교육은 하나님께서 기독교교육과 관련지어 언어를 도구로 사용하는 사역이기 때문이다.41) 하나님은 계시를 통해 드러난다. 그런데 계시는 기독교교육의 언어적 문맥에서 나타난다.42) 하나님은 언어로 나타나지는 않지만 언어행위 안에서, 구체적으로 종교언어게임에서 발견된다.43) 이때의 언어는 의미라고 할 수 있는데, 이때 인간이 언어를 이해하는 것이 아니라, 언어가 인간을 깨닫게 한다.44) 이와 같은 맥락에서 언어철학을 기독교교육과 연관시키려는 시도들이 있어 왔다.

랜돌프 씨 밀러(Randolph C. Miller)에 의하면, 복음의 언어와 현대인의 언어 사이에 간격(gap)이 있다는 전제 아래, 기독교교육은 이 간격을 이어 줌으로써 복음의 의미가 파악되고 그에 대해 반응하도

---

39) Vogelsang, "A Hermeneutics of Reconstruction", 172‒76.

40) Vogelsang, "A Hermeneutics of Reconstruction", 176.

41) John T. Lindquist, "The Grammar of Religious Education", *Religious Education* 67:2 (March 1972): 98.

42) Lindquist, "The Grammar of Religious Education", 101.

43) Lindquist, "The Grammar of Religious Education", 102.

44) Lindquist, "The Grammar of Religious Education", 102. 게르하르트 에벨링(Gerhard Ebeling)의 말로는 "……그 메시지는 인간에게 인식되기를 추구하지 않는다. 오히려 인간이 그 메시지에 의해 인식된다. 즉 그의 현실의 전체적 진리에 노출된다." Gerhard Ebeling, *Word and Faith*(Philadelphia: Fortress Press, 1963), 198.

록 하는 것을 목적으로 해야 한다.45)

이리스 엠 욥(Iris M. Yob)은 종교언어의 예로 '은유'(metaphor)를 들어, 그것의 기독교교육에 대한 함의를 찾는다. 그에 의하면 일상어로는 초자연적인 것을 표현할 수 없기 때문에, 은유적으로 사용될 때, 종교적인 것에 접근할 수 있다.46) 그러므로 기독교교육은 종교적 담화의 은유적 성격을 드러내고, 비유, 신화, 이야기 등의 신적 담화에서의 문학적 표현들에 대해 주의를 기울여, 문자적 사실보다는 심상적, 은유적 차원을 표현할 수 있어야 한다.47)

한편, 언어문제를 심층적으로 파고드는 새로운 해석학(New Hermeneutic)을 기독교교육에 적용하려는 시도도 있다.48) 메리 에이 앤코비악(Mary A. Ankoviak)은 신앙을 해석의 문제로 보면서, 청소년들의 실존적 신앙이 언어를 넘어서 인격 대 인격의 만남을 통해 이루어져야 한다고 본다. 이 관계야말로 서로에게 말을 들을 수 있는 가능성을 일으키는 것이다. 이때 기독교교육은 청소년이 자신의 실존을 보고 이해하도록 하는 경험의 해석이 된다는 것이다.

(3) 과정

알프레드 엔 화이트헤드(Alfred N. Whitehead)는 철학에 대한 유기체적 접근, 때로는 과정철학으로 언급되는 것으로 잘 알려져 있다. 그는 교육에 대한 논문이나 조직적인 교육철학을 쓰지 않았지만, 그

---

45) Randolph C. Miller, *The Language Gap and God*(Philadelphia: Pilgrim Press, 1970). 이에 대한 요약은 그의 다음의 논문에 나타나 있다. "Linguistic Philosophy and Religious Education", *Religious Education* 65:4(July 1970): 309 – 17.

46) Iris M. Yob, "Teaching in the Language of Religion", *Religious Education* 67:2(Spring 1993): 227 – 28.

47) Yob, "Teaching in the Language of Religion", 235 – 36.

48) Mary A. Ankoviak, "The New Hermeneutic, Language and the Religious Education of the Adolescent", *Religious Education* 69:1(January 1974): 40 – 52.

의 영향은 신학의 영역뿐만 아니라, 교육의 영역에까지 크게 미치고 있다.49) 기독교교육의 영역에서도 예외는 아니다.

화이트헤드는 역동적이고, 학생 중심이고, 실제적이고, 경험적이며 통전적인 교육철학을 제안했다. 밀러는 화이트헤드의 과정철학을 주로 교육의 내용 차원에서 수용하고 있으나,50) 브레난 힐(Brennan Hill)은 화이트헤드의 교육철학이 기독교교육에 대하여 가질 수 있는 의미들을 말한다.51) 첫째, 교육에 대한 '과정' 관점은 종교교육자에게 종교가 현대의 생명관과 양립한다는 접근을 제공한다. 둘째, 지식의 한계에 대한 화이트헤드의 주장은 종교교육자에게 근본주의와 극도의 정통주의의 위험을 일깨운다. 셋째, 교육진행의 단계와 리듬에 대한 화이트헤드의 관점은 인간 성장과 신앙발달에 대한 보다 현대적인 다른 연구들의 보완으로 작용한다. 넷째, 교육에 대한 화이트헤드의 통전적 접근은 종교교육의 개념을 단순한 지적 신앙 형성 이상으로 확장시킬 수 있다. 다섯째, 이 관점은 교육을 생명과 연결시키며 지식이 확실한 당면성을 갖고 적용되어야 한다고 주장한다. 여섯째, 교육의 사회적 능동적 차원에 대한 화이트헤드의 관점은 공동체 건설과 학생들에게 기독교선교 감각 부여에 관심을 가진 종교교육자에게 유용하다.

이상의 기독교교육철학적 입장은 철학의 주요 관심사인 해석학,

---

49) Bernard E. Meland, *Higher Education and the Human Spirit*(Chicago: University of Chicago Press, 1953); Robert Brumbaugh, *Whitehead, Process Philosophy and Education*(Albany: State University of New York, 1981); Harold B. Dunkel, *Whitehead on Education*(Columbus: Ohio State University Press, 1965) 참조.

50) Randolph C. Miller, "Whitehead and Religious Education", *Religious Education* 68:3 (May 1973): 315 – 22 그리고 *The Theory of Religious Education Practice*(Birmingham, AL: Religious Education Press, 1980) 참조.

51) Brennan Hill, "Alfred North Whitehead's Approach to Education: Its Value for Religious Education", *Religious Education* 85:1(Winter 1990): 101 – 104.

실천, 과정을 기독교교육에 적용하여 기독교교육의 내용과 의미를 풍요롭게 하며, 심화시키려는 데 있다. 그럼에도 불구하고, 철학적 주제들을 적용하려는 기독교교육철학은 기독교교육철학의 전체적 조망을 상실하고 있다. 기독교교육철학은 전체적 구조 속에서, 전체와의 관련에서 논의되어야 한다.

2) 철학적 영역의 적용

철학의 주요 연구 영역은 존재론, 인식론 그리고 가치론이다. 존재론은 실재의 본성을 다루는 철학적 문제이다. 그것은 존재가 무엇인가를 묻는다. 존재론은 인식론과 관계가 있다. 실재가 무엇이냐 하는 문제는 그 실재를 어떻게 아느냐 하는 문제와 연관되기 때문이다. 인식론은 지식의 본성을 다룬다. 진리는 무엇이고 그것을 어떻게 아는가 하는 문제이다. 가치론은 가치의 문제를 다룬다. 가치의 문제는 크게 윤리와 미학의 갈래로 나뉜다. 윤리는 정오와 선악에 대한 물음이며, 미학은 아름다움과 즐거움에 대한 물음이다.

철학의 주요 영역을 기독교교육에 적용하려는 시도는 크게 두 가지로 나뉜다. 하나는 존재론, 인식론을 가치론적 우위의 세계관적인 입장에서 수용하여 기독교교육의 목표에 미치는 영향의 차원에서 다루는 입장이고, 다른 하나는 철학의 영역들에 의하여 기독교교육을 새롭게 파악하고자 하는 시도이다.

철학의 주요 영역을 기독교교육의 목표 차원에서 수용하려는 입장은, 형이상학적, 인식론적 관점을 가치론적인 차원 안에서 다룬다.

> "이러한 가치 지향은 실재와 진리에 관한 견해와 어울리게 교육적 과정 속에서 신중하게 목표하는 교육목표를 결정하게 해 준다. 그리고 그 목표는 어울리

는 교육방법과 커리큘럼의 강조점을 제시해 주게 된다."[52]

  이와 같은 입장은 철학의 영역들을 철학적 개념의 하위 단계에 속하는 세계관에 흡수해 버리기 때문에, 기독교교육에 대한 철학적 입장으로서는 결핍되어 있다. 따라서 이 연구의 초점상, 철학의 주요 영역을 기독교교육에 적용하려는 시도 중에서 우리가 관심을 가져야 할 시도는 철학의 영역들에 의하여 기독교교육을 파악하려는 두 번째의 입장이다.

  이 입장에서의 기독교교육철학적 논의는 다니엘 제이 애덤스(Daniel J. Adams)에게서 볼 수 있다.[53] 애덤스는 전통적인 철학의 영역인 존재론, 인식론, 가치론에 논리학, 우주론, 미학을 더하여 여섯 개의 영역을 동서양의 관점을 모두 소개하면서, 기독교교육의 관계를 검토하고 있다. 존재론은 철학의 다른 영역들의 기초를 이루면서, 영적 차원을 포함한 실재에 대한 전체적 조망을 제공한다.[54] 우주론은 '우주의 기원과 구조에 대한 연구, 특히 우연성, 필연성, 영원성 등에 대한, 특히 공간과 시간의 관계에 대한 연구'이다.[55] 우주론과 존재론은 밀접한 관련이 있어서 형이상학이라는 이름 아래 함께 다루어지기도 한다. 우주론은 인간의 기원과 운명, 시간과 공간, 시간과 영원 등의 난제와 역사관 등에 대한 주제에 대한 기독교교육적 실마리

---

52) Knight, *Philosophy and Education*, 50.

53) Daniel J. Adams, *Toward a Philosophy of Christian Education*, 이기문 역, 『기독교교육철학』 (서울: 대한예수교장로회총회교육부, 1985), 123 – 226. 그 밖에 Michael L. Peterson, *Philosophy of Education: Issues and Options*, 김도일 역, 『기독교교육을 위한 교육철학』(서울: 한국장로교출판사, 1998), 97 – 107; Knight, *Philosophy and Education*, 163 – 94에서도 같은 입장을 확인할 수 있을 것이다.

54) Adams, *Toward a Philosophy of Christian Education*, 139.

55) Dagobert D. Runes, ed., *Dictionary of Philosophy*(New York: Philosophical Library, 1965), 68 – 69.

를 제공해 준다.56) 인식론은 하나님의 계시를 근거로,57) 성서를 중심으로, 사회로부터 획득된 다양한 지식들을 이해하게 해 준다.58) 논리학은 기독교교육에서의 사고에 대해 반성하게 해 준다. 동서양의 사고를 아우르는 방식에서 기독교교육은 논리적으로 행해져야 한다.59) 가치론은 기독교적 관점에서 인격적, 관계적, 구속적 특성을 고려하여 이해해야 한다.60) 미학과 관련해서 기독교교육철학이 고려해야 할 영역은 인간의 미학적 본성 이해, 기독교적 예술의 미적 성격 판단 그리고 예술에 대한 책임이다.61) 기독교교육은 하나님의 창조성에 기원을 둔 객관적 미의 실재를 인정하면서, 이 세계를 성례전적 입장에서 적극적으로 이해할 필요가 있다.62)

이와 같은 접근은 기독교교육의 구조를 이루는 가능한 요소들을 제안하고 있지만, 그것들이 전체적으로 어떻게 체계적인 관계망을 형성하는지에 대한 언급이 없다.

지금까지의 기독교교육철학에 대한 논의들은 교육학과 철학의 내용들을 기독교교육학에 수용하려는 입장이었다. 이와 같은 입장에서의 기독교교육철학은 타 학문 의존적이고 추종적이어서 후진적이 될 것이다. 그런데 이와 같은 약점을 극복하면서, 기독교교육철학을 독자적으로 연구하려는 시도들이 있어 주의를 끈다.

---

56) Adams, *Toward a Philosophy of Christian Education*, 155 – 56.
57) Adams, *Toward a Philosophy of Christian Education*, 167.
58) Adams, *Toward a Philosophy of Christian Education*, 178 – 79.
59) Adams, *Toward a Philosophy of Christian Education*, 195 – 96.
60) Adams, *Toward a Philosophy of Christian Education*, 123 – 226.
61) Knight, *Philosophy and Education*, 47 – 48.
62) Adams, *Toward a Philosophy of Christian Education*, 226.

4. 독자적 연구 방식

기독교교육철학을 독자적으로 수립하려고 하는 입장이 있다. 한숭홍이 그중의 한 사람인데, 그는 기독교교육철학의 구조에 관심을 갖고, 그것이 어떻게 구성될 수 있는지를 제안한다.63) 기독교교육철학은 신학, 교육학 그리고 철학으로 구성된다.64) 즉 성격상 내용으로서의 신학, 방법으로서의 교육학, 기능으로서의 철학이 삼위일체적으로 모여 기독교교육철학을 구성한다는 것이다.65)

여기서 교육해야 할 신학의 내용은 하나님(Gott), 인간(Mensch), 그리스도(Christus), 세계(Welt)로, 교육의 기능은 만남(Begegnen), 의식화함(Bewußtseinwer - den), 도야함(Bilden), 만듦(Machen)으로 그리고 철학의 기능은 앎(Wissen), 개방함(Offenheit), 공존(Mitsein), 행함(Tun)으로 본다.66) 기독교교육철학은 이 세 가지 구성요소들이 각각 제 기능을 발휘하면서 조합을 이루어 형성된다는 것이다. 이 같은 구성요소를 근거로 할 때, 기독교교육철학의 유형들은 (하나님 · 인간 · 그리스도 · 세계)×(앎 · 개방함 · 공존 · 행함)×(만남 · 의식화함 · 도야함 · 만듦) = 64가지가 된다.67)

기독교교육철학의 구성에 대한 한숭홍의 논의는 기독교교육철학이 교육학이나 철학에만 의하지 않고도 수립될 수 있는 가능성을 보여준다. 즉 그 모든 것에 의한 기독교교육철학의 수립 가능성이 성립된다면, 그 모든 것에 의하지 않는 기독교교육철학의 가능성도 열릴

---

63) 한숭홍, 『기독교교육철학사상』(서울: 장로회신학대학교 출판부, 1991), 195 - 208.
64) 한숭홍, 『기독교교육철학사상』, 205.
65) 한숭홍, 『기독교교육철학사상』, 205.
66) 한숭홍, 『기독교교육철학사상』, 197 - 203.
67) 한숭홍, 『기독교교육철학사상』, 207.

것이다. 이와 같은 성격의 연구는 다양한 방식으로 나타나야 할 것이다. 그럼에도 불구하고 한승홍의 제안은 신학, 교육학, 철학 등 각기 다른 성격의 학문에 의한 기독교교육철학이 물리적 결합이 아닌 화학적 결합이라는 입증이 필요하다.

Ⅲ. 기독교교육철학 연구의 방향

여기서는 위에서 언급한 기독교교육철학에 대해 검토한 내용들과의 관련성에서 기독교교육철학이 나아갈 방향에 대해서 몇 가지를 제안한다.

1. 기독교교육철학의 성격

기독교교육철학을 규범적 입장에서 연구하는 입장으로부터 유발될 수 있는 문제는 세 가지이다. 첫째, 기독교교육철학의 용어 문제이다. 내용의 성격으로 볼 때, 규범적 성격의 기독교교육철학은 일반적으로 '기독교교육신학'이라고 불릴 수 있다. 동일한 성격의 내용에 대해 기독교교육철학과 기독교교육신학이라고 달리 칭하는 이유는 성서에 대한 입장 차이 때문이다. 기독교교육철학을 규범적 입장에서 다루는 이들은 성서에 의한 논의 외의 것에 대해 '신학'이라는 말을 붙이기를 꺼린다. 반면에 기독교교육신학이라고 하는 입장은 성서에 근거한 논의라고 하면 그에 대해 자유로이 '신학'이라는 용어를 사

용한다.68)

그렇다면 '규범적 입장에서의 기독교교육철학은 기독교교육신학인
가?'고 물을 수 있다. 우리는 여기서 기독교교육철학적 문맥에서 철
학과 신학의 관계에 대해 묻게 된다. 철학은 '특정한 주제와 문제들'
에 대한 '사고의 방법'이다.69) 특정한 주제와 문제들은 철학의 내용
이며, 사고의 방법은 분석적이든, 논증적이든, 명료화이든, 비평적이
든 철학의 방법이다. 신학의 경우, 성서와 기독교인의 삶에 대한 신
학적 방식의 연구라고 할 경우, 성서와 기독교인의 삶은 신학의 내
용이 되지만 신학적 연구방법은 객관적이지 못해 학문적이지 못하
다.70) 신학은 해석의 다양성에도 불구하고 성서에 근거한 본질적으로
하나의 방법만을 사용한다. 이 지점에서 신학적 입장의 규범적 교육

---

68) 이정근, "기독교교육과 신학의 관계에 대한 연구", 趙鍾南博士回甲紀念論文集出版委
員會 편, 『哲學博士 趙鍾南牧師 回甲紀念論文集』(서울: 기독교대한성결교회 출판
부, 1987), 523.

69) Jeff Astley, *The Philosophy of Christian Religious Education*(Birmingham, AL: Religious
Education Press, 1994), 21.

70) 신학의 학문성은 다음과 같이 정리될 수 있다. 연역적 학문으로서의 신학: 신학은 교회
의 신조를 최고의 원리로 삼아, 여기서부터 여러 가지 내용을 연역하여 발전시키는 것
이다. 실천적 학문으로서의 신학: 신학은 하나님에 관한 이론적 또는 사변적 지식을 전
개시키는 것이 아니라, 하나님에 대한 경외와 사랑을 일깨우는 연구이다. 실증적 학문
으로서의 신학: 신학은 교회를 이끌어 나가기 위한 목회자의 양성에 그 목적이 있다.
종교학으로서의 신학: 신학은 일반적인 종교학의 틀 안에서 다른 종교와 함께 종교사
적으로 연구함으로써 학문성을 추구하는 것이다. 신앙의 학문으로서의 신학: 신학은 신
앙을 전제로 하나님 등에 대해 연구하는 학문이다. 김광식, 『조직신학』 II(서울: 대한
기독교서회, 1990), 11 - 13; 김균진, 『기독교조직신학』 I(서울: 연세대학교 출판부,
1984), 33 - 54.
그런데 신학의 학문성은 항상 숙명적으로 타 학문과의 관계 속에서 야기되는 문제이다
(이 문제에 대한 본격적 연구는 Wolfhart Panneberg, *Wissenschaftstheorie und Theologie*
[Frankfurt: Surkamp, 1973]가 있다. 그리고 이 책을 중심으로 이 주제를 다룬 논문에는,
김양원, 「신학의 학문성에 관한 연구: W. 판넨베르크를 중심으로」 석사학위논문[광주:
호남신학대학교 대학원, 1997]이 있다). 신학은 타 학문의 공유를 방해하는 가치중립적
이지 못한 초월적 차원이란 장애물을 품고 있다. 그런데 기독교교육학은 바로 이 신학
의 가치중립적이지 못한 차원을 신학과의 연관에서 심화시켜 나가야 하는 이중의 숙명
성을 띤다.

철학은 철학의 영역으로부터 퇴출당한다. 또한 내용의 차원에서도 규범적 기독교교육철학은 성서에서 언급되지 않았거나 성서 관련도가 약할 경우에 빈궁한 대답을 하거나, 문제 자체를 부정하거나 침묵할 수밖에 없다. 그러나 설득력이 약하기는 하지만, 철학을 하나의 세계관으로 볼 경우,[71] 규범적 기독교교육철학은 철학의 영역 안에 머무는 것이 허락된다. 그럴 경우 규범적 기독교교육철학은 철학에 특정한 주제와 문제들을 제공하는 역할을 할 수 있다. 이와 같은 문제점들을 인정하면서 기독교교육철학은 기독교교육의 실천과 그에 관한 또는 그와 관계된 이론들에 대한 반성적, 비판적, 논증적, 분석적 사고라는 철학적 방법의 적용으로 이해할 수 있을 것이다.[72]

2. 연구 주제의 다변화

기독교교육철학에서의 연구 주제는 확대되고 새로운 주제들을 발굴해 내어야 한다. 기독교교육철학의 연구 주제와 관련하여 철학적 주제 그리고 교육의 영역과 관련하여 기독교교육의 재개념화의 차원에서 논의할 수 있을 것이다.

첫째, 철학적 주제의 차원에서이다. 종래의 기독교교육철학은 다양한 철학적 주제들을 수용하여 그 의미를 곱씹어 왔다. 그럼에도 불구하고 현대의 변화들에 대응하기에는 충분하지 못했다. 따라서 철학적으로 논의한 주제들을 수용하여 그 함의를 찾는 소극적인 추종적 방식을 벗어나 필요한 주제들을 선취하여 철학적으로 연구하는

---

71) Antony Flew, ed., *A Dictionary of Philosophy*(London: Pan/Macmillan, 1979), preface.

72) Astley, *The Philosophy of Christian Religious Education*, 29 – 30.

적극적 자세가 요구된다.

현대의 교육철학이 사회변화, 과학·기술혁명, 문화변동 등에 대하여 교육이 어떻게 대응해야 하는가 또 교육은 이러한 현대에 사는 인간에 대하여 무엇을 해야 하는가 하는, 어려운 문제에 직면하여 그 해답을 모색하고 있듯이, 기독교교육철학 역시 오늘날 관심사가 되고 있으며 중요한 생명, 영성, 환경, 세계화 문제 등에 대한 철학적 연구가 필요하다.

둘째, 기독교교육철학은 교육의 목표, 내용, 방법, 교사, 학생 등의 내용을 주로 연구의 영역으로 삼았다. 그런데 여기서 '기독교교육철학에 다른 연구 영역은 없는가?'라고 물을 수 있다. 기독교교육철학에서 새로운 연구 영역의 출현은 기독교교육을 재개념화함으로써 드러날 수 있을 것이다. '기독교교육이 무엇이냐?'는 물음에 대해서는 그동안 수많은 응답들이 있었다. 그 대부분은 가치 개입적이거나 타학문의 응용에 의한 시도였기 때문에, 본질적인 대답이 될 수 없었다. 기독교교육을 타 학문의 논리나 범주로는 드러낼 수 없는 그런 어떤 것이라는 전제하에, '신앙을 가르치고 배우는 행위'에 대한 탐색이라고 정의할 경우, 기독교교육의 본성과 밀접하게 연관되는 새로운 연구 영역이 출현한다. 그러한 교육학에서 이와 같은 시도를 시작한 장상호는 그 영역들로 어떤 것들이 가능할지에 대한 통찰을 제공한다.[73] 그것들은 기독교교육의 총체성을 구성하는 요소들은 무엇이며, 그들은 어떤 구조적 관계를 갖고 있는가 하는 구조적인 측면, 그 자체로서의 그것에 참여할 가치를 가지고 있는 세계로 보는 내재적 가치와 여타의 세계의 목표를 달성하는 수단으로서의 외재적

---

73) 장상호, "교육의 재개념화에 따른 10가지 새로운 연구영역", 「교육원리연구」, 2:1(교육원리연구회, 1997), 111–212.

가치의 측면, 어떤 것들이 소재의 영역에 속하며, 어떻게 그것들을 교육의 소재로 재구성할 수 있는가라는 소재의 측면, 교육의 관점에서 인간을 재조명함으로써 인간의 또 다른 측면의 이해에 공헌하고자 하는 교육과 인간의 측면, 교육적 활동의 변별적인 특성에 관심을 갖고, 활동을 구성하는 요소들의 상관관계에 관심을 갖는 교육활동의 측면, 교육에서 중요시되어야 할 환경요인들과 그것들의 영향 등에 관심을 갖는 교육환경적 측면, 제반 생활공간에서의 교육의 양상을 밝히는 교육공간적 측면, 교육의 수준과 유사교육의 구별 등에 관한 교육평가적 측면, 교육의 가능성을 교육에 의해서 신장시키고 확인하는 과정과 절차에 관심을 갖는 메타교육적 측면 그리고 교육적 인식론이다.

3. 독자적 방식의 연구

기독교교육학에서 철학 영역은 일반교육철학과 유사한 양상으로, 원리, 기존의 주의에 대한 연구, 분석철학, 인물들에 대한 사상 등에 대해 연구되었다. 주의나 인물의 사상에 대한 연구는 기독교교육에 대한 전제가 분명하지 않기 때문에, 동일한 철학적 입장에 대해 상이한 기독교교육적 함의가 도출된다는 점이다. 이런 난점을 피하면서 동시에 철학의 순수성을 유지하려는 분석철학적 입장은 기독교교육학에서 필요로 하는 가치판단의 작업을 유보하게 되는 난점이 있다.

그러므로 기독교교육철학은 학문성과 가치 판단을 담보하기 위해 기독교교육학 자체에 대한 연구를 과제로 삼아야 한다고 본다. 그것은 기독교교육학에 대한 철학함이라고 할 수 있다. 종종 철학을 내용의 영역에서 생각하는데, 그럴 경우 철학은 이미 주어진 사상에 대한 연구로 여겨진다. 철학은 기능으로 생각할 수 있는데, 그럴 경우 인식 대상의 본질을 연구하는 것으로 여겨진다. 그것은 어떤 현상을 철저히 분석하고, 해석하고, 수용할 수 있도록 하는 일로서의 의미이다.74)

기독교교육철학은 기독교교육학의 연구 영역인 신앙교육을 분석하고, 해석함으로써 그 본질을 더 밝혀 줄 수 있을 것으로 보인다. 한편, 기독교교육학 전체를 설명해 줄 수 있는 이론 체계를 형성하는 데에도 기독교교육철학은 기여할 수 있을 것으로 생각된다. 기독교교육철학에 요구되는 것은 '기존학설에 대한 정리, 요약, 소개, 비교 정도'75)가 아니라 불충분하더라도 기독교교육학이 독자적 학문성을 정립하는 것을 철학함으로 돕는 일이다.76)

4. 우리 기독교교육철학의 모색

우리가 위에서 보았던 기독교교육철학들의 대부분은 시대적 상황의 요구에 의한 것들인 경우가 많았다. 기독교계 학교의 위기,77) 교양교육과 직업교육, 공교육과 사교육, 학문의 권리와 자유78) 등이 그 예이다.

우리 기독교교육철학의 모색에 대한 요구는 일차적으로는 서구 편

---

74) 한승홍, 『기독교교육철학사상』, 319.

75) 한승홍, 『기독교교육철학사상』, 88.

76) Knight, *Philosophy and Education*, 157 – 62.

77) Beversluis, *Christian Philosophy of Education*, 13 – 14; Harper, *Making Disciples*, 77 – 89.

78) Peterson, *Philosophy of Education: Issues and Options*, 145 – 58.

향의 학문적 활동에 대한 반성으로부터 나온다. 그러나 우리 학문 토양에서의 학문적 필요성은 보다 근본적인 것으로부터 나온다. 즉 대부분의 학문적 주요 이론이나 개념들은 서구의 독특한 역사 과정을 배경으로 탄생한 것으로, 역사 과정을 달리하는 우리나라에 그대로 적용시킬 수 없는 이론과 개념들이다. 우리의 역사와 현실을 기반으로 우리 사회를 설명할 수 있는 새로운 개념들을 만들고 이론적 틀을 마련해야 한다.[79]

가장 합리적이고 객관적이어서 지역성을 초월할 것 같은 철학의 경우도 마찬가지이다. "성공한 철학이론이라는 것이 알고 보면 그 이론을 창출해 낸 그 철학자의 생활세계에 뿌리를 내리고 있는 생활세계적 이성의 산물이라는 것을 우리는 망각하고 있다."[80] 현실 밀착적 학문에 대한 요구는 결국 동서양이 여러 면에서 상이하다는 것이다. 학문을 하는 주체와 그가 터하고 있는 공간성 그리고 언어 등이 다르다.[81]

한국의 기독교교육의 현실 역시 서구와 다르다. 교회학교 학생 수의 감소, 이론과 실천의 분리, 교회공동체와의 비유기적 교육현실 등 서구의 기독교교육 현실과는 판이하다. 게다가 이러한 현실과는 무관하게 진행되는 기독교교육의 이론들은 교회교육의 현실을 더욱 난감하게 하고 있다. 이것은 마치 우리나라의 제1세대 철학자들이 제대로 발달된 자본주의 시장체제도, 현실 속에 실현된 민주주의도, 과학기술로 인한 삶의 소외도 없었으나, 서양철학의 배경이 겪은 근대

---

79) 우실하, "동양의 눈으로 본 한국 사회학의 현재와 미래", 홍원식 외, 『동양을 위하여 동양을 넘어』(서울: 예문서원, 2000), 141.

80) 이기상, "이 땅에서 철학하기, 탈중심 시대에서의 중심 잡기", 우리사상연구소, 『이 땅에서 철학하기: 21세기를 위한 대안적 사상 모색』(서울: 솔, 1999), 25.

81) 이기상, "이 땅에서 철학하기, 탈중심 시대에서의 중심 잡기", 32 - 55 참조.

문명이 이룬 성과와 그로 인한 현실모순과 위기를 마치 자신들도 경험한 것처럼 다룬 것과 유사하다. 그것은 서양철학을 마치 자신들의 문제처럼 인식하면서 낯설게 보지 않는 정체성 착각이라고 할 수 있다.[82]

우리 기독교교육철학의 수립을 위해서는 다양한 배경을 가진 기독교교육학자들이 그 원심력과 구심력을 우리의 기독교교육현실을 중심으로 공조하며, 그 중심을 향해 힘을 모을 때 가능성이 열릴 것이다.

5. 기독교교육철학의 교육

철학은 현학자의 사변적, 일상 도피적, 정신적 위안을 위한 소일거리가 아니다. 철학에는 현실을 파악하거나 현실을 변혁하는 의무도 있다.

> "철학은 전문인의 독점물이 아니다. 인간은 모두 이미 철학을 항상 하고 있다. 아니, 오히려 인간은 나면서부터 좋든 싫든 철학을 하게끔 운명 지어져 있는 '철학적 존재'(animal philosophicum)이다. 우리는 정상적인 인간의 삶에 있어서 세 번의 철학적 시기를 구별해 낼 수 있다.
>
> 첫 번째 시기는 어린아이가 걷기 시작하고 언어를 구사할 수 있는 능력을 갖추게 되는 시기로, 이때 어린아이에게 비로소 처음으로 세계의 대상적 연관이 열리기 시작한다. 어린아이는 끊임없이 왜, 무엇이라는 식의 물음을 던진다. 어린아이는 까닭을, 시초를 알고 싶어 한다.
>
> 두 번째 시기는 사춘기로서, 인간은 모두 삶의 분기점인 청소년 시절에 이미 한 번쯤은 우리의 전통이 '철학적'이라 부르는 문제들에 부딪혀 실존적 의미의 위기를 경험한다. ……
>
> 세 번째 시기는 삶의 만년에 해당되는데, 인간은 죽음에 즈음하여 전체에로 눈을 돌려 '과연 나는 올바른 삶을 영위했는가, ……이 유한한 인간 삶의 의미

---

82) 강영안, 『우리에게 철학은 무엇인가』(서울: 궁리출판사, 2002).

는 어디에 있는가……' 등등의 물음에 부딪히게 된다. ……

　　…… 개체로서의 인간이 겪는 삶의 '정상적'인 세 철학적 시기 외에도 예기치 않게 우리에게 ……'비정상적인' 때에 철학적인 물음을 제기하게끔 만들고 있는 '한계 상황'(에서)도 ……철학적 물음은 ……고개를 들곤" 한다.83)

　철학은 밖으로부터 주어진 규정된 정답이 아니다. 그것은 "구체적인 상황 속에서 구체적인 역사적 인간이 부대끼며 모색해 나가는 문제해결의 과정으로 파악되어야 한다."84)

　기독교교육철학은 그동안 무엇을 위한 철학이었는지, 무엇을 위한 철학이어야 하는지 반성해야 한다. 만약 기독교교육철학이 교육자들에게 기독교교육을 보는 안목을 길러 주고, 나아가 그들을 통해 학습자들이 삶의 궁극적 문제들에 대면케 하는 삶 관련적 연구임을 인정한다면,85) 기독교교육철학은 새로운 과제를 부담해야 할 것이다. 첫째, 기독교교육철학의 교육에 대한 연구이다. 어떤 내용을 어떻게 가르칠 것인가가 모색되어야 한다. 둘째, 연구 대상의 확장이다. 기독교교육의 구성요소에 대한 전통적 연구로부터 기독교교육철학의 교육과 관련된, 삶의 지평에 떠오르는 주제들에 대한 탐사가 필요하다. 철학이란 늘 살아 움직이며 자라고 성숙해져야 하는 것으로 그 중심 주제와 문제 제기의 시각이 현실의 삶과 더불어 변화될 수 있기 때문이다.

---

83) 이기상, "옮긴이의 말", Ekkehard Martens, *Einführung in die Didaktik der Philosophie*, 이기상 역, 『철학교육』(서울: 서광사, 1988), 6 - 7. (　　)는 필자.

84) 이기상, "옮긴이의 말", 8.

85) 이와 같은 측면에서의 기독교교육철학의 필요성에 대해서는 이숙종, "기독교교육의 철학적 기초", 한국기독교교육학회 편, 『기독교교육』(서울: 대한기독교교육협회, 1992), 51 - 52 참조.

Ⅳ. 나가는 글

우리는 위에서 종래의 기독교교육철학의 연구 방식을 검토하고 앞으로의 연구 방향에 대해 생각해 보았다. 기독교교육철학은 그동안 크게 신학, 교육학 그리고 철학과의 관계 안에서 논의되어 왔다. 신학적 성격의 연구는 성서의 내용을 규범적으로 수용하여 기독교교육철학을 구성하려 한다. 기독교교육철학을 교육학과 연관 지어 연구하려는 입장은 교육의 이론과 교육철학을 응용하여 기독교교육철학을 모색하려고 한다. 기독교교육철학을 철학을 실마리로 하여 연구하려는 입장은 철학의 방법인 해석학과 프락시스와 과정 사상과 같은 주요 주제들을 기독교교육에 적용하거나, 철학의 주요 탐구 영역인 존재론, 인식론, 가치론 등의 범위에서 기독교교육학이 갖는 함의들을 추구한다.

기독교교육철학에 대한 이와 같은 다원적인 접근들은 기독교교육철학의 지평의 폭을 넓힌다는 데서 의미를 부여할 수 있다. 그러나 기독교교육철학이란 용어 사용의 혼동 등 문제가 있으며, 전체적으로 타 학문에 근거한 기본의 기독교교육철학 연구는 기본적으로 기독교교육철학 자체가 무엇이냐 하는 정체성의 문제를 간과한 논의이기 때문에 그 결과가 튼실하지 않다.

따라서 앞으로의 기독교교육철학 연구는 기독교교육철학을 타 학문에 의존하지 않고 내부적으로 완결된 구조를 갖춘 학문의 요건을 구비하는 일에 관심을 가져야 할 것이다. 이를 위해서는 탐구 주제와 방법에 있어서 종전과는 다른 접근이 요청될 것이다. 아울러 기독교교육철학 연구가 현학적인 이론에 그치지 않고 현장에서 체화

(体化)되기 위해서는 그에 대한 교육도 구상되어야 할 것이다.

한편, 학문이 터해야 하는 역사와 논리를 포함한 이 땅의 현실이 이 모든 기독교교육철학 연구의 방향에 대한 제안들의 전개에 실마리가 될 수도 있을 것이다.[86] 이것은 외래학문을 배격하는 학문 국수주의적 입장이 아닌, 학문의 생래적 차별성을 고려하자는 입장이다. 이와 같은 입장에서 학문 또는 이론의 보편성 거론은 논의의 궤도를 이탈한 것이다.[87] 기독교교육철학은 유일한 이론으로 존재하는 것이 아니기 때문이다. 우리 기독교교육철학에 대한 논의가 시작이라도 된다면, 그것은 이미 전보다는 그 오차가 감소된 기독교교육철학이란 참값의 근삿값일 것이기 때문이다. 기독교교육철학은 고착된 사고와 안주로부터가 아닌 창의적인 발상과 가능성을 믿는 시도라는 토양으로부터 피어나는 꽃일 것이다.

---

86) 이 같은 생각은, 있는 것을 우리의 토양에서 소화해 내려는 노력과 다르며, 이미 있는 것을 없는 것처럼 무시하고 새롭게 시작하는 태도를 말한다. 이것은 우리의 삶과 문화를 제대로 되새겨 보고 체계화를 서둘러야 한다는 이기상과 서구 이론의 수입만으로는 창의적인 이론의 창출이 불가능하므로 깊은 동양적 지식으로 서구에 수출할 수 있는 이론을 만들어야 한다는 조동일 교수의 대조적 입장 중에서 후자에 속한다. 우리의 사고 속에 과연 우리의 것이 있을까 하는 의구심에도 불구하고 일단은 시작되어야 한다는 조바심이다. "지식인 사회 − 이것이 이슈다<5> '우리 학문' 어떻게 정립할 것인가", 「조선일보」(2002. 4. 10), 8.

87) "몇천 년 동안의 철학 논쟁에서 보편적 가치나 덕목이 무엇일지에 대해 합의에 이른 적은 없다. ……그럼 보편성의 가능성은 폐기되는가? 나는 자연과학에서 이 가능성을 발견할 수 있다고 믿는데, ……철학은 과학과 달리 세계의 구조를 직접 작업 대상으로 삼지 않는다. 철학은 세계의 의미를 작업 대상으로 삼을 수밖에 없다." 그런데 의미는 역사를 갖는다. "동일한 집단 내에서도 각 개인은 서로 다른 역사를 갖기 때문에 동일한 집단 내에서도 의미는 각 개인에 따라 다를 수 있고 또한 실제로 다르다." 탁석산, 『한국의 정체성』(서울: 책세상, 2000), 59 − 63. 따라서 우리 것을 주장한다고 해서 그것에 대해 보편성을 요구해서는 안 되고, 다만 이제까지와는 다른 의미의 층위 형성을 희망해야 할 것이다.

기독교신앙교육 인식론을 향하여

I. 들어가는 글

기독교교육은 인식론과 관계가 깊다. 인식론은 근본적으로 지식의 본성에 대해 말한다. 그것은 지식의 자원들, 지식이 바탕을 두는 가정들을 묻는 것이며, 그래서 우리가 아는 것과 알 수 있는 것을 묻는 것이다. 기독교교육 역시 반드시 인식론이라는 이름으로는 아니더라도 지식에 관심을 가져왔다. 무엇을 가르쳐야 하는지 그리고 그것을 어떻게 가르칠 수 있는지 하는 등의 문제는 모두 인식론의 범주 안에 있는 물음들이며, 따라서 기독교교육은 인식론과 불가분의 관계를 맺고 있다고 할 수 있다.

한편, 인식론은 다음의 네 가지 주요한 질문들을 다룬다. 무엇을 알 수 있는가? 아는 과정은 무엇인가? 아는 자는 누구인가? 진리와 거짓을 구분하는 기준은 무엇인가?[1] 인식론의 이와 같은 질문들은 바로 기독교교육의 내용, 교육과정과 방법, 교사와 학습자 그리고 전

---

1) James E. Loder, "Epistemology", Iris V. Cully and Kendig B. Cully, eds., *Harper's Encyclopedia of Religious Education*(San Francisco: Harper & Row, 1990), 219.

통과 변화 등과 각각 상응된다고 볼 수 있다. 그렇다면 기독교교육
은 인식론의 문제라고까지 말할 수 있을 정도이다. 즉 인식론을 논
한다는 것은 기독교교육 자체를 논하는 것과 대단히 유사하다고 할
수 있다.

기독교교육에서 인식론의 문제는 크게 노출되지 않았을 뿐 이미
기독교교육의 이론과 실천적 상황의 배경을 이루고 있다. 예를 들어,
헤르만 에이치 혼(Herman H. Horne)과 도날드 버틀러(Donald
Butler)는 이상주의의 입장에 서서 기독교교육을 올바른 사상으로 파
악하고 학습자를 이상적인 인간, 즉 예수 그리스도의 제자로 삼고자
하였다.2) 조지 에이 코오(George A. Coe)는 실험주의 입장에서 기
독교교육을 상호적 작용과 사회적 재건을 위한 행위로 보았다.3) 이
처럼 기독교교육에서 인식론의 문제는 대체로 교육철학의 영향을 받
아 그 범주 내에서 논의되고 있다.

이 글에서는 기독교교육인식론에 관한 기존의 문헌들을 크게 이성
과 경험적 접근으로 나누어서, 거기에 나타나는 주요한 입장들을 정
리하고, 이에 대해 비평적 성찰을 함으로써 각각의 인식론이 지닌
한계점을 극복할 수 있는 대안들을 모색해 볼 것이다. 그럼으로써
이성과 경험 중에서 어느 한 극단으로 치우친 기독교교육 인식론을
극복함으로써 기독교교육을 보다 효과적으로 수행하도록 도움을 줄
수 있을 것이다.

---

2) Herman H. Horne, *The Philosophy of Christian Education*(New York: Fleming H. Revell
Company, 1937); J. Donald Butler, *Religious Education: The Foundations and Practice of
Nurture*(New York: Harper & Row, 1962); J. Donald Butler, *Idealism in Education*(New
York, Harper & Row, 1966); J. Donald Butler, *Four Philosophies and Their Practice in
Education and Religion*, Rev. ed.(New York, Harper, 1957).

3) George A. Coe, *A Social Theory of Religious Education*(New York: C. Scribner's Sons, 1917);
George A. Coe, *What Is Christian Education?*(New York: Charles Scribne's Sons, 1929) 참조.

Ⅱ. 기독교교육의 인식론적 접근들

기독교교육에서 인식론적 접근은 전술한 바와 같이 크게 두 가지로 나뉜다. 하나는, 이성을 중심으로 한 접근이며, 다른 하나는, 경험을 중심으로 하는 접근이다. 인식론과 관련된 기독교교육 문헌들은 대부분 이 두 가지 접근 중 하나에 속한다. 그러므로 여기에서는 인식론을 주제로 한 문헌들을 이성과 경험적 접근이라는 두 부분으로 묶어서 설명하겠다.

1. '이성' 중심의 접근

기독교교육철학의 인식론적 접근에서 이성을 중시하는 입장을 확연하게 나타내는 학자들 중 한 사람은 엘 필립 반즈(L. Philip Barnes)이다. 반즈는 "종교교육에 대한 현상학적 접근에 무엇이 잘못되었는가?"라는 논문에서 종교교육에 관한 현상학적 접근이 지닌 자유주의적 신학의 색채와 문제점들을 비판적인 시각으로 지적하였다. 특히 그가 강조한 내용은 현상학적인 접근 방식이 지나치게 종교적인 경험을 강조하여, "종교적인 경험에 종교의 본질이 포함되며, 종교적인 경험이 종교적인 개념이나 언어를 초월할 수 있다."고 주장하는데, 이러한 주장은 잘못된 것이라고 비판하였다. 그러면서 그는 후기 루트비히 비트겐슈타인(Ludwig Wittgenstein) 학파의 시각을 가지고 사람들 사이에서 공유되는 '언어'와 '개념'들은 경험적인 인식보다 앞서는 것이라고 하면서, 인식에 있어서 이성적이며 보편적인 특성을 강조하였다. 이러한 그의 견해는 '종교적인 언어 없이 종교적인 경험이란 있을 수 없다.'는 말로 표현된다. 반즈는 이러한 입장에서 종교에 대한 학습자들의 이해는 '언어'를 공유하는 사람들 사이의 담화에 의해서, 그 담화가 이루어지는 세상 속으로 들어감으로써 이루어질 수 있다고 하였다.4) 반즈의 이론은 기독교교육에서 현상학적 접근 방식의 기본적인 신학적 전제를 분석해 주었다는 점에서, 그리고 인식의 과정에 있어서 언어의 기능을 제시해 주었다는 점에서 긍정적으로 평가된다. 사실 어떤 민족이든지 언어를 소유하지 않은 공동체는 없고 또 아무리 고등한 유인원(類人猿)일지라도 인류와 같은 언어 능력이나 언어 체계를 가지고 있지는 않다. 이러한 점에서 반즈의 이론은 타당성을 얻는다. 그러나 진리를 인식함에 있어서 과연 이성적인 측면인 언어가 경험을 앞서는지에 대한 근거는 명확하지 않다. 이것은 언어의 초기발생과정에 대한 문화인류학적인 연구에 의해서 검토되어야 할 문제이다.

이성을 중심으로 한 인식론적 접근의 또 다른 예는 니콜라스 에이치 베버슬루이스(Nicholas H. Beversluis)의 기독교교육철학이론이다. 그는 기독교교육의 목표를 '인간다운 사람으로서의 교육'(education as a human person)이라고 하였다. 그러면서 그는 인간다움의 주된 근거들을 성경 안에서 발견할 수 있는데,5) 성경이 말하는 인간의 특성들 중에서 가장 핵심적인 것은 사고하고 선택할 줄 아는 이성적인 능력이라고 하였다. 그러므로 학습자에게 어떤 경험을 제시하기에 앞서 그들에게 있는 이성적인 능력을 개발하는 작업이 우선되어야

---

4) L. Philip Barnes, "What is Wrong with the Phenomenological Approach to Religious Education?", *Religious Education* 96:4(Fall 2001), 445 – 61.

5) Nicholas H. Beversluis, *Christian Philosophy of Education*, 최광석 역, 『기독교교육철학』(서울: 한국개혁주의 신행협회, 1979), 31, 83.

한다고 주장하였다. 이를 위한 교육은 운동장이나 통학 버스 또는 가족의 식탁에서 이루어지기보다는 '교실'에서 이루어진다.6) 이처럼 베버슬루이스가 주장하는 인식론적 경향은 학습자의 경험보다는 그들의 이성적인 능력을 중시하는 것이다. 베버슬루이스와 유사한 주장을 하는 이들에 제프리 에스 포레이(Jeffrey S. Forrey), 헤르만 바빙크(Herman Bavinck) 그리고 노르만 이 하퍼(Norman E. Harper)가 있다.

보수주의적 신학의 색채가 짙은 포레이는 '계시'와 '삼위일체성'에 근거를 둔 인식론을 주장하였는데,7) 그는 기독교인의 추론(reasoning)이 비기독교적인 것과 대조적인 것이 되어야 한다고 주장하였다. 그이유는 하나님의 지력(知力, understanding)이 모든 철학자들의 것을 뛰어넘기 때문이다. 또한 그는 '계시'를 강조하였는데, 계시에 근거를 두는 성서적 인식론은 그리스도에게서 절정을 이루며, 성령은 죄로 인한 인간의 인식적인 한계를 극복할 수 있도록 도우시는 역할을 하신다고 보았다. 그는 어거스틴(Augustine)이 말한 '나는 이해하기 위해서 믿는다.'(credes ut intelligam)라는 견지에서 신앙에 의한 이성적인 인식론을 주장하였다. 그러면서 신앙에 의한 이성적인 인식은 어떤 확실성을 소유한 것인데, 그 확실성이란 감각적인 경험에 의한 것이 아니고, 인간에게 신앙을 주신 하나님으로부터 발생되는 확실성이라고 하였다.

화란계 기독교교육학자인 바빙크는 철학이 해야 할 최고의 직무가 '확실성에 대한 추구'라고 하였다. 그러면서 그는 이 '확실성'에 대

---

6) Beversluis, *Christian Philosophy of Education*, 63.

7) Jeffrey S. Forrey, "Building a Christian Philosophy of Education", *Christian Education Journal* 4:1(Spring 2000), 111 – 24.

한 추구가 결코 헛된 것이 아니라고 주장하였는데, 그 이유는 그것이 믿음과 계시에 근거를 두고 있기 때문이다.[8] 인간의 이성은 신적 존재의 반영인데, 사물의 보편성은 이성의 사고과정에 의하여 인간의 의식으로 들어간다. 세계는 그것이 정신적이며, 논리적이기 때문에 인간의 정신에 의해서 객관적으로 이해될 수 있다. 이러한 과정에 의해서 얻어진 진리 또는 지식은 실용적인 유용성과는 달리 변경시킬 수 없는 가치를 지닌다.[9] 이러한 견지에서 바빙크는 경험론을 비판하였는데, 그는 사실들(facts)은 물질세계의 현상 저쪽에 있는 것을 말할 수 없기 때문에 우리에게 궁극적인 도움을 줄 수 없으며, 따라서 경험에 의한 지식은 보편적이고 영구적인 것이 될 수 없다고 비판하였다.[10]

하퍼는 바빙크의 이론을 지지하는 입장에 서 있다. 그는 하나님께서 세상을 합리적으로 구성하셨기 때문에 하나님의 형상을 닮아 이성을 소유한 인간이 그의 생각하는 능력을 활용함으로써 이 세상을 이해할 수 있게 된다고 하였다. 그리고 인간이 여러 세대에 걸쳐서 지식을 전달할 수 있는 것도 바로 인간에게 있는 이성을 활용함으로써 이루어진다고 보았다. 그렇기 때문에 그는 기독교교육이 단순하고도 기계적인 암기에만 치중할 것이 아니라 학습자로 하여금 생각할 수 있는 힘을 키워 주도록 해야 한다고 지적하였다.[11] 그러면서 하퍼는 그의 글의 후반부에 존 듀이(John Dewey)를 중심으로 한 경

8) Cornelius Jaarsma, *The Education Philosophy of Herman Bavinck: a Textbook in Education*, 정정숙 역, 『헤르만 바빙크의 기독교교육철학』(서울: 총신대학출판부, 1983), 53, 113.

9) Jaarsma, *The Education Philosophy of Herman Bavinck*, 113 – 22.

10) Jaarsma, *The Education Philosophy of Herman Bavinck*, 52, 117.

11) Norman E. Harper, *Making Disciples: The Challenge of Christian Education at the End of the 20th Century*, 이승구 역, 『제자훈련을 통한 현대기독교교육』(서울: 엠마오, 1990), 31.

험주의적 교육 방식을 비판하였다. 그는 듀이가 경험론적인 입장을 종합하면서, '교육은 경험의 끊임없는 재구성으로 이해되어야 한다.' 라고 한 주장을 비판한다. 하퍼는 경험만이 인간에게 있어서 실재적이라는 입장에 반대하면서, 이러한 주장을 하는 사람에게는 하나님을 믿는 신앙이 있을 수 없다고 하였다. 왜냐하면 경험 이상의 것이 전혀 없다는 것은 초경험적인 실재를 부인하는 입장이 되기 때문이다. 가변적인 인간의 경험에만 의존한다면, 사람의 사고 속에는 "변함이 없으시고, 회전하는 그림자도 없으신"(약 1:17) 불변하시는 하나님이 계실 자리가 없으며, 결국 인간은 상대주의의 위험에 빠지게 된다는 것이다.12)

이처럼 베버슬루이스, 포레이, 바빙크 그리고 하퍼가 주장하는 바는 거의 유사하다. 그들은 공통적으로 철학이론을 구성할 때, 성서에만 근거를 두었고, 인간에게 있는 하나님의 형상의 여러 특성들 중에서 이성적인 것, 즉 합리성만을 강조하였다. 그러면서 그들은 어떤 절대적인 지식이 있으며, 인간이 추론을 통하여 그것을 획득할 수 있으므로 교실 안에서의 수업과 학습자들의 사고력 개발을 강조하였다. 지식의 절대성을 강조한다는 입장에 서 있을 경우 기독교교육철학적 인식론의 발전적 전개를 기대하기는 어려울 것으로 예상된다. 그렇기 때문에 이 네 학자의 글에서도 핵심적인 논리가 반복되어 나타나는 것이다. 또한 이러한 이론들에 의한 기독교교육은 학습자의 '학습'보다는 교사의 '가르침'에 의존할 가능성이 많아지고, 교육은 주입적 성격을 띠게 되어 인식론이라 할 수 없는 강제적 인식이 행해질 가능성이 높아진다.

전반적으로 보았을 때, 기독교교육철학의 인식론적 접근의 입장에

---

12) Harper, *Making Disciples*, 181.

서 이성을 중심으로 한 이론들은 성서를 중심으로 한 것으로서 보수
주의적인 신학의 특성을 나타낸다. 이들은 이성이 다른 피조물들 중
에서 인간을 구별해 주는 결정적인 요인이며, 인간은 이성을 통하여
절대적이면서도 보편적인 진리를 발견할 수 있다고 주장한다. 이러
한 의미에서 지식 또는 진리에 대한 이들의 인식은 탈맥락적인 성격
을 지닌다. 이들은 진리를 인식함에 있어서 연역적인 추론의 과정을
중시한다. 그리고 인간이 이성을 사용하여 분석과 종합, 즉 현상을
분석하여 본질을 파악할 뿐만 아니라 그것을 종합하여 다시 현상을
전체적으로 파악할 수 있는데, 특별히 여기에 이성이 결정적인 역할
을 한다고 본다. 이성을 사용하여 얻은 앎은 전적으로 오류가 없는
확실한 지식으로서, 오직 이성에 의한 지식만이 유일하고도 유의미
한 가치가 있다는 입장이다.

2. '경험' 중심의 접근

'경험'을 중심으로 한 인식론적 접근은 '이성'을 중심으로 한 접근
과는 정반대의 입장에 서서, 지식이 역사적인 생명과 한계를 갖는다
는 사실에 주목한다.[13] 이들은 이 세상에 완벽한 지식이란 결코 존
재하지 않으며 또한 그러한 완벽성을 보장하는 방법도 존재하지 않
는다고 보면서 다양한 종류의 방법을 통하여 지식에 이를 것을 제안
한다. '경험'을 강조하는 입장에 서 있는 사람들은 인간에게 어떤 절
대적인 지식이 없다는 것 때문에 좌절할 필요는 없다고 생각한다.
오히려 그들은 현재까지 발견한 지식이나 진리가 완벽하지 않다는

---

13) 장상호, "교육적 관계의 인식론적 의의", 「교육원리연구」, 1:1(서울대학교 교육원리연구
회, 1996), 1 - 5.

것을 인식작업을 위한 근본적인 동기로서 여기고, 절대적인 진리를 향해 나아가는 '과정' 자체를 중시하는 것으로 보인다.

'경험'을 중심으로 한 인식론적 접근 방식 중에서 현상학적 접근이 지닌 경험적인 측면을 강조한 사람은 마이클 그리미트(Michael Grimitt)이다. 그는 "내가 종교교육에서 무엇을 할 수 있는가?"에서 종교에 있어서 경험이 핵심적인 부분이라고 하였다.14) 그는 기독교교육의 목적을 '학습자로 하여금 사고와 깨달음의 독특한 양식인 종교에로 입회시키는 것'으로 정의하였다. 이러한 목적을 따라서 교사들은 학습자들로 하여금 종교적인 '느낌'들을 자각하도록 도움으로써, 학습자들이 종교에 대한 어떤 통찰을 할 수 있도록 도와야 한다고 보았다. 그는 이를 위하여 예배, 필름과 테이프, 이야기 등을 통한 종교적인 경험들을 제공할 것을 제안하였다.

그리미트의 현상학적이면서도 경험적인 접근 방식을 옹호하는 입장에 서서 테런스 로밧(Terrance Lovat)은 현상학자인 에드문트 후설(Edmund Husserl)이 주장한 '판단중지'(epoche)란 일종의 경험적인 방식인데, 이것은 선입견을 제거함으로써 일련의 새로운 판단들을 할 수 있도록 하는 데 목적이 있다고 하면서 현상학이 지닌 장점들을 강조하고자 하였다. 그러면서 그는 배움에 대한 개방성을 가지고 확실성으로 가까이 나아가는 귀납적인 과정이 중요하며, 이것이 바로 교육의 장이 된다고 하였다. 로밧은 경험을 중심으로 한 현상학적인 접근 방법이 학습자에게서 광범위한 앎이 강화되도록 하는 것이라고 보았다.15)

그리미트와 로밧의 경험적이면서도 현상학적인 접근 방식이 우리

---

14) Michael Grimmitt, *What can I do in RE?*(Great Wakering: McCrimmon, 1973).

15) Terrance Lovat, "In Defense of Phenomenology", *Religious Education* 96:4(Fall 2001), 564 - 71.

에게 주는 교훈은, 대체적으로 인간의 이성적인 능력이 한계점을 지닐 수 있으므로 무엇인가를 판단하려 할 때 조심스러워야 하며, 어떤 하나의 진리를 추구하며 나아갈 때 다양한 경험의 방법들을 활용해야 한다는 점이다. 그러나 이들의 견해들을 볼 때, '판단정지'를 통하여 선입견을 제거하는 것이 과연 어느 정도 가능한지가 의심스럽고, 경험과 경험들이 통찰로서 연결될 때 결국은 인간의 이성이 지닌 합리적 특성들이나 선이해로부터 도움을 받을 수밖에 없을 것이라는 것과, 현상학이 지향하는 바 인식자의 객체에 대한 묘사적인 작업이 단지 묘사작업 그 자체로만 끝날 수도 있다는 귀납적 지식의 한계성을 볼 수 있다.

'경험'을 중심으로 한 인식론적 접근 방법을 주장한 또 다른 사람은 샤론 와너(Sharon Warner)이다. 그는 자아와 세계 사이의 관계에 있어서 인식론적인 단절이라는 문제가 발생하게 되었는데, 그 근본적인 원인이 르네 데카르트(René Descartes)의 철학의 영향에 있다고 하였다. 그는 데카르트 철학에서의 인식론의 요점은 자아와 세계의 명확한 분리인데 이러한 분리를 극복하기 위하여 마이클 폴라니(Michael Polanyi)의 인식론적 구조를 숙고하였고, 이를 통하여 '참여하는 의식'(participating consciousness)으로서의 인식론이 필요하다고 주장하였다. 그러면서 그는 관여(involvement) 행동으로서의 앎이 되어야 할 것을 주장하였는데, 이것은 바로 경험적인 접근 방식으로 이해된다. 앎은 '방관'(on‒looking)의 과정이 아니라, 활동적인 참여라는 것이다. 데카르트 철학의 이탈은 경험을 부정하지만, 그것을 극복하고자 하는 참여적인 의식으로서의 앎은 경험에 근거를 둔다는 것이다. 자아와 세계의 인식론적인 단절이 극복되면 결국 학습자는 세계에 참여하는 삶을 살게 된다는 입장이다. 와너는 '이성'

중심의 인식론이 지닌 한계점을 매우 분명하게 지적하였고, 이에 대한 대안으로서 '참여'의 중요성, 즉 '세계 안에서의 경험'의 중요성을 명확하게 제시하였다.

와너와 같이 앎이 경험적이고 참여적이어야 한다는 것을 인간의 '신체'를 중심으로 하여 다른 차원에서 '경험'적이고 감각적인 측면을 강조한 사람은 제프 브로크만(Jeff Brockman)이다. 그도 와너와 마찬가지로 폴라니의 이론으로부터 통찰을 얻어서 "교육을 위한 신체적 인식론"이라는 논문을 통해 지금까지의 앎의 형식이 문화의 테두리 안에 묻혀 있는 것이며, 그렇기 때문에 각각의 문화가 지닌 전통적인 오류와 왜곡들로부터 영향을 받게 된다는 점을 지적하였다.[16] 인간이 문화로부터의 영향력들을 극복해 내기 위해서는 더 근본적인 인식의 방법이 필요한데, 그는 그것을 몸 차원(somatic dimension)의 앎이라고 하였다. 신체적 감각을 통해서 알려진 몸적 지식이야말로 보편적인 앎의 방식이라는 것이다. 예를 들어, 분만에 대해 이론적인 설명을 듣는 것보다는 실제로 분만을 경험하는 것이 더 확실한 앎이라는 것이다.

브로크만의 몸적인 경험 인식론은 개념과 언어를 중심으로 한 기존의 기독교교육 방식에 대한 정확한 지적이 된다. 지금까지의 기독교교육은 영과 육과 혼의 차원들 중에서 지나치게 영적인 면과 정신적인 면에 치우쳐 왔다. 그러나 한편으로 볼 때, 과연 브로크만이 기대한 바와 같이 몸이 문화의 테두리를 벗어난 보편적인 인식의 통로가 될 수 있는가에 대해서는 의문을 갖게 된다. 왜냐하면 몸이야말로 가장 문화의 영향에 젖어 있는 부분이기 때문이다. 예를 들어, 한

---

16) Jeff Brockman, "A Somatic Epistemology for Education", *The Educational Forum* 65:4 (2001), 328 – 34.

국인은 바닥에 앉는 것을 편하다고 생각하지만, 서양 사람들은 의자에 앉는 것을 더 편하게 여기지 않는가.

폴라니의 이론으로부터 영향을 받은 또 다른 기독교교육철학자는 로버트 마틴(Robert Martin)이다. 그는 포스트모던 시대의 특징은 '실재'에 대한 다차원적인 이해를 하는 상대주의라고 하였다. 그러면서 포스트모더니즘의 도전에 능동적인 대응을 하기 위한 지적인 갱신의 차원으로서 '비판적 실재론'을 제안한다. 이러한 접근 방법에서 인식자는 특정한 실재에 대한 비판적이고도 경험적인 이해의 작업을 하게 된다고 하였다. 어떤 대상(object)에 대해서 가장 잘 가르쳐 줄 수 있는 것은 교사의 언어가 아니고 대상 그 자체이므로 대상에 대한 직접적인 경험이 중요하다는 입장이다. 이를 위하여 마틴은 동참함과 예전의 실천을 통한 방법을 제시하였다.17)

그리미트, 로밧, 와너, 브로크만 그리고 마틴의 이론들을 전반적으로 보았을 때 알 수 있는 사실은 이들 모두가 포스트모더니즘 시대의 흐름을 반영하고 있다는 점이다. '이성'을 중심으로 하는 학자들이 대체적으로 '성서'적 인간론에만 근거를 두고 인식론을 펴 나간 반면에, 이들은 경험이 발생하게 되는 다양한 채널들을 존중한다. 이러한 다양한 채널들을 통해 그들은 귀납적인 방식으로서 지식을 얻게 되며, 그러한 지식이야말로 학습자─세상의 관계가 밀접해질 수 있는 방식이라는 주장이다. 그러나 '경험'주의자들이 '이성'주의자들에 대하여 가한 비판과 마찬가지로, 귀납적인 지식이야말로 지나치게 주관적이고 불확실성에 빠지게 된다는 우려를 하지 않을 수 없다. 또한 인간의 개념형성 과정에서 반드시 경험적이며 후천적인 것의

---

17) Robert K. Martin, "Having Faith in Our Faith in God: Toward a Critical Realist Epistemology for Christian Education", *Religious Education* 96:2(Spring 2001), 245 – 61.

중요성만큼이나 선험적이면서도 추상적인 것도 중요하다. 그러나 '경험'을 중시하는 기독교교육의 학자들이 주장하고 싶은 것은 인간이 절대적인 진리를 소유할 수 없을 뿐만 아니라, 그 절대적인 진리가 무엇이냐보다는 기독교교육에서 진리를 향하여 나아가는 과정 그 자체가 더 중요하다는 점이다. 그렇기 때문에 객관적인 결과보다는 주관적인 과정의 측면이 강조되는바, 즉 키르케고르가 일찍이 말한 '당사자적 진리'(truth for me)의 측면이 오히려 더 실재적이며 실천적일 수 있다는 것이다. 이것은 지식에 대한 상대주의적 입장이다.

이제 우리의 관심을 기독교교육의 현장으로 돌려 보자. 효과적으로 신앙을 가르치고 배우기 위하여 '이성'을 활용한 방법과 '경험'을 활용한 방법에 대하여 우리는 어떠한 입장을 가지는 것이 바람직할 것인가? 신앙교육에 있어서 이성은 매우 중요한 역할을 한다. 지금까지의 기독교교육은 주로 '믿음은 들음에서 난다.'는 입장에서 '듣고 생각하는 방식'의 교육을 해 왔다. 그러나 이것은 신앙이 '사실에 관한 믿음'(belief that)[18]이라는 차원, 즉 지적인 동의에만 그칠 가능성이 있다. 신앙이 '대상을 믿음'(belief in)이라는 실존적이며 고백적인 차원에까지 나가기 위해서는 반드시 감성적이고 의지적인 측면에의 호소가 있어야 하는데, 이를 위해서는 경험이 반드시 필요하다. 이러한 차원에서 제프 애슐리(Jeff Ashley)는 기독교교육이 합리적일 수만은 없으며 경험이 반드시 필요하다고 하였다. 그리고 지오페리 바르눅(Geoffery Warnock)과 같은 사람은 로렌스 콜버그(Lawrence Kohlberg)의 이론이 지나치게 합리적인 판단에만 근거를 두고 있다면서 인간에게 있는 어떤 윤리적인 차원의 문제는 이성의 범주 이상

---

18) Jeff Astley, *The Philosophy of Christian Religious Education*(Birmingham, AL: Religious Education Press, 1994), 189.

의 것이라고 하였다.[19] 그리고 제임스 엠 리(James M. Lee) 역시 종교가 전인간적 활동이기 때문에 종교교육의 내용은 신학, 인식의 차원이 아닌 종교 전체가 되어야 한다고 설명하면서 인식, 정서, 생활양식, 행동 등의 다양한 요소들을 통합하는 교육이 되어야 한다고 하였다.[20]

위와 같은 점들을 고려할 때, 우리는 기독교교육의 인식론이 '이성 대 경험'이라는 대립의 양상을 극복하고 이 두 가지가 통합되는 방식의 인식이론이 개발되어야 할 필요성을 절감하게 된다. 이러한 인식론은 ('이성' 중심의 접근 방식이 갖는 한계점을 극복한다는 의미에서) 초이성적이며 동시에 ('경험' 중심의 접근 방식이 갖는 한계점을 극복한다는 의미에서) 초경험적인 특성을 지닐 것이다. 그러나 이성과 경험을 통합시키는 포괄적이고 체계적인 인식론의 주창은 많은 시간과 노력이 투입될 것으로 예상되며, 그 주장의 진술은 수많은 지면을 할애해야 할 것이다. 따라서 여기서는 이성과 경험을 통합하는 기독교교육 인식론의 창출을 위한 예비적 단계로서 이성과 경험 중심의 인식론을 극복하고자 하는 노력의 과정으로 대안들을 제시하는 데에 만족할 수밖에 없다.

Ⅲ. 신앙적 기독교교육 인식론

우리는 이 글의 서론 부분에서 제임스 이 로더(James E. Loder)의 말을 따라, 인식론의 주요한 네 가지 질문들을 "무엇을 알 수 있

---

19) Astley, *The Philosophy of Christian Religious Education*, 224.

20) James M. Lee, "The Blessing of Religious Pluralism", Norman H. Thompson, ed., *Religious Pluralism and Religious Education*(Birmingham, AL: Religious Education Press, 1988), 76.

는가?", "아는 과정은 무엇인가?", "아는 자는 누구인가?", "진리와 거짓을 구분하는 기준은 무엇인가?"라고 하였다. 이는 인식론의 문제들을 전체적으로 검토할 수 있는 타당한 틀로 여겨진다. 따라서 우리는 이와 같은 틀을 기준으로 이성과 경험을 중심으로 하는 인식론을 극복할 수 있는 방안들을 모색해 보고자 한다.

1. 실재로서의 신앙

로더에 따르면, 인식론의 첫 번째 물음은 "무엇을 알 수 있는가?" 이다. 이 물음은 사실 존재론과 인식론의 경계에 걸쳐 있는 문제이다. "무엇이 있느냐?"는 물음에 대답하는 것은 "무엇을 알 수 있느냐?"는 문제에 얼마간의 영향력을 행사할 것이다. 있다고 생각하는 그것을 알 수 있고 알아야 하기 때문이다. 있는 것에 의해 아는 것이 좌우된다. 예를 들어, 이성 중심의 인식론은 '이상'이야말로 궁극적 실재이며, 인간의 정신은 모든 외양을 넘어서 그 실재를 추구해야 한다고 주장한다. 경험 중심의 인식론은 '경험' 자체를 실재라고 생각하며, 사람은 환경과의 작용을 통해 경험을 하게 된다. 이성 중심의 인식론에서는 존재론이 실재를 어떻게 아느냐 하는 인식론보다 우선하며, 경험 중심의 인식론에서는 경험을 통해 사물들을 어떻게 알 수 있느냐 하는 인식론이 무엇이 있느냐 하는 존재론을 결정한다.

이 궁극적 실재는 이성 중심의 기독교교육에서는 하나님이 될 것이다. 그러나 기독교교육의 현장에서 그 내용은 확대된다. 거기에 속하는 내용들에는 우선 성서가 있을 것이며, 예수 그리스도 등 중요한 교리들이 있을 것이다. 경험 중심의 기독교교육에서 실재는 하나님 체험 또는 신앙 체험이 될 것이다. 그러나 기독교교육의 현장에서 그 내용은 기독교와 연관될 수 있는 사회적 체험으로까지 확장된다.

이성 중심과 경험 중심 기독교교육은 인식론의 대상인 실재, 곧 교육의 내용에 대해 순진성을 벗어나지 못하는 인상을 준다. 실재를 이상적인 것으로 보든, 경험적인 것으로 보든 이와 같은 인식론에서는 실재가 학습자의 밖에 존재하는 이상적인 실체로 본다. 장상호에 따르면, '정초주의'(foundationalism)라고 불릴 수 있는 이와 같은 경향은 절대적 지식을 상정하고 그것을 "오류가 없이 발견하고 검증하는 확실한 방법론을 모색하는 방식으로 개념화되어 왔다." "철학적 인식론자들은 역사적으로 사실의 세계에서 일어났었고 또한 일어나고 있는 현상을 해명하기보다는 그것들을 사변을 통해 철학적 취향에 맞는 체제로 구성하는 일을 주로 하였다. 이들은 인식의 과정에 포함된 복잡한 사실의 문제나 그들의 전문적 능력 밖의 주제는 생략하거나 혹은 선험적인 것으로 가정하고 넘어가는 편법을 취하였다. 그것은 철학자로서 불가피하고 당연한 처리 방식이 될지도 모른다."21) 하지만 "이런 관점은 철학자의 사변적 관심을 충족시킬 수는 있을지 모르나 전혀 현실성이 없다."

그렇다면 기독교교육에서 인식론의 대상인 실재의 현실은 무엇인가? 그것은 성서나, 교리, 신앙의 체험이 아니다. 그와 같은 기독교교육적 실재들이 그 자체가 목적이 될 때, 실재로서의 현실성이 떨어진다. 비현실적인 기독교교육적 실재들은 정당한 목적과 연관될 때, 그 타당성이 인정될 것이다. 기독교교육은 기독교의 복음을 전달하는 기독교교육으로부터, 종교적 경험을 강조하는 종교교육으로 그

---

21) 장상호, "교육적 반전의 내재율에 비추어 본 고대희랍의 교육삼대", 교육원리연구회, 「교육원리연구」 4:1(1999), 2.

리고 여러 종교 중의 하나로서 종교성을 배경으로 하는 기독교종교교육을 거쳐 신앙교육의 시기로 접어들었다. 기독교교육이 신앙을 추구하는 것은 정당하다. 신앙은 일반적으로 인정되듯이 지·정·의의 통합적 차원을 소유하므로 이성과 경험 중심의 인식론을 그 안에 모두 담을 수 있는 실재가 될 수 있을 것이다.

기독교교육에서 신앙이 실재와 연관되는 방식은 두 가지이다. 하나는, 신앙의 관점에서 기존의 이성과 경험 중심의 인식론을 재편하는 것이고, 다른 하나는, 신앙을 실재로 하여, 거기에 이성과 경험 중심의 인식론을 종속시키는 것이다.

2. 성서·기도·봉사의 인식과정

로더에 따르면, 인식론의 두 번째 물음은 "아는 과정은 무엇인가?"이다. "어떤 과정을 통해 알게 되느냐?"는 질문은 인식론의 첫 번째 물음인 "알 수 있는 것은 무엇인가?", 즉 지식의 대상에 대한 물음에 의해 부분적으로 영향을 받는다. 이성 중심의 인식론은 앎의 과정이 정신적이어야 하며, 올바른 이성의 사용에 의하여 지도되어야 한다고 주장한다. 그 형태들 중 전형적인 것은 플라톤적으로는 변증법이고, 소크라테스적으로는 대화법이다. 이것들은 모두 감각 경험과 외양으로부터 '정의'나 '덕'과 같은 주어진 주제들에 관한 본질적이거나 보편적 진리를 끌어내기 위해 합리적 물음을 던짐으로써 전진한다. 경험 중심의 인식론은 가장 적절한 '경험'이라는 실재를 획득하기 위한 과정으로 과학적 사고를 따른다. 과학적 사고는 경험에서 문제 확인, 가설의 설정과 추리, 검증, 가설의 수정 등의 단계를 거치는데, 이러한 과정을 거친 경험으로부터 참된 지식을 얻을 수 있다고 본다.22) 이와 같은 내용들을 통해서 우리는 이성 중심의 인식론과 경험 중심의 인식론이 지식 획득의 도구로 이성의 기능을 중시하고 있음을 알 수 있다.

앞서 말했듯이 기독교교육의 실재를 '신앙'이라고 할 때, 신앙은 이성에 의해 파악될 수는 있으나 획득되지는 않는다. 신앙은 획득의 대상이 아니라 형성의 대상이다. 기독교교육에서는 현재 신앙을 지·정·의의 차원에서 설명하고 있다. 지적으로 믿는 것으로서의 신앙, 정서적으로 신뢰하는 것으로서의 신앙 그리고 아가페적 삶을 재현하는 행함으로서의 신앙은 획득의 대상이라기보다 우리 안에 형성되어야 할 실재이다. 신앙이 이처럼 다차원성을 가졌다면 거기에 이르는 인식의 과정 역시 단차원적일 수는 없다. 신앙의 세 차원은 각각 상이한 성격의 것으로 그것이 혼합되어 있다기보다는 긴장 관계에 있으면서 서로 조화를 이루는 상태로 보아야 할 것이다. 그러므로 신앙의 각 차원에 이르는 인식의 과정들은 각 차원에 고유한 것이어야 할 것이다.

일반적으로 지적으로 믿는 것으로서의 신앙은 주로 성서와 설교를 통해서 온다. 그리고 정서적으로 신뢰하는 것으로서의 신앙은 기도를 통해 온다. 기도는 일반적으로 하나님께 특정한 내용을 구하는 것으로 생각한다. 그러나 기도의 최고의 차원은 관상기도로서 기도자는 그 기도에서 하나님과 만나 교제를 나누며 평화를 누린다. 그리고 아가페적 삶을 재현하는 행함으로서의 신앙은 희생을 바탕으로 하는 봉사를 통해 온다. 따라서 신앙의 지·정·의에 이르는 인식적

---

22) John Dewey, *How We Think: A Restatement of the Relation of Reflective Thinking to the Educative Process*(Carbondale & Edwardsville: Southern Illinois University Press, 1938).

통로는 성서, 기도, 봉사로 볼 수 있다. 성서의 말씀을 깨달음으로써 시작된 인식은 기도 안에서 인식 결과의 확신에 이르며, 봉사를 통해 인식의 실천에 이름으로써 지식에 도달한다. 이와 같은 신앙의 인식 통로는 기독교교육의 교육과정이 어떻게 구성되어야 하는지에 대한 방향도 제시해 줄 것이다.

3. 능동적 신앙 형성자로서의 학습자

로더에 따르면, 인식론의 세 번째 물음은 "아는 자는 누구인가?" 이다. 그러나 인식론에서 인식자의 문제는 인식자에게서 그치지 않는다. 사실 인식론은 지식 탐구자로서의 인식자와 지식 그 자체와의 관계에 대한 언급이라고도 할 수 있다.[23] 이성 중심의 인식론에서 아는 자, 곧 인식의 주체는 플라톤식으로 말하면 불사의 영혼이다. 신체는 영혼을 방해하여 영혼이 망각하고 있는 천상의 지식을 잊고 지내도록 한다는 것이다. 그래서 영혼은 그 잊어버린 지식을 회상(anamnesis)해야 한다. 경험 중심의 인식론에서 아는 자는 사회적 문맥과 불가분적 부분으로서, 환경과의 상호 작용을 통해 경험의 산물이 된다.

기독교에서 인식자로서의 영혼은 타락한 영혼이다. 이 타락한 영혼은 하나님을 알 수 없다. 하나님을 알 수 있는 길은 하나님에 의해서일 뿐이다. 하나님이 영혼에 작용하여 하나님 당신을 인식하게 한다. 한편 영혼이 하나님을 인식하고자 하는 욕구조차도 하나님이

---

23) Lyle Yorks and Leighsa Sharoff, "An Extended Epistemology for Fostering Transformative Learning in Holistic Nursing Education and Practice", *Holistic Nursing Practice* 16:1(October 2001), 21.

일으킨다고 본다. 그래서 영혼이 하나님을 알고자 하고 하나님을 아는 전체 과정은 하나님의 수중에 있다. 영혼에 행사되는 하나님의 영향을 우리는 '하나님의 은혜'라고 한다.

경험 중심의 인식론에서 볼 때, 영혼에 영향을 끼치는 실재는 사회적 문맥이다. 영혼은 하나님의 은혜에 의하여 하나님을 알 수 있지만, 전적으로 하나님만을 향해 있지 않으며 하나님의 영향만을 받지도 않는다. 영혼은 오히려 사회적 문맥에 의해 강력한 영향을 받는다. 실재로서의 신앙을 획득해야 하는 영혼은 이처럼 하나님과 사회적 문맥의 중간에 위치하며 갈등상태에 놓여 있다.

그러나 이쯤에서 우리는 논의를 보다 교육적으로 전개시키기 위해 자칫 범주 착오를 일으킬 수 있는 인식자로서의 영혼을 학습자로 생각하기로 하자. 사실 교육적 관점이 아니더라도, 우리는 영혼을 몸과 정신을 가진 인간으로부터 분리해서 생각할 수 없다. 인간은 몸과 정신 그리고 영혼으로 이루어진 전인이기 때문이다. 이성 중심의 인식론에 따르면 학습자는 "가르친 대로 생각하기 마련이다."[24] 즉 인식자는 가르친 대로 배운다고 생각한다는 것이다. 왜냐하면 가르치는 것이 진리이고, 영혼 또는 이성은 그것이 진리라는 것을 알기 때문이다. 이와 같은 생각은 규범 만능주의에 사로잡힌 착각이라고 할 수 있다. 한편, 경험 중심의 인식론에 따르면, 인식자인 학습자의 지식은 사회적 문맥에 의해 구성된다. 물론 학습자의 인식이 사회적 문맥에 의해 영향을 받는 것은 사실일 것이다. 그러나 그것은 정도의 문제일 뿐 학습자를 사회적 문맥의 산물이라고 보는 것은 지나치다. 인식자에 대한 이성, 경험 중심의 인식론은 결국 인식자의 인식

---

24) Mark Fakkema, *Christian Philosophy and Its Educational Implications*, 황성철 역, 『基督教 敎育哲學』(서울: 한국기독교교육연구원, 1982), 45.

또는 지식의 획득이 외부의 영향에 좌우된다는 입장이다. 이성 중심의 인식론은 하나님에 의해 영혼이 하나님을 인식하며, 경험 중심의 인식론은 인식자를 사회적 문맥이라는 경험의 산물로 본다. 그러나 과연 그러한가?

이성이나 경험 중심의 인식론은 실재를 인식자의 외부에 존재하는 것으로 상정한다. 흡사 실증주의(positivism)처럼 보이는 이 입장들은, 그 실재가 인식자에 의해 발견되기를 기다리든지, 인식자가 실재에 의해 발견되는 상황이든지 어느 경우든 실재는 저 밖에 놓여 있다. 그럴 경우 실재에 대한 인식자의 역할은 수동적이 될 수밖에 없다. 그러나 후기실증주의(postpositivism)적 입장이나 구성주의(constructivism)에 따르면, 지식의 획득 과정에서의 인식자의 수동적 역할에 대해 언급한다. 후기실증주의에 따르면 지식 획득은 인식자의 선택과 결정에 의존한다. 구성주의 역시 지식이라고 할 수 있는 세계에 대한 의미 형성이 인식자에 의해 구성된다고 주장한다.25) 심리학적 구성주의이든, 사회학적 구성주의이든, 요점은 '지식은 인식하는 주체가 능동적으로 구성하는 것이지, 외부 환경으로부터 수동적으로 받아들이는 것이 아니다.'라는 것이며, '아는 일은 한 사람이 경험적 세계를 조직하는 적응 과정이며', '인식자의 정신 외부에 있는 독립적이고 미리 존재하는 세계를 발견하지는 못한다.'는 것이다.

그렇다면 인식의 실재인 신앙은 사람의 내부에서 발견되고 인식되기보다는 외부에 있되, 그것은 본성적으로나 자동적으로 인식되는 것이 아니라 인식자의 믿음이 필요하다는 말이 된다. 여기서 우리는 실재로서의 신앙과 그것을 신앙되게 하는 또 다른 종류의 신앙인 믿

---

25) Siegfried J. Schmidt, *Diskurs des Radikalen Konstruktivismus*, 박여성 역, 『구성주의』(서울: 까치, 1995) 참조.

음을 요청할 수밖에 없다. 사실 전통적인 기독교는 신앙은 외부에 있어 하나님에 의해 주어지되, 그것을 선물로 향유할 수 있는 것은 또한 하나님이 인간에게 일으키는 믿음을 통해서라고 한다. 여기서 신앙을 신앙되게 하는 것은 하나님에 의해서이기는 하지만 인간의 믿음이다. 이 믿음이 구성주의 등에서 말하는 실재를 구성하는 기능을 하는 것은 아닐까. 만약 그런 가능성이 열려 있다면 기독교신앙교육은 이 외적 실재인 신앙을 내적으로 구성하는 기능의 정교화에 관심을 가져야 하지 않을까.

비판이론(critical theory)은 모종의 정교화와 관련이 있다고 할 수 있다. 비판이론에서 경제적 조건과 관련된 마르크스적 내용을 제거한다면, 인간의 감정, 의식, 사고방식 등은 그가 존재하는 사회구조나 제도 등에 의해 큰 영향을 받게 된다. 따라서 인간을 이해하기 위해서는 그의 말이나 행위보다는 그가 처해 있는 존재 상황을 파악하는 것도 중요하다. 프랑크푸르트학파(Frankfurter Schule)의 비판이론은, 당시 객관주의적이고 결정론적인 마르크스주의를 거부하고, 칸트의 구성적 인식론을 비판적으로 재구성한 헤겔의 변증법적 인식론을 구체적 현실비판과 실천에 적용한 마르크스의 변증법적 비판정신을 복권시킴으로써 정의로운 사회를 이룩할 수 있는 가능성을 탐색하려는 데 있다.[26]

비판이론을 원용할 때, 인식자는 신앙을 구성하는 자로서 구성을 가능케 하는 양대 요소인 믿음을 가진 자로서의 자신과 신앙을 주시는 자로서의 하나님에 대한 반성이 가능하다. 인식의 실재로서의 신앙은 마치 사회적 문맥과는 전혀 상관없는 선험적으로 주어진 것으로 생각되었다. 그러나 신앙은 인식자와 인식대상 사이의 상호 작용

---

26) 문현병, 『프랑크푸르트학파의 사회비판이론』(서울: 동녘, 1996) 참조.

일 뿐만 아니라, 그 상호 작용은 사회적 문맥이라는 배경을 갖는다. 나아가서 이 사회적 배경 역시 주어진 것으로서의 안일한 실체가 아니라, 보다 차원 높은 신앙을 위해서는 반성해야 할 대상으로 고려해야 한다는 것이다. 신앙을 현재의 인식에 머무는 것 이상으로 생각한다면 그리고 신앙에 수준이 있으며, 그 수준을 높이는 것이 인식자의 과제라면, 그 신앙에 영향을 미칠 수 있는 사회적 문맥들은 반드시 검토되어야 할 것이다.

비판이론에서 말하듯, 인간이 전적으로 능동적, 자율적, 창조적인 존재가 아니라고 하더라도, 인간이 만든 정치, 경제, 종교, 언론, 교육제도 등의 사회적 제도가 인간의 창조성, 능동성 및 자율성을 가로막고 억압하는 구조적 질곡이 될 수 있음을, 그래서 신앙의 실현을 가로막을 수 있는 구체적인 사회 · 역사적 상황에 대한 자기반성과 성찰을 해야 하는 존재가 될 필요가 있다.

4. 정당성으로서의 신앙적 삶

로더에 따르면, 인식론의 네 번째 물음은 "진리와 거짓을 구분하는 기준은 무엇인가?"라는 인식의 정당성 문제이다. 즉 '우리는 어떻게 우리의 지식이 정당하다고 판단하는가.'를 묻는 것이다.[27] 실재로서의 신앙은 과학적 판단의 대상이 될 수 없다. 과학적 주장들은 예측적이다. 그러나 우리는 신앙의 대상들을 실험할 수 없으며, 따라서 입증할 만한 예측을 할 수 없다. 이런 이유 때문에 신앙의 정당성은 과학적 확증과는 매우 다르다. 이와 같은 근거에서 이성과 경험 중

---

27) Astley, *The Philosophy of Christian Religious Education*, 20.

심의 인식론은 주장하는 신념체계가 '원칙적으로 오류가 있을 수 없는' 것으로 강변할 수 있다.28)

이안 티 람세이(Ian T. Ramsey)에 따르면, 신앙의 정당성은 '예'나 '아니요'와 같은 확실한 대답에 있는 것이 아니라 구두와 같다고 한다. 선호하는 색과 크기 그리고 실용성 등을 고려하여 구두를 고르듯 신앙의 정당성은 경험적 필요성을 충족시키느냐에 달려 있다고 한다. 완전히는 아니지만 경험에 어느 정도나 부합되느냐가 신앙의 정당성의 기준이 된다는 것이다.29) 여기서 부합성의 기준은 개인적인 주관적 차원으로서 선과 악, 사생활, 역사 또는 예수의 인격 등 다양할 수 있다. 이런 면에서 신앙교육은 주입식 교육이나 합리적 교육과는 일정한 거리가 있다.30)

그럼에도 불구하고 신앙의 정당성을 위한 기준은 필요하다. 물론 이 정당성은 믿음을 가진 자들의 범위 내에서의 정당성이며, 그래서 그것은 믿음 없는 이들의 주관적이라는 주장에 대해 무력하다. 물론 과학적 지식의 정당성이 반드시 합리적이거나 객관적인 것은 아니다. 그럼에도 불구하고 신앙인을 위한 신앙의 정당성을 강변한다면 삶의 정황과 삶의 방식이 될 것이다. 삶의 정황과 방식은 다양하며 그래서 신앙의 정당성은 그 다양성에 개방되어 있느냐에 따라 그 타당성 인정 여부가 판단될 것이다. 여기서 과학의 정당성인 합리성 역시 개방적이라는 데서 신앙의 개방성을 합리성의 근거로 보는 주장도 가능할 수 있다. 따라서 지식으로서의 신앙의 정당성에서 합리성은 크게 문제가 되지 않는다.

---

28) Astley, *The Philosophy of Christian Religious Education*, 53.

29) Ian T. Ramsey, *Models and Mystery*(London: Oxford University Press, 1964), 17.

30) Astley, *The Philosophy of Christian Religious Education*, 54-55.

한편 비트겐슈타인 등에 의하면 과학과 종교에서 지식의 정당성을 요구하는 것은 그릇된 인식이라고 주장한다. 과학이나 종교는 모두 삶의 하나의 형태로서 당연히 다른 차원에서는 정당성을 충족시킬 수 없다. 그것들은 그냥 거기 있으면서 기능하기 때문에 그대로 정당화되어야지 판단되어서는 안 된다. 그것들은 삶의 한 형태로서 가르쳐지거나 수용될 수 있을 뿐이다.31) 따라서 삶으로서의 신앙은 대단히 큰 비중을 차지하게 되며, 그래서 신앙의 정당성 기준이 될 수 있는 가능성이 크다. 이 같은 관점의 극단적 입장은 종교적 이해와 종교적 신앙을 동등시하는 것으로, 그럴 경우 하나님을 아는 것, 하나님을 믿는 것은 신앙적 삶에 투신하는 것이다. 따라서 신앙적 지식의 정당성은 그 삶에서 검증되어 정당성을 인정받는다고 할 수 있다.

Ⅳ. 나가는 글

신앙교육에서 이성과 경험은 대치점에 위치해 있어 왔다. 이성 중심의 신앙교육은 믿음에 관한 사실에 대한 지적 동의를 신앙으로 여기고, 경험 중심의 신앙교육은 사실을 배제한 체험을 신앙으로 여기기 쉽다. 그러나 신앙은 지적인 동의나 사실이 빠진 경험이 아니며 그 모두이다. 이런 차원에서 신앙교육을 위한 인식론은 이성과 경험을 통합을 향하여 극복할 필요가 있다. 이를 위해 제안된 신앙적 교육인식론은 실재를 신앙으로, 인식의 과정을 성서, 기도 그리고 봉사

---

31) Ludwig Wittgenstein, *Philosophical Investigation*, 3rd ed.(Upper Saddle River, NJ: Prentice Hall, 1999), Ⅰ, para. 217, 654.

로, 인식자를 종래의 수동적 지식의 수수자(收受者)로부터 능동적 구성자로 보았다. 이와 같은 인식론적 차원에서의 신앙의 정당성은 그 삶을 통해서 확보된다.

여기서 제안된 신앙적 교육인식론은 이성과 경험을 무시하는 것이 아니라, 그 관심이 신앙이라는 실재에 있다. 기독교교육이라는 문맥에서 실재로서의 신앙은 그것이 교육적 관계 안에 처함으로써 기존의 인식론과는 다른 상황에 처하게 된다. 즉 기존의 인식론은 정초주의에 근거하여 지식을 정체된 것으로 보았으나, 최근 새롭게 부각되고 있는 교육적 인식론에서는 지식이 교육의 과정 속에서 형성되는 과정적인 실재라고 주장한다.[32] 이와 같은 지적은 기독교신앙교육인식론에도 적용될 수 있다고 본다. 즉 실재로서의 신앙은 삶으로서의 기독교교육의 상황에서 획득될 것이라는 예측이다. 그 구체적인 내용은 이후의 탐구과제가 될 것이다.

한편, 기독교교육에서 인식론은 여기에서처럼 신앙의 차원에서와는 달리, 지혜의 차원에서도 연구될 수 있을 것이다. 지혜는 지식의 최고의 형태로 사료되기 때문에 새로운 성격의 기독교교육 인식론의 탄생을 예견할 수 있다. 인간의 삶에서 지식이 실제로는 문제를 해결하지 못하고 갈등을 조장한다는 점을 확인한다면 지혜가 그 대안이 될 수 있을 것이다. 왜냐하면 지혜가 생명, 곧 삶을 줄 것이기 때문이다(전 7:12).[33]

---

32) 장상호, 『학문과 교육(하): 교육적 인식론이란 무엇인가』(서울: 서울대학교출판부, 2000) 참조.

33) Jürgen Moltmann, "Science and Wisdom", *Theology Today* 58:2(Jul 2001), 155 – 64 참조.

엠마오 사건에 나타난 기독교교육의 구조

I. 들어가는 글

"기독교교육학은 무엇인가?" 하는 정체성의 문제는 기독교교육학 연구의 가장 기본적이고 근본적인 물음임에도 불구하고 자명하게 대답되지 않고 있다. 그 이유 중의 하나는, 기독교교육학을 '기독교교육'을 탐구하는 학문으로 볼 때, 기독교교육학의 탐구 영역이라 할 수 있는 '기독교교육이 무엇인지' 분명하게 규정되어 있지 않기 때문이다.

"기독교교육은 무엇인가?"에 대한 물음에 대해 다양한 대답들이 제시되어 왔지만, 그것들의 공통점과 일치점은 쉽사리 발견되지 않는다. 그 결과 기독교교육학은 기독교교육을 보는 다양한 관점에 따라 다양한 방식으로 탐구되고 있다. 결국 기독교교육학은 여러 기독교교육학들의 풍요 속에서도 막상 기독교교육학의 정체성에 대한 빈곤 속에 처해 있다.

이와 같은 기독교교육학의 학문적 상황 속에서 이 글은 기독교교육학의 학문적 발전을 위해서는 기독교교육학의 정체성을 수립해야 하며, 기독교교육학의 정체성 수립을 위해서는 기독교교육의 정체 규명이 선행되어야 한다는 입장에서, 기독교교육의 정체를 구조적 차원에서 탐색한다.

일반적으로 구조란 개념은 세 가지 의미로 사용된다. 첫째, 이론적 개념으로서 현상의 근저에 존재하는 원리를 추출하는 실재(Realität)이다. 둘째, 인류학과 사회학의 주된 흐름 안에서 사용되어 온 방식과 구별되는, 일반적인 의미에서, 즉 전체를 구성하는 개체적 요소 및 그들 관계의 체계인 조직을 뜻하는 개념(Begriff)이다. 셋째, 관찰된 사회관계를 정식화하는 하나의 방법(Methode)이다. 인식 대상과 관련하여 구조라는 것은 이 글에서 두 번째 의미로 사용된다. 구조는, 여기서 체계라는 말로도 쓰일 수 있는데, 하나의 전체가 있고 구성요소가 있으며, 그 의미가 내부의 요소와 요소 혹은 요소와 전체의 관계에 의해서 자기 충족적으로 규정되는 어떤 것을 의미한다. 구조의 결정적인 특징은 어떤 전체가 있고 그것을 구성하는 요소의 의미가 서로 간의 관계에 의해서 규정된다는 데 있다. 더욱 중요한 점은 그들의 의미가 그 구조 밖의 어떤 외재하는 사실에 의존하지 않는다는 점이다.

기독교교육의 정체를 구조적 차원에서 탐색하려고 하는 이 글은 최근 교육학계에서 일어난 '교육본위론'(敎育本位論)에 힘입는다. 교육본위론은 구조주의적 입장에서 교육이 무엇인가를 재개념화하려는 이론이다.

이 글은 교육본위론적 입장에서 기독교교육에 접근한다. 이를 위해 먼저 교육의 구조 면에서 교육본위론을 소개할 것이다. 다음으로 기독교교육에서 구조적 성격의 이론이라고 할 수 있는 이론들에 대한 비판적 검토를 할 것이다. 마지막으로 엠마오 사건에 대한 해석을 통해 기독교교육의 구조를 드러낼 것이다. 그럼으로써 기독교교육학의 정체성 수립을 위한 기초적 연구의 역할을 할 것이다.

Ⅱ. 교육의 구조

최근 기독교교육의 정체성에 대한 문제의 탐색에 도움이 될 만한 이론이 교육학계에서 제안되었다. 장상호에 의해 제안된 교육의 정체성에 대한 이 이론은 교육을 구조주의적 관점에서 파악하는 것이다.

장상호는 현재의 교육학이 철학, 심리학, 사회학 등의 여러 학문의 종합적 응용학문이며, 그것들의 총체로서는 교육학을 이룰 수 없으므로 그 나름의 고유한 논리와 자율적인 지식체계를 구축해야 한다고 한다. 그러기 위해서 교육에 대한 이론은 그 구조전체로서 자율적인 것으로 구성되어야 한다. 그는 이와 같은 점에 착안하여 교육의 구조를 밝히려는 연구를 하게 되었다. '교육본위론'1)이라고 이름 붙여진 그의 이론을 여기서는 교육의 구조와 관련지어 살펴본다.2)

장상호는 교육의 세계가 마치 사다리와 같은 여러 수준의 발달 단계를 나타내는 '품위'(品位, transtalent) 사이에 장치된 모종의 자율

---

1) 장상호, 「교육학 탐구 영역의 재개념화」, 서울대학교 교육학연구 91 - 2(서울: 서울대학교 사범대학 교육연구소, 1991); 장상호, '또 하나의 교육관', 이성진 편, 『한국 교육학의 맥』(서울: 나남출판사, 1994), 291 - 326; 장상호, "교육적 방법론", 『교육국가의 건설: 교육의 세기와 기초주의』, 청뢰 한기언 박사 고희기념 논문집(서울: 양서원, 1994), 281 - 321; 장상호, 『학문과 교육(상)』(서울: 서울대학교 출판부, 1997). 교육본위론의 교육학에서의 위상에 대해서는, 이용남, "한국 교육학의 두 전형 비교", 「교육원리연구」 2:1(교육원리연구회, 1997), 98 - 111 참조.

2) 교육본위론의 연구과제들은 교육의 구조 외에 교육의 소재 등 모두 열 가지가 있다. 장상호, "교육의 재개념화에 따른 10가지 새로운 탐구 영역", 「교육원리연구」 2:1(교육원리연구회, 1997), 112 - 213.

적인 구조의 형태를 띤 것으로 가정한다.3) 교육계는 두 가지 상이한 과정으로 구성되어 있다. 하나는 현재의 품위 수준을 중심으로 한층 더 높은 품위를 계발하는 과정(이것을 배움에 해당하는 '상구'[上求, ascending education]라 칭한다)이고, 다른 하나는 그것의 바람직성을 타인에게 전파하는 과정(이것을 가르침에 해당하는 '하화'[下化, descending education]라 칭한다)이다.

이 상구와 하화는 각각 고유한 요소를 가지고 전체를 구성한다. 그리고 그 두 국면은 상호 보완적인 양상을 띠면서 개별적인 것으로 환원시킬 수 없는 전체적인 특성을 출현시킨다. 각각의 요소와 그것들이 구성하는 전체의 양상은 <그림 1>과 같이 나타낼 수 있다.

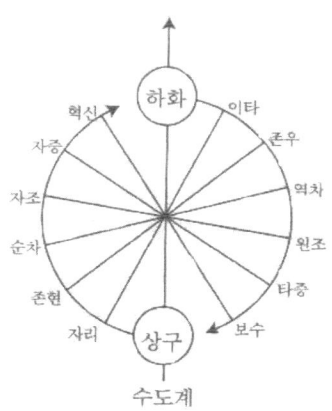

〈그림 1〉 교육의 수레바퀴

상구계와 하화계를 구성하는 각각의 여섯 개의 요소들은 연합적 관계를 맺고 있으며 그들은 그 구조 내에서 특별한 의미를 갖는다. 다른

___

3) 장상호, "교육적 관계의 인식론적 의의", 「교육원리연구」 1:1(서울대학교 교육원리연구회, 1996), 23 - 25.

한편, 상구의 요소와 하화의 요소는 서로 상합적 관계를 갖고 연결되어 있다. 그것은 <그림 1>에서 대각선으로 연결되는 것으로 표시되었다.

이 모형에서 주목할 점은 교육은 서로 다른 요소를 가진 상구와 하화의 세계를 가진 자율적인 세계라는 사실이다. 상구계와 하화계는 서로 대비되는 가운데 교육이라는 세계의 전체적 의미를 구성한다. 여기서 상합적 관계에서 상구와 하화에 소속한 요소가 일정하게 유지될 수 있도록 그 내부적인 조정이 이루어진다는 점이다. 예컨대 상구에 속한 '자리'(自利)와 하화에 속한 '이타'(利他)가 전치되는 경우 그 구조 전체에 불균형을 가져오며, 그들 간의 관계는 재조정되어야 한다. 혹은 상구와 하화 간의 이런 불균형은 교육을 방해하거나 와해시키는 요인이 된다.

이와 같은 장상호에 의한 이론은 기독교교육에도 시사하는 바가 크다. 기독교교육은 그동안 신학, 교육학, 철학 등의 학문에 의존함으로써 자신의 정체성을 형성하고 있지 못할 뿐 아니라, 자신의 정체성을 아예 타 학문에 의존하는 것으로 인정하려는 흐름까지도 있게 되었다.[4] 그럴 경우, 기독교교육학은 고유한 학문의 영역이나 지위를 누리지 못하고, 그 학문의 발전 역시 타 학문에 의존할 수밖에 없어, 학문의 발전을 기대하기 어렵게 될 것이다. 그러므로 이와 같은 난점을 극복하기 위해서 기독교교육학은 분명한 기독교교육 현상이라는 고유한 탐구 영역을 확보해야 하는데, 이런 점에서 기독교교육의 구조 탐색은 중요하다. 이하에서는 이에 대해 논의하고자 한다.

---

4) 이와 관련지어 디.캠프벨 와이코프(D. Campbell Wyckoff)는 다음과 같이 말한다. "종교교육학 …… 에서 제기되곤 하는 문제는 여타 기존 분과학문으로의 환원이다. …… 종교교육철학 연구는 철학이며, …… 종교교육사는 역사이며, …… 종교교육과 연관된 심리학 그리고 그 밖의 행동과학의 경우도 사정은 마찬가지이다." D. Campbell Wyckoff, "Toward a Definition of Religious Education as a Discipline", *Religious Education* 62:5(Sep - Oct. 1967), 391 - 92.

Ⅲ. 기독교교육의 구조

기독교교육학계에서 구조의 형태로 제시된 이론들은 크게 두 가지이다. 하나는 성서교육과 관련되어서이고,5) 다른 하나는 기독교교육 전체와 연관된 것으로서이다. 여기서는 후자의 경우를 살펴볼 것이다. 이들의 교육구조를 선택한 이유는 그들의 구조가 기독교교육의 일부가 아닌 기독교교육 전체를 조망할 수 있다고 주장되며,6) 일반적인 기독교교육의 영역 외에까지 적용을 하고 있기 때문이다.7) 이에 대표적인 것으로는 제임스 엠 리(James M. Lee)와 토마스 에이치 그룸(Thomas H. Groome)의 것이 있다.

1. 제임스 엠 리의 가르침의 구조

리는 기독교교육의 이론들8) 중에서 교수이론을 주장한다. 교수이론은 종교적 방침에 따라 학생의 행동을 목적성 있게 신중을 기하여 수정하는 것이다. 리는 교육 행위를 구성하는 변수를 넷으로 본다.

---

5) Walter Wink, *The Bible in Human Transformation: Toward a New Paradigm for Biblical Study*(Philadelphia: Fortress Press, 1973), 19 – 80, *Transforming Bible Study* (Nashville: Abingdon Press, 1980), 35 – 40.

6) James M. Lee, "Growth in Faith through Religious Instruction", James M. Lee, ed. *Handbook of Faith*(Birmingham, AL: Religious Education Press, 1990), 267; James M. Lee, "Religious Education and the Bible: A Religious Educationist's View", Joseph S. Marino, ed., *Biblical Themes in Religious Education*(Birmingham, AL: Religious Education Press, 1983), 40 – 41.

7) Thomas H. Groome, *Sharing Faith: A Comprehensive Approach to Religious Education and Pastoral Ministry*(San Francisco: Harper Colins, 1991), Part. Ⅲ. 295 – 423.

8) 리는 기독교교육의 주요 이론적 접근들을 인격이론 등 여덟 가지로 본다. 이에 대한 설명은 James M. Lee, *The Flow of Religious Instruction*(Dayton, OH: Pflaum, 1973), 149 – 205 참조

교사, 학습자, 주제, 환경. 이들 네 독립 변인들을 되도록 능숙하게 신중히 조정함으로써 교사는 바라는 결과를 얻을 수 있다. 네 가지 변인은 다음의 단계들을 통하여 전체적인 교육의 구조를 형성한다.9) 첫째, 수행적 술어로 교육목표를 명시한다. 둘째, 바라는 목적을 산출하기 쉬운 그런 일련의 경험들에 대해 가장 이용 가능한 자료에 근거한 교육체계(교과과정, 학과)를 입안한다. 셋째, 되도록이면 정상적인 것에 가까운 조건하에서 그 체계를 시험해 본다. 넷째, 필요한 조정을 한 후 그 체계를 정상적으로 운영한다. 다섯째, 교육목표로의 진전을 측정함으로써 그 체계의 효과성을 평가한다. 이 같은 교육체계는 아래의 그림과 같이 진행되는 폐쇄 환상(環狀)적 피드백 체계(a closed-loop feedback system)의 모형으로 나타낼 수 있을 것이다.10)

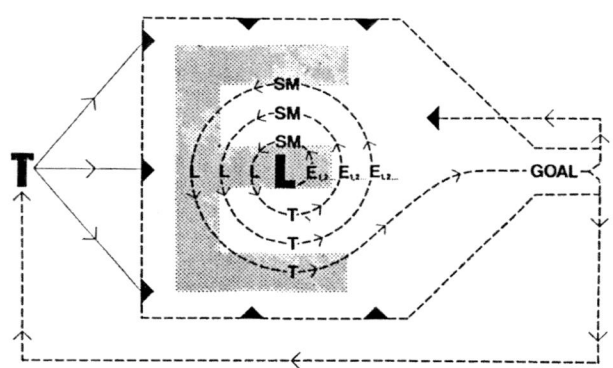

T: 교사
L: 학습자
SM: 주제내용
E: 환경

〈그림 2〉 폐쇄 환상적 피드백 체계

9) Lee, *The Flow of Religious Instruction*, 230–32.

10) Lee, *The Flow of Religious Instruction*, 234.

이 모형은 두 가지 특징을 띤다.11) 첫째, 이 모형은 종교적 수업이 언제 어느 곳에서 일어나든 네 가지 독자적인 변수가 모두 강조되고 있음을 보여 준다. 둘째, 이 모형은 하나의 체계(a system)이다. 그래서 이 모형은 어떤 목적을 달성하기 위하여 그 속에 포함된 변수들을 통합하고 피드백시킨다.

이 모형에서 출발점은 학습자가 된다. 학습자로부터 나오는 점선이 회전하는 것은 교수행위에 의한 수정을 뜻한다. E1, E2 …… 등은 다양한 환경적 요소를 말한다. 이 환경은 흐릿한 큰 E와는 다르다 그것은 학습상황을 구성하는 네 가지 독자적 요소가 위치한 환경을 말한다. 목표는 끝이 개방되어 있는데 이것은 피드백될 수 있음을 말해 준다. 교사는 학습상황의 안과 밖에 위치하면서 다른 요소와 상호 작용하면서, 전체의 학습상황을 통제하고 있다. 주제는 학습자와 상호 작용하면서 학습자의 행동을 산출하는 방식으로 수정된다.12)

이 교수모형이 구조를 구성하는 요소적 차원에서 제시하는 바는 첫째, 역동적, 순환적 교수 – 학습의 상호 작용에서 각 요소들은 변화를 겪는다.13) 둘째, 이 모형은 교수행위에서 환경의 결정적 중요성을 보여 준다. 사실 학습상황은 학습환경 속에 있는 네 가지 요소로 구성된다. 따라서 학습자가 만나는 모든 것은 환경적 요소들이기 때문에 학습환경을 학습자와 교사의 관계로만 생각할 수 없다.14) 셋째, 어떤 의미에서 교수행위의 모든 독자적인 요소들은 바람직한 목표에 의하여 규정된다. 이 네 가지 변수들은 목적에 의해 인도되고, 목적으로 향한다.15)

---

11) Lee, "Religious Education and the Bible", 40 – 41.

12) Lee, *The Flow of Religious Instruction*, 234 – 35.

13) Lee, *The Flow of Religious Instruction*, 236.

14) Lee, *The Flow of Religious Instruction*, 236.

15) Lee, *The Flow of Religious Instruction*, 239 – 40.

이와 같은 리의 기독교교육구조는 교육의 요소인 교사, 학습자, 주제내용, 환경 간의 관계를 설명하면서 교육구조의 전체적인 특성을 설명했다는 장점이 있다. 그러나 무엇보다 리에게서는 교사의 역할이 중시되는 가르침의 차원이 강조되고 있어서 배움의 차원이 경시되고 있다.

2. 토마스 에이치 그룸의 배움의 구조

그룸은 교수－학습의 상황을 초기화 외에 다섯 단계로 나누어 설명한다. 초기화는 이어질 단계(또는 무브먼트, movement)들을 위해 주제를 선정하는 단계이다.[16] 초기화 단계에 이어지는 1단계는 현재의 행위 또는 현재의 프락시스(삶)를 표현하는 단계이다.[17] 2단계는 현재의 삶에 대해 비판적 성찰을 하는 단계이다.[18] 1단계에서 현재의 삶에 대해 표현한 참여자들은 바로 그 표현된 삶에 대해 자신의 삶이 왜 이렇게 형성되었는지를 포함해 그 내용을 분석하고 성찰한다. 3단계는 기독교 공동체의 이야기와 그 비전에 접근하는 단계이다.[19] 기독교 이야기란 성서와 전통과 예식 등 과거로부터 전승되어 온 신앙공동체의 삶을 상징한다. 기독교 비전이란 기독교 이야기로부터 유래하는 것으로, 그리스도인들이 하나님의 통치를 실현시키기 위해 살아야 한다는 요구와 하나님의 우리에 대한 약속이다. 4단계는 기독교 이야기와 비전의 자기화 단계이다.[20] 현재의 삶/프락시스

---

16) Groome, *Sharing Faith*, 155－74.

17) Groome, *Sharing Faith*, 175－86.

18) Groome, *Sharing Faith*, 187－214.

19) Groome, *Sharing Faith*, 215－48.

를 비판적으로 이해한 것을 기독교 이야기와 비전에 비추어 변증적으로 해석하는 단계이다. 5단계는 실천적 신앙을 위한 결단과 응답의 단계이다.[21] 이 단계는 참여자들에게 이 세계 속에서 어떻게 살아야 하는가를 결정하도록 기회를 제공한다.

이와 같은 단계로 이루어지는 그룸의 기독교교육 이론은 구조적인 면에서 크게 두 가지가 문제가 된다. 첫째, 기독교교육의 구조를 무브먼트들로 본다고 하더라도 그들 사이의 관계가 단선적으로 파악되었다는 것이다. 마치 교향악의 악장이나 무용과 같이 자유로운 흐름의 과정은 좋으나, 교향악의 악장과 악장 사이에서와 같이 무브먼트에 논리적 순서가 있다는 점, 그래서 실제 나눔의 프락시스 과정에서는 간혹 그 순서가 중복되기도 하고 재발생되기도 하며, 다른 순서들과 합성되기도 한다.[22] 그래서 구조를 구성하는 요소들의 상관관계가 충분히 발휘되지 못하고 있다. 둘째, 기독교교육의 차원은 크게 가르침과 배움으로 이루어진다고 보면, 그룸의 구조는 비판적 성찰에 의존하여 학습자에게 비중을 두는 배움의 차원을 강조하기 때문에 교육의 다른 차원인 가르침의 차원이 경시되고 있다.

리와 그룸의 기독교교육구조에 대한 검토를 통해 얻을 수 있는 통찰은 기독교교육구조는 가르침과 배움의 구조 양 차원을 모두 포함하는 것이어야 한다는 것이다. 배움과 가르침은 각기 서로 다른 목적과 규칙을 지니는 교육적 삶의 분화된 형태들로서 그것들 역시 하나의 자율적인 구조를 형성한다. 그러나 교육이 이러한 배움과 가르침의 산술인 합은 아니다. 교육은 이러한 배움과 가르침이 상호 작

---

20) Groome, *Sharing Faith*, 249 – 65.

21) Groome, *Sharing Faith*, 266 – 93.

22) Groome, *Sharing Faith*, 146.

용하면서 서로가 서로의 목적실현을 돕는 '공조적(共助的) 관계'를 형성할 때 출현하는 삶의 양상에 해당된다.[23)]

이 단계에서의 과제는 이제 이와 같은 교육의 구조를 드러내는 일이다. 탐구대상의 구조를 드러내는 방법은 우선은 그 탐구대상을 관찰하는 것이다. 즉 기독교교육학의 탐구대상이라고 할 수 있는 기독교교육의 현상을 가능한 한 객관적으로 관찰하는 것이다. 그런데 여기서 관찰을 자연과학적 성격으로 이해해서는 안 된다. 과학자들은 사실들을 이해하기 위해서 이론을 만들고 그 이론이 옳고 그름을 사실들의 관찰을 통해 검증할 수 있다고 생각한다. 그런데 이론과 인식의 대상 그리고 그것에 대한 관찰은 독립된 것이 아니라 서로 연관관계를 가지고 있다. 누가 관찰한다고 할 때, 그는 그것에 대해 가지고 있는 모종의 관념과 엄밀하게 구분될 수 없는 방식으로 그것을 지각한다. 어떤 것을 관찰하거나 지각하는 순간에 그것들의 단서들을 이미 가지고 있는 관념과 결부하여 적극적으로 해석한다는 것이다. 그래서 관찰이라는 것은 이론적인 체계의 망 속에서 하나의 대상을 정교하고 치밀하게 하는 활동이라고 할 수 있다.

기독교교육의 구조를 파악하기 위해 우리가 관찰할 대상은 성서의 엠마오 사건이다. 기독교교육의 구조는 기독교교육 현상 어디에서나 발견될 수 있다. 그러나 우리는 여기에서 그 기원적인 면에서 볼 때, 보다 기독교교육의 원형에 가까운 예수의 교육 행위 중에서 기독교교육의 구조적 요소들을 비교적 잘 갖추고 있다고 여겨지는 엠마오 사건(눅 24:13 - 35; 막 16:12 - 13)을 중심으로 기독교교육의 구조를 탐색하겠다.

---

23) 엄태동, "반정초주의적 교화의 철학으로부터 온 초대장: 교육적 인식론의 매력과 의의", 「교육원리연구」 2:1(교육원리연구회, 1997), 76.

3. 엠마오 사건의 교육구조

엠마오 사건은 예수의 사역 중에서 비교적 교육적 정황을 구비한 사건이며, 이미 신앙을 소유하고 있던 제자들이 교육을 통해 신앙의 성장을 보여 주는 사건이다. 엠마오 사건에 대한 탐색은 그 사건에 모종의 구조가 있다고 가정하고 그것을 검출해 내고자 하는 구조주의적 방법이 사용된다. 그럼에도 그것은 성서 본문에 대한 해석이기도 하기 때문에 해석학적 성격을 배제할 수 없다. 그래서 엠마오 사건을 탐색할 때, 해석학적 방법과 구조주의적 방법 두 가지가 다 필요하다. 여기에서는 이 두 방법을 보완적으로 사용한다. 즉 엠마오 사건에서 가르치고 배우는 구조를 도출해 내는 과제는 주로 구조주의적 방법에 그리고 엠마오 사건 이야기와 이러한 구조화 간의 변증법적 순환관계의 기본원리는 해석학적 방법에 따르는 식으로 양자를 절충한다. 물론 이 방안은 대체로 인식상의 태도와 특징을 고려한 것이므로 실제 탐구 과정에서는 양자의 적용이 엄격하게 이루어지지 않을 것이다.

1) 가르침의 구조

청함: "그들이 이야기하며 토론하고 있는데, 예수께서 몸소 가까이 가서, 그들과 함께 걸으셨다."(15절)

청함은 학습자의 향상을 바라는 교사의 마음으로부터 시작된다. 예수는 혼란스럽고 침통한 두 제자를 돕고 싶어 하신다. 예수는 그들과 함께 걸으면서 그들을 더 느끼고 더 이해하려 한다. 그래서 그들을 가르치고자 하는 마음이 무르익도록 내버려 둔다.

예수의 초청은 강제적이지 않다. 두 제자와의 여행이 끝나고 목적한 마을에 다다른다. 그때 예수는 더 길을 가려는 듯한다. 그는 제자들과 함께 머물기를 원하면서도 그들로 하여금 초청을 하게끔 기회를 줄 뿐 그들을 강압하지는 않는다.[24] 제자가 모셔 들이지 않는 한, 그는 언제까지나 낯선 이로 남아 있을 것이다.

청함이 중요한 것은 청함으로써만 흥미로운 만남이 변형시키는 관계로 발전할 수 있는 계기가 되기 때문이다.[25] 청함은 연기된 변형(바꿈)이다. 청함 없이는 변화도 없다.

마련: "두 분이 걸어가면서 서로 주고받는 이 말들은 무슨 이야기입니까?" 하고 물으셨다(17a절).

가르침은 일방적으로 시작되지 않고 그들의 관심으로부터 출발한다.

"무슨 일입니까?"(19a절)

예수는 두 번을 묻는다(17a, 19a절). 첫 번째의 물음에 대해 그들은 냉소를 보냈다. 기가 막혀 가던 걸음까지 멈춘다. 당신이 "예루살렘에 머물러 있었으면서, 이 며칠 동안에 거기에서 일어난 일을 혼자서만 모른단 말입니까?" 하였다. 냉소는 당연한 것을 물을 때 나

---

24) I. Howard Marshall, *The Gospel of Luke: A Commentary on the Greek Text*, 한국신학연구소 번역실 역, 『루가복음』 II, 국제성서주석(서울: 한국신학연구소, 1984), 733.

25) Henri J. M. Nouwen, *With Burning Heart: A Meditation on the Eucharistic Life*, 정한교 역, 『뜨거운 마음으로: 엠마오 가는 길(루가 24:13 – 35)에 바탕한 성찬생활 묵상』(왜관: 분도출판사, 1997), 62.

온다. 그런데 진정 그들은 아는가? 그래서 예수는 다시 묻는다. "무슨 일입니까?" 예수는 다시 문제가 무엇인지를 물음으로써 다시 한번 두 제자가 자신들이 알고 있다고 생각하는 문제에 대해 생각해 보도록 도전한다. 그러자 그들은 자신들의 문제는 '나사렛 예수'라는 사람이며, 그는 '예언자'라고 자신의 예수관을 밝힌다. 그리고 그가 십자가에서 처형당했음을 그리고 그 사건이 그들을 얼마나 실망시켰는지 그리고 여인들의 보고로 인한 당혹감 등을 말하였다(19 – 24절).

예수는 그 사건의 당사자이기 때문에 그 사실을 모를 리가 없었지만, 그 일의 의미를 그 여행자들로 하여금 다시 생각하도록 하기 위해 되물으신 것이다. 그 이유는 두 여행자가 당시에 지닌 관심과 희망을 성서에 비추어 성찰해 보도록 – 현재의 삶과 성서의 말씀을 연결하도록 – 촉진하신 것이다.

교육적 논리에 의하면 교사와 학습자 사이에는 수준차가 존재한다. 따라서 그들 간에는 평등한 의사소통이 일어나지 않는다. 수준차를 해결하려는 것이 바로 교육적 행위라고 할 수 있다. 교사는 자신의 수준을 낮추어 학습자가 인식 가능한 범위까지 내려가서 의사소통을 시도하여야 한다. 교사 예수에게서 이 같은 모습을 볼 수 있다.

> **알림:** "그대들은 참 어리석습니다. 예언자들이 말한 모든 것을 믿는 마음이 참 무딥니다. 그리스도가 반드시 이런 고난을 겪고서, 자기 영광에 들어가야 하지 않겠습니까?" 그리고 예수는 모세와 모든 예언자로부터 시작하여 성경 전체에 자기에 관하여 쓴 일을 그들에게 설명해 주었다(25 – 27절).

'어리석다'는 말은 모진 말이다. 공격하는 말이고 그래서 방어하게 하는 말이다. 그러나 이 말은 또한 두려움과 자의식의 껍질을 깨고 자신의 참모습을 보도록 이끌 수도 있다.26) 여기 '믿는(마음이)'은 목적어를 가져야 하는데 그것은 사물이 아닌 하나의 인격이다.27) 그 인격은 그리스도이다. 두 제자는 대부분의 유대인들처럼, 영광 중의 메시아에 대한 약속만을 기억하고 그의 고난에 대한 예언을 무시했다. 당시 제자들은 예수가 정치적인 해방자인 줄로 알았다. 그러나 메시야는 고난의 종의 모습으로 오셨다. 그랬기에 예수는 제자들의 잘못된 이해를 성서에 비추어 재조명하여 스스로 수정할 수 있도록 하신 것이다.

예수의 그리스도에 대한 설명은 자세했다. 율법서와 예언서 그리고 그 나머지 부분에 있어서 메시아에 대한 내용은 상이하다. 예수는 그것들 모두를 설명한다.

예수의 이와 같은 자상한 설명을 통해 제자들의 마음은 무딤(25절)에서 뜨거움(32절)으로 바뀌었다. 이 둘은 따로 있던 것들이 아니라 제자들의 마음에 있었던 것들이다. 그러나 성서를 통해 자상한 가르침이 주어질 때, 부정적인 것을 극복하고 긍정적인 성향들이 힘을 발휘할 수 있다.

그런데 예수가 그들에게 설명한 내용들은 제자들이 이미 어릴 때부터 알고 있었던 내용들이다. 그런데 이제 그 이야기들이 마치 처음 듣는 것처럼 들린다. 이런 면에서 교사는 학습자가 이미 알고 있는 내용을 새롭게 해석하도록 돕는 자이다.

---

26) Nouwen, *With Burning Heart*, 42.

27) Alfred Plummer, *The Gospel according to S. Luke*, The International Critical Commentary (Edinburgh: T. & T. Clark, 1977), 554.

바람: "예수께서 그들의 집에 묵으려고 들어가셨다."(29b절)

여행자들은 예수와의 질문과 대답에도 불구하고 여전히 자기들 옆에서 이야기하는 분이 누구인지를 몰랐다. 그러나 예수께서는 그들이 깨달음을 얻을 때까지 참고 기다리셨다. 그래서 그들과 함께 유하여 그 밤 저녁식사 때까지 같이 계신 것이다.

"그러나 그 순간 예수께서는 그들에게서 사라지셨다."(31절)

제자들이 예수가 주는 빵을 먹고 그를 알아보게 되자 예수는 그 자리에서 사라져 버렸다. 그러나 두 제자는 이제 예수가 살아서 이미 그들과 함께 있었다는 것 그리고 지금 그들과 함께 있다는 것을 깨달았다. 예수와의 가장 깊은 일치는 그의 부재중에 일어나는 일치라는 것을 깨닫는 순간이었다.[28]

예수는 깨달음을 준 후에 곧 다른 깨달음을 받을 대상을 찾아 그들을 떠나셨다. 또 다른 사람을 초청하기 위해 사라진다. 기독교교육의 순환적 구조가 다시 시작되는 것이다.

2) 배움의 구조

나옴: 제자들이 배움의 장으로 나올 때 그들의 상태는 세 가지였다. 하나는 혼란이고 다른 하나는 마음의 경직성이다. 나머지 하나는 상실감이다. 혼란은 다음의 구절에 잘 나타나 있다.

---

28) Nouwen, *With Burning Heart*, 80.

"그들은 일어난 이 모든 일을 서로 이야기하고 있었다. 그들이 이야기하며 토론하고 있는데……"(14 - 15a절)

여기서 제자들의 혼란을 보여 주는 말들은 '이야기하다'와 '토론하다'이다. '이야기하다'라는 말은 단순히 어떤 내용을 전달하는 것이 아니라 의도가 담긴 말이다. 그들의 담화의 주제는 예루살렘에서의 예수의 십자가 처형 사건이다. 그런데 그들은 그 사건이 무엇을 의미하는지 몰라 정리되지 않은 상태여서 '일어난 모든 일을 서로 이야기하고 있었'던 것이다. 그뿐 아니라 그들은 그 사건에 대해 본격적으로 '토론하고 있'었다. 토론은 어떤 문제를 두고, 여러 사람이 의견을 말하여 옳고 그름을 따져 논의하는 것을 말한다. 제자들은 예루살렘 사건의 의미를 두고 서로의 의견이 엇갈려 혼란을 겪고 있었다.
　마음의 경직은 다음의 구절에 잘 나타나 있다.

"그러나 그들은 눈이 가리어서 예수를 알아보지 못하였다."(16절)

그들은 예루살렘 사건의 의미가 무엇인지에 마음이 빼앗겨 있었기 때문에 예수가 그들 가까이 가서, 함께 걸어도 예수를 알아보지 못하였다. 더구나 그가 부활한 예수라고는 믿을 수 없었다. 두 제자가 예수를 알아보지 못한 것은 예수의 모습에 이상이 있어서가 아니라 그들의 영적 어두움에 기인한 것이다.[29]
　그리고 상실감은 다음의 구절에 잘 나타나 있다.

"그들은 침통한 얼굴을 하고서"(17b절)

---

29) Marshall, *The Gospel of Luke*, 728.

그들은 자신들에게 의미를 주던 예수를 잃어버렸다. 그리고 그와 함께 자신들을 잃어버렸다. 그리고 무엇보다 그들은 믿음을 잃어버렸다. 이 같은 제자들의 혼란과 마음의 경직성 그리고 슬픈 감정은 전체적으로 제자들에게 긴장(stress)으로 작용했을 것이다. 그런데 오히려 이런 제자들의 긴장이 가르침의 좋은 조건이 될 수 있었다.

처함: "예루살렘에 머물러 있었으면서, 이 며칠 동안에 거기에서 일어난 일을 혼자서만 모른단 말입니까?"(18절)

제자들의 이 말은 예수의 "두 분이 걸어가면서 서로 주고받는 이 말들은 무슨 이야기입니까?"(17절)라는 물음에 대한 반문이다. 예수는 이 질문을 통해 제자들을 분명한 문제 가운데로 이끈다. 제자들이 처한 교육의 상황은 예루살렘 사건이란 문제를 해결하고자 하는 상황이었다. 여기서 교육에서의 문제 또는 교육적 주제가 교사에 의해 확실시되는 것을 알 수 있다. 기독교교육은 학생들의 문제에 끌려가는 경험 중심적인 교육이 아니고 정해진 주제를 전달하는 내용 중심적 교육도 아니다. 학생이 안고 온 문제들과 그에게 중요한 내용의 대화 가운데 있는 교육이다.

제자들이 처한 교육적 상황의 성격은 적극적이다. 그것은 그들이 서로 이야기하고, 토론하고, 낯선 이(예수)에게 예루살렘에서 일어난 나사렛 예수와 관련된 일을 설명하고(19-20절), 자신들의 감정까지 토로하며(21절), 자신들의 공동체에 있었던 일을 소상히 전하는 데서(22-24절) 알 수 있다.

접함: "그제서야 그들의 눈이 열려서, 예수를 알아보았다."(31절)

16절에서 가리어 예수를 알아보지 못했던 눈이 지금은 열려서 예수를 알아본다. 두 제자가 그토록 가까이 지내던 예수를 알아보지 못했다가 나중에 알아보았다는 내용은 두 제자의 눈이 시각적이 아니라는 것을 시사한다. '눈'이라는 의미로 사용된 헬라어 '옵다르모스'(ὀφΘαλμός)가 '정신이나 마음의 눈'이라는 뜻으로도 사용되었다고 할 때, 여기서는 두 제자의 '영의 눈'을 가리키는 것으로 볼 수 있을 것이다. 예수 부활의 현현과 관련해서는 시각적으로 보는 용례는 없기 때문이다(눅 24:16, 31; 행 1:9).[30] 영적인 감각이 마비되어 있을 때, 보기는 보나 알지 못한다. 거꾸로 전에 보지 못하던 것을 본다는 것은 영적인 감각이 살아났다는 것을 말한다. 그러므로 여기서 두 제자의 눈이 열렸다는 것은 예수 부활에 대한 불신에서 나온 영적 시력 상실의 회복을 의미한다.

여기서 그들의 눈은 하나님에 의해 열린 것이다. 이것은 16절에서 그들의 '눈이 가리어서'와 그 성격이 같다. 그곳에서 비교 수동태가 사용됨으로써 하나님의 행위임이 암시된다.[31] 여기서도 두 제자의 눈이 하나님에 의해서 열려 그 행동의 의미를 깨닫게 되고 예수를 알아보게 된다. 두 제자는 예수의 부활에 관한 예언을 새롭게 이해하게 됨으로써 비로소 부활한 예수의 계시를 깨닫고 보게 된 것이다.

그러나 두 제자의 예수 깨달음은 예수의 교육 방식에도 의존된다. 예수는 "그들과 함께 음식을 잡수실 때에, …… 빵을 들어서 축사하시고, 떼어서 그들에게 주셨다."(30절) 그 행동이 예수를 연상케 하여 제자들이 예수를 알아볼 수 있게 한다.[32] 이것은 깨달음을 위한

---

30) Geoffrey W. Bromiley, ed., *Theological Dictionary of the New Testament*, 요단출판사번역위원회 역, 『신약성서신학사전: 킷텔 단권 신약원어 신학사전』(서울: 요단출판사, 1986), 803 - 804.

31) Marshall, *The Gospel of Luke*, 727.

인간적 차원의 준비라고 할 수 있을 것이다. 두 제자는 그 낯선 사람이 예수였다는 사실을 알게 된 후에야 도중에서 성서의 뜻을 해석해 줄 때 이상스럽게 감동되었던 사실을 뒤늦게 깨닫는다(32절). 부활한 예수의 실체는 그가 제자들에게 말할 때 이미 밝혀졌는데 그것을 의식적인 형태로 나타내게 된 것은 예수를 눈으로 실제 보고 깨닫게 된 때라는 사실이다.

그러나 예수를 알아보게 된 순간 그의 자취가 사라진다. 그를 알아보게 되는 순간에 그는 볼 수 없게 되고 만다. 성서를 읽고 빵을 떼는 데서 부활한 주는 보이지 않지만 계속해서 임재할 것이다.[33]

바뀜: "길에서 겪은 일과 빵을 떼실 때에 비로소 그를 알아보게 된 일을 이야기하였다."(35절)

두 제자의 옛 모습은 혼란과 마음의 경직성과 상실감에서 오는 슬픔이었다. 그러나 이제 그들은 정리된 확신과 열린 마음 그리고 기쁨을 소유하게 되었다. 두 제자는 자신들이 만난 사람이 바로 부활한 예수라는 것을 알고 그동안의 혼란이 확실하게 정리되었다. 그들이 다시 예루살렘으로 돌아가 예수가 부활했다고 다른 제자들에게 말했을 때 그들은 정리되었다. 예루살렘에 있던 제자들의 예수에 대한 표현인 '주'(34절)는 두 제자의 예수에 대한 표현이 되었을 것이다. 즉 그들에게 예수는 '예언자'(19절)에서 '주'로 바뀌었다. 그리고 예루살렘의 다른 제자들에게 자신들의 경험을 말하는 분위기는, 엠마오를 향해 가던 때의 어두운 정조와는 상반되는 밝은 것이었다.

---

32) Marshall, *The Gospel of Luke*, 734.

33) Marshall, *The Gospel of Luke*, 737.

예수의 부활은 두 제자의 신앙을 해체하고 재구성하는 강력한 기제였다. 예수의 부활은 두 제자가 이해하기 어려운 사건이었지만 자신을 비웠을 때, 즉 현재의 상태를 적극적으로 해체했을 때, 그것은 새로운 세계가 열리는 발전적 해체가 되었다. 구조적으로 볼 때, 불신이 신앙으로 대체된 것이다.

이상의 엠마오 사건에 대한 해석을 통하여 드러난 기독교교육의 구조를 정리하면 다음과 같다. 기독교교육의 구조는 교육의 일반 구조와 같이 크게 가르침과 배움의 두 가지 차원으로 나뉜다. 가르침의 구조를 내용과 방법을 포함해[34] 도식화하면 아래와 같다.

단계:　→　청함　→　마련　→　알림　→　바람　→
내용:　(환영, 개방)　(준비, 대비)　(직접, 간접)　(격려, 권면)
방법:　신뢰　　　사랑　　　전달　　　기도
(가르침의 구조)

그리고 가르침의 구조와 상응하는 배움의 구조는 아래와 같은 도식을 갖는다.

단계:　→　나옴　→　처함　→　접함　→　바뀜　→
내용:　(습관, 의도)　(참여, 방관)　(인격, 의미)　(수용, 거부)
방법:　동기　　　실천　　　교류　　　결정
(배움의 구조)

위의 가르침의 구조와 배움의 구조는 서로 어떤 관계가 있는가. 그것들은 분리된 별개인가. 아니면 하나인 것의 다른 이름인가. 이

---

34) 구조의 요소들에 적절한 내용과 방법에 대한 설명은 다음 기회로 미룬다.

같은 물음에 대해 그 둘 다라고 대답할 수 있을 것이다. 가르침과 배움의 구조는 각각 독자적인 구조를 갖는다. 가르침의 구조는 교사와 관계되며, 배움의 구조는 학습자와 관계된다. 이 두 구조는 각각의 차원에서 단계적인데, 이 단계들은 아래의 도식처럼 서로 관계된다. 청함과 나옴, 마련과 처함, 알림과 접함, 바람과 바뀜의 단계들은 서로 상응한다.

가르침의 단계:	청함 → 마련 → 알림 → 바람
	↕ ↕ ↕ ↕
배움의 단계:	나옴 → 처함 → 접함 → 바뀜
	(가르침과 배움의 구조의 관계)

이 상응하는 단계들은 하나가 없으면 다른 것은 그 효과가 반감된다. 가르침의 구조와 배움의 구조가 서로 상합적이라는 면에서 가르침과 배움의 구조는 전체적으로 하나의 전체를 이룬다.

Ⅳ. 나가는 글

기독교교육학의 정체성 수립을 위해서는 우선적으로 기독교교육의 정체를 파악해야 한다. 기독교교육의 정체는 구조적으로 파악할 때 그 독자성을 인정받을 수 있다. 이런 입장에서 우리는 위에서 기독교교육의 구조를 엠마오 사건에 대한 해석을 통하여 탐색하였다. 탐구 결과 기독교교육의 구조는 청함-마련-알림-바람의 순환적인 가르침과 나옴-처함-접함-바뀜의 배움의 요소들로 되어 있으며,

이것들은 상호적 관계 양상을 띠며, 그렇게 함으로써 기독교교육은 가르침과 배움의 구조를 갖는 고유한 현상임을 알게 되었다.

그럼에도 불구하고 의문이 있을 수 있다. 이 글에서는 배움과 가르침의 요소를 특정한 네 가지로 추출하고 그 관계를 밝혔는데, 과연 그 밖의 다른 요소는 없느냐, 여기서 말한 구조와 다른 구조는 없느냐는 것이다. 이 두 질문은 구조에서 요소의 추가나 삭제가 다른 요소에 직접적으로 영향을 미쳐 구조 전체에 변화를 일으키기 때문에 동일한 내용이라 볼 수 있다. 그리고 제2, 제3의 구조는 얼마든지 가능하다.35) 다만 그들 간에 인식의 수준차를 가정할 경우 구조의 우열이라는 문제가 대두된다. 구조에는 낮은 수준의 구조와 높은 수준의 구조가 있으며, 그것을 파악하는 이론의 수준도 마찬가지로 높고 낮음이 있다. 이런 맥락에서 기독교교육의 구조는 학문적으로 계속 진작시켜야 할 하나의 과제가 된다.

---

35) 예를 들어, 교육학의 경우에서, 앞서 언급한 장상호의 구조 외에도 엄태동, 「갈매기의 꿈에 나타난 가르침과 배움의 구조 분석」 석사학위논문(서울: 서울대학교대학원, 1990); 엄태동, 「교육적 인식론 연구: 키에르케고르와 폴라니의 교화적 방법에 대한 교육학적 고찰」 박사학위논문(서울대학교 대학원, 1998); 최성욱, 「변신이야기에 나타난 교육의 구조 탐색」 박사학위논문(서울: 서울대학교대학원, 1994) 등이 있다.

기독교교육과 신학의 관계

Ⅰ. 들어가는 글

'기독교교육'이라는 용어는 '기독교'와 '교육'이라는 용어가 결합되어 형성된 말이다. 어떤 용어가 용어들의 합성으로 이루어졌다면 거기에는 그 용어를 이루는 용어들 사이에 모종의 연관성이 있다고 할 수 있다. 한편 이 연관성은 합성된 용어의 성격을 규명해 주는 단초를 형성하게 된다. '기독교교육'의 경우도 마찬가지이다. '기독교'와 '교육'으로 이루어진 '기독교교육'이란 말은 '기독교'와 '교육' 사이에 어떤 관계를 내포하고 있다고 볼 수 있을 것이다. 또한 '기독교'와 '교육'의 관계 양상은 거꾸로 그 합성어인 '기독교교육' 자체의 성격을 규정해 주기 때문에 기독교교육의 정체성을 파악하는 데 있어서 '기독교'와 '교육'의 관계를 파악하는 일은 대단히 중요하다.

사실 '기독교교육이 무엇이냐?' 하는 물음은 아직도 적어도 흡족하게 대답되고 있지 않은 상태이다. 그럼에도 불구하고 이 물음이 대답되어야 할 이유는 기독교교육을 어떻게 정의하느냐에 따라 그 수행의 성격이 달라지고, 그에 따라 방향 면에서 옳고 그른, 내용 면에서 긍정적이고 부정적인 그리고 효과 면에서 크고 작은 다양한 결과들을 산출할 것이기 때문이다. 예컨대 아주 단순하게 생각해서, 기독교교육을 기독교를 교육하는 것으로 보느냐, 교육을 기독교적으로 하는 것으로 보느냐에 따라 그 수행 방식과 그에 따른 결과에는 큰 차이가 있을 것이다. 기독교교육을 기독교를 교육하는 것으로 볼 경우, 기독교교육은 기독교라는 신학(그 안에는 성경, 전통, 교리 등이 포함될 것이다)의 내용을 주로 가르치는 것이 될 것이다. 반면에 기독교교육을 교육을 기독교적으로 하는 것으로 보게 될 경우, 기독교교육은 내용보다는 그 교육방법이 기독교적이냐 아니냐에 관심을 갖게 될 것이다. 이처럼 기독교교육에서 '기독교'에 초점을 맞추느냐, 아니면 '교육'에 초점을 맞추느냐에 따라 기독교교육의 성향은 현격하게 달라진다.

기독교교육과 신학의 관계 양상의 파악은 학문적 논의의 장에서뿐만 아니라 교육의 현장에서도 필요하다. 예컨대 교회에서 교사대학을 연다고 하자. 기독교교육의 성격을 어떻게 보느냐에 따라 교과목의 편성이 달라질 수 있다. 기독교교육을 신학이라고 볼 경우, 신약, 구약, 조직신학, 교회사 등과 같은 신학과목이 당연히 포함될 것이다. 그러나 기독교교육을 교육학이라고 볼 경우에는 학습자 이해나 교수-학습 등과 같은 기독교교육 과목들을 포함시킬 것이다. 기독교교육을 신학과 교육학의 중간 어디쯤에 있는 학문으로 볼 경우에는, 신학 과목과 기독교교육 과목을 적당히 편성할 것이다. 그렇더라도 신학 쪽에 비중을 둘 것인지, 아니면 기독교교육 쪽에 더 비중을 둘 것인지 결정을 해야 한다. 이처럼 기독교교육과 신학의 관계라는 주제는 학문의 장에서뿐만 아니라 교회 현장에서도 중요하기 때문에 검토되어야 한다.

그러나 문제는 단순하지 않다. 기독교교육과 신학의 관계에 대한 입장들이 다양하기 때문이다. 기독교교육은 이미 그것을 규정하는 '기독교'라는 접두어가 지시하듯, 반드시 신학을 기초로 논의되어야 한다는 주장이 있다. 한편 기독교교육에 '기독교'라는 말이 붙어 있다 해도 기독교교육은 엄연히 하나의 분과학문이기 때문에 구태여 신학에 의존할 필요가 없다고 보는 주장도 있다. 여기에 기독교교육은 신학을 바탕으로 해야 한다는 입장과 신학과 무관하게 해야 한다는 입장을 중재하려는 중도 입장까지 있고 보면 기독교교육과 신학의 관계 양상은 보기보다는 단순하지 않다는 것을 알게 된다. 여기서는 기독교교육과 신학의 관계 양상을 아주 단순화하여 신학→기독교교육, 즉 기독교교육보다 신학에 더 비중을 두는 입장, 신학←기독교교육신학, 즉 신학보다 기독교교육에 더 비중을 두는 입장, 신학↔기독교교육, 즉 기독교교육과 신학은 서로 영향을 주는 관계라는 입장 그리고 신학-기독교교육, 즉 기독교교육은 신학과 무관하다는 입장으로 나누어 살펴볼 것이다. 기독교교육과 신학의 관계에 대한 이 네 가지 입장은 기독교교육과 신학의 관계에 대한 다양한 담론들의 기본적 입장이 된다. 기독교교육과 신학의 관계 양상에 대해 검토를 한 후에는 결론적으로, 이 주제의 발전적 논의를 위해 기독교교육과 신학의 관계에 대한 새로운 입장들을 적극적으로 제안할 것이다.

Ⅱ. 기독교교육은 신학적이어야

1. 기독교교육은 신학

1) 기독교교육은 신학 가르치기

기독교교육을 신학으로 보는 입장이 있다. 이 입장에는 크게 성경으로부터 기독교교육의 내용과 방법 등의 원리를 끌어내려는 입장과 기독교교육 자체를 신학하기로 보는 입장이 있다. 첫 번째의 입장은 기독교교육은 신학의 내용인 하나님, 예수, 성령 등에 대해 알아 가는 것이기 때문에 신학 외에 아무것도 아니라는 것이다. 이 입장은 흔히 보수주의자들을 의미하는 전통주의자들에게서 발견된다. 기독교교육은 성경의 주요 내용을 배우는 것이고, 교리를 학습하는 것이다. 성경과 교리의 내용을 배우는 데는 구태여 의도적이고 계획적인 의미에서의 교육이 필요치 않다. 특히 근본주의적 보수주의자들은 성경과 관련된 내용에 대해서만 '신학'이라는 말을 붙이는데, 이는 신학을 성경과 동일시하는 것으로 신학의 개념을 대단히 좁게 보는 관점이다. 그래서 이들은 보통 그들 그룹 외에서 '신학'이라고 부르는 내용들을 '철학' 등으로 불러 성경에 대한 집착을 보여 준다. 이들에 의한 기독교교육의 예는 헤르만 에이치 혼(Herman H. Horne)에게서 볼 수 있다. 혼은 『위대한 교사 예수』(*Jesus, the Master Teacher*)[1]라는 책을 통해 예수께서 가르치신 방법을 보여 주어서 우

---

1) (NY: Association Press, 1920). 이 책은 1964년에 Kregel Publications House에서 *Teaching Techniques of Jesus*라는 제목으로 다시 출판되었다. 한국에서는 朴英鎬 역, 『예수님의 教育方法論』(서울: 예수교문서선교회, 1980)과 고봉환 역, 『예수의 교육 원리』(서울: 요나, 1993)라는 제목으로 발행되었다.

리의 교육방법에 영향을 주려고 했다.2) 그래서 이 책의 초점은 내용이 아니라 그 내용이 어떤 형태로 주어졌느냐 하는 것이다.3) 혼은 신약성서가 예수의 교육방법에 대해 말하고자 하는 것을 발견해 내려고 애썼다. 기독교교육에 대한 이와 같은 접근은 기독교교육에서 '기독'이란 말이 '그리스도'를 의미한다는 면에서 가장 기독교교육의 원형에 가깝다고 할 수 있다. 그러나 성경이 인간의 실존적 문제에 대한 모든 해답을 가지고 있는 책이라고 하더라도, 기독교교육의 현재와 미래의 문제들에 대해 모두 답을 줄 수 있는 책이 될 수 있는지는 의문이다.

성서로부터 배우자는 입장은 같으나 혼이 성서로부터 기독교교육 자체를 배워야 한다고 보는 입장과는 달리 기독교교육은 성서의 내용을 배우는 것이라는 입장이 있다. 성서 자체가 자신을 우리에게 가르치고 싶어 하기 때문에 그 주요 내용을 배워야 한다는 것이다.4) 성서에서 배워야 할 대표적인 내용들에는 하나님 발견, 신앙, 신약에서의 위임과 제자직, 기도, 정의, 죄 그리고 화해 등이다.5) 그러나 이 같은 입장이 만약에 기독교교육을 단순히 성서를 배우는 것이라고 생각한다면 큰 과오를 범하는 것이다. 왜냐하면 기독교교육은 성서 내용에 다른 내용을 더하여 가르치는 것이지, 성서만을 가르치는 것은 아니기 때문이다. 그래서는 기독교교육이 목적하는 신앙의 전인을 이룰 수 없다.

---

2) Horne, *Jesus, the Master Teacher*, x.

3) Horne, *Jesus, the Master Teacher*, xi.

4) James M. Lee, "Religious Education and the Bible: A Religious Educationist's View", Joseph S. Marino, ed., *Biblical Themes in Religious Education*(Birmingham, AL: Religious Education Press, 1983). 3 – 8, 11 – 18.

5) Marino, *Biblical Themes in Religious Education*, 87 – 276.

2) 기독교교육은 신학하기

기독교교육을 신학으로 보는 두 번째 입장은 기독교교육을 신학하는 것으로 보는 입장이다. 이 입장의 대표적 학자들은 로렌스 오 리처즈(Lawrence O. Richards)와 존 에이치 웨스터호프 3세(John H. Westerhoff Ⅲ)이다. 그들은 기독교신앙공동체 안에서 일어나는 의도적 사회화에 초점을 맞춘다는 점에서 공통점이 있다. 리처즈는 기독교교육에 대한 신학의 영향을 당연시한다.6) 그는 기독교교육의 세 가지 근거를 성서로부터 끌어낸다. 그것은 구약의 셰마 교육(신 6:4 - 9), 예수의 제자교육 그리고 주의 교양 및 훈계 교육(엡 6:3)이다. 이 것들의 공통적인 성격은 성경에 계시된 실재를 학습자 안에 인격화시키고 생활화시키고자 하는 것이다. 따라서 그에게 기독교교육은 성서 안에 나타난 계시된 실재의 인격적 형상화이다. 계시된 실재는 그저 하나님에 관한 사실이나 만남이 아닌 하나님이 계획하는 세계에 대한 위임을 포함한다. 기독교교육은 이 실재를 지향하게 하고 신자들로 하여금 계시된 실재의 진리를 경험하도록 불러야 한다. 그리스도의 제자로 부름을 받는다는 것은 바로 이 실재의 경험에로 부름을 받는 것에 다름 아니다. 계시된 실재는 함께 경험되어야 하는 실재인데, 그것은 신앙공동체 안에서 경험될 수 있다. 이 계시된 실재가 공동체 안에서 경험된다는 증거는 성서에 많이 나타나 있다(엡 4:14, 23; 히 10:24 - 25 등). 신앙공동체의 인격적인 관계와 생활 속에서, 즉 비형식적 교육 안에서 상호 인격적, 상호 활동적 과정이 일어나고, 그 과정 안에서 계시의 실재로부터 기인한 생명과 은사가

---

6) Lawrence O. Richards, "Experiencing Reality Together: Toward the Impossible Dream", Norma H. Thompson, ed., *Religious Education and Theology*(Birmingham, AL: Religious Education Press, 1982), 198 - 217, 손승희 역, 『종교교육과 신학』(서울: 한국신학연구소, 1990).

주어진다는 것이다.7)

웨스터호프 역시 교육과 신학을 구분하지 않는다.8) 그는 기독교교육을 교육적으로 신학하는 일로 본다. 교육하는 가운데 신학의 기능이 일어난다고 본다. 그것을 카테키시스(Catechesis)를 통해 설명한다. 카테키시스는 기독교 공동체 안에서 일어나는 의도적 사회화로 하나님의 말씀이나 활동을 축하하고 설명하는 교회의 모든 활동이다.9) 여기에는 복음화(evanglization)와 동화(assimilation)가 포함된다. 복음화는 사고, 감정, 행위의 제 영역에서 일어나는 회심 혹은 인간변화를 돕는 행위와 말을 통해 복음과 만나는 것을 의미한다. 동화는 사고, 감정, 행위의 제 차원에서 일어나는 양육과 성장을 돕는 행위와 말을 통해서 복음전통에 편입되는 것을 의미한다. 이것은 카테키시스가 공동체 안에서 문화화되고 사회화된다는 것을 인정하고 있음을 말해 준다. 그러므로 문제, 즉 신학하기의 영역은 신앙공동체 안에서 신앙이 어떻게 사회화되며, 즉 신앙이 어떻게 주어지며 어떻게 교육되며 어떻게 활성화되는지와, 계시가 어떻게 인식되느냐 하는 것과 사람이 받은 소명을 어떻게 실현하느냐이다.

웨스터호프는 신학하기의 첫 번째 영역인 신앙을 특정종교와 연관 짓지 않고 모든 사람이 소유하는 삶의 지각방식으로 본다. "그것은 우리의 전인격의 한 기본적 지향성이고 우리가 거기에 의해 사는 거점이다."10) 이 신앙은 여러 가지 모습으로 표현되는데, 지적으로는 믿음

---

7) Lawrence O. Richards, *A Theology of Christian Education*(Grand Rapids, Mich.: Zondervan Publishing House, 1975), 309－13, 문창수 역, 『교육신학과 실제』(서울: 정경사, 1980).

8) John H. Westerhoff Ⅲ, "A Catechetical Way of Doing Theology", Tompson, *Religious Education and Theology*, 218－42.

9) Tompson, *Religious Education and Theology*, 250.

10) Tompson, *Religious Education and Theology*, 256.

(believing), 태도적으로는 신뢰(trusting), 행위적으로는 예배(worshiping) 등으로 나타난다. 그러므로 카테키시스의 문제는 삶에 대한 역사적, 공동체적, 기독교적 자각이 어떤 것이냐 하는 것과 그러한 지각이 공동체의 삶 속에서 어떻게 획득되고 보존되고 심화되는가 하는 것이다. 교육적으로 신학하는 두 번째 영역은 계시이다. 계시는 하나님의 자기 현현이다. 신적 계시는 하나님과의 개인적이고 친밀한 관계 경험이다. 계시는 성서와 전통, 기도, 공동체 내에 나타날 수 있지만 현재적 경험이 없이는 무의미하다. 계시 경험을 위해서는 침묵 속에서 상징적, 정의적, 직관적 이미지를 통해서 하나님이 말씀하시는 것을 들으려고 하는 자세가 요구된다. 하나님에 관한 관계적 경험으로서의 계시와 연관 지어 카테키시스는 역사적, 공동체적 하나님 경험이 어떤 것이었는지, 그것이 어떻게 하나님의 계시를 전할 수 있는지에 주의를 기울여야 한다. 신학하기의 세 번째 영역인 천직은 일반적인 의미로는 직업을 뜻하지만 여기서는 인간이 지향해야 할 완성이나 완전을 말한다. 그러므로 인간 활동은 천직이 아니고 천직을 위한 수단이다. 천직은 공생적 삶이고, 윤리적 원칙과 규범이며, 사랑하는 일이며, 희생적 봉사이다. 천직과 연관하여 카테키시스는 공동체 안에서 온전히 인간답다는 것이 무슨 뜻이며 그러한 천직은 각자의 생애를 통해서 어떻게 실천되는가를 추구해야 한다. 이런 영역들에 대한 추구는 결국 신학하기이며, 지각으로서의 신앙, 관계적 경험으로서의 계시 그리고 공동체 내에서의 진정한 인간적 삶으로서의 천직, 이 셋이 각각 서로에게 미치는 영향은 신학적 행위가 되며, 그 세 가지 영역들이 실존적 현실에 대하여 함축하는 것들은 신학적 내용이 된다. 이렇게 볼 때 웨스터호프의 신학에 대한 개념은 이론에서부터 실제적인 데까지 대단히 포괄적인 것으로 보인다.

2. 기독교교육에 대해 신학적 정당성 묻기

기독교교육을 신학으로 보는 입장에 기독교교육의 내용이 신학적으로 정당해야 한다고 주장하는 입장이 있다. 그런 입장의 배후에는 기독교교육은 신학이라는 생각이 깔려 있고, 그러니까 신학적으로 정당해야 한다는 것이다. 예컨대 잭 엘 시무어(Jack L. Seymour)와 도널드 이 밀러(Donald E. Miller)가 편집한 『기독교교육과 신학의 대화』(*Theological Approaches to Christian Education*)[11]가 그와 같은 입장의 책이다. 여기에는 전통(하나님에 대한 지식)의 본질, 교회의 역할, 인간의 본성, 세상에서의 교회의 사명 그리고 신학방법론 등의 네 가지 주제들에 대한 신학적 변화의 내용과 그에 대한 기독교교육적 방안을 모색하는 시도가 들어 있다. 이와 같은 시도에는 결국 각 주제가 신학적으로 의미하는 내용이 무엇인지 그리고 그것이 기독교교육에서 어떻게 활용될 수 있는지를 묻는 것이기에, 기독교교육은 신학을 바탕으로 작업을 진행해야 한다는 합의가 배어 있다.

앞서의 책에서 다루고 있는 전통(하나님에 대한 지식)의 본질, 교회의 역할, 인간의 본성 그리고 세상에서의 교회의 사명 등은 기독교교육이 관심을 가질만한 주제이다. 그러나 신학방법론은 경우가 다르다. 기독교교육에서 왜 신학이고 그것도 방법론인가? 그것은 신학으로부터 내용뿐만이 아니라 방법론까지 배워야 한다는 소리로 들린다. 이 책에서는 남미신학과 여성신학의 예를 들어 설명하고 있다. 남미신학과 여성신학은 그것이 현대신학의 테두리를 넘어 전통적 신학 방법에 도전한다. 신학은 이제까지 주로 전통 내부에서만 그리고 실제에 응용한 결과로부터 논의되었다. 그러나 신학은 전통 안에서

---

11) 김재은·임영택 공역, 서울: 성광문화사, 1994.

일 뿐 아니라 실천 안에서 나오는 상호 대화이어야 한다. 남미의 바닥공동체는 예배와 성찰, 행동과 사고가 결합된 모습을 보여 준다. 남미의 억압 상황에서 기존 교회는 더 이상 의미가 없었다. 그것은 조직화된 종교의 상징이 되어 버렸기 때문이다. 남미에 요구되는 교회는 교회와 전통이 하나 되고, 교회의 문제와 백성의 문제가 하나가 되는 교회였다. 그런 성격의 공동체가 바닥공동체이다. 이것은 신학이 위로부터(연역적)가 아닌 아래로부터(귀납적) 언급되어야 한다는 절박성의 표현이었다. 구체적으로 이 신학의 방법은 세 가지 요소의 상호 작용으로부터 나온다. 그것은 사람들이 공동체의 모임에 가져오는 프리텍스트(pretext), 공동체 자체인 콘텍스트(context) 그리고 성서인 텍스트(text)이다. 이러한 신학방법의 영향으로 교육 역시 새로운 성격을 띠게 되었다. 바닥공동체의 교육은 참여자의 경험을 중시한다. 그러다 보니 자연스럽게 그들의 현실을 억압적으로 만드는 부정의에 대해 주의를 기울이며 그 정체를 밝히려 한다. 그래서 그들은 신학을 배급받는 것이 아니라 생산하게 된다. 그래서 교육은 신학과 분리되지 않고 하나가 된다.

여성신학은 경험이 확신의 근거인 동시에 척도가 되어야 한다고 믿는 여성적 관점에서의 신학적 사고를 말한다. 그래서 신학적 질문이 재구성된다. 여성신학에서 새롭게 구성되어 왔던 주요 질문들은 하나님, 인간, 죄 그리고 구원이다. 하나님에 관한 전통적 질문들은 '하나님은 초월적인가, 내재적인가, 아니면 둘 다인가?' 그리고 '하나님은 어떻게 전능하며 동시에 완전히 선하신가?' 등이었다. 이와 같은 하나님의 존재 장소와 활동에 관한 기본적 질문들은 다른 질문들, 즉 '하나님은 누구이며, 하나님은 인간을 포함한 그의 피조물과 어떤 관계를 가지고 있는가?' 같은 보다 중요한 질문으로 전환되어야 한다는 것이다. 인간에 대해서도 전통적 질문들은 '사람은 기본적으로 선한가, 악한가?' 등을 물음으로써 인간 차별의 가능성을 제공했고, 이러한 구별은 인간의 특성에 대한 가치 판단을 하게 만들었고, 이 같은 맥락에서 여성들은 굴종적이고, 직관적이고, 감정적이고, 얌전하고, 남성들은 지배적이고, 논리적이며, 이성적이고, 대담하다는 전통적 관념이 생겨났다. 죄에 대해서도 죄를 성적인 불순종이나 권력 추구 등의 구체적인 행위와 관련짓는 전통적인 개념에서, 죄는 표적에서 벗어나는 것, 즉 우리가 창조된 모습대로 살지 않는 것과 관련지어야 한다는 것이다. 구원에 대해서도 전통적으로 세상을 정죄하여 대적하는 견해로부터 세상을 사랑하여 그 안에 참여하는 견해로 대치되어야 한다는 것이다. 즉 관계적이고, 성육신적이고, 협동적인 성격의 구원을 말하고 있다.

기독교교육은 신학적으로 정당한지 검토되어야 한다는 입장은 이와 같은 신학적 질문들의 변화 속에서 교육적 질문들이 재구성되어야 한다고 본다. 그것은 세 가지 차원에서 가능할 것이다. 우선, 방법론 차원에서이다. 세 가지 방법론을 생각해 볼 수 있는데 먼저, 비평적 방법론은 해석학적 의심을 가지고 지배적인 세계관과 이론을 분석하고, 이러한 세계관이 탄생된 문화들을 분석하며, 이러한 세계관들이 기독교 역사에 있어서 해방 혹은 억압을 위해 어떤 기능을 해 왔는지를 분석한다. 다음으로, 재구성적 방법은 옛 질문들에 대한 대답을 재형성함과 동시에 질문들 자체를 재형성하기 위해 전통들을 다시 생각해 보며 하나님과 세상에 대해 더 적절한 관점을 찾아보려고 노력하는 것이다. 마지막으로, 재신화화 방법은 하나님과 세계를 다시 형상화해 보면서 억압적이 아니라 구속적이라고 생각되는 하나님의 모습이나 비유들로 표현하는 것이다. 내용에 대해서도 질문들이 바뀌어야 한다. 절대적 규범성에 관한 의문을 제기하게 되었다.

교육적 질문을 재구성할 수 있는 두 번째 차원은 자료이다. 전에는 어떤 자료들이 권위 있는 것으로 받아들여지고 따라서 '기독교교육에 적합한 내용으로 여겨질 수 있을까?'를 물었다. 그러나 이제 남미신학과 여성신학의 내용으로부터 오는 도전은 첫째, 여러 가지 자료들을 통한 계시의 추구이다. 여기에는 역사적인 문헌들, 자연세계, 당대 사람들의 경험들, 특히 억압되고 잊혔던 이들의 경험들이 포함된다. 이것은 하나님은 혹은 진리가 여러 방법으로 계시될 수도 있다는 가능성을 인식한 것이다. 둘째, 성서본문 자체 속에 있는 가부장제적인 편견들을 찾아보려는 것이다. 셋째, 본문에 대한 새로운 질문들을 제기하고 익숙한 해석들 속에 내재된 가부장적인 편견들을 바로잡음으로써 역사적 전통들에 대한 보다 포괄적인 해석을 추구하는 것이다.

교육적 질문을 재구성할 수 있는 세 번째 차원은 지도력이다. 지도력에 대한 질문들도 바뀌어야 한다. 전에는 '무엇이 전통적 질서이며 지도력과 목회의 구조인가?'라고 물어 왔으나, 이제는 첫째, 교육목회를 교회 내에서의 다른 모든 형태의 목회에 대한 동반자로 보는 것이다. 둘째, 사람들이 교회의 지도력 행사에 포괄적으로 참여하도록 해야 한다는 것이다. 셋째, 여러 가지 지도력 유형을 가진 사람들을 위하여 개방적이어야 한다는 것이다. 넷째, 목회적 의미에 대해 깊이 성찰하는 것이다.

기독교육은 신학적으로 정당해야 한다는 입장은 전술한 바와 같이 신학적 내용으로부터 기독교교육의 새로운 내용들을 발굴할 수 있다는 가능성 면에서는 유익하지만, 근본적으로 그와 같은 입장의 정당성 역시 문제가 된다. 왜냐하면 '기독교교육이 신학적으로 정당하냐?'고 물을 때, '그 정당성의 근거가 되는 신학은 어느 신학을 말하느냐?' 하는 것이다. 이 물음에 대한 대답은 쉽게 할 수 없을 것이기 때문에 정당성을 묻는 물음 자체의 실효성이 문제가 될 것이다.

3. 기독교교육은 신학으로부터

1) 우선은 신학, 그 다음에 기독교교육

기독교교육이 신학은 아니지만 신학으로부터 시작해야 한다는 입장이 있다. 이 입장은 소위 신정통주의 신학의 영향을 받은 기독교교육학자들의 입장이다. 대표적인 학자에는 루이스 제이 셰릴(Lewis J. Sherrill), 제임스 디 스마트(James D. Smart) 그리고 랜돌프 씨 밀러(Randolph C. Miller)가 있다. 이들은 미국의 기독교교육에서 신학적 단계라고 일컬어지는 시대를 차지하고 있었다.12) 이들이 기독교교육을 신학의 일부로 여기는 입장은 같으나 신학을 기독교교육에 수용하는 영역은 각기 다르다. 셰릴은 계시 면에서, 스마트는 내용 면에서 그리고 밀러는 기독교교육의 단초 면에서 기독교교육이 신학과 관계된다고 본다. 이들을 차례대로 살펴보자. 먼저 셰릴의 경우를 보자. 셰릴은 교육의 대상인 인간에 대해 신학적으로 이해하고자 한다. 즉 성경 안에서 계시는 인간에 대해 무엇이라고 하는가 하는 것이다. 그러니까 인간에 대해 땅으로부터 이해하려는 것이 아니라 하늘로부터 이해하려는 것이다. 그런 다음에야, 즉 하늘로부터의

---

12) D. Campbell Wyckoff, *Theory and Design of Christian Education Curriculum* (Philadelphia: Westminster Press, 1961), 50, 국역, 김국환 역, 『기독교교육과정의 이론과 설계』(서울: 성광문화사, 1990); James D. Smart, *The Creed in Christian Teaching* (Philadelphia: Westminster Press, 1962), 18.

이해가 된 내용에 대해 보다 잘 이해하기 위해 그때에서야 땅으로부터의 이해를 시도한다. 땅으로부터의 이해가 곧 심리학적 이해이다. 이렇게 보면 셰릴에게 신학이 없으면 교육은 불가능하다. 교육은 신학을 보다 더 잘 이해하거나 돕기 위한 보조 역할을 하게 되는 것이다. 예컨대 인간은 하나의 자아로서 새로운 존재가 되어 가는 중에 분리와 결합의 과정을 겪는다. 이것이 제대로 이루어지지 않으면 자아에 위협이 되어 불안을 야기하게 된다. 셰릴은 이 불안에 해당하는 양상들을 인간 발달 단계들로부터 찾아낸다. 그것들은 불안, 지각, 관계, 양면 감정, 동일화 등이다.13) 신학적 해석 뒤에 심리학적 이해가 뒤따르고 있다. 그리고 다시 인간 실존의 문제를 해결하기 위한 실마리를 성서로부터 얻고자 한다. 셰릴은 그 예로, 창조, 주되심, 소명, 구속, 재창조, 섭리, 신앙의 삶을 든다.14)

앞에서 언급한 내용에서 알 수 있듯이 셰릴에게 신학과 심리학은 상호 관계가 있지만 그 시작은 신학으로부터인 것을 알 수 있다. 신학과 심리학은 인간의 상태를 묘사하는 두 가지 길이며, 이들의 구체적 관계는 성서의 계시와 인간의 곤경의 만남을 설명하는 상응(correspondence)의 원리에서 알 수 있다. 성서는 이와 같은 상응의 예들을 보여 주며, 교회는 그것들을 이해하기 위해 인간에게서 그와 같은 사실을 확인하기 위해 노력해야 한다. 여기서 인간 상태의 규정은 성서로부터 오며, 그에 대한 분석은 인간 과학에 의존하게 된다. 따라서 신학과 기독교교육의 관계는 명확해진다. 곧 신학이 기독교교육에 앞선다. 신학적 규정이 계시의 해석을 결정하고 교회가 행

---

13) Lewis J. Sherrill, *The Struggle of the Soul*, 정웅섭 역, 『만남의 종교심리: 인간 영혼의 고투』(서울: 전망사, 1981).

14) Lewis J. Sherrill, *The Gift of Power*, 김재은 · 장기옥 공역, 『만남의 기독교교육』(서울: 대한기독교출판부, 1981).

하는 모든 교육적 노력의 관점들을 결정하게 된다. 그러므로 계시는 교회의 생활과 기독교교육철학의 결정적인 요소가 된다. "어떤 기독교교육도 어떤 형태로든 계시의 교리를 구체화하지 않으면 안 된다."[15]

셰릴에게 신학은 기독교교육에 앞선다. 먼저는 신학이고 그 다음에 그것을 이해하기 위해 기독교교육이 필요하다. 그럴 경우 성서에 나타나지 않은 기독교교육적 내용은 주제로 떠오를 수도 없게 될 터인데, 그러면 기독교교육은 신학 안에 갇힐 수밖에 없을 것이고, 신학에 의한 신학을 위한 것이 되어 그 존재 의미를 상실하게 될 것이다.

2) 기독교교육은 교회가 신학하는 일

다음으로 스마트의 경우를 보자. 스마트에게 기독교교육 활동이 전개되는 교회는 이미 신학적이다. 교회는 그리스도에 대한 신앙의 결과이며, 하나님이 특별한 사명을 위해 부른 언약공동체이다. 이 특별한 사명에는 '이 땅에 오늘과 내일 그리스도인들이 존재하도록 하기 위해' 가르치는 사명이 포함된다.[16] 이 교회의 교육을 스마트는 신학과의 관계로부터 이해한다. 왜냐하면 교육이 교회의 일인 것처럼 신학 역시 교회의 일이기 때문이다. 신학의 임무는 교회의 본성에 관한 혼란과 신념의 결여를 드러내 밝히고 가장 참된 교회가 되려면 어떻게 해야 할지를 탐구하는 데 있다. 이 같은 임무를 지닌 신학은 그 일을 효율적으로 수행하기 위하여 여러 형태(성서신학, 조직신학, 역사신학, 실천신학)로 봉사한다. 이 같은 신학의 각 부문은

---

15) Sherrill, *The Gift of Power*, 68.

16) James D. Smart, *The Creed in Christian Teaching*(Philadelphia: Westminster Press, 1962), 194.

교회의 참된 본성과 기능 회복의 입장에서 긴밀한 관계를 유지해야한다. 실천신학의 분야로 언급되는 기독교교육 역시 예배, 설교, 전도, 목회와 긴밀한 관계가 있다. 결국 교육은 교회가 하나님의 말씀에 봉사하는 일인 신학의 전체 범주 안에서 다른 것들과 연관되어 있음을 알 수 있다. 또한 스마트에게 기독교교육의 목적은 성서적으로 볼 때, 첫째, 친밀한 개인적 관계에서 복음을 전하는 것이다. 둘째, 복음을 좀 더 충실히 가르치려는 데 있다. 셋째, 구속의 임무를 행할 수 있도록 제자로 훈련시키는 데 있었다. 이 같은 기독교교육의 본래적 목적의 배후를 이루는 것이 바로 신학이고 교리로서 삼위일체와 교회 그리고 이신득의라는 것이다. 스마트는 이런 식으로 기독교교육을 계시와 은혜 그리고 교회 안에 있는 것으로 보고 있다. 그래서 그는 기독교교육을 신학적으로 볼 수밖에 없다. 그는 이 신학과 교육의 관계를 다음과 같이 말한다.

> "계시와 교육은 별개의 것이 아니며 또한 어느 하나가 다른 것에 대치될 수는 없다. 교육 측면을 외면함으로써 계시 차원을 확장시키는 것이라고 생각하는 사람은 하나님께서 지상에서 그를 알고 그를 사랑하고 섬기는 사람들의 무리를 확장시키기 위해 지금까지 어떻게 선택해 오셨는가를 무시하고 있는 것이다. 반면, 교육이 마치 계시와는 별개인 양 계시로부터 스스로 떨어져 나올 때 그 교육의 과정을 통해 전달되는 것은 예수 그리스도 안에서만 알려진 생명과 진리보다 못하든지 혹은 그것이 아닌 다른 어떤 것이 되고 만다. …… 그러므로 기독교의 가르침(교육)과 계시는 결코 서로 떨어져 나가도록 허용될 수 없다."[17]

기독교교육에 대한 그의 신학적 전제는 크게 세 가지이다. 첫째, 기독교교육은 인간의 경험보다 계시에 기초해야 한다. 기독교교육은

---

17) James D. Smart, "Basic Principles: Christian Faith and Life: A Program for Church and Home", *Paper on Basic Principles of the New Curriculum*(1947), 2 - 3.

삼위일체 하나님께 근거해야 한다. 성부 하나님은 기독교교육을 계시 위에 놓는 주체가 되시며, 성자 예수 그리스도는 계시 자체이며, 기독교교육 내용의 중심을 이루며, 성령은 교육 상황 속에서 계시를 계시되게 하는 분이어야 한다. 계시의 중심은 예수 그리스도 안에서 온전히 자신을 보여 주신 하나님의 말씀이다. 그러므로 기독교교육의 궁극적 근거는 하나님의 말씀으로서 그리스도의 성육신 사건이며 이를 증거하는 성서에 있다. 둘째, 기독교교육은 인간의 노력보다 하나님의 은혜에 의존해야 한다. 스마트는 당시 진보적 종교교육학파가 주장하던 '교육에 의한 구원'(Salvation by education)에 대해 '신앙에 의한 칭의'(Justification by faith)를 말한다. 이를 통해 스마트는 자유주의나 보수주의자들이 주장하는 선한 성품의 형성에 초점을 둔 도덕주의에 반대하고 있으며, 하나님으로부터 값없이 주어지는 은혜에 대한 신앙적 응답 그리고 은혜를 통한 하나님의 초대에 대한 참여적 응답이 기독교교육의 기본적 성격이어야 한다고 말하는 것이다. 셋째, 교육은 계시의 통로인 교회의 일이다. 교회는 본질상 하나님의 계시의 통로이면서 그 계시에 봉사하는 기관이다. 하나님의 계시는 교회에 하나님의 말씀으로 주어진다. 교회는 이 말씀에 대해 선포와 가르침으로 봉사한다. 이런 면에서 교육은 교회의 본질에 속한다.

> "교회는 선교해야 하는 것처럼 교육에도 주력해야 한다. 그렇지 않으면 교회는 교회가 될 수 없다. 교육은 교회 전체 위에 지워진 책임이다. 교육은 교회의 본질에 속하는 일이다. 따라서 교육의 기능을 소홀히 하는 교회는 교회의 본질에 반드시 갖추어야 할 불가결한 요소를 잃어버린 교회인 것이다."[18]

---

18) James D. Smart, *The Teaching Ministry of the Church: An Examination of the Basic Principles of Christian Education*, 장윤철 역, 『교회의 교육적 사명』(서울: 대한기독교서회, 1960), 11.

스마트는 교육은 신학적 문제라고 보고, 보다 유효한 신학의 추구를 나름대로 추구하였다. 그는 교육의 근거를 성서로부터 추구하고 있다는 점, 교육을 교회의 전체 책임으로 확대시키고 있다는 점, 교육의 내용을 말씀으로, 나아가 말씀과의 만남으로 보고 있는데 이 모든 것은 신학 없이는 불가능한 내용이다. 스마트의 말은 틀렸다고 보기 어렵다. 그럼에도 불구하고 기독교교육에서 신학적 성격을 옹호하는 그의 주장은 신학적인 진술이 벗어날 수 없는 추상성의 올무에 걸려 있다. 기독교교육은 신학의 추상성은 인정하지만 그 추상성으로는 다 할 수 없는 구체적 부분들이 엄연히 있는 것이다.

3) 기독교교육의 실마리는 신학

이제 밀러의 경우를 보자. 밀러는 신학을 기독교교육의 실마리(clue)라고 한다. '실마리'라는 말은 감겨 있거나 헝클어진 실이 시작되는 첫머리를 말한다. 일이나 사건의 경우에는 '단서'라고도 하는 이 실마리를 찾거나 풀려야 해결이 된다. 신학이 기독교교육의 실마리라고 하는 말은 기독교교육의 문제는 신학에서부터 시작해서 풀어 나가야 한다는 뜻이다. 밀러가 '실마리'라는 은유를 생각하게 된 동기는 '기독교교육의 내용과 방법 사이를 이어 주는 것이 무엇일까?'라는 물음으로부터였다. 밀러는 그 물음에 대한 답을 신학으로 보았다.[19] 신학이 기독교교육의 규범이 되어야 한다는 입장이다. 신학이 기독교교육목적의 수립, 교육과정 작성, 교육방법의 선택, 교육 평가 등에서 우선적 기준이 되어야 한다는 것이다. 그는 기독교교육을 하나님과 인간의 상호 관계로 보고 그것을 규정하는 신학의 필요성을

---

19) Randolph C. Miller, *The Clue to Christian Education*(NY: Charles Scribner's Sons, 1950), 15.

느꼈다. 어느 신학이든 교육의 배경으로 신학이 요구된다는 것이다.[20]

　기독교교육의 실마리로서의 신학에 대한 밀러의 입장은 크게 세 가지이다. 첫째, 신학은 교회에서 수행되는 다양한 기능들에 영향을 미친다. 둘째, 신학은 기독교교육에서 여러 면에서 이용될 수 있다. 셋째, 신학은 기독교교육과 형식적 관계가 있다. 그리하여 밀러는 신학이 기독교교육의 방법과 목표를 규정할 뿐 아니라,[21] 학습자들을 이해할 수 있는 통찰력과 종교적 성장에 있어서 인격의 통합을 위한 기초를 제공해 줄 수 있다고 본다.[22] 신학은 교육과정보다 우선하고, 교육과정에 전제 조건들을 제시하며, 모든 교육 절차들을 위한 근본적인 시각을 제공한다.[23] 신학은 교육의 이론과 절차의 중요한 원천이다.[24]

　신학이 기독교교육의 실마리라는 밀러의 주장의 난점은 '신학'이라는 말의 사용에 있다. 즉 그가 말하는 신학은 구체적으로 어떤 신학인가? 실제로 그는 자유주의와 신정통주의 신학의 중앙을 흐르는 시내의 입장으로부터[25] 과정신학,[26] 경험주의 신학으로[27] 그리고 마치 모든 신학을 용인하기라도 하는 듯 다양한 신학들을 기독교교육과 관련지어 소개하는 책을 편집하기까지 했다.[28] 그래서 그의 이러

---

20) Randolph C. Miller, "Theology in the Background", Tompson, *Religious Education and Theology*, 17 − 41.

21) Randolph C. Miller, *Christian Nurture and the Church*(NY: Charles Scribner's Sons, 1961), 34, 서광선 · 박형규 공역, 『기독교교육과 교회』(서울: 대한기독교교육협회, 1980).

22) Randolph C. Miller, *Education for Christian Living*(Englewood Cliffs: Prentice − Hall, Inc., 1956), 68, 장병일 역, 『기독교교육개론』(서울: 대한기독교서회, 1961).

23) Miller, *The Clue to Christian Education*, 5, 10 − 18.

24) Miller, *Education for Christian Living*, 7.

25) J. Gordon Chamberlin, *Freedom and Faith: New Approaches to Christian Education*, 신서균 역, 『새로운 기독교교육의 접근』(서울: 기독교문서선교회, 1999), 53.

26) Randolph C. Miller, *The Theory of Christian Education Practice: How Theology Affects Christian Education*(Birmingham, AL: Religious Education Press, 1980).

27) Randolph C. Miller, ed., *Empirical Theology: A Handbook*(Birmingham, AL: Religious Education Press, 1992).

한 일련의 행태를 보면 그가 어느 신학적 입장에 서 있는지 혼란스럽다. 그러나 그가 신학이라는 말에 덧붙여 쓰는 수식어인 '관련된'(relevant)이라는 말을 이해하면 그 의문이 풀리게 될 것이다. 밀러는 자신의 신학적 입장을 자유주의자나 신자유주의자, 신정통주의나 성공회 또는 보수주의 등으로 말하지 않는다. 그는 자신의 신학을 '관련된 신학'이라고 부른다. 여기서 '관련된'이라는 말은 '인간과 관련된 하나님의 진리'로서 하나님은 역사 가운데서, 우리 세대 가운데서 그리고 우리의 일상 세계 속에서 역사한다는 의미이다.29) 예컨대 밀러는 하나님이 인간과 관계하는 대표적 사건을 5C(creation, covenant, Christ, church, consummation)로 말하는데, 그와 같은 의미에서의 관계를 말한다. 그러니까 밀러가 말하는 신학은 하나님이 인간과 관계하는 장을 설명할 수 있는 상관적 신학(relational theology)이라고 할 수 있다. 그 상관적 신학 역시 특정한 신학은 아니다. 그것이 하나님과 인간의 현실 사이에서 상관적 역할을 할 수 있다면, 기독교교육은 어느 신학이라도 차용할 수 있다는 것이다. 밀러의 입장은 한마디로 어떤 기독교교육의 배후에도 모종의 신학이 있어야 한다는 것이다. 즉 기독교교육은 적실한 신학을 근거로 해서 행해져야 한다는 것이다.

밀러가 신학이 기독교교육의 실마리라고 한 것은 그르다고 할 수 없다. 그러나 실마리는 실마리일 뿐 그것이 문제의 결론이나 해결까

---

28) Randolph C. Miller, ed., *Theologies of Religious Education*, 고용수 · 박봉수 공역, 『기독교 종교교육과 신학』(서울: 한국장로교출판사, 1998). 이 책의 제목 "*Theologies of Religious Education*"에서도 잘 나타나 있듯이 종교교육에는 여러 신학들(theologies)이 상관될 수 있다. 이 책에서 밀러는 신학들을 전통적 신학, 철학적 신학 그리고 특수한 신학들로 분류하고, 신학이 기독교교육의 내용 선정을 포함한 교육과정 작성에 영향을 미친다는 주장을 하고 있다.

29) Randolph C. Miller, *Biblical Theology and Christian Education*(NY: Charles Scribner's Sons, 1956), 5.

지 보장해 주기는 어렵다. 그러므로 밀러가 실마리라는 말이 갖는 의미를 지나치게 확대해서 신학이 기독교교육의 모든 행위에 우선하는, 그래서 기독교교육을 규정해야 하는 것으로 보는 것은 지나친 처사이다. 실마리라는 가능성이 해결에 대한 확신으로 변질되었다고 보아야 할 것이다.

Ⅲ. 기독교교육과 신학은 상호 영향을 주는 관계

기독교교육과 신학은 상호 영향을 주는 관계라는 입장이 있다. 이 입장의 예는 토마스 에이치 그룹(Thomas H. Groome)이다. 신학과 기독교교육은 초대교회에서 보면 둘이 아니라 하나였다. 초대교회에서 가르치는 자들을 뜻하는 '디다스칼로이'(didaskaloi)는 '바른 교훈'(딤후 4:3)을 알고, 그것을 가르치는 사람들이었다. 이런 의미에서 '디다스칼로이'는 신학이라고 할 수 있는 '바른 교훈'과 그것을 가르칠 수 있는 교육을 겸비한 사람이라고 볼 수 있다. 그러나 세월이 흐르면서 바른 교훈을 아는 신학과 가르치는 기독교교육 사이에 역할 구분이 생기게 되면서 그 둘 사이의 거리가 멀어지게 되었다. 오늘날에는 신학교육기관과 교회 현장에서 각기 서로 다른 성격으로 굳어지면서, 기독교교육자들은 신학자들이 자동적으로 그 내용을 가르칠 수 있다고 생각한다고 하고, 신학자들은 기독교교육자들이 신학에 무지하다고 비난하는 지경에까지 이르게 되었다. 신학과 기독교교육 사이에 존재하는 적대 감정은 서로에게 어떤 이익도 주지 않으며, 서로에게 줄 수 있는 유익을 가로막는 장해가 될 것이다.

전술한 바와 같이 신학과 기독교육은 적어도 교사인 '디다스칼로이'에게 그 역할이 통합되어 있었으나, 이후 그 역할이 구분되어 평행선을 그려 왔다. 그리하여 그룹에 따르면, 신학과 기독교교육의 관계가 마치 이론과 실천의 관계처럼 여겨져 신학을 기독교교육에 의하여 배포되어야 할 진리로 간주되어 왔다고 지적한다. 이러한 관계는 신학을 기독교교육의 실천과는 무관한 것으로 그리고 기독교교육은 마치 배달 체제처럼 생각하는 것이다. 그리하여 이제 신학과 기독교교육의 관계에서의 과제는 그 둘이 변증법적 관계를 유지하도록 하는 것이다.30) 그룹의 저 유명한 '공유적 실천'(shared praxis)도 알고 보면 이 신학과 기독교교육의 이상적 관계를 정교하게 이론화한 것이 아닐까. 어쨌든 신학과 기독교교육 사이의 변증법적 관계는 무엇을 말하는가?

우선 기독교교육은 주로 그 내용 면에서 신학으로부터 충분하고 명확한 정보를 제공받아야 한다. 신학적 도움을 받지 않은 기독교교육은 종종 그 목적을 상실할 위험에 처할 수 있다. 그룹이 그의 나눔의 실천적 접근의 단계들에서 기독교의 이야기와 비전으로 돌아가 반성하는 것은 바로 이 기독교교육의 방향이나 본질의 상실을 예방하기 위한 처방이라고 보아야 할 것이다. 한편 신학은 성서와 전통의 이해와 해석으로부터만 자신을 형성할 것이 아니다. 그럴 경우 자칫하면 신학은 옛 전통과 교리에 사로잡혀 신화로 고착되어 버릴 수 있다. 그리하여 현실의 신앙과 유리된 공중을 떠도는 추상적 이념이나 이상이 되어 버릴 수 있다. 그러므로 신학은 신앙공동체의 현재의 역사적 경험으로부터도 들을 귀를 가져야 한다. 이 말은 신

---

30) Thomas H. Groome, *Christian Religious Education: Sharing Our Story and Vision*(San Francisco: Harper & Row Pub., 1980), 227 - 30, 이기문 역, 『기독교적 종교교육』(서울: 대한예수교장로회총회 교육부, 1983).

학의 자원을 성서와 전통으로부터 역사적 경험까지 확장해야 한다는
뜻이기도 하고, 신학이 현재의 기독교적 행동에 대한 일종의 성찰로
부터 발생해야 하고, 사실 현재의 역사적 경험에 대한 비평적 성찰
이 바로 신학하기라는 의미이다. 이와 같은 의미에서의 신학이야말
로 신앙공동체의 신앙생활에 기여할 수 있는 것이다. 이처럼 신학과
기독교교육은 서로 정보를 주고받음으로써 변증법적 합일에로 재통
합을 이룰 수 있다. 이런 방식을 통해서 기독교교육과 신학은 이 세
계에서 역동성 있는 기독교신앙을 촉진시키는 일에 상관적인 동반자
로 협동하게 될 것이다.

Ⅳ. 기독교교육은 신학과 약한 관계

1. 신학은 분수를 지켜야

이 입장의 대표적 학자는 가브리엘 모란(Gabriel Moran)이다. 모
란은 신학이 종교교육의 내용의 한 부분을 공급해 주지만, 종교교육
의 방법, 구조, 제도적 형식에 대해서는 직접적으로 제공해 주는 것
이 아무것도 없다고 본다.[31] 그는 먼저 '종교교육'이라는 말을 문제
삼는다. 종교교육의 '종교'라는 말은 그의 말대로라면 모든 기성 종
교의 본질이라고 할 수 있는 '진리'라고 할 수 있을 것이다. 그래서
진정한 종교교육은 특정 종교교육이 아니다. 그런 면에서 신학이 종

---

31) Gabriel Moran, "From Obstacle to Modest Contributor: Theology in Religious Education",
   Thompson, *Religious Education and Theology*, 42 - 70.

교교육에 영향을 미친다면 그것은 이미 종교라고 볼 수 없는 것이므로 도움이 아니라 오히려 교육을 그르치게 된다는 것이다. 그러므로 시급한 것은 먼저 종교적인 것에 대한 종합적이고 체계적인 연구가 있어야 한다고 주장한다. 그러면서 모란은 신학이 종교교육에 오히려 방해가 된다는 것을 신앙과 계시의 예를 들어 설명하고 있다. 신앙과 계시는 종교교육뿐만 아니라 신학의 중요한 주제이다. 이 두 개념이 신학에 의해 특정 종교와 연관되면서 그 본래 의미를 잃었다는 것이다. 본래 신앙은 믿는 행위의 내면적 태도를 가리키는 것이었으나 교회가 규정하는 어떤 대상과 연관되어 버렸으며, 계시 역시 하나님이 활동하시는 우주의 전 패턴을 다 포함하는 그런 말로 이해하는 것이 아니고, 하나의 대상에 관련된 말로 이해하게 되었다는 것이다. 그러므로 종교교육은 신앙과 연관지어, 신앙을 갖지 않은 사람은 없다는 가정에서부터 출발하여, 우리 자신과 다른 사람들을 이해하는 데 도움이 되는 종교적 구조를 탐구해야 할 것이다. 그리고 계시와 연관지어, 종교의 의식, 교리, 상징 등을 하나님을 계시할 수 있는 것으로 받아들이고 어떤 의식이나 교리, 제도가 계시라는 말과 동일시되지 않도록 해야 한다.

그러니까 모란에 의하면, 이미 신학은 종교교육을 그르치고 있기 때문에 종교교육에 대해 우선권을 취할 자격을 상실했다는 것이다. 모란의 예에서 우리가 유추할 수 있는 것은 신학이 종교교육에 대해 이미 저지른 것과 같은 오류를 오늘과 그리고 내일도 저지를 수 있다는 것이다. 사실 신학은 모란의 말대로 종교교육의 내용, 그것도 오늘날에 와서는 전부가 아닌 일부분을 공급해 주지만, 종교교육의 방법, 구조, 제도적 형식에 대해서 직접적으로 제공해 주는 것은 거의 없다고 할 수 있다. 그렇다고 해서 신학이 종교교육에 불필요하다고 내칠 수는 없다. 내용 등의 면에서는 여전히 그 영향력이 중요하기 때문이다. 그러므로 종교교육은 신학과의 이별이 아니라 공존을 모색해야 한다. 공존은 자기의 본분을 지킬 때만 이루어지는 관계이다. 이런 의미에서 신학은, 모란의 말마따나, 겸손하게 자신의 분수를 지킴으로써 방해자의 자리에서 종교교육에 대한 작은 기여자의 역할을 할 수 있을 것이다.

2. 신학을 기독교교육적으로 바라보기

1) 신학을 기독교교육적으로 해석하기

기독교교육은 일종의 신학이라거나, 신학은 아니지만 신학으로부터 실마리를 풀어 가야 할 상당히 신학적인 것이라거나 하는 입장과는 달리 신학을 기독교교육적으로 이해하려는 입장이 있다. 이 입장은 기독교교육이 신학이 분명히 관계가 있지만, 전술한 바와 같은, 즉 신학이 어느 정도 직접적으로 기독교교육에 영향을 미치는 방식이 아니라, 오히려 신학을 기독교교육적으로 재구성하고자 하는, 어찌 보면 신학에 대한 저자세가 아니라 신학에 대해 도전하는 당돌한 입장인 것이다. 즉 이제까지 기독교교육이 신학이라는 본문을 읽는 방식이 축자적이었다면 이 입장은 기독교교육이라는 선입견을 가지고 신학이라는 본문을 해석하는 입장이다.

이 같은 신학을 기독교교육적으로 해석하는 방식은 아직은 주요한 신학적 주제들에 한정되고 있다. 예컨대 하나님을 교육자로 보는 식이다. 이 같은 시도는 넬스 에프 에스 페레(Nels F. S. Ferre)에게서 볼 수 있는데,[32] 기독교교육을 위하여 신학의 내용을 새롭게 구성하는 것이라 할 수 있다. 교육자로서의 하나님은 그리스도의 인격과 교훈 가운데 나타난 사랑의 하나님이시다. 창조 그 자체는 교육적 과정이다. 인간에게 있어서 창조의 전체 요점은 자유를 통한 사랑의 학습이다. 자연은 학습을 위해 과정의 일부를 준비해 주는 교육용 무대이다. 자연과 마찬가지로 역사는 하나님께서 인간을 가르치시는 고유한 수단이다. 교회와 가정은 하나님이 우리를 위해서 창조하신 사랑의 삶으로 나아가는 하나님의 학교교육의 최고 등급이다. 예수는 하나님의 교육의 모범자(Exemplar)이다. 그는 점유(appropriation), 영향(Impact), 모방(imitation), 창조적 발견(creative discovery) 그리고 참여(participation)를 통해 하나님과 세계를 배움으로써 교육의 대가가 될 수 있었다. 예수는 교육에 있어서 사랑 안에 있는 창조적인 삶의 전 차원으로 말미암아 구주로 또 아들로 하나님의 모범자가 되신다. 무엇보다도 성령은 개인지도교사로서 율법을 통하여 그리스도에게 인도하도록 가르친다. 자연과 역사는 자아와 사회를 가르치는 데 사용되는 하나님의 학교이다. 하나님은 자연과 역사에서 간접적으로 역사하셔서 인간에게 자연에서의 책임에 관한 기본적인 교훈과 역사에서의 협력과 관심에 관한 기본적인 교훈을 가르치신다. 교회를 가장 참되게 이해하는 것은 하나님의 백성 또는 가족, 그리스도의 공동체, 영의 사회로 이해하는 것이다. 기독교공동체로 말미암아 제공되는 교육은 특수화되며 그것은 자신을 하나님의 가족으로 이해하며 사는 것을 배우는 문제인 것이다. 죄는 하나님께 대해서뿐만 아니라 또한 자아, 교사, 학습과정에 대한 신앙의 결핍이다. 이 신앙의 결핍은 성숙에서 오는 것이 아니라 학습하여야 하는 것에 관

---

32) Nels F. S. Ferre, *A Theology of Christian Education*, 이정기 역, 『기독교교육신학』(서울: 보이스사, 1979).

한 인식의 결핍에서 온다. 구원은 교육적으로 그리스도인의 성숙(Maturation)을 발견하는 것에 관한 문제이다. 그것은 자아의 위치와 공동체를 위한 능력을 발견하는 것에 관한 문제이다. 구원은 우리가 하나님께 대한 올바른 관계 내에서 그리고 진정성과 창조적 성취에 대한 인간의 탐구에 있어서 인간과 함께 또 인간을 위하여 있음으로써 인간에 대한 잠재적으로 올바른 관계 내에서 배울 때에만 온다. 그 경우에 성화는 자연적으로 창조적인 자유와 협동적인 공동체를 육성하는 것에 관한 문제가 되어야 했다. 용서는 친교에 대한 필수조건이요, 수단일 뿐이다. 기독교 공동체는 그 자체가 구원의 나라의 중심이며 사랑 자체를 배우는 것이 그리스도인 생활의 충만에 이르는 유일한 길인 성화의 목표이다. 악은 전 교육과정의 한 전제이며 하나님의 교육적 목적의 일부이다. 그리하여 악은 피하여 질 것이 아니라 하나님의 자유의 은사의 의미와 깊이를 드러내는 화제(a topic)가 된다. 죽음은 시험결과에 따라다닌다거나 다시 배우기를 시작할 수 있는 '장소'의 종류(또는 상태의 종류)에 그들을 보내기 위하여 사용하시는 하나님의 종합적인 시험이다. 그리하여 죽음은 중대하며, 어떤 의미에서는 두려워하여야 하나 우리가 성장하여 벗어난 학교에서 나가는 기회로서 환영하여야 한다. 천국은 하나님의 사랑에 관하여 더 배우며 영원에서 사랑의 생활을 하는 것을 배우는 기회로서 다루어져야 한다. 영원한 생명은 현재 이용할 수 있는 생명의 길이다. 그것은 사랑 안에서의 생활, 즉 때의 충만인 하나님의 사랑 안에서의 생활이다. 상세한 것을 알지 않고서 우리는 하나님을 알며 신뢰하며 하나님께서 세상을 위하여 만드신 그 영원한 생명에 들어가는 것을 더욱 잘 배울 수 있다.

2) 신학을 바라보는 기독교교육의 또 다른 시선

주로 성서의 주제들에 대한 기독교교육적 해석을 하는 입장을 넘어서 아예 신학의 하부전공 영역들에 대한 기독교교육적 의미들을 탐구하는 시도들도 가능할 것이다. 이제까지 기독교교육은 신학의 내용을 받아 기독교교육적으로 응용해 왔다. 기독교교육은 신학의 방향과 유형과 연관 짓는 방식으로 성서신학이나 조직신학의 결과들에 종속되거나 그것들을 응용하여 왔다. 즉 신학→기독교교육으로의 연구되어 왔으나, 앞으로는 기독교교육→신학으로의 연구도 해야 한다는 것이다. 이 같은 입장은 그동안 명목상의 신학⇌기독교교육의 상황을 실제적 상황으로 바꾸어 놓을 것이다.

기독교교육→신학의 입장은 신학의 여러 영역에서 가능할 것이다. 성서신학의 경우, 성서 전체에 걸쳐서 기독교교육이 어떻게 나타나고 있는지 탐구할 수 있을 것이다. 성서에서의 기독교교육 탐색은 성서신학의 큰 영역인 구약과 신약으로 나뉘어 탐구될 수 있고, 구약을 오경, 예언서, 성문서 등에 나타난 기독교교육을 연구할 수 있겠다. 물론 신약의 경우도 공관복음, 요한 그리고 바울의 경우로 나누어 연구할 수 있다. 또한 무엇보다 기독교교육의 원형이라 할 수 있는 예수의 경우에 대한 연구는 유익할 것이다. 사실 예수의 교육에 대한 연구는 그 중요도에 비추어 활발하지 못하다. 그리고 원형이라 할 수 있는 예수의 교육이 그의 제자들을 거쳐 후대로 넘어가면서 어떤 변화를 겪었는지에 대한 연구는 또 다른 과제가 될 것이다.

메리 씨 보이스(Mary C. Boys)는 성서신학의 경우, 기독교교육은 교회를 그 맞은편에 두고 그 가운데 위치한다고 한다. 성서신학의 연구들은 신앙공동체의 신앙을 풍성하게 해 주며, 교회의 신앙은 성서신학에 영향을 미친다. 기독교교육은 성서신학이라는 전문성과 목회라는 영성 그 사이에 있다.[33] 특히 구속사(Heilsgeschichte) 안에서 성서신학과 기독교교육은 교차된다.[34] 이 두 과목은 서로 분리되어 발전해 왔으며 그 결과, 그렇지 않았을 경우 끼칠 수 있었을 교회에 대한 유익한 영향을 끼칠 수 없었다.

성서신학의 텍스트인 성서는 신학논문이 아니라 하나의 교육서이다.[35] 성서는 하나님의 백성들이 어떻게 교육받아 왔는가에 대한 책이다. 월터 브루거만(Walter Brueggemann)은 성서의 형성과정과 교육이 떼려야 뗄 수 없는 관계에 있음을 말하고 있다. 즉 이스라엘 신앙공동체는 후손들에게 교육시켜야 할 내용을 중심으로 정경화(canonization) 작업을 추진해 왔다는 것이다.[36] 이런 면에서 볼 때 이스라엘은 성서를 중심으로 한 교육공동체라고 할 수 있다. 이스라엘 백성들이 어떻게 교육받아 왔는지를 탐구하는 곳에서 성서신학과 기독교교육은 접촉될 수 있을 것이다.

성서신학의 여러 연구방법들은 기독교교육을 탐구하는 방식들로 이용될 수 있을 것이다. 예를 들어, 성서학의 주석 방식은 심리 · 사회적인 차원에서 학습자의 정체성과 역할 문제(즉 역할의 상태, 역할의 복잡성) 그리고 정해진 연령단계나 정해진 사회 · 문화적 환경의 역할 등에 대한 구조적 서술을 가능하게 할 것이다.[37]

---

33) Mary C. Boys, *Biblical Interpretation in Religious Education*(Birmingham, AL: Religious Education Press, 1980), 9.

34) Boys, *Biblical Interpretation in Religious Education*, 10.

35) James M. Lee, "Religious Education and the Bible: A Religious Educationist's View", Marino, *Biblical Themes in Religious Education*, 3 – 8.

36) Walter Brueggemann, *The Creative Word: Canon as a Model for Biblical Education* (Philadelphia: Fortress Press, 1982), 31 – 34, 강성열 · 김도일 역, 『창조적인 말씀을 통한 기독교교육: 성서교육의 모델로서의 정경』(서울: 한들, 1999).

37) Alex Stock, "Wissenschaftstheorie der Religionspädagogik", Alex Stock, hrsg., *Religio-*

조직신학은 기독교교육의 경험들을 언어로 표명하는 데 도움이 될 것이다. 그리고 예를 들어, 기본적 종교용어학습에 대한 물음에 대해 답을 하는 데 유용할 것이다.38) 그리고 근본적인 문제인 학문성 탐구 면에서 기독교교육과 대화할 수 있을 것이다. 신학의 학문성이 숙명적으로 타 학문과의 관계 속에서 야기되는 문제이지만39) 그럼에도 신학은 타 학문과 공유할 수 없는 가치중립적이지 못한 초월적 차원들을 갖고 있다. 그런데 기독교교육은 바로 이 신학의 가치중립적이지 못한 차원에서의 학문성과 공통점을 갖는다. 기독교교육은 이 주제를 신학과의 연관에서 보다 심화시켜 나갈 수 있을 것이다.

그 밖에 조직신학의 연구 영역을 따라 신론, 기독론, 교회론, 구원론, 종말론, 신앙론, 계시론, 성령론 등을 기독교교육의 관점에서 연구할 수 있을 것이다. 특히 신앙론, 계시론, 성령론 등은 기독교교육과 깊은 관련이 있는 것이기 때문에 연구가 필요하다. 다만 앞서 말했듯이 이들 영역에 대한 조직신학의 연구 성과들을 받아들이는 데 그치지 않고 교육적 시각에서 탐구할 때 새로운 사실들이 밝혀질 수 있을 것이다.

기독교윤리는 기독교교육적 학습의 삶의 의미를 규명하는 데 도움이 될 것이다. 구체적으로는 일상에서의 학습자의 도덕과 관련된 경험심리학과의 교류가 가능할 것이다.40)

역사신학의 경우, 기독교교육의 입장에서 기독교교육 현상을 인물,

---

nsp*ädagogik als Wissenshaft*(Zürich, Einsiedeln, Köln: Benziger Verlag, 1975), 23.

38) Stock, "Wissenschaftstheorie der Religionspädagogik", 23.

39) "역사적으로 볼 때 기독교 신학 그 자체는 아예 (과연 신학의 의도와 필연성에 있어서는 아니지만 실지로는) 기독교신앙과 세상의 지혜와의 만남에서 생겨난 것이다." Heinrich Ott, *Denken und Sein: Der Weg Martin Heideggers und der Weg der Theologie*, EVZ 1959, 13, 김광식, 『조직신학』 II(서울: 대한기독교서회, 1990), 11 재인용.

40) Jean Piaget, *The Moral Judgment of the Child*(NY: Free Press, 1965) 참조.

사건 등에서 찾아낼 수 있을 것이다. 특히 역사를 통해 교회의 교육이 어떤 변화를 겪어 왔는지를 탐색할 수 있을 것이다. 그리고 교회의 역사에서 소외되어 온 일반신자들의 기독교교육현상에 대한 탐구는 교회사 연구에 대한 도전도 될 것이다. 이와 같은 연구를 하기 위해서는 새로운 자료의 발굴과 선택이 중요하다. 자료의 선정 자체가 하나의 관점일 수 있기 때문이다.

실천신학의 경우, 기독교교육과 밀접한 관련이 있다. 앞서 기독교교육은 교회의 주일학교에 한정되지 않는 여러 영역에서 발견될 수 있는 현상이라고 했다. 그래서 기독교교육은 목회의 전 영역으로 확장될 수 있는 것이고 그렇게 되면 필연적으로 실천신학과 접촉할 수밖에 없다. 기독교교육은 실천신학의 영역들을 그 안에 수용하여 보다 효율성 있게 바꾸어 놓을 수 있을 것이다.

V. 기독교교육은 신학과 무관

1. 신학보다 경험이 더 중요

신학은 기독교교육에 대해서 별로 중요하지 않으며 무관하다고까지 여기는 입장이 있다. 신학은 신학이지, 기독교교육과는 별 상관이 없다는 것이다. 이 같은 입장은 특정 신학적 입장에서 그리고 사회과학적 입장에서 주장된다. 첫째, 특정 신학적 입장에 있으면서도 기독교교육은 신학에서 그리 중요하지 않다고 보는 이들이 있다. 예컨대 자유주의 신학과 해방신학자들이 그렇다. 자유주의 신학의 창시자라 할 수 있는 프리드리히 슐라이어마허(Friedrich Schleiermacher)는 당시 종교에서 앎을 강조하는 주지주의와 행위를 강조하는 도덕주의로부터 '느낌' 혹은 '경험'의 영역을 발견했다. 신앙은 신에 대한 '절대 의존의 감정'이며 '삶 자체는 자아와 신 사이의 끊임없는 대화이며 이는 곧 계시의 연속'이라고 주장했다. 이와 같은 흐름에서 자유주의 신학은 신과 인간 사이에는 죄로 인한 비연속적인 단절이 아니라, 오히려 유사성이 있다는 낙관적 입장을 취한다. 그래서 인간은 약하고 부정적인 존재가 아니라, 가능성이 있는 신뢰할 만한 존재가 된다. 또한 신학조차도 과학적 방법에 의하여 탐구되어야 한다고 주장한다.

이와 같은 자유주의 신학 사조의 영향을 받은 조지 에이 코오(George A. Coe)를 필두로 하는 진보적 종교교육학파는 저 높은 곳에 계신 하나님을 이 낮은 인간에게로 끌어내렸다. 하나님은 더 이상 하늘에 계시지 않으며 우리 안에 우리와 함께 계신다. 그러므로 인간의 선한 일은 곧 하나님이 하시는 역사가 된다. 하나님을 품은 인간은 날마다의 경험 속에서 성장해 간다. 그러니 중요한 것은 성서나 신학이 아니라 인간의 이성이고 경험이다. 종교교육은 인간의 경험을 잘 이해하고 경험을 통한 인간의 성장을 가져오기 위해 탐구되어야 하는 것이지, 성서의 내용이나 신학적 교리의 전달 도구가 아니라는 것이다.

특정 신학적 입장에 있으면서도 기독교교육을 그리 중요하지 않다고 보는 이들 중에 해방신학자들도 있다. 해방신학은 하나님이 압제받는 자들과 함께하며 고난받는 자들의 해방을 위해 함께 투쟁하고 있음을 선언하면서, 현세의 구조악에서의 해방이 예수 그리스도의 구원 사역임을 주장한다. 그래서 해방신학은 선진국에 대한 후진국의 탈종속, 빈부격차의 해소, 인종과 성차별의 철폐, 인간성을 억압하는 구조악에서의 해방 등에 깊은 관심을 두고 있다. 그리고 이에 따른 방법론으로 정치에 대한 깊숙한 개입, 계급투쟁, 정당한 폭력 등을 정당화한다. 얼핏 보아도 해방신학은 그 성격이 대단히 급진적이고 과격하기 때문에, 온유함과 평화를 말하는 성서의 정신과는 잘 맞지 않는 느낌이 든다. 바로 이런 성격 자체만 보더라도 해방신학적 입장에서의 기독교교육은 성서적 신학과는 무관하리라는 것을 예측할 수 있다.

예컨대 파울로 프레이리(Paulo Freire)가 그와 같은 경우인데, 그는 교육을 억압적 현실에 길들여져 있는 순종의식에 눈을 뜨고 각성하게 하는 것으로 보았다. 현실은 억누르는 자들에 의한 억눌린 자들에 대한 억압의 세계이다. 억압을 형성하는 기제 중의 하나가 교육이다. '저금식 교육'(banking education)이라 불리는 교육은 교사가 주체가 되어 자신의 지식을 학생이라는 저금통에 일방적으로 저축하는 형태의 교육이다. 이와 같은 상황에서 억압적 현실의 개혁은 억눌린 자들의 의식을 깨우는 교육으로부터 시작되어야 한다는 것이다. 이와 같은 교육적 기획에서 신학이 들어설 자리는 없다. 교육적 전략이 있을 뿐이다.

2. 신학보다는 사회과학

기독교교육은 신학과 관계없다는 가장 강경한 입장이 있다. 기독교교육은 교육, 곧 사회과학이지 신학이 아니라는 것이다. 기독교교육과 신학은 성격이 다른 별개의 학문이다. 신학은 교육의 과정이나 방법 등에 무력하다. 그래서 기독교교육은 오히려 사회과학에 더 가깝다고 주장한다. 기독교교육은 신학과 관계없다는 입장의 대표적 학자는 제임스 엠 리(James M. Lee)이다. 리는 논의를 모든 종교교육활동보다는 종교교수에만 한정시켰고 사회과학적 접근 방법을 받아들인다.41) 그에게 있어서는 종교교수를 위한 하나의 적절한 거시이론을 제공하는 것이 바로 사회과학이기 때문이다. 그래서 그의 종교교수는 신학과 무관한 또는 종교교수의 필요에 따라 신학을 이용하는 입장이 된다. 그와 같은 리의 입장은 먼저 종교와 신학은 그 성격이 다른 것으로 보기 때문이다. 종교가 지식, 신념, 감정 등을 포함하는 하나의 삶의 스타일이라면, 신학은 하나의 인지적 활동에 불과하다. 종교교수에 신학적 영향을 배제하는 또 다른 이유는 종교교수에 맞는 이론 형성에 신학이 적절치 못하다는 것이다. 종교교수에 대한 유일하게 적절하고 타당한 거시이론을 구성할 수 있는 것은 사회과학이지 신학이 아니다. 그러면서 종교교수에 대한 신학의 부적절성을 증명하기 위해 첫째, 종교교수의 요소인 목표, 내용, 교사, 학습자, 환경, 평가의 차원에서, 둘째, 이론적 일관성의 차원에서 조목조목 논박하고 있다. 종교교수는 이제까지 신학적 지식이나 이해를 가능한 한 충실하게 전달하는 심부름꾼(messenger boy)이나 신학적 이해와 지식을 학습자의 실존적 상황에 비추어 파악할 수 있게 하는 번역자의 노릇을 해 왔다고 보고, 이제는 둘 이상의 실재들을 새로운 하나의 실재로 통일시키는 중재자의 입장에 서야 한다고 말한다. 즉 신학은 신학의 신학이 아니라 종교교수의 신학이 된다. 리는 이 같은 논의를 통해 종교교수를 존재적 자율성을 가진 독자적 분야로 정립하고 있다.

---

41) James M. Lee, "The Authentic Source of Religious Instruction", Tompson, *Religious Education and Theology*, 100 - 197.

Ⅵ. 나가는 글

기독교교육과 신학의 숙명적 관계는 이미 '기독교교육'이라는 용어 안에 잉태되어 있다. 그래서 다만 신학과 기독교교육의 관계만이 문제시될 뿐이다. 기독교교육과 신학의 여러 관계들에 대한 검토를 통해 알 수 있는 것은 신학이나 기독교교육 중 어느 쪽을 더 강조하든 그 강조의 이유가 불투명하다는 점이다. '어느 쪽이 더 강조되어야 한다.'고만 말해서는 설득력을 획득하기 어렵다. 즉 주장의 근거가 빈약하다는 것이다.

기독교교육과 신학의 관계는 신뢰성 있는 근거로부터 시작되어야 한다. 여기서는 그 근거들을 세 가지로 제시하겠다. 그것들은 이제까지 검토한 기독교교육과 신학의 관계에 대한 입장들과는 그 성격이 크게 다르다. 첫째, 기독교교육과 신학의 관계 수립에 근거로 사용될 수 있는 근거들은 기독교교육과 신학이 각각 그 기능이 무엇인지에 대한 해명으로부터 시작되어야 할 것이다.[42] 기독교교육에서 '교육'이라고 할 때, 그 개념은 대단히 다양하기 때문에,[43] 어느 교육 개념을 택하느냐에 따라 그에 맞는 성향의 신학을 택할 수 있기 때문이다. 만일 교육을 '분여'로 이해할 경우, 그에 맞는 신학은 전통보수주의가 될 것이다. 신학은 하나님의 본질, 인간과 세계에 대한 견해 그리고 신학 방법을 명료화하는 행위라고 할 수 있다. 이 신학을 하는 데는 구태여 사회적 과정이 필요한 것은 아니다. 신학의 타당성은 과정에 의해 결정되는 것이 아니라 해석의 자명성에 의해 결정된

---

42) Chamberlin, *Freedom and Faith*, 119 – 27.

43) Chamberlin, *Freedom and Faith*, 110 – 12 참조.

다. 그러나 교육은 다르다. 교육은 그 실천을 위한 형태와 구조와 과정을 수반하는 계획적인 사회적 행위이다. 따라서 신학이 기독교교육을 결정해야 한다는 주장은 강변이며, 오히려 신학의 활동에 실존에 대한 해석과 시대정신에 대한 설명을 포함시킬 수 있다면 모든 기독교교육은 신학적인 차원을 갖고 있다고 할 수 있다.

둘째, 기독교교육과 신학의 관계는 교회 현장의 차원에서 논의되어야 한다. 이 입장의 전제는 기독교교육이 신학을 결정한다는 주장으로부터 나온 것이다. 기독교교육과 신학을 별개의 요소로 볼 때, 그 관계의 방식은 '신학이 기독교교육을 결정한다.', '신학은 기독교교육과 관계가 없다.' 그리고 '기독교교육이 신학을 결정한다.'가 될 것이다. 기독교교육과 신학의 관계를 교회 현장의 차원에서 새롭게 규정해야 한다는 주장은 이 마지막 방식으로부터 나온 것이다. 칼 바르트(Karl Barth)의 말대로 신학이 교회에 봉사하는 학문이라면, 오늘날 한국에서 신학은 교회의 활동에 도움이 되는가. 신학이 교회에 도움이 되지 못한다면 혹시 신학의 전통적 구성 체계가 현대의 교회 상황에 적실하게 적용될 수 없기 때문은 아닐까. 이와 같은 교회의 난국 상황을 타개하는 방책 중의 하나는 교회의 상황으로부터 기존의 전통적 신학의 구성체계를 전복시키는 것이다. 그 신학은, 전통적인 신학으로부터 교회로의 방향이 아니라, 교회로부터 신학의 방향으로 나가는 신학이다. 이 신학은 교회의 필요로부터 시작되는 신학이다. 만일 이와 같은 신학의 성립이 가능하다면 기독교교육과 신학은 교회의 활동 안에서 분리되지 않고 통합될 것이다.

셋째, 기독교교육과 신학의 관계는 교육적 현실의 차원에서 논의되어야 한다. 기독교교육과 신학의 관계가 현실을 배제한 채 논의되는 까닭에 논의는 추상적이 되고 허구가 될 가능성이 높다. 신학이

기독교교육을 결정해야 한다거나 기독교교육이 신학을 결정해야 한다는 주장들은 실제의 교회 현장에서 그렇지 않음에도 불구하고 가상을 상정한 것일 수 있다. 기독교교육과 신학의 관계 수립에서 고려해야 할 현실 중에는 교육의 범주가 있다.44) 기독교교육과 신학의 관계라는 담론의 출발점이 기독교교육이고 보면, 기독교교육의 가장 구체적 현실은 교육의 목적, 내용, 방법, 교사, 학습자 등의 범주가 된다. 이와 같은 범주 현실에서의 논의가 아닌 기독교교육과 신학의 관계 논의는 기독교교육에서는 실제적으로 도움이 안 되는 공론이 될 수 있다.

기독교교육과 신학의 관계에 대한 논의 안에 담긴 동기는 근본적으로 분리가 아닌 통합일 것이다. 기독교교육과 신학이 이제까지 분리되어 탐구되어 왔는데, 그 분리를 더욱 조장하기 위해 그 관계를 논의할 필요는 없을 것이기 때문이다. 그러므로 기독교교육과 신학의 관계는 전술한 바와 같은 새로운 방식을 포함해 그 통합을 지향하는 건설적 방향으로 연구되어야 할 것이다.

---

44) 이정근, "기독교교육과 신학에 관한 연구", 『조종남 목사 회갑 기념 논문집』(서울: 기독교대한성결교회 출판부, 1987), 523 - 28 참조.

I. 들어가는 글

　　예수는 사람들로부터 여러 가지 명칭으로 불렸다.[1] 그중 가장 빈번하게 사용된 호칭 가운데 하나는 '교사'이다. 예수는 복음서에서 45회나 선생으로 불렸다.[2] 이처럼 여러 차례에 걸쳐 예수께서

---

[1] 워렌 더블유 위어스비(Warren W. Wiersbe)는 구약의 이사야서 9장 6절을 중심으로 예수의 이름을 '기묘자', '모사', '전능하신 하나님', '영존하시는 아버지', '평강의 왕' 등으로, 신약에서 '나사렛 사람', '개척자', '목수', '우리의 보증', '알파와 오메가', '어린양', '맏아들', '임마누엘', '예수' 등 14가지를 꼽는다. Warren W. Wiersbe, *The Names of Jesus*, 장미숙 역, 『예수님의 이름』(서울: 은성, 2008). 빈센트 테일러(Vincent Taylor)는 42가지를 꼽는다. Vincent Taylor, *The Names of Jesus*(London: Macmillan; New York: St. Martin's Press, 1954). 아이버 포웰(Ivor Powell)은 "여자의 후손"(창 3:15), "스스로 있는 자"(출 3:14) 등 구약에서 24가지, "다윗의 자손"(마 15:22), "임마누엘"(마 1:23) 등 신약에서 56가지, 모두 합쳐 80가지를 말한다. Ivor Powell, *Bible Names of Christ*, 고봉환 역, 『예수의 이름들』(서울: 요나, 1990). "일부 성경학도들은 성경에 기록된 예수 그리스도의 이름과 호칭이 700가지가 넘는다고 주장한다." Wiersbe, *The Names of Jesus*, 113.

[2] 마 8:19, 9:11, 10:24 − 25, 12:38, 17:24, 19:16, 22:16, 22:24, 36, 23:8, 26:18; 막 4:38, 5:35, 9:17, 38, 10:17, 20, 35, 12:14, 19, 32, 13:1, 14:14; 눅 6:40, 7:40, 8:49, 9:38, 10:25, 11:45, 12:13, 18:18, 19:39, 20:21, 28, 39, 21:7, 22:11; 요 1:38, 3:2, 11:28, 13:13, 14, 20:16.

선생으로 불렸다는 사실로부터 예수의 교육적 노력을 짐작할 수 있다.

그런데 예수의 교육은 어떤 것이었을까. 예수의 교육에 대해 교육의 대상과 방법의 차원에서 언급될 수 있다. 예수는 대중을 상대로 해서는 비유로 가르치셨으며, 바리새인과 서기관들을 대상으로 해서는 논쟁을 통해서 교육하셨고, 제자들에 대해서는 직접적인 가르침을 통해 교육하셨다.3) 그러나 예수의 교육을 그 대상과 방법의 차원에서 살펴볼 때의 한계는, 예수의 교육의 목표가 무엇이냐를 간과하게 된다는 것이다. 교육의 목표가 무엇인지 불분명할 때, 교육의 결과를 평가할 수 없다. 그리고 무엇보다 교육의 목표가 불분명할 때 교육방법 선택에 어려움을 겪게 된다. 그래서 예수께서 행하신 교육의 성격에 대해서 살펴보려고 할 때 어떤 교육목적을 갖고 어떤 방법을 사용하셨는지를 살펴보는 일은 필요하다.

교육은 단순하게 말한다면 어떤 목표를 정하고, 그 목표를 이루어 가는 과정이라고 할 수 있다. 여기서 목표를 이루어 가는 과정 중에는 방법도 속한다. 그래서 일반적으로 교육하면 어떤 목표를 어떤 방법으로 이룰 것이냐 하는 것이 된다. 교육의 목표와 방법이 조화를 이룰 경우 교육의 효과는 크다. 그래서 교육의 목표와 그것을 이루는 방법 사이의 관계는 중요하다.

목표와 방법의 관계에는 세 가지 형태가 있을 수 있다. 첫 번째 형태는, 방법이 목표에 종속되는 관계이다. 이 경우에 목표를 이룰 수 있다고 여겨지는 방법은, 그것이 목표에 적합한지 아닌지를 고려하지 않고 사용된다. 그럴 경우, 목표의 성격과 맞지 않는 방법도 사용될 수 있으므로 목표를 달성했다 해도 목표의 달성으로 얻어지

---

3) Lewis J. Sherrill, *The Rise of Christian Education*(New York: MacMillan Co., 1944), 90 – 93.

는 성취감은 반감될 수 있다. 두 번째 형태는, 목표와 방법이 조화를 이루는 관계이다. 이 경우에는 목표의 성격에 가장 이상적이라고 여겨지는 방법들이 선택된다. 일반적으로 목표와 방법이 일치할 때 교육의 효과가 가장 큰 것으로 생각된다. 세 번째 형태는, 목표가 방법에 종속되는 경우이다. 이 경우는 방법 자체에 대한 선호 때문에 그것이 목표와 어울리지 않더라도 사용된다. 그럴 경우, 방법 실천에 대한 경험은 얻을망정 목표와 관련된 성취는 기대하기 어렵게 될 것이다.

이 글에서는 예수의 교육에서의 목표와 방법의 상관성을 살펴본다. 이를 위해서 예수의 교육목표가 어떤 것인지를 요한복음 13장 1 - 17절에서 찾을 것이다. 특히 요한복음을 통해서 예수의 교육에 대해서 살펴보려고 하는 이유는, 공관복음서에서와는 달리 요한복음에는 13장 이후부터 제자들에 대한 예수의 교육에 대한 기사가 집중적으로 나타나 있기 때문이다. 그러므로 성서의 다른 어느 곳에서보다 예수의 교육 의도를 잘 파악할 수 있는 가능성이 높을 것이다. 그러나 이 글에서는 요한복음 13장 이후의 내용 전체에 대해서 예수의 교육 의도와 방법의 상관관계를 살펴보지 않고, 그중에서도 가장 두드러진 교육 행위로 보이는 예수께서 제자들의 발을 씻기신 사건 (13:1 - 17)에 한정한다.

예수께서 제자들의 발을 씻기신 사건에 대한 기사를 통해, 예수의 교육목표와 방법의 상관성을 살펴보기 위해서는 목표의 내용 이상으로, 목표가 어떤 성격인지를 인식해야 한다. 예를 들어 목표의 내용이 섬김이고 그것을 이루기 위한 방법으로 발을 씻기는 방법을 사용했다는 사실을 안다고 하더라도 교육목표의 성격을 모를 경우, 교육목표를 이루기 위해 사용된 방법이 그 교육목표에 적절한 방법인가를 결정하는 데는 어려움이 있을 것이다. 그러므로 예수의 교육목표 뿐만 아니라 그 교육목표의 성격에 대한 연구도 필요하다.

교육목표의 성격에 대해서는 벤저민 에스 블룸(Benjamin S. Bloom)과 데이비드 알 크라스월(David R. Krathwohl) 등이 작성한 교육목표 분류학이 도움을 준다.4) 그들은 교육목표에 관련된 의사전달의 정확성을 높이기 위한 목적으로 교육목표의 분류체계를 개발했는데, 이 교육목표 분류학은 모든 가능한 교육목표들을 선별하고 그것들을 조작적이고 논리적인 일관성이 있는 구조로 조직한 것이다. 이 교육목표들은 크게 인지적 영역과 정의적 영역으로 나뉜다. 이 글에서는 예수의 교육목표가 블룸과 크라스월 등이 말하는 교육목표 분류학의 어느 영역과 어느 단계에 속하는지를 살펴볼 것이다.

이 같은 예수의 제자들에 대한 교육 행위에 대한 교육목표 분류학에 따른 검토는 예수의 교육 행위를 보다 과학적으로 살펴볼 수 있는 접근 방식이 될 수 있을 것이다. 왜냐하면 블룸과 크라스월 등의 교육목표분류학은 이미 현장에서 신뢰성을 획득했다고 보이기 때문이다. 따라서 이 같은 연구를 통해 예수의 교육 행위에 대한 주관적 견해를 극복할 수 있을 뿐 아니라, 과학적 탐구라는 보장을 통해 확보된 결과들을 용이하게 활용할 수 있다는 유익을 얻게 될 것이다.

---

4) David R. Krathwohl, Benjamin S. Bloom and Bertram B. Masia, eds., *Taxonomy of Educational Objectives, The Classification of Educational Goals. Handbook 2, Affective Domain*, 임희도 · 진위교 · 고종렬 · 신세호 공역, 『교육목표분류학: 교육목표의 분류 및 평가의 실제, (2) 정의적 영역』(서울: 교육과학사, 1964), 215 – 16.

Ⅱ. 예수의 교육목표

1. 교육목표 분류학의 영역과 성격

예수의 교육의 목표와 방법의 상관성을 연구하는 것이 이 글의 목적이다. 이 주제에 대한 연구는 다른 방법에 의해서도 진행될 수 있겠지만, 이 글에서는 블룸과 크라스월 등이 제안한 교육목표 분류학을 이용한다. 그래서 여기서는 교육목표 분류학이 무엇인지, 교육목표 분류학에는 어떤 것들이 있고, 그 내용은 무엇이며 그리고 그것들의 특성은 무엇인지를 다룬다.

1) 지적 영역

교육목표 분류학은 다양한 추상성의 수준에서 각양각색으로 서술되는 교육목표들을 체계적으로 분류하는 한편, 교육목표에 관련된 의사전달의 정확성을 높이기 위한 목적으로 작성된 교육목표의 분류체제를 말한다. 교육목표 분류학은 모든 가능한 교육목표들을 선별하고 그것들을 조작적이고 논리적인 일관성이 있는 구조로 조직한 것이다. 조작적이란 말은, 지식, 태도 그리고 기술 영역에서 수행되어야 할 조작들에 대한 조직적 분석을 행한다는 의미에서이다. 논리적이란 말은, 이 조작들을 단순한 것으로부터 복잡한 것으로 순서를 정한다는 의미에서이다.

교육목표 분류학은 크게 지적 영역, 정의적 영역 그리고 운동기능적 영역으로 나뉜다. 이 영역들은 각각 블룸 외, 크라스월 외 그리고 이 제이 심슨(E. J. Simpson) 등이 분류체계를 제안한 바 있다.5) 그러나 운동기능적 영역은 아직도 그 타당성과 실용성 등에 있어 적지 않은 의문점이 있는 것으로 논평되고 있다. 그래서 실제로 교육목표의 영역으로 논의되는 것은 지적 영역과 정의적 영역이다.

지적 영역의 교육목표는 지식 현상의 본질에 속하는 요소들을 선별한 내용들로 구성된다.6) 그것들은 지식, 이해력, 적용력, 분석력, 종합력, 평가력이다.7) 지식은 이전에 학습한 자료들을 단순히 상기

---

5) Benjamin S. Bloom, ed., *Taxonomy of Educational Objectives, The Classification of Educational Goals. Handbook 1, Cognitive Domain*, 임희도 외 역, 『교육목표분류학: 교육목표의 분류 및 평가의 실제, (1) 지적 영역』(서울: 교육과학사, 1984); Richard C. Cox and Nancy Jordan Unks, *A Selected and Annotated Bibliography of Studies Concerning the Taxonomy of Educational Objectives: Cognitive Domain*(Learning Research and Development Center, University of Pittsburgh, 1976); Krathwohl, Bloom and Masia, eds., *Taxonomy of Educational Objectives, The Classification of Educational Goals. Handbook 2, Affective Domain*; E. J. Simpson, *The Classification of Educational Objectives in the Psychomotor Domain*, Vol.3(Washington, DC: Gryphon House, 1972); Ravindrakumar H. Dave, "Psychomotor levels", Robert J. Armstrong, ed., *Developing and Writing Behavioral Objectives*(Tucson AZ: Educational Innovators Press, 1970), 33 – 4; Anita J. Harrow, *A Taxonomy of the Psychomotor Domain: A Guide for Developing Behavioral Objectives*, 김종선 · 김기웅 공역, 『교육목표분류학: 심리운동적 영역』(서울: 동화문화사, 1978). 블룸의 교육목표분류학과 관련된 참고문헌들은 다음을 참고하라. Larry S. Hannah and J. U. Michaelis, *A Comprehensive Framework for Instructional Objectives: A Guide to Systematic Planning and Evaluation*(Reading, MA: Addison – Wesley Educational Publishers Inc, 1977); A. Dean Hauenstein, *A Conceptual Framework for Educational Objectives: A Holistic Approach to Traditional Taxonomies*, 김인식 외 7인 공역, 『신 교육목표분류학』(서울: 교육과학사, 2004). 전통적인 교육목표 분류학에 대해 하나의 전체론적인 접근 방식을 제시한다. Lorin W. Anderson and Lauren A. Sosniak, eds., *Bloom's Taxonomy: A Forty – Year Retrospective*(NSSE: University of Chicago Press, 1994); Elliot W. Eisner, *Benjamin Bloom 1913 – 99*(UNESCO: International Bureau of Education, 2000); Lorin W. Anderson, David Krathwohl, *A Taxonomy for Learning, Teaching, and Assessing: A Revision of Bloom's Taxonomy of Educational Objectives*, 강현석 외 역, 『교육과정 수업 평가를 위한 새로운 분류학: Bloom 교육목표분류학의 개정』(서울: 아카데미프레스, 2005); Robert J. Marzano, *Designing a New Taxonomy of Educational Objectives*, 강현석 외 공역, 『신 교육목표분류학의 설계』(서울: 아카데미프레스, 2005), 마자노는 블룸의 분류학을 21세기로 가지고 온다. 이 새로운 모델은 우리가 어떻게 학습하는가에 관하여 최근의 인지과학과 연구를 통합한다. Robert J. Marzano and John S. Kendall, *The New Taxonomy of Educational Objectives*, 2nd ed.(Thousand Oaks, CA: Corwin Press, 2007) 참조.

6) Bloom, *Taxonomy of Educational Objectives, The Classification of Educational Goals. Handbook 1, Cognitive Domain*.

하는 것이다. 이해는 자료의 의미를 파악하는 능력이다. 적용은 새롭고 구체적인 상황에서 학습한 자료를 사용할 수 있는 능력이다. 분석은 조직적인 구조를 이해하기 위하여 자료를 구성요소로 나누는 능력이다. 종합은 부분들을 새로운 전체의 형태로 구성하는 능력이다. 평가는 아이디어, 절차, 산물 등을 판단하거나 비교하는 능력이다.

그런데 이것들은 위계상의 차이뿐만 아니라 성격상 크게 두 가지로 나뉜다.8) 그것은 지식과 그 지식을 이용한 지적 능력이나 기능이다. 전자에 속하는 것은 지식이고, 후자에 속하는 것들은 이해력, 적용력, 분석력, 종합력, 평가력이다. 지적 영역의 교육목표는 바로 이 두 가지의 체계라고 볼 수 있다.

지적 영역의 교육목표의 특성은 위계적이다.9) 즉 단순한 것으로부터 복잡한 것으로, 구체적인 것으로부터 추상적인 것에로 나아간다. 앞서 말한 지적 영역의 여섯 가지 유목은 지식을 최하위로 해서 평가력이 최상위를 차지하는 위계적인 순서를 갖는다. 이런 배열이 의미하는 바는 하위 단계의 성취가 없이는 상위 단계의 학습이 어렵다는 것이다. 달리 말하면, 상위 단계는 하위 단계를 기반으로 한다는 것이다. 그것은 누적적인 성격을 띤다고 말할 수도 있을 것이다. 예를 들어, 어느 단계가 A로 구성되어 있다면 그 위의 단계는 AB로 그리고 그 위의 단계는 ABC로 구성되어 있는 식이다. 그래서 A라는 하위 단계를 모르고는 B나 C가 있는 상위 단계로 나갈 수가 없는 것이다.

---

7) Bloom, *The Classification of Educational Goals Handbook 1, Cognitive Domain*, 69, 100, 132, 161, 181, 209.

8) Bloom, *The Classification of Educational Goals Handbook 1, Cognitive Domain*, 32.

9) Bloom, *The Classification of Educational Goals Handbook 1, Cognitive Domain*, 34.

2) 정의적 영역

정의적 영역은 흥미, 태도, 가치, 감상 및 적응 등을 말한다.10) 정의적 영역은 그 성격상 지적 영역과 다르다. 정의적 영역에서의 교육목표 분류는 지적 영역에서처럼 단순한 것으로부터 복잡한 것에로, 구체적인 것으로부터 추상적인 것에로의 원칙을 적용하는 것만으로는 부족하다. 그러므로 정의적 영역의 교육목표를 설정하고 분류하고자 할 때 또 다른 구성개념(조직원리)이 필요하다. 이 구성개념이 '내면화'(internalization)이다.11) 정의적 영역에서 말하는 내면화는 앞서 말한 일반적 정의적 목표들인 흥미, 태도 등의 분석으로부터 나타난 행동요소들을 내적으로 연결시켜 주는 역할을 한다.

내면화라는 말은 여러 가지 의미로 사용되어 왔다. 정의적 영역에서는 그 말을 다시 새로운 의미로 사용한다.12) 그것을 기존에 사용되어 왔던 의미와 비교하여 정리하면 다음과 같다: 첫째, 타자의 가치를 채용한다는 면에서는 같으나, 어느 정도냐는 면을 고려한다. 둘째, 사회적 기존의 가치를 수용할 뿐만 아니라, 개인의 계발과 새로운 가치 창출까지 포함한다. 셋째, 외부로부터 주어진 가치의 수용을 넘어 내적인 통제를 따른다. 넷째, 학습된 결과들로 이루어진 분리된 내용이 아니라, 연속적인 하나의 과정이다. 정의적 영역에서의 내면화 과정은 학습자가 현상에 주의를 기울이고, 거기에 반응하며, 그것을 가치화하고, 이를 개념화하며, 나중에는 그것을 자신의 생활양식으로 조직화하는 일련의 과정이다.

정의적 영역의 목표들은 내면화의 수준에 따라 감수, 반응, 가치

---

10) Krathwohl, Bloom and Masia, *Taxonomy of Educational Objectives*, 115.

11) Krathwohl, Bloom and Masia, *Taxonomy of Educational Objectives*, 33.

12) Krathwohl, Bloom and Masia, *Taxonomy of Educational Objectives*, 34 – 40.

화, 조직화, 인격화의 위계로 정리되어 있다. 감수는 어떤 자극을 기꺼이 받아들이거나 참여하는 것이다. 반응은 자극에 대해 자유롭게 참여할 뿐만 아니라 어떤 식으로든 거기에 자발적으로 반응하는 것을 포함한다. 가치화는 어떤 자극에 대해 표현된 신념이나 태도이다. 조직화는 다양한 가치들 사이의 갈등을 해결하고 내면적으로 가치체계를 형성하는 것이다. 인격화는 가치나 가치 복합에 의해 성격 지어진 것을 말한다. 인격화는 내면화된 가치 측면에서의 행동의 일관성을 포함한다.

3) 지적 영역과 정의적 영역의 상관성

지적 영역과 정의적 영역은 독자적으로 분리된 별개의 영역이 아니다. 그것은 서로에게 점유(appropriation)되어 있다. 지적 영역의 목표분류와 정의적 영역의 목표분류는 대체로 각 단계에서 대응관계를 이룬다. 지적 영역과 정의적 영역 간에 가장 분명한 대응관계를 이루는 단계는 1, 4 및 5단계이다.[13] 지적 영역의 1단계인 지식은 정의적 영역의 1단계인 감수(感受)와 대응한다. 어떤 현상에 주의를 기울인다는 것은 그것에 관하여 알기 때문이고, 역으로, 주의를 기울일 때 알게 된다는 방식으로 대응이 이루어진다. 이런 방식으로 지적 영역의 4단계인 분석과 5단계인 평가는 정의적 영역의 4단계인 개념화와 5단계인 인격화와 각각 대응한다.

지적 영역과 정의적 영역의 2단계와 3단계는 서로 대응하는 것 같지 않아 보인다.[14] 그러나 동일한 단계와 대응하지는 않지만, 전체적

---

13) Krathwohl, Bloom and Masia, *Taxonomy of Educational Objectives*, 61 – 64.

14) Krathwohl, Bloom and Masia, *Taxonomy of Educational Objectives*, 65 – 66.

으로 볼 때는 이 단계들 역시 대응한다고 볼 수 있다. 예를 들어 정의적 영역의 2단계인 반응은 지적 영역의 2단계인 이해와 3단계인 적용과 관계가 있다고 볼 수 있다. 따라서 이 같은 내용으로 볼 때, 지적 영역과 정의적 영역의 단계들 간에는 대체로 수준 대 수준 간에서 대응관계를 이룬다는 것을 알 수 있다.

2. 예수의 교육목표

1) 섬김의 교육목표

예수께서 제자들의 발을 씻겨 주심으로써 그들에게 가르쳐 주시고자 했던 내용은 무엇이었을까. 그리고 교육의 목표라고도 볼 수 있는 그 내용은 어떤 성격을 띠고 있는가. 여기서는 그런 내용들에 대해서 살펴볼 것이다.

예수는 제자들의 발을 씻겨 주심으로써 섬김이 제자들의 삶의 자세가 되어야 함을 가르치시고자 하셨다. 그렇게 볼 수 있는 이유는 두 가지 측면에서이다. 하나는 예수의 생애의 전체 측면에서 볼 때 그렇다. 예수께서 이 세상에 인간으로 오신 것 자체가 섬김의 사건이다. 또한 공생애 기간 동안에 사람들에게 하나님의 나라를 선포하시고, 가르치시고 그리고 병든 사람들을 고치신 것 자체가 섬김을 실천하신 것이라고 볼 수 있다. 그러나 예수께서는 당신의 삶의 목표를 섬김이라고 직접적으로 언급하셨다. 그와 같은 경우 중 하나는 마태복음 20장 28절이다. 예수는 누가 가장 큰 사람인가로 다투는 제자들에게 다음과 같이 말씀하셨다.

"인자가 온 것은 섬김을 받으려 함이 아니라 도리어 섬기려 하고 자기 목숨을 많은 사람의 대속물로 주려 함이니라."

이 말씀에서 예수께서는 당신이 이 세상에 오신 목적이 섬김에 있음을 분명히 말씀하고 계시며, 장차 십자가 위에서 당신의 생명을 드려 사람들을 섬기려는 계획까지 말씀하고 계시다. 예수께서 제자들의 발을 씻기신 목적이 섬김에 있다고 볼 수 있는 또 하나의 측면은 바로 그 사건 자체를 통해서이다. 누가복음은 예수께서 제자들의 발을 씻기시던 그 저녁 식사 중에 일어났던 사건 하나를 보도한다. "또 저희 사이에 그중 누가 크냐 하는 다툼이 난지라."(눅 22:24) 하나님 나라의 성격에 대한 오해로 빚어진 이 사건이 예수에게 충격을 주었을 수 있고, 그래서 예수께서 온전히 섬기는 분으로서 사람들 가운데 거하신다는 것을 가르쳐야 했을 것이다(눅 22:27). 예수께서 제자들의 발을 씻기시는 것을 통해 제자들에게 가르치시려고 했던 것이 섬김이라는 것을, 예수의 생애의 목표에 대한 직접적인 언급과 예수께서 제자들의 발을 씻기셨던 그 저녁에 있었던 제자들 사이의 누가 크냐 하는 논쟁을 지켜보아야 했던 예수의 심정으로부터 유추해 볼 수 있다.

그러나 예수께서 제자들의 발을 씻기신 목적이 섬김이라는 것은 그 사건으로부터 알 수 있다.[15] 예수께서는 그의 제자들의 발을 씻어 줌으로써 섬김이 그의 직분임을 보여 준다. 왜냐하면 발을 씻어 주는 것은 종의 의무이기 때문이다(요 13:1 이하). 그리고 예수는 또한 그의 제자들 역시 섬김이 그들의 삶을 이루는 특성이 되어야 함

---

15) Gerhard Kittel and Gerhard Friedrich, *Theological Dictionary of the New Testament*, 요단출판사번역위원회 역, 『신약성서 신학사전: 킷텔 단권 신약원어 신학사전』(서울: 요단출판사, 1986), 199.

을 말씀하신다. 왜냐하면 종이 상전보다 크지 못하고 보냄을 받은 자가 보낸 자보다 크지 못하기 때문이다(요 13:16).

2) 섬김의 성격

예수께서 제자들의 발을 씻기신 사건에서의 교육목표가 섬김이라는 것을 위에서 알았다. 여기서는 교육목표로서의 그 섬김이 어떤 성격을 갖고 있는지를 알아본다.

섬김은 인격적 특성을 지니고 있다. 인격의 특성이 무엇이냐는 세 가지 차원에서 알아볼 수 있을 것이다. 첫째, 인격에 대한 일반적 정의로부터, 둘째, 신학적 정의로부터, 셋째, 교육적 정의로부터이다. 인격의 특성이 무엇이냐를 알 수 있는 첫 번째 차원은 일반학문이다.[16) 인격은 일반적으로 사람으로서의 품격을 말한다. 그러나 인격에 대해서 심리적, 윤리적, 법적, 종교적으로 정의할 수 있을 것이다. 심리적으로, 인격은 한 개인이 자기 자신을 유일하고도 지속적인 자아라고 의식하는 작용이다. 윤리적으로, 인격은 도덕적 행위의 주체로서, 진위·선악을 판단할 수 있는 능력과 자율적 의지 등을 가진 존재이다. 법적으로, 인격은 권리 능력이 있고, 법률상 독자적 가치가 인정되는 자격이다. 형상학상으로는 신체적 특성을 제외한 인간의 정신적·심적 특성의 전체이다. 종교적으로, 인격은 신에 대하여 인성을 갖춘 품격이다. 인격에 대한 첫 번째 차원의 정의로부터 알 수 있는 것은, 인격은 자기 의지를 가진 자아의 가치라고 볼 수 있다.

인격의 특성이 무엇이냐를 알 수 있는 두 번째 차원은 신학이

---

16) 김민수 외, 『국어대사전』(서울: 금성출판사, 1991), 2424.

다.17) 신학에서의 인격은 개인의 전인적 존재를 가리키지만, 그 전인을 '본질'이나 '본성'이 아닌 영적 존재의 유일무이한 실체로 본다. 기독교 신학에서는 전통적으로 하나님과 인간을 인격적 존재로 보고 이것을 '하나님의 형상'과 관련시키고 있다. 특별히 기독교인의 인격이라는 개념은 새사람이 되어 그리스도의 마음을 갖고 그리스도와 같은 외적 특성을 나타내는 것을 의미한다. 인격에 대한 두 번째 차원의 정의로부터 알 수 있는 것은, 인격은 하나님과 관계를 맺을 수 있는 가능성과 그 관계로부터의 결과라고 할 수 있다.

인격의 특성이 무엇이냐를 알 수 있는 세 번째 차원은 교육학이다.18) 일반적으로 인격은 개인의 지속적 특성이나 습관을 가리킨다. 특히, 인격은 통상적으로 다른 사람을 향하여 선하거나 악한 의도로 하는 행위의 양태로서의 도덕적 행위를 지칭한다. 이런 경우에 인격은 지속적인 도덕적 행위 양태를 의미한다. 거기에는 도덕적 인격과 동일시되거나 특징을 띠는 사람의 도덕적 판단, 태도, 행위가 포함된다. 이런 문맥에서 정직, 사심 없음, 동정은 인격형성 과정에서 중요하다. 인격에 대한 세 번째 차원의 정의로부터 알 수 있는 것은, 인격은 도덕적 성격의 일관된 행동 양식이라고 할 수 있다.

위에서 인격의 특성으로 인격은 첫째, 자기 의지를 가진 자아의 가치, 둘째, 하나님과 관계를 맺을 수 있는 가능성과 그 관계로부터의 결과, 셋째, 도덕적 성격의 일관된 행동 양식이라고 했다. 그런데 예수께서 제자들의 발을 씻기셨을 때 교육하고자 하셨던 목표인 섬김은 바로 위에서 언급한 인격의 세 가지 특성들을 띠는가. 여기서

---

17) 한영제 편, 『기독교사전』(서울: 기독교문사, 1991), 820.

18) Iris V. Cully and Kendig B. Cully, eds., *Harper's Encyclopedia of Religious Education* (San Francisco: Harper & Row Publishers, 1990), 106.

이 문제에 대해 살펴보려고 한다. 첫째, 섬김은 인격적 특성인 자기 의지를 가진 자아의 가치라는 성격을 띠는가. 섬김은 위에서 언급했듯이, 예수의 자율적인 의지로부터 나온 가치이다. 예수께서는 섬김을 어느 누구의 강요에 의해서가 아니라 스스로의 판단에 의해서 그것을 생의 가치로 삼으시고 사셨다. 예수께서는 성육신을 통해, 처음부터 섬기기 위해 이 세상에 오셨음을 분명히 하셨다. 그리고 공생애 기간 동안 사람들에게 복음을 선포하고, 가르치고 그리고 병든 사람들을 고쳐 주심으로 섬김의 사역을 계속하셨다. 그리고 마지막으로는 십자가 위에서 많은 사람들을 위하여 자신의 생명을 내어 주심으로써 섬김의 극치를 보여 주셨다.

둘째, 섬김은 인격적 특성인 하나님과 관계를 맺을 수 있는 가능성과 그 관계로부터의 결과인가. 섬김은 하나님과 관계를 맺을 수 있게 해 주는 인격의 한 내용이다. 인격이 전체 집합이라면 섬김은 그 부분 집합이라고 할 수 있다. 인격이 하나님과 관계를 맺을 수 있는 접촉점이라면, 그 부분을 구성하는 요소인 섬김은 필연적으로 하나님과의 교제를 가능케 해 주는 접촉점이 된다. 그러나 섬김은 하나님과의 관계를 맺을 수 있는 접촉점으로서의 역할보다는 그 결과라고 할 수 있다. 하나님과의 깊은 교제의 관계에 들어갈수록 사람의 인격은 섬김 지향적이 된다. 그것은 하나님과 가장 가까이 사귀셨고, 그분이 바로 하나님이신 예수의 삶의 성격이 섬김 지향적인 것을 보아 알 수 있다. 그래서 섬김은 하나님과의 관계를 가능케 하는 접촉점일 뿐 아니라 그 관계의 결과이기 때문에 인격적 특성을 띤다고 할 수 있다.

셋째, 섬김은 인격적 특성인 도덕적 성격의 일관된 행동 양식인가. 도덕은 관습 · 풍속 · 법률과 함께 인간의 행위를 통제한다.19) 풍속과

법률이 인간의 행위를 밖으로부터 통제하는 데 비하여, 관습과 도덕은 인간의 행위를 안으로부터 통제한다. 인간 행위를 안으로부터 통제한다는 점에서 관습과 도덕은 동일하지만, 통제의 범위는 서로 다르다. 관습은 사회에 따라 특수하게 굳어진 행동 및 사고방식의 총체를 뜻하지만, 도덕은 그중에서도 다른 사람들과의 관계에 관한 부분만을 뜻한다. 따라서 도덕은 다른 사람들과의 관계를 떠나서는 존재할 수 없는 것이다.

섬김은 도덕의 특성인 이 다른 사람들과의 이상적 관계라고 할 수 있다. 사람들과의 관계가 파괴되는 가장 직접적이고 근본적인 이유는 상대보다 높아지려는 마음이다. 예수께서는 이 점을 간파하셨다. 그래서 다른 사람보다 높아지려 하지 말고, 낮아지며, 다른 사람을 섬기는 자가 되라고 말씀하셨다.[20] 그러므로 섬김이야말로 사람과 사람과의 관계에서 가장 도덕적인 성향을 유지할 수 있는 관계의 형태임을 알 수 있다. 그런데 여기서 한 가지 짚고 넘어가야 할 것은, 섬김이 도덕 이상의 성격을 지니고 있다는 것이다. 즉 섬김은 영적인 성격도 가졌다는 것이다. 예수께서 제자들의 발을 씻기시면서 그들이 섬기는 사람이 되기를 원하신 것은, 섬김이 바로 예수께서 공생애 기간 동안에 선포하셨던 하나님 나라의 성격이었기 때문이다. 하나님 나라는 육적인 세상의 나라와 같지 아니하다. 그 나라는 섬기는 자들의 나라로 영적인 나라이다. 그러므로 섬김은 인격의 특성인 도덕적 경향뿐만 아니라 그 이상의 영적인 성격까지 지니고 있음을 알 수 있다. 이상에서 섬김이 어떤 특성을 지니는가 하는 문제를 살펴보았다. 그 결과 예수께서 제자들의 발을 씻기실 때 나타났던

---

19) 서울대학교 교육연구소 편, 『교육학 용어사전』(서울: 하우, 1994), 215.

20) 누가복음 22장 24 - 27절 참조.

섬김은 일회적 행동이 아니라 인격적 특성을 가진 일관된 삶의 경향임을 알 수 있었다. 그리고 그 섬김은 구체적으로 인격의 특성인, 자기 의지를 가진 자아의 가치, 하나님과 관계를 맺을 수 있는 가능성과 그 관계로부터의 결과, 도덕적 성격의 일관된 행동 양식을 충족시키고 있음을 알 수 있었다. 그러므로 섬김이 하나의 인격적 차원의 행위임을 알 수 있었다.

3) 섬김과 교육목표 단계

위에서 예수께서 제자들의 발을 씻기시는 교육 행위의 목표를 인격적 특성인 섬김이라고 했다. 여기서는 이 섬김에 대해 교육목표적 관점에서 살펴보려고 한다. 교육목표로서의 섬김이 구체적으로 교육목표 분류 단계의 어디에 속하는가를 알아봄으로써 나중에 언급할 교육방법과의 상관성 여부를 객관적으로 파악할 수 있을 것이다.

예수께서 제자들의 발을 씻기시는 행위에서 나타난 목표인 섬김은 정의적 영역의 교육목표 중에서 다섯 번째 단계인 가치 또는 가치 복합에 의한 인격화(characterization by a value or value complex) 단계와 상응한다. 일반적으로 교육현장에서 교육목표와 관련되어 사용되는 정의적 영역은 흥미, 태도, 가치, 감상 및 적응 등을 말한다. 인격화는 이 중 가치와 관계된 영역이다. 인격화는 특정한 가치가 개인의 내면에서 중심적인 위치를 차지하며, 그 가치를 중심으로 전체적으로 통일성을 유지하는 것을 말한다. 그래서 가치의 내면화로 인한 행동의 일관된 경향은 위협을 받거나 도전을 받는 등의 경우를 제외하고는 정서나 감정을 유발하지 않고도 나타난다.

내면된 가치관에 따라 나타나는 일관적인 행동은 첫째, 일반화된 행동태세(generalized set)와 둘째, 인격화(characterization)로 나누어진다. 일반화된 행동태세는 행동에서 나타나는 일관된 경향이다.21) 즉 항상 태도 및 가치체계에서 내적 일관성을 보여 주는 것을 말한다. 그래서 의식적인 고려 없이도 내면화된 가치체계와 일치하는 행동을 하게 된다. 그렇다고 일반화된 행동태세를 무의식적으로 행해지는 본능적인 행동처럼 보아서는 안 된다. 오히려 주변의 복잡한 세계에 질서를 부여하여 일관적으로 행동할 수 있게 하는 오리엔테이션이라고 할 수 있다. 이 기본적 오리엔테이션은 일련의 태도, 가치 및 신념 전체와 관련된다. 예수께서 제자들의 발을 씻겨 주실 때 의도하셨던 섬김의 교육목표는 예수의 삶의 일관된 태도였다는 면에서 여기서 언급한 일반화된 행동태세와 가깝다고 볼 수 있다.

내면화된 가치관에 따라 나타나는 일관적인 행동의 두 번째는 인격화이다. 일반화된 행동 태세가 행동에서 나타나는 일관된 경향이라고 한다면, 인격화는 내적 일관성이다.22) 이 인격화는 내면화 과정의 정점이다. 인격화는 대단히 광범위한 영역이고 추상적으로 보여 모호하게 여겨지지만 실제로는 구체적인 개인을 거의 특징짓는 경향이다. 인격화는, 보다 총괄적이며, 일단의 태도, 행동, 신념 또는 이념 내에서 내적 일관성이 강조된다는 면에서 일반화된 행동태세를 넘어선다. 인격화는 내적 일관성을 그 특징으로 하기 때문에, 외적인 행동으로 나타나지 않을 수도 있다.

예수께서 제자들의 발을 씻기시며 가르치시고자 했던 교육목표인 섬김은 일회적인 행위가 아니라 삶의 특성이다. 그것은 개인을 구성하고 있는 인격의 독특한 성향이다. 프랜시스 엠 코스그로브(Francis

---

21) Krathwohl, Bloom and Masia, *Taxonomy of Educational Objectives*, 215 – 16.

22) Krathwohl, Bloom and Masia, *Taxonomy of Educational Objectives*, 221 – 22.

M. Cosgrove)는 섬기는 자, 즉 종에 대한 성서적 특성을 겸손, 부지런함, 인내, 온유, 순종, 헌신, 성실 등으로 말한다.[23) 이 같은 종의 특성은 섬김이 표현된 지식이나 드러난 행위가 아니라 인간 전체를 통일성 있게 규정하는 인격적 특성임을 알 수 있다.

섬김은 그것이 외적인 행위로 나타날 수 있다고 하더라도, 섬김을 행동으로 나타나게 하는 동인은 겸손, 온유, 헌신 등의 내적 성격들이다. 그래서 섬김은 일회적으로 단속적으로 표출되는 자기 과시적인 위선적인 행위와는 다르다. 위선이 외적인 행동이 내면의 가치와 분리되어 나타나는 행위라면, 섬김은 외적인 행동과 내면의 가치가 일치되어 나타나는 행위이다. 그러므로 섬김은 정의적 영역의 교육목표 중에서 인격화의 단계 특성인 가치의 내면화로부터 결과된 일관된 행위양식과 일치한다고 볼 수 있다.

Ⅲ. 예수의 교육방법

이 글의 목적은 예수의 교육에 있어서 교육의 목표와 방법이 조화를 이루느냐 하는 상관성의 문제를 연구하는 것이다. 이를 위해 요한복음 13장 1 - 17절에 나오는 예수께서 제자들의 발을 씻기시는 행위를 교육적 행위로 보고, 거기에 나타난 교육목표에 대해 알아보았다. 그 결과 예수께서 제자들의 발을 씻기시며 의도하신 교육의 목표는 섬김이라는 것을 알았다. 그리고 이 섬김이란 교육목표는 교

---

23) Francis M. Cosgrove, Jr., *Essentials of Discipleship*, 『제자의 삶』(서울: 네비게이토출판사, 1984), 160 - 63.

육목표 분류적 관점에서 볼 때 정의적 영역의 가치 또는 가치 복합에 의한 인격화 단계라는 것을 알았다. 그러므로 예수의 교육목표와 방법의 상관성을 알아보는 과정에서 남은 문제는 예수께서 섬김으로서의 교육목표를 어떤 방법을 통해서 이루려고 하셨는가이다. 그래서 여기서는 그 예수의 교육방법이 무엇인지 그리고 그 방법이 인격화의 단계에 속하는 교육목표를 이루는 적절한 방법인지에 대해서 알아본다.

섬김이라는 교육목표를 가르치기에 가장 효과적인 방법은 무엇일까? 어느 교육목표나 그것을 가르치기 위한 최상의 방법으로 정해진 것은 없을 것이다. 섬김 역시 마찬가지이다. 그래서 여기서는 예수께서 실제로 섬김을 어떻게 가르치셨는지를 살펴보는 방법을 통해서 섬김의 교육방법을 알아볼 것이다.

예수께서 제자들에게 섬김을 가르치시기 위하여 사용한 방법은 시범이었다. 예수의 시범 교육방법은 첫째, 모방을 동기화하는 방법이다. 예수께서는 시범을 통해 섬기는 모습을 보여 주시는 가운데, 제자들 속에 있는 모방의 본능을 자극하셨다.24)

> "내가 주와 또는 선생이 되어 너희 발을 씻겼으니 너희도 서로 발을 씻기는 것이 옳으니라. 내가 너희에게 행한 것 같이 너희도 행하게 하려 하여 본을 보였노라."(요 13:14 - 15)

모방은 인간의 본능에 속한다. 예수께서는 종종 인간의 본능적인 반응에 호소하셨다. 헤르만 에이치 혼(Herman H. Horne)은 인간의 본능적 욕구를 다음과 같이 말한다. 공포심, 혐오, 호기심과 경이, 호

---

24) Herman H. Horne, *Teaching Techniques of Jesus*, 박영호 역, 『예수의 교육방법론』(서울: 기독교문서선교회, 1980), 205.

전성, 자존심 또는 긍지, 겸손, 사랑, 성, 군집성, 취득욕구, 구성욕구, 동정심, 암시, 모방욕구, 유희, 경쟁심, 습관 그리고 기질.25)

예수의 시범 교육방법의 둘째는, 예수 자신을 교육의 통로로 사용하신 방법이다. 예수께서 제자들에게 섬김을 가르치기 위하여 사용한 시범의 방법은 바로 당신 자신을 교육의 통로로 사용하신 방법이다. 이것에 대해 로버트 콜만(Robert Coleman)은 "그가 바로 그의 방법이었다."고 말하였다.26)

예수께서 제자들에게 "내가 주와 또는 선생이 되어 너희 발을 씻겼으니 너희도 서로 발을 씻기는 것이 옳으니라."(요 13:14)고 하신 말씀은 언뜻 보아서 발을 씻기는 외적인 행동에 대해서 말씀하시는 것 같지만, 예수의 그 말씀을 듣는 제자들은 실제로 예수께서 그동안 겸손히 섬기던 모습들을 떠올렸을 것이다. 그러므로 예수의 시범은 제자들의 발을 씻기는 행위에 국한되지 않고 그의 전 생애의 시범으로까지 확대된다고 볼 수 있다.

Ⅳ. 예수의 교육목표와 방법의 상관관계

여기서는 예수께서 섬김의 교육을 행하실 때 사용하신 시범의 교육방법이, 정의적 영역의 본질을 구성하는 요소인 내면화와 어떤 관계가 있는지를 살펴봄으로써 교육목표와 그것을 이루는 교육방법 사이의 상관성에 대해 살펴보려고 한다. 섬김으로서의 교육목표는 정

---

25) Horne, *Teaching Techniques of Jesus*, 192 - 209 참조.

26) Robert Coleman, *The Master Plan of Evangelism*, 홍성철 역, 『주님의 전도 계획』(서울: 생명의말씀사, 1980), 80.

의적 영역의 인격화 단계에 속한다는 것은 앞서 말하였다. 내면화는 정의적 영역의 낮은 단계인 반응에서부터 가장 높은 단계인 인격화에 이르기까지 걸쳐 있는 내면적 활동이다. 섬김으로서의 교육목표가 시범으로서의 교육방법과 상관성이 있느냐는 결국 시범으로서의 교육방법이 정의적 영역을 이루는 본질인 내면화 과정과 얼마나 상응하느냐에 달려 있다고 볼 수 있다.

1. 교육방법과 내면화

예수께서 제자들의 발을 씻기시는 시범의 교육방법은 정의적 영역의 각 단계를 이루는 본질적 요소인 내면화와 깊은 관계가 있다. 예수는 '주와 선생이 되어' 제자들의 발을 씻기셨다. 이스라엘에서 발을 닦는 일은 종의 의무였다. 그것도 유대인 종에게는 요구되지도 않는 일이었다.[27] 그래서 주인이 종의 발을 닦는 일은 상상할 수도 없는 일이었다. 이것은 일상적인 태도와 다른 태도이어서 놀라운 것이 아니라, 그 행위에 담긴 가치관의 새로움 때문에 놀라운 것이다. 새로운 가치관은 기존의 가치관에 대해 반성하도록 하게 하며, 갈등을 일으키며, 선택을 결단하게 한다.[28] 정의적 영역의 교육목표의 각 단계들의 구성개념인 내면화의 과정이 이와 유사하다.

내면화가 무엇인가는 앞에서 살펴보았다. 그런데 이 글에서 말하는 내면화의 의미는 에이치 씨 켈만(H. C. Kelman)이 말하는 내면

---

27) Charles K. Barret, *The Gospel According to St. John: An Introduction with Commentary and Notes on the Greek Text*, 김필진·박재순·박경미 공역, 『요한복음』 II(서울: 한국신학연구소, 1985), 255.

28) Paulo Freire, *The Pedagogy of the Oppressed*, 성찬성 역, 『페다고지』(서울: 한국천주교 평신도사도직협의회, 1979) 참조.

화의 의미와 다르다.[29] 켈만은 태도변동이론을 설명하는 가운데, 내면화라는 말을 사용하였다. 그는 개인이 영향을 받거나 순응하는 과정을 세 단계(순응, 동일화, 내면화)로 나누었다. 순응은 사람이 다른 사람이나 집단의 호의적인 반응을 얻기 위해 그 영향을 수용하려고 할 때 나타난다. 그래서 주어지는 영향의 내용을 떠나서, 특별한 보상이나 시인을 얻고 처벌이나 비난을 피하기 위해 다른 사람이나 집단의 영향을 수용하는 것이다. 동일화는 사람이 다른 사람이나 집단과 만족스러운 관계를 맺거나 유지하기를 원할 경우에 일어난다. 그래서 그는 다른 사람이나 집단의 영향을 신뢰하여 수용함으로써 만족을 얻는다. 내면화는 사람이 유발된 행동의 내용이 본질적으로 어떤 보상을 가져온다고 여길 때 일어난다. 그 영향은 자신의 가치체계와 일치한다. 이 같은 영향의 수용을 통해 기존의 가치와 통합되어 새로운 가치를 창출하게도 된다. 그러나 여기서는 내면화의 의미를 켈만이 말하는 세 가지 단계를 모두 포함하는 것으로 사용한다. 즉 켈만의 세 단계를 모두 내면화라는 용어 아래 포함시킨다는 것이다.

여기서는 그와 같은 의미의 내면화가 어떤 과정을 거치는지 알아본다. 정의적 영역에서의 내면화 과정은 학습자가 현상에 주의를 기울이고, 거기에 반응하며, 그것을 가치화하고, 이를 개념화하는 것이다. 그리고 나중에는 그것을 자신의 생활양식으로 조직화하는 일련의 과정이다. 이것을 조금 더 자세하게 설명하면 다음과 같다.

"내면화 과정은…… 학생이 어떤 현상, 특징 또는 가치에 주의를 기울일 때 시작된다. 그가 현상, 특징 또는 가치에 주의를 기울여 감에 따라 그의 지각의 장(perceptual field)에 있는 다른 것들로부터 이것을 변별해 내게 된다. 이러한

---

29) Krathwohl, Bloom and Masia, *Taxonomy of Educational Objectives*, 38 - 39.

변별이 이루어진 다음에 점점 정의적 의미를 부착시킴에 따라, 그 현상을 추구하게 되고 그러고는 그것을 가치화하기 시작한다. 그 과정이 전개되어 감에 따라 학생은 이 현상을, 마찬가지로 가치 있다고 반응하는 다른 현상들과 관계 짓는다. 이 같은 반응은 그 빈도가 아주 많아져서 그 현상 및 그와 비슷한 다른 현상에도 규칙적으로 반응하게 된다. 끝으로 이 가치들이 하나의 구조 또는 세계관 속에서 상호 연관되는데, 그는 이 구조, 세계관을 하나의 '체제'로 해서 새로운 문제들에 반응한다. 이러한 추상적인 설명만으로도 내면화 과정은 한 현상을 감지하는 것에서부터 개인의 모든 행동을 좌우하는 인생관에 이르기까지의 지배적인 행동 변용을 의미한다는 것을 알 수 있다."[30]

2. 예수의 교육목표와 내면화의 과정

이러한 내면화의 과정은 예수께서 제자들의 발을 씻기시는 장면에서 드러난다. 특히 그것은 예수와 베드로의 대화에 잘 나타나 있다. 베드로는 선생이 제자의 발을 씻기는 일은 잘못된 것이라고 생각해서 예수께서 그의 발을 씻기시려는 것을 방어한다. 이 단계는 내면화 과정에 들어가기 전의 단계라고 할 수 있다. 예수께서는 베드로에게 섬김이라는 가치를 형성시키려고 하신다. 그러나 베드로는 그런 예수의 의도를 전혀 인식하지 못한다. "주여, 주께서 내 발을 씻기시나이까."(요 13:6) 예수께서는 베드로에게 섬김이라는 가치를 내면화하기 위해서는 시간이 걸릴 것임을 아셨다. 그래서 예수께서는 이렇게 말씀하신다. "나의 하는 것을 네가 이제는 알지 못하나 이후에는 알리라."(7절) 그러나 현재 베드로는 전통적인 가치관에 고착되어 있는 것을 볼 수 있다.[31] 그렇기 때문에 그는 예수께 강하게

---

30) Krathwohl, Bloom and Masia, *Taxonomy of Educational Objectives*, 40.

31) Alexander B. Bruce, *The Training of the Twelve*, 김영봉 역, 『열 두 제자 훈련』(서울: 생명의말씀사, 1984), 379 – 86.

반발한다. "내 발을 절대로 씻기지 못하시리이다."(8절)

이러한 베드로의 태도는 예수에 의해 도전을 받는다. "내가 너를 씻기지 아니하면 네가 나와 상관이 없느니라."(8절) 예수의 이 말씀은 베드로에게 위협으로 들린다. 그래서 베드로는 곧 태도를 바꾸어 (그렇다면) "주여 내 발뿐 아니라 손과 머리도 씻겨주옵소서."(9절)라고 말한다. 베드로는 씻김을 받는 것이 예수와 교제를 나누는 방법으로 생각했던 듯하다.32) 그래서 온 몸이 씻기기를 원했다. 그는 예수의 말씀을 수용하지만 아직 그 의도는 깨닫지 못한다. 예수의 이 말씀은 베드로에게 내면화 과정의 처음 수준과 접촉하도록 한다. 이 상황은 내면화의 과정에서 처벌이나 비난을 피하기 위해 다른 사람이나 집단의 영향을 수용하는 순응의 단계에 상응한다. 그러나 그 영향의 내용을 이해하지도 못하고, 그것에 동의를 하지 않을 수도 있다. 다만 영향의 내용이 아닌 그 영향의 힘에 밀려 순응할 뿐이다. 그러므로 순응은 외적인 행위로만 표현되는 것이지, 내적으로는 순응이라고 볼 수 없다.

베드로에게서 낡은 가치관과 새로운 가치관이 갈등을 일으키며 새로운 가치관을 따르는 행동을 시도하려는 모습을 볼 수 있다. 그러나 예수가 보시기에 베드로는 진정한 이해로부터 아직도 멀리 있어 보였다. 예수께서는 "이미 목욕한 자는 발밖에 씻을 필요가 없느니라 온몸이 깨끗하니라."(10절)고 하셨다. 이 말씀은 베드로가 지난 3년간 예수와 생활하면서 섬김을 배워 왔으나 아직도 온전한 섬김에는 이르지 못했음을 시사한다. 베드로는 그의 발을 씻는 예수의 행위가 그의 죽음에 의한 겸비한 사역을 나타내고 있음에도 불구하고, 물로 씻는 것 자체가 마치 종교적인 은혜를 입는 것인 양, 그의 손

---

32) Barrett, *The Gospel According to St. John*, 257.

과 머리까지도 씻김을 받음으로써 보다 큰 유익을 얻게 되리라고 생각하였다.33) 예수께서 이 말씀을 통해서 베드로에게 도전하신 내용은 '이제는 섬김의 가치에 대해서 한 번쯤 생각해 보자.'는 의도였을 것이다. 즉 내면화의 과정 중에서 동기화의 단계로 나갈 것을 강조하는 말씀으로 들린다. 동기화는 다른 사람이나 집단의 영향을 인정하고 그것에 동의하며 자기 것으로 받아들이는 것이다. 이런 의미에서 베드로의 반응은 동기화의 내용과 거리가 있지만 그 단계로 들어서는 단계에 있다고 볼 수 있다. 현재 베드로의 내면에는 의심과 믿음, 불신과 사랑이 혼합되어 있다.34) 그래서 당장은 예수께서 베드로에게 말씀하신 섬김의 형성은 뒷날로 미루어질 수밖에 없었다.

예수께서는 제자들의 발을 다 씻기신 후에 다시 자리에 앉아 제자들에게 말씀하셨다. "내가 너희에게 행한 것을 너희가 아느냐."(12절) 예수께서는 제자들에게 발 씻김의 분명한 의도를 말씀하신다. "내가 주와 또는 선생이 되어 너희 발을 씻겼으니 너희도 서로 발을 씻기는 것이 옳으니라."(14절) 이 부분에서 예수의 발 씻김은 마음의 정화로부터 겸손의 모범이 되고 있다.35) 그러나 이 두 가지는 배타적인 것이 아니라 서로를 함축하고 있다. 예수께서 실행한 정결은 그분이 몸소 보이신 섬김에서 이루어진다는 것이다. 깨끗하게 된 사람은 섬길 것이며 또한 섬기는 일을 통해서만 깨끗하게 될 것이다. 이것은 새로운 가치이다. 예수의 제자들이 섬김의 가치를 내면화했든 하지 못했든 섬김의 동기화가 내면화로 내재적 가치로 자리 잡아

---

33) Barrett, *The Gospel According to St. John*, 258.

34) Ralph Earle, "The Gospel According to St. John", Charles W. Carter. *The Wesleyan Bible Commentary*, 웨슬레주석번역위원회 역, 『요한복음 - 사도행전』 웨슬레 주석(인천: 임마누엘, 1991), 154.

35) Barrett, *The Gospel According to St. John*, 259.

야 한다는 것을 말씀하신 것으로 보인다. "너희가 이것을 알고 행하면 복이 있으리라."(17절) 이 말씀은 섬김이 내면화되어 그 사람의 모든 행위를 통제하는 일관적인 성향이 될 때 그 사람은 정의적 영역의 최고 수준인 인격화의 단계에 도달하게 된다는 것으로 들린다.

이상에서 살펴보았듯이 예수의 발 씻기심은 정의적 영역의 본질인 내면화 과정과 대단히 유사함을 알 수 있다. 예수께서 제자들의 발을 씻기시면서 보여 주신 섬김의 시범은 이러한 내면화의 과정을 촉진할 뿐만 아니라, 정의적 영역의 최고의 단계인 인격화의 단계까지 이르도록 자극하는 방법으로 보인다. 예수께서 제자들에게 섬김을 가르치시기 위해서 시범의 방법을 사용하시는 가운데 나타난 이 같은 내면화 과정을 통해, 예수의 섬김이라는 교육목표가 거기에 적절한 시범이라는 방법에 의해서 이루어졌음을 알 수 있었다.

V. 나가는 글

지금까지 요한복음서에 나오는 예수의 교육에 대해 살펴보았다. 요한복음서 중에서도 예수의 교육 행위가 집중되어 있는 요한복음서의 후반부, 특히 13장 1 - 17절에 나오는, 예수께서 제자들의 발을 씻기시는 기사를 중심으로 예수의 교육목표가 무엇이었는지 그리고 그것을 이루기 위해 예수께서는 어떤 교육방법을 사용하셨는지를 살펴보았다. 이런 연구를 통해 밝혀진 것은 예수의 발 씻기심의 사건에서 나타나는 교육의 목표는 섬김이라는 것이고, 그것을 제자들에게 교육하기 위해 시범이라는 방법을 사용하셨다는 것이다. 섬김이라는 교육목표는 정의적 영역의 인격화 단계와 상응한다. 인격화 단계는 내면화된 가치가 외적인 행위로 드러날 뿐만 아니라 내적으로 형성되어 그 사람의 세계관에 일관성을 부여하는 것이다. 섬김은 그 성격상 이러한 인격화의 단계와 유사하다. 예수께서 이 섬김을 교육하시고자 하실 때 사용하신 시범의 교육방법이 교육의 목표와 얼마나 상관성이 있는지를 시범의 방법의 내면화적 성격을 살펴봄으로써 알아보았다. 예수께서 제자들의 발을 씻기시는 행위를 두고 벌어지는 예수와 베드로와의 대화를 분석함으로써 시범의 방법이 섬김이라는 교육의 목표를 이루기에 적절한 방법이라는 것을 알 수 있었다.

앞으로 이 분야의 후속 연구를 위한 제안은 다음과 같다. 첫째, 현장 적용적 차원에서, 교회학교 현장에서 실시되는 교육의 목표와 방법의 상관성에 대한 연구를 함으로써 현장의 발전에 기여할 수 있을 것이다. 둘째, 예수의 교육의 목표를 넓은 의미에서 신앙의 양육이라고 본다면, 제임스 더블유 파울러(James W. Fowler)의 신앙발달단계에 맞는 방법들을 개발하기 위한 연구를 할 수 있을 것이다.

현실과 교육

: 파울로 프레이리(Paulo Freire)를 중심으로

Ⅰ. 들어가는 글

교회의 사명 중의 하나는 가르치는 일이다. 그래서 교회는 그 나름대로 가르치는 일에 신경을 쓴다. 그러나 '무엇을 어떻게 가르치고 있느냐?'고 물을 때 확신 있게 대답할 수 있을까. 물론 확신에도 여러 종류가 있다. 편견, 독선, 아집도 확신이라면 확신이니까. 그래서 확신 자체가 문제가 된다. 우리는 어떤 신념 또는 주관을 가지고 가르치고 있는 것일까.

편향적 시각일지 모르겠으나 우리들의 교회는 부지런히 성서공부를 하지만, 그래서 성서내용을 잘 아는지 모르지만 정말 그 성서가 요구하는 삶을 살지 못하고 있는 것 같다. 아니 그보다는 아예 '교회는 교회이고 세상은 세상이다.'(라고 생각하지는 않겠지만) 실상은 그런 모습을 보여 주고 있다. 단적인 예로, 교회는 우리 민족의 소원인 통일에 대해서 무슨 말을 할 수 있는가. 기껏해야 다른 사람의 의견에 대하여 '그것이 아니다.'라고 말하며 '그렇게 말하는 자는 불량하다.'고 말하며 정죄하는 데만 핏대를 올리지 않았는가. 사회가 날로 부패해져 가고 있는 상황에서 교회는 무엇을 하고 있는가. '교회가 깨끗하다.'는 소리는 듣지 못할망정 '사회보다 더하다.'는 소리는 듣고 있지 않는가.

이런 슬픈 상황이 벌어지고 있는 근본 이유는 교회의 현실 감각의 결핍, 더 정확하게 말해서 교회교육의 교회 안(內) 교육 때문이다. 이 같은 교육에서는 교회의 교육은 마치 역사로부터 유리될 수 있는 실재처럼 여겨진다. 그러나 프레이리는 우리는 역사를 떠나서는 교회도 교육도 말할 수 없음을 분명히 한다.[1] 이런 의미에서 교회의 교육은 중립적일 수 없다. 교회의 교육이 교회 안의 교육이든 사회를 고려한 교육이든 그 배후에는 교회교육이 옹호하거나 반대하는 입장들이 숨어 있기 때문이다.

이런 상황을 극복한다는 면에서 프레이리는 우리 교회가 어떤 입장에서 교육을 해야 할 것인지 하나의 방향을 정하는 데 큰 도움이 될 것이다. 이 글에서는 가능하면 쉽게 프레이리의 교육관과 그 실천 그리고 그것을 응용한 사례를 말하고 마지막으로 우리가 배워야 할 점을 또는 반성할 점들을 언급하고자 한다.

---

1) Paulo Freire, "Education, Liberation and the Church", *Religious Education* 79:4(Autumn 1984), 524.

Ⅱ. 프레이리의 교육관

1. 수평적 대화교육

프레이리는 교육을 '자기 자신의 소리를 낼 수 있도록 그리고 그 소리대로 살도록 하는 것'이라고 본다. 이 말은 흔히 '교육'이라고 불려 왔던 것들이 자신의 소리를 내지 못하도록 했다는 말이 되고 또 머리로는 얼마나 아는지 모르지만 실제로 그만큼 행동이 따라 주지 못했다는 말이 된다. 이것을 조금 더 설명하면 먼저 이제까지 (어쩌면 앞으로도 계속해서) 해 온 교육이 실제로는 한마디로 일방적 교육이었다는 것이다. 이것은 꼭 교수-학습 상황만을 염두에 둔 말이 아니다. 우리가 사용해 온 교재에서부터 가르치는 상황이 모두 나와는 상관없는 그리고 나보다 더 무엇을 안다고 생각하는, 그래서 내가 배워야 할 것을 나보다 자기가 더 잘 안다고 생각하는 사람들에 의해 결정되어 왔다. 이런 교육을 보통 우리가 '교육'이라고 부르는 것이고 나쁜 의미로는 '주입식 교육'이라고 불러 왔던 것으로 프레이리의 말로는 '은행저축식 교육'(banking education)이다. "이런 교육은 학생들이 예탁소가 되고 교사가 예탁자가 되는 예탁행위가 된다. 의사소통 대신에 교사가 여러 가지 코뮤니케를 발표하고 예탁금을 만들면 학생들은 참을성 있게 받아들여 기억하고 반복한다. 이런 교육에서 학생에게 허용되는 행동 범위는 고작해야 예탁금을 받아들이고 채워 넣고 보관하는 일 뿐이다."2)

---

2) Paulo Freire, *The Pedagogy of the Oppressed*, 성찬성 역, 『페다고지』(서울: 한국천주교 평신도사도직협의회, 1979), 58.

프레이리는 은행저축식 교육을 다른 방식으로도 설명한다. 그것은 마치 부모의 '양육'과 유사하다고 한다.3) 양육에는 배우고, 듣고, 훈육받고, 순응하는 일만 있을 뿐이다. 여기에는 대화가 없다. 교사가 교육을 부모들이 하듯 양육하는 일로 환원시킬 때, 교사의 본질적 사명을 상실하게 된다는 것이다. 교사의 사명은 인간 해방을 위한 정치적 과제의 실현이기 때문이다.

교육과 양육을 동일시하지 않는 것은 두 가지 면에서 의미가 있다. 하나는 이런 거부가 교육에 대한 잘못된 이해를 막아 준다는 것이며, 다른 하나는 허위적인 동일시에 친숙해지도록 교묘하게 위장하고 있는 이데올로기적 연막을 손쉽게 벗겨 낸다는 점이다. 교육을 양육과 동일시할 때, 인간을 억압하고 현실에 만족하게 하는 현실에 대한 저항은 불가능하다는 것이다. 프레이리는 이런 교사주도의 일방적 은행저축식 교육이나 소위 '양육'에서 볼 수 있는 독재와 현상 유지를 비판하면서 종래의 교사-학생의 수직 구조가 아닌 교사-학생의 수평구조를 주장한다.

교사는 학생이 자신이 살고 있는 세계의 모순을 제대로 봄으로써 사실의 이면에 놓인 원인과 관계까지를 파악할 수 있는 비판적 주체로 만들 수 있는 능력이 있어야 한다. 그런데 이 능력은 배우는 사람인 학생과 가르치는 사람인 교사 사이에 수평적 구조가 형성될 때 가능하다. 그리고 이 수평적 구조의 성격은 민주적인 상호 작용, 즉 대화이며, 이것은 또한 수평적 구조의 기제로 작용한다.

프레이리의 교육에서 이 대화는 상당한 비중을 갖는다. 프레이리가 꿈꾸는 인간 해방의 사회, 인간자유의 사회, 인간행동의 사회는

---

3) Paulo Freire, *Teachers as Cultural Work: Letters to Those Who Dare Teach*, 교육문화연구회 역, 『프레이리의 교사론: 기꺼이 가르치려는 이들에게 보내는 편지』(서울: 아침이슬, 2000), 44-45.

바로 인간 존중과 자유 그리고 행동하는 과정에 의해 이루어져야 그 정당성을 확보하기 때문이다.

대화의 당사자들은 이 대화를 통해 서로 수평관계를 맺게 되고 비판의식4)을 갖게 된다. 이렇게 되기 위해서 대화는 사랑, 겸손, 희망, 신뢰 그리고 비판에 처하여야 한다.5) "대화에 임하는 당사자들이 이와 같은 사랑, 희망 및 상호 신뢰에 의해 연결될 때 그들은 어떤 것에 대한 비판적 탐구를 공동으로 할 수 있다."6) 프레이리는 대화의 이와 같은 성격을 나중에 교사의 자질로 전환시켜 재언급하고 있다.7)

교사가 갖추어야 할 첫 번째 자질은 겸손이다. "겸손은, 모든 것을 아는 사람도 없고, 아무것도 모르는 사람도 없다는 명백한 진리를 이해하게 해 준다. 겸손하지 않으면, 자신보다 능력이 낮다고 판단되는 사람들에게 존경심을 가지고 그들의 말을 들어주기는 매우 어려울 것이다." 교사와 학생 사이의 인간적이고 민주적인 상호 소통을 강조하는 그는 겸손에 이어, 사랑이라는 평범하지만 본질적인 자질을 거론한다. 그러나 이때의 사랑은 무방비의 사랑이 아니라 '무장된 사랑'(armed love)이다. "이 사랑은 싸우고, 고발하고, 선언할 권리와 의무를 믿는 사람들의 치열한 사랑"이다. "무장된 사랑이 없다면, 쥐꼬리만 한 봉급과 교사들에 대한 홀대 등 정부의 멸시와 모든 부조리 속에서 살아남을 수 없다." 이 사랑을 떠받칠 수 있는 자질로 프레이리가 꼽는 것이 용기다. 용기는 두려움이 없는 상태라기보다

---

4) 이 말을 비판을 위한 비판, 즉 투정으로 생각해서는 안 된다. 여기서의 비판은 자신을 포함한 현실에 대한 객관적 종합적 인식이고, 더 나아가서 현실계획을 하는 행동까지를 포함한다.

5) 이에 대해서는 Freire, *The Pedagogy of the Oppressed*, 75 – 82를 참조하라.

6) Paulo Freire, *Education for Critical Consciousness*, 채광석 역, 『교육과 의식화』(서울: 중원문화, 1978), 79.

7) Freire, *Teachers as Cultural Work*.

는 두려움을 껴안고 그것을 이겨 낸 상태의 마음이다. 따라서 "두려움 없는 용기는 있을 수 없다." 관용도 그가 지목하는 자질 가운데 하나다. "관용은 우리로 하여금 서로 다른 것에서 배우고 서로 다른 것을 존중하도록 가르친다. 관용이 없으면 어떤 진지한 교육활동도 불가능하다."

2. 현실적 실천교육

프레이리의 교육은 현실로부터 시작된다. 이것을 흔히 '프락시스'(praxis)라고 말하는데 그리고 프락시스를 흔히 이론과 실천의 변증법적 관계라고 말하는데 이것은 오해가 아닐 수 없다. 프레이리의 프락시스를 말할 때 이론과 실천이라고 하느냐, 실천과 이론이라고 하느냐는 굉장한 차이이다. 프레이리가 말하는 프락시스는 실천과 이론의 순서이고 이론이라는 것도 이론이라기보다 행동해 보니까 그게 아니더라는 깨달음이지 무슨 정연한 논리가 아니다.

프레이리가 말하는 교육은 실천 지향적이다. 이 말은 교육은 현장의 학습자들의 상황에서부터 시작해서 현실의 문제를 직접 뛰어들어 해결하게 하는 것으로 끝나야 한다는 뜻이다.

프레이리의 이런 교육관 역시 책상머리에 앉아서 두뇌운동에 의해 산출된 것이 아니라 현실 경험으로부터 나온 것이다. 그는 어렸을 때 농촌 어린이들, 도시의 청소년들, 공장노동자들의 아이들과 함께 지냈는데, 그들과 함께 놀면서 그들이 자기와는 다른 사고방식과 표현방법을 가지고 있다는 사실을 알게 되었다.[8] 그래서 프레이리는

---

8) Paulo Freire and Frei Betto, *Essa Escola Chamada Vida*, 김종민 역, 『인생이 학교다: 해방

'교육이 해야 할 일은 민중 자신의 언어를 계발하도록 하는 것'이라는 진리를 깨닫는다. 그 후 사업근로자를 위한 봉사활동에서 겪은 여러 가지 경험들을 통해 그는 두 가지 사실을 배웠다.

> "하나는 근로자들과 대화를 해야 한다는 사실이었으며 또 하나는 근로자들의 사고방식을 이해하게 된 것이다. 그들의 사고방식과 언어를 알게 되었으며…… 이러한 현실체험 때문에 그 후부터 나는 현실에 기초를 둔 대중 교육자가 된 것이다. 이 일로 해서 나는 무엇보다 먼저 현실을 알게 되었으며, 그 후로는 한 번도 현실에서 눈을 돌린 일이 없으며, 항상 현실에 기초를 두고 생각해야 한다는 것을 배웠다. 현실에 기초를 두고 생각한다는 것은 단순히 현실을 개선하고 보다 인간적인 미래를 창출하기 위한 효과적인 방법일 뿐 아니라 올바른 사고방식을 배우기 위한 첩경임을 알게 되었다."[9]

교육의도의 구체화 또는 교육의 종합예술이라고 할 수 있는 교재에도 현실 감각의 결핍은 여실히 드러난다. 프레이리가 문맹자를 위한 문자교육교재라고 해서 보았던 책에는 "보통 평화스럽고 잘 장식된 예쁘고 아담한 집들이나, 미소 짓고 있는 잘생긴 부부(보통 금발인), 뽀얀 얼굴의 아이들이 훌륭한 아침을 먹은 뒤 산뜻한 가방을 둘러메고 부모들에게 손을 흔들며 학교 가는 모습 따위의 삽화가 등장하고"[10] "날개는 새의 것이다.", "에바는 포도를 보았다.", "수탉이 운다.", "까르링요의 아버지의 이름은 안또니오다. 까르링요는 착하고, 품행이 단정하고, 공부를 열심히 하는 소년이다.", "망치로 못을 박을 때, 당신의 손가락을 찧지 않도록 조심하시오." 등의 내용이 나

신학의 구체적 실천을 위한 대담』(서울: 분도출판사, 1988), 12.

9) Freire and Betto, *Essa Escola Chamada Vida*, 13 – 14. 그 밖의 현실에 대한 경험은 15 – 8 참조.

10) Paulo Freire, *The Politics of Education*, 한준상 역, 『교육과 정치의식: 문화, 권력 그리고 해방』(서울: 학민사, 1986).

온다는 것이다.11) 프레이리는 이와 같은 교재가 도시나 농촌에서 온 종일 일만 하는 사람들이나 실업자들에게 무슨 의미를 줄 수 있단 말인가 하고 한탄한다.12)

현실과 무관한 교육은 인간을 현실로부터 점점 더 소외시킬 뿐이다. 그리고 현실은 나와 무관한 것으로 생각하게 하며, 현실에 반응을 보이는 일은 자기로서는 할 수 없는 일이고, 더욱이 그것은 죄라고 생각하게 된다. 그러므로 현실을 외면한 교육은 인간을 소외시키는 교육일 뿐만 아니라 인간 경시의 교육이다.

반면에 현실에서 시작하는 교육은 현실을 파악하게 할 뿐만 아니라 잠들어 있던 자아의식을 깨워 현실에 참여토록 한다. 예를 들어13) 자동차 공장의 노동자들에게 "여러분이 생산하고 있는 것은 무엇입니까?"라고 묻는다면 그들은 "자동차"라고 대답할 것이다. 그러면 "여러분은 무엇을 가지고 있습니까?"라고 물으면 "자전거"라고 대답할 것이다. "그러면 왜 여러분은 자동차를 생산하면서 자전거를 갖고 있습니까?" 이런 질문들을 통해서 노동자들은 자본주의 사회의 흐름과 돈이 인간의 위치까지도 결정하는 자본주의의 치부까지도 의식하게 된다. 그리고 나 개인의 문제는 이처럼 사회의 전체 구조와 맞물려 있기 때문에 사회의 변혁이 없이는 개인의 변화도 가져올 수 없다는 의식에까지 이르게 된다.

물론 이 같은 예는 극단적일 수도 있다. 하지만 여기서 중요한 것은 현실에 대한 분명한 인식이 있어야 비판적 의식이 생기고 비판적 의식은 자연스럽게 행동으로 이어진다는 줄기 내용이다.

---

11) Paulo Freire, *Cultural Action for Freedom*, "문화적 행동으로서의 교육", 김쾌상 외 역, 『민중교육론』(서울: 한길사, 1979), 20 - 21.

12) Freire, *The Politics of Education*, 44.

13) Freire and Betto, *Essa Escola Chamada Vida*, 43 - 44.

그러나 실제로 비판적 의식에서 실천으로 이어지는 과정에는 학습자의 인간으로서의 자신에 대한 신뢰가 밑받침이 되어야 한다. 그 신뢰는 주로 인간은 주어진 상황을 그대로 받아들이는 동물과 달리 현실을 변화시켜 나간다는 점(프레이리는 문화창조라는 개념으로 설명한다), 그런 면에서 현실 개혁에의 참여는 인간의 본질에 가까운 것이다.14) 프레이리에게 현실 세계를 배운다는 것은 세계를 개혁하는 일과 동의어이다. 그러므로 프레이리에게 있어서 어떤 현실을 교육의 내용으로 선별하느냐는 무척 중요하다.

Ⅲ. 프레이리의 교육실천

프레이리가 문맹자교육을 어떻게 주체적으로 행했는지 알아보자. 그의 교육에 사용하는 자료는 생성어와 편찬물이다.15) 생성어란 학습 참여자들의 현실을 가장 잘 드러내는 말들 중에서 재조합을 통해 새로운 낱말을 생성시킬 수 있는 단어이다. 이 생성어들은 교육자의 영감으로부터가 아닌 함께 학습하는 그룹의 어휘조사로부터 나온 것이다. 이 조사는 해당 지역 주민들과의 비공식적인 접촉과정에서 이루어진다. 실존적 의미가 가장 큰 낱말들뿐만 아니라 그들 특유의 전형적인 말들, 그 그룹의 경험과 관계있는 낱말과 표현들도 뽑아낸다. 조사된 어휘들로부터 음소의 풍부성, 발음의 곤란성, 실용성 등을 고려하여 20개 내외의 단어를 택하게 된다. 이렇게 선택된 단어

---

14) 이에 대해서는 Freire, *Education for Critical Consciousness*, 85 – 106을 참조하라.

15) Freire, *Education for Critical Consciousness*, 72 – 75. 또한 그의 *Cultural Action for Freedom*, 42 – 44.

들 중의 하나를 Favela(빈민지구)라고 하자.

편찬물은 학습하고 있는 그룹의 전형적인 실존적 상황을 제시하는 그림이나 슬라이드, 포스터 등을 말한다. 이것을 통해 참석자들은 읽고 쓰는 것을 배울 뿐만 아니라 비판적인 의식을 형성하게 된다. 이 편찬물을 통해 학습자들에게 낯익은 지역적 상황들에서부터 국가적 문제들로 이어질 수 있는 것들을 다룰 수 있다.

앞의 생성어 Favela의 편찬물은 빈민지구의 객관적 현실을 보여 줄 것이다. 이것을 매개로 하여 그 빈민지구 현실의 이유와 원인을 탐구하게 되고 그런 가운데서 현실의 참모습을 보게 된다. 이러한 인지활동은 학습자들로 하여금 현실에 대한 단순한 견해표명의 단계를 넘어 비판적 인식을 갖도록 한다.

교육은 다음과 같이 진행된다.

① 먼저 편찬된 한 상황과 생성어가 함께 제시되고 그 다음에 그 상황에 내포돼 있는 문제들에 관해 토론을 벌인다.

② 도와주는 사람은 반드시 참석자들이 그 상황에 대한 토론을 마무리 지은 후에 가서 생성어에 대한 주의를 요청하고 그 낱말이 지칭하는 것을 떠올려 보도록 한다.

③ 일단 떠올려 보도록 하는 작업과 단어와 그 단어가 지칭하는 대상 간의 의미 연결이 이뤄진 다음에는 그 단어만 쓰인 슬라이드를 비춰 준다. FAVELA

④ 그런 연후에는 그 단어를 음절들로 분절한다. FA, VE, LA

⑤ 분절에 대한 인식이 이뤄진 다음 첫 번째 음절의 자음 F와 여러 모음들을 결합시켜 보여 준다. FA, FE, FI, FO, FU, 이렇게 해서 참석자들은 FA에 속하는 음소를 모두 알게 된다.

⑥ 두 번째 음절도 같다. VA, VE, VI, VO, VU

⑦ 세 번째도 같다. LA, LE, LI, LO, LU 음소들이 슬라이드를 통해서 제시될 때 참석자들은 처음에는 앞에서 본 음절들만을 인식한다. (FA, FE, FI, FO, FU) (VA, VE, VI, VO, VU) (LA, VE, LI, LO, LU)

참가자들이 생성어 FEVELA로부터 나온 FA를 알아볼 때, 도와주는 사람은 그들에게 FA와 FE, FI, FO, FU와 비교해 보라고 한다. 곧 그들은 FA와 나머지 것들 사이의 차이가 끝머리, 즉 A, E, O, U라는 것을 알게 된다. 바로 그 점 때문에 나머지 것들이 FA가 아님을 알게 된다. VE와 LA에 대해서도 똑같은 방법을 적용한다.

⑧ 가장 중요한 순간은 세 음소족을 한꺼번에 제시할 때이다.

FA FE FI FO FU

VA VE VI VO VU

LA LE LI LO LU

이것을 발견카드라고 하는데, 이것들을 여러 가지로 결합시켜 새로운 단어들을 만들어 내기 때문인 것 같다. 발음을 익히기 위해 한 번은 가로로, 한 번은 세로로 읽어 보도록 한다. 이렇게 되면 a, e, i, o, u라는 모음의 발음을 파악하게 된다. 그 다음으로 도와주는 사람은 참석자들에게 이것들을 결합시켜 낱말들을 만들어 보도록 시킨다. FAVO, FIVELA, LUVA, LI, VALE ……

두 번째 생성어를 배우고 난 뒤 참가자들은 첫 번째 생성어의 음절족과 두 번째 생성어의 음절족을 조합시켜 음절구성의 메커니즘을 더욱 확실히 익히게 된다. 따라서 5~6개의 생성어를 익히고 나면 간단한 문장을 쓸 수 있게 된다.

프레이리의 실제교육은 문자습득 교육이다. 그러나 단지 문자습득으로 끝나는 것이 아니라 문자와 관련된 상황까지를 총체적으로 배우게 되는 것이다. 그러므로 프레이리에게 있어서 글을 읽는다는 것은 세상을 읽는 것이 된다.[16]

Ⅳ. 프레이리 교육의 응용

프레이리 교육을 더 분명히 이해하기 위해서는 그것이 어떻게 응용될 수 있는지를 보고, 그 핵심을 생각해 보는 것이 유익할 것이다. 여기서의 응용의 예는 프레이리와 같은 시대, 같은 나라에서 그와 같은 사상을 가지고 그의 교육을 실천하려 했던 한 신부의 경험이다. 처음 두 가지는 감옥의 상황에서 죄수들을 대상으로 한 것이고 마지막 것은 대중교육에서의 경험이다.

첫째, 연극 활동이다. 이것은 계획된 역을 연극으로 하는 것이다. 죄수들은 가짜 범인, 경찰관, 검사, 수사관, 판사 등의 역을 맡게 되고 또 역을 바꾸어 가며 놀이를 하게 된다. 예를 들어, 살인범이 피살자의 역을 맡게 되었을 때, 그는 처음으로 자기의 범행에서 일정한 거리를 유지하게 되었다.[17] 그리고 자기에게 형을 선고해야 하는 판사의 역까지 맡게 되었을 때, 그는 자기 범행을 비로소 비판적으로 반성하게 되었다.

두 번째 것은 죄수들을 대상으로 한 고등학교 과정 설치였다.[18]

---

16) Freire and Betto, *Essa Escola Chamada Vida*, 23.

17) Freire and Betto, *Essa Escola Chamada Vida*, 67.

18) Freire and Betto, *Essa Escola Chamada Vida*, 70.

교사들은 학생들에게 어떤 것을 가르친 것이 아니라 오히려 학생들 사이에 자리를 잡고 학생들을 앞에 세웠다. 예를 든다면, 분자나 세포나 내연기관의 원리에 대해 가르치기 전에 먼저 학생들이 이 문제를 어떻게 이해하고 있으며 어느 정도 알고 있는지, 아는 것을 말해 보도록 하였다. 그리고 말로 설명하기에 앞서 실험부터 먼저 하였다.

이러한 방식의 교육은 그들의 의식에까지 영향을 미쳐 공부내용에 대해 말할망정 더 이상 그들의 과거 범행사실이나 앞으로의 범행 계획 따위에 관한 이야기를 하지 않게 되었다.

세 번째 예는, 80여 명의 농부를 대상으로 한 교육이었는데 그들에게 칼 에이치 마르크스(Karl H. Marx)의 정치경제 비판론 서설을 강의하게 된 것이다.19) 물론 그의 목표는 자본주의 체제 이해였다. 이 논문은 자본론의 결론을 종합해 놓은 것이기 때문에 무척 어려운 것이다. 이 신부는 맨 처음에 농부들에게 그것을 읽어 보도록 했는데, 그중에 용어 하나라도 이해한 사람은 한 사람도 없었다. 다음으로 그는 그들에게 이 논문을 설명해 주었는데, 모든 문장을 구체적으로 사례를 들어 이야기하는 식으로 다시 소개했다. 그런 다음에 이 논문을 다시 읽게 했더니 전보다 훨씬 더 잘 이해하게 되었다. 그리고 일단 공부가 끝난 후에 돈을 복사해서 은행가, 기업인, 대지주, 고용원, 실업가, 경찰, 법관 등의 역할을 맡겼다. 그리고 활동을 한 결과 연극 놀이의 끝에 가서는, 은행은 돈을 많이 벌었으며, 임금 노동자는 가난해졌고, 소매상인들은 파산하고 말았다.

이런 예들을 통해서 알 수 있는 것은 프레이리 교육의 핵심은 현실로부터 시작된다는 것이고 학습의 결과는 진행되는 중에 참여자들의 의식이 깬다는 것이다. 그래서 현실을 객관적으로 분명하게 파악

---

19) Freire and Betto, *Essa Escola Chamada Vida*, 106 – 107.

하게 되고 자기가 취할 행동을 결정하게 된다는 것이다.

Ⅴ. 나가는 글

필자는 지금까지 프레이리의 교육을 아주 간결하게 요점만 설명하였다. 우리는 이와 같은 프레이리의 교육으로부터 무엇을 배울 수 있을까.

그 전에 한 가지 짚고 넘어가야 할 것은 프레이리의 교육상황은 우리와 다르다는 것이다. KSCF(한국기독학생총연맹)에서 지적했듯이 문맹률이 80%인 브라질에서 문자해득교육을 통한 의식화가 필요했지만 우리나라의 경우 세계에서 가장 낮은 문맹률을 기록하고 있어 그 필요성의 유효기간이 지났다고 볼 수 있다. 그리고 남미와 한국의 사회·정치적인 상황은 판이하게 다르다. 한국의 70, 80년대는 경제개발로 인한 노동 착취와 독재정권의 인권 탄압이 자행되던 시대였으나 90년대 이후 민주화 운동의 결과로 나타난 민주주의 실현은 군사정권 등과 같은 정치체제에 적절할 의식화 교육의 효용성을 없이 하였다. 의식화 교육의 학습자였던 '민중'은 오늘날 '시민'으로 대체되었으며, 그들에게 의식화 교육은 더 이상 흥미를 끌지 못하는 추억거리에 지나지 않는다.

그러나 의식화 교육과 관련된 우리나라의 현실은 진정 그러한가. 나아가 오늘날 프레이리의 의식화 교육은 폐기처분 되어야 할 구시대의 유물인가. 『페다고지』를 탄생시켰던 1960～1970년대의 비타협적 투쟁열기와는 달리, 1990년대는 "마치 사회 안에 계급이 없어지기라도 한 것처럼 '실용적 담론'들이 넘쳐났"다. 프레이리는 지금 이 시대, '꿈과 유토피아가 현실 생활에 아무짝에도 쓸모없을 뿐'이라는 식의 담론에 맞서, '보수적이고 신자유주의적인 포스트모더니티'에 맞서, 아직도 의식화 교육의 필요성을 주장하고 있다.20) 신자유주의 무한경쟁 속에서 인간을 잃어 가는 작금에 오히려 우리에게 프레이리의 의식화 교육이 더 필요한 것은 아닐까.

그러나 우리는 여기서 의식화 교육의 용도 폐기 주장과 지속적인 필요성 주장 사이에서 재활용적 시각을 가져야 할 것이다. 의식화 교육의 인간 해방적 측면과 문제제기식 수업 방법의 장점은 인정하면서도 창조적 수용이 아닌 교조적 명령 체계에 대한 복종에 대해서는 단호히 비판해야 할 것이다. 프레이리의 교육은 우리에게 맞지 않고 부적합할 수 있다. 그렇다고 해서 우리가 그것을 전적으로 던져 버리기에는 아직도 우리의 교육현실은 프레이리가 30년 전에 말한 상황으로부터 한 치도 벗어난 것 같지 않은 상황이다. 여기서 우리는 프레이리의 이론이 아니라 그의 정신을 배워야 할 것이다. 우리가 프레이리에게 배워야 할 것은 방법론이 아니다. 그의 교육은 이론(theory)이 아니라 실천이기 때문이다.

그러므로 우리가 그의 방법론을 잘 이해하게 되었다고 해도 그에게서 배웠다고 할 수 없다. 차라리 인간을 해방시키는 관점에서 방식을 찾아낸다면 오히려 그것이 더 프레이리에게 가까울 것이다.

이 면에서 우리의 논의는 거꾸로 됐는지 모르겠다. 사실 프레이리가 그런 교육을 하게 된 동기는 인간이 해방된 사회, 평등한 사회, 자유로운 사회를 성취하기 위해서이다.21)

---

20) Paulo Freire, *Pedagogy of Hope: Reliving Pedagogy of the Oppressed*, 교육문화연구회 역, 『희망의 교육학: 프레이리의 삶과 페다고지』(서울: 아침이슬, 2002).

그래서 프레이리는 "목적이 없는 인간의 행동은 현실에의 적응일 수 있는지는 몰라도 프락시스가 아니다."22)라고까지 말한다. 우리는 무엇보다 이 면에서 먼저 프레이리에게서 배워야 할 것 같다. 나는 여기서 프레이리가 우리에게 던졌음 직한 질문을 함으로써 우리 교회가 무엇을 배울 수 있을지 생각해 보았다.

첫째, 우리의 교육은 변화를 추구하는 교육인가, 아니면 안정을 추구하는 교육인가, 꿈꾸는 교육인가, 잠든 교육인가?

둘째, 우리는 무엇을 교육하고 있는가? 소위 교회에서 사용되는 교재는 성서를 내용으로 하지만, 그것을 배우는 학습자의 상황에서가 아닌 그 교재를 작성하는 사람들의 머릿속의 상상에서 나온 것은 아닐까. 그리고 그 상상은 소위 인간의 사상이 만든 교회의 색깔이라는 이데올로기는 아닐까.23) 그래서 우리의 학생들은 내가 생각하고 말하고 싶고 하고 싶은 것이 아닌, 다른 사람을 대신하고 있지 않았는가.

> "너는 생각할 필요가 없다.
> 그가 네 대신 생각하니깐!
> 너는 볼 필요가 없다.
> 그가 네 대신 보니깐!
> 너는 말할 필요가 없다.
> 그가 네 대신 말하니깐!

---

21) 이것은 이루기 어려운 꿈이다. 그러나 프레이리는 자기는 '꿈이 없이 살아갈 수 없는 사람'이라고 했다. 그런 면에서 그는 몽상가이다. Freire and Betto, *Essa Escola Chamada Vida*, 132.

22) Paulo Freire, *Cultural Action for Freedom*, 18.

23) 특히 우리의 신학이라는 것이 서구의 신학이라는 면에서 그렇다. 이것을 포함해서 기독교육, 특히 학문으로서의 기독교교육과 프레이리와의 관계는 김성재, "의식화와 탈학교 교육의 비교 연구: 비판적 기독교교육의 대안적 인식", 『분단현실과 기독교민중교육』 (서울: 한국신학연구소, 1988)을 참조.

너는 행동할 필요가 없다.

그가 네 대신 행동하니까."24)

셋째, 우리의 교육은 현실에 대한 기독교적 인식을 가능케 하는 교육인가. 즉 현실을 향해 열린 교육인가, 아니면 교회 안으로 닫힌 교육인가?25)

넷째, 그리하여 우리의 교육은 예언자적 성격을 회복할 것인가, 아니면 그것은 교육의 과제가 아니라고 회피할 것인가?

---

24) Freire, *Education for Critical Consciousness*, 81 – 82.

25) 이상에서 논의한 것 외의 종교적 통찰은 John Elias, *Conscientization and Deschooling*, 김성재 역, 『의식화와 탈학교』(서울: 사계절, 1984)를 참조할 것. 특히 구체적 프로그램에 관해서는 김성재 편, 『평화교육과 민중교육』(서울: 풀빛, 1990)을 참조.

제 2 부

기독교교육의 외연적 탐구

한국 기독교교육학 논의의 조건

한국 기독교교육학의 성격과 전망

교회의 사명 수행을 위한 교육목회: BCM 교육목회제도

건강한 교회성장을 위한 SMG 양육 체계: 기독교대한성결교회를 중심으로

한국 기독교평화교육의 반성과 방향

변화하는 세계와 신학교육의 내용

한국 기독교교육 관련 연구기관의 현황과 전망
            : 신학대학교 기독교교육연구소를 중심으로

한국 주요 교단의 교육조직에 대한 검토와 제언

한국 기독교교육학 논의의 조건

Ⅰ. 들어가는 글

왜 오늘 기독교교육학의 정체성인가? '기독교교육학이 무엇이냐?'를 묻는 물음은 논리적으로 모순이다. 기독교교육학이 무엇이냐고 하는 물음은, 이미 '기독교교육학'이라는 것이 있다는 것을 전제할 때에야 가능한 물음이지만, 그 물음 배후에는 암묵적으로 아직 기독교교육학이 무엇이라고 말하기는 어려운 상황, 즉 기독교교육학은 아직 없다는 전제가 깔려 있기 때문이다. 그러므로 '기독교교육학이 무엇이냐?'는 물음은 '이미'와 '아직' 사이에 있으며, 그래서 과정적 성격의 문제로 볼 수 있을 것이다. 사실 어느 학문이 이미 완성되었다면 그것은 더 이상 학문으로서 존재할 수 없다. 그와 같은 학문은 이제는 하나의 사실의 수집 덩어리로서 사장될 운명에 처할 수밖에 없을 것이다.

그러므로 이 글에서는 기독교교육학의 정체성이 없다고 보지 않으며, 그렇다고 완전히 형성되었다고 보지도 않는, 그 사이의, 즉 형성

중에 있다고 보는 입장에서 기독교교육학을 다룬다. 사실 기독교교육학의 정체성 문제는 기독교교육 학문공동체의 오래된 화두이다. 이 문제에 대해 여러 학자들이 여러 모양으로 의견들을 제시했으며, 그와 같은 견해들은 그 논의의 풍성함으로부터 기독교교육학의 정체성 형성에 도움이 되어 왔다. 그럼에도 불구하고 그와 같은 풍성한 견해들에도 불구하고 일면, 관점의 상이성들 때문에 공통된 논의의 장을 형성하기 어려웠다.

학문의 진보를 위한 기본적 조건들 중의 하나는 공통의 언어를 확보하는 일이다. 주장의 타당성은 차치하고서라도 만일 한 학문공동체 내에서 언제까지나 자신만의 관점을 주장하면서 다른 사람과의 대화에 무관심하거나 거부한다면 그 학문공동체는 '그들만의 학문' 집합체의 성격을 벗어날 수 없으며 아집과 독선 그리고 편견이 가득 찬 학문공동체라는 비난을 면하기 어려울 것이다. 또한 그와 같은 학문공동체는 학문의 발전을 기약할 수도 없을 것이다.

따라서 여기서는 기독교교육학의 학문공동체가 아직까지는 여러 다양한 목소리들의 집합체일 뿐, 공통의 언어를 갖고 논의의 단계에까지 들어가지 못한 학문공동체라 생각하고, 우리가 무엇을 기반으로 함께 대화를 할 수 있을까 하는 문제를 나름대로 구상하여 제안하려고 한다. 이를 위해서 먼저 한국에서 논의된 여러 다양한 기독교교육학의 입장들에 대해서 비판적 개관을 한 뒤에, 그와 같은 입장들에서 공통적으로 결여된 점들이 무엇인지를 근거로 해서 기독교교육학 논의를 위한 한 마당을 제안하려고 한다.

이 글은 한국의 상황에서 기독교교육학에 한정하도록 한다. 그 이유는 대단히 단순한데, 기독교교육학은 기독교교육이라는 실천과 긴밀한 연관이 있어야 한다는 생각이고, 그럴 경우 한국에서의 기독교교육학은 어떤 방식으로든 한국에서의 기독교교육 실천과 관련이 있어야 하고 또 관련되어 있다고 보기 때문이다. 한편, 한국의 기독교교육학은 이미 충분히 외국의 기독교교육학을 근거로 논의하고 있기 때문에 구태여 외래 기독교교육이론을 더 이상 말할 필요는 없다고 본다. 우리의 기독교교육 현장에는 외국인과는 얼굴과 심성과 관점이 다른 우리나라 사람이 살고 있기 때문이다. 그러므로 이제까지 외래 이론을 보편적인 것으로 생각하여 특수한 우리에게 대입하는 것이 타당하다는 어처구니없는 식민주의적 사고방식이 용인되었다면, 반면에, 이 글은 구체적인 것으로부터 보편적인 것에로 나가는 학문 방식의 한 예가 될 수 있을 것이다.

Ⅱ. 한국에서의 기독교교육학 탐구 방식

한국에서 기독교교육학의 정체성에 대한 논의는 다른 주제들에 대한 논의의 기초가 된다는 의미에서 그 어떤 주제보다 선행되어야 하는 주제임에도 불구하고 다른 주제들보다 소홀하게 다루어졌다.[1] 한국에서의 기독교교육학의 정체성에 대한 논의는 문헌들을 통해 볼 때, 기독교교육학의 학문성에 대한 문제제기로부터[2] 한국적 기독교교육학을 위한 구상[3]에 이르기까지 다양하다. 그러나 크게 보면, 기

---

1) 연구자가 조사한 바에 의하면, 1960년부터 2000년 현재까지 40여 년 동안 26건에 불과하다. 그 내용에 대해서는 이하의 주들을 참고할 것.

2) 손승희, 『기독교교육학』(서울: 기독교방송, 1984), 31-36.

3) 이정근, "한국문화 안에서의 기독교교육의 한 연구: 한국문화의 정태성과 관련하여", 「신학사상」 17(서울: 한국신학연구소, 1977), 349-72; 노윤백, "한국에서의 기독교교육 정립을 위한 기초요인 연구", 「복음과 실천」 14(대전: 침례신학대학 출판부, 1991), 41-67.

독교교육학의 학문적 성격을 정립하려는 시도는 기독교교육학을 독
자적으로 구성하려는 시도, 신학적 학문으로 정립하려는 시도,4) 신
학과 사회과학 사이에 위치 지으려는 입장,5) 철학적으로 정립하려는
시도,6) 사회과학적으로 정립하려는 시도7) 등으로 나눌 수 있다. 그
것들을 학문적인 입장에서 나누면 신학, 철학, 사회과학적 입장이 된
다. 이것들이 기독교교육학의 학문적 성격을 어떻게 이해하고 있는
지 그런 주장을 편 대표적인 학자들을 통해 살펴본다.

---

4) 은준관, "서론", 『교육신학: 기독교교육의 이론적 근거』(서울: 대한기독교서회, 1976), 11 –
   19; 은준관, "기독교교육의 신학적 기초", 오인탁 외 편, 『기독교교육론』(서울: 대한기독
   교교육협회, 1984), 25 – 51; 고용수, "교회교육의 신학적 기초", 「기독교사상」 29:7,
   325(1985 · 7), 23 – 37; 고용수, "기독교교육의 신학적 접근이론: 1950년대 Neo –
   Orthodoxism에 기초한 교육 사상", 「교회와 신학」 20(서울: 장로회신학대학, 1988), 301 –
   35; 임창복, "기독교교육과 신학", 「교회와 신학」 18(서울: 장로회신학대학, 1986), 232 –
   59; 임창복, "기독교교육과 신학의 관계", 「기독교사상」 30:3, 331(1986), 71 – 81; 정웅
   섭, "신학과 교육 사이", 「신학사상」 20(서울: 한국신학연구소, 1978 봄), 41 – 52; 정웅
   섭, "기독교교육에 대한 신학적 조명: 교회교육의 장을 중심으로", 「신학연구」 32(오산:
   한신대학 신학부, 1991), 83 – 103; 최성찬, "교육의 종교신학적인 해석", 「계명신학」 5
   (대구: 계명대학교 신학연구소, 1990), 1 – 27; 최성찬, "신학이 기독교교육의 학문적 기
   초가 되는 이유", 「기독교교육 논총」 3(한국기독교교육학회, 1998), 259 – 90; 강용원,
   "기독교교육학의 성격과 구조", 「논문집」 12(부산: 고신대학교, 1984), 29 – 69; 강용원,
   "기독교교육의 사회과학적 접근에 대한 비판적 연구: 논평", 「성경과 신학」 21(서울: 도
   서출판 햇불, 1997), 205 – 12.

5) 강희천, "기독교교육학의 학문적 성격", 『기독교교육사상』(서울: 연세대학교 출판부, 1991),
   1 – 30.

6) 오인탁, "기독교교육철학", 오인탁 외 편, 『기독교교육론』(서울: 대한기독교교육협회, 1984),
   53 – 72; 한숭홍, "기독교교육철학에 관한 소고", 「신학춘추」(1981. 8); 한숭홍, "기독교
   교육학의 철학적 이론형성", 「교회와 신학」 14(서울: 장로회신학대학, 1982), 253 – 75;
   한숭홍, "기독교교육철학이란 무엇인가?", 「신학사상」 38(서울: 한국신학연구소, 1982 · 가
   을), 565 – 95; 한숭홍, "기독교교육철학이란 무엇인가?", 오인탁 외 편, 『기독교교육론』
   증보신판(서울: 대한기독교교육협회, 1984), 455 – 93; 한숭홍, "철학과 사상으로서의 기
   독교교육학", 『기독교교육철학사상』(서울: 장로회신학대학교 출판부, 1991), 157 – 254.

7) 이숙경, "기독교교육의 사회과학적 접근에 대한 비판적 연구", 「성경과 신학」 21(1997),
   165 – 204; 송순재, "기독교교육학의 학문적 가능성", 『종교다원주의와 한국적 신학: 변
   선환 학장 은퇴기념 논문집』(천안: 한국신학연구소, 1992), 441 – 71.

1. 신학적 접근

한국에서 기독교교육학에 대한 신학적 접근은 기독교교육학을 신학에 의해 어떤 방식으로 구성하려 하느냐에 따라 크게 두 가지로 나눌 수 있다. 하나는 기독교교육학이 신학적으로 무엇을 의미하는지를 탐구하려는 입장이다. 다른 하나는 특정한 신학의 입장을 기독교교육학에 반영하려는 입장이다.

첫 번째 입장은 은준관으로 대표된다. 은준관은 기독교교육을 교회의 의도적 커뮤니케이션 과정 속에서 일어나는 사건으로 보고, 그에 대한 신학적 해석을 가하는 것이 기독교교육학이라고 본다.[8] 한편 기독교교육을 기독교와 교육의 합성어로 봄으로써 교회의 현장을 누락시키거나 약화시킨다. 어쨌든 기독교교육을 기독교와 교육의 합성어로 볼 때, 기독교는 복음으로 교육의 내용이 되며, 교육은 복음의 전달방법으로 본다. 기독교를 복음이라고 했을 때의 그 복음은 계시적이고 신앙 경험적인 내용 전체를 포함한다. 기독교교육학은 이 복음과 교육의 관계 양상을 탐구하는 것으로 본다.[9]

기독교교육학을 복음과 교육의 관계 양상에 대해 탐구하는 학문이라고 할 때,[10] 무엇에 의해 어떻게 탐구해야 하는가? 그것이 바로 기독교교육학의 정체일 것이다. 여기서 은준관은 복음과 교육의 경계선에 속할 능력이 없는 듯하다. 은준관이 선호하는 탐구 방식은 문자적 의미의 변증법인데, 실상은 복음과 교육 사이에서 변증법은

---

8) 이 외에 신학과 기독교교육학의 관계에는 교육이라는 문화행위와 경험이 신학의 내용까지도 결정한다는 '교육 → 신학'의 입장과 신학과 교육의 상호 작용을 뜻하는 '신학 ↔ 교육'의 입장이 있다.

9) 은준관, 『교육신학』, 15.

10) 은준관, "기독교교육의 신학적 기초", 25 - 26.

활약을 하지 못한다. 어떤 이유에서인지는 몰라도 은준관은 복음과 교육의 관계 양상의 실마리를 풀어 가는 데, 신학을 사용하며, 그렇게 함으로써 복음 편으로 경도된다. 그리고 변증법 역시 실마리가 되는 신학의 내용 해설에 주로 이용된다. 그렇게 됨으로써 복음과 교육의 변증법적 탐구라는 본래의 의도를 상실하고, 기독교교육학은 신학적 자원들을 교육적으로 재구성하고, 인간이해, 교육목적, 교육방법, 교육현장을 그 안에서 정리해 내는 것이 된다. 이처럼 기독교교육학은 신학을 교육화하는 것이 돼 버린다. 그래서 기독교교육학은 결정적으로 그의 말대로 '응용신학'이 된다.11) 이럴 경우 기독교교육학은 신학의 추이를 따라 교육적으로 소개하는 중개상의 역할을 하는 학문이 될 것이다.

은준관이 기독교교육학을 주로 조직신학적 맥락에서 나름대로 정리하려고 했다면, 기독교교육학을 실천신학의 문맥에서 논의하려는 움직임들도 있다. 이 같은 입장은 기독교교육학이 실천신학과 유사하다는 점에서 최근의 실천신학의 논의들을 기독교교육학에 수용하려는 것이다.12)

---

11) 은준관, "기독교교육의 신학적 기초", 25.

12) 예를 들어 박봉수가 그런 경우이다. 박봉수는 그의 박사학위논문에서 기독교교육과 실천신학의 유사성에 근거해서 기독교교육학의 실천신학적 수용을 정당화하려고 한다(박봉수, 「기독교교육의 새로운 패러다임 형성을 위한 한 연구: 최근의 실천신학 논의를 중심으로」 박사학위논문[서울: 장로회신학대학교 대학원, 1994]). 그러나 이 같은 자세는 기독교교육학이 이미 실천신학의 영역에서 품기가 버겁고 실천신학으로는 해결될 수 없는 문제들 때문에 독립해 나왔다는 아주 상식적 사실을 억지로 외면하고 있는 것으로 보인다. 만일 이와 같은 입장이라면 기독교교육학은 실천신학 안에 그대로 안주할 때 실천신학으로부터 더 많은 수혜를 받을 수 있을 것이라고 말하는 바와 진배없다. 박봉수가 실천신학으로부터 수혜를 받으려는 입장이라면, 김현숙은 진일보하여 기독교교육학을 실천신학으로 보고 그에 따라 기독교교육학을 정립하려고 한다. 김현숙은 최근의 논문에서 실천신학의 발전과 성격을 논의한 후에 기독교교육학이 실천신학의 경향을 무조건 추종해서는 안 된다고 말한다. 이는 기독교교육학이 마치 실천신학인 것처럼 기정사실화하여 말하는 것이다(김현숙, "실천신학의 연구방법론", 「기독교교육정보」 1[한국기독교교육정보학회, 2000], 131 – 56).

이들에 의하면, 실천신학은 전통적으로 그 탐구 영역을 성직자의 사역을 중심으로, 그 학문적 성격을 이론신학을 응용하는 분야라는 데서 찾았다. 그런데 이와 같은 응용신학적 패러다임으로는 현대 세계의 변화에 대응을 할 수 없다는 인식하에[13] 이제 실천신학은 적절한 기독교적 행동 양식(orthopraxis)을 추구하는 맥락에서 성서·이론 신학과 창조적인 긴장관계 가운데 있어야 한다는 것이다. 그런데 기독교교육학 역시 실천신학이 갖고 있는 동일한 문제를 갖고 있기 때문에 실천신학의 새로운 경향으로부터 배울 수 있다는 것이다.

기독교교육학을 실천신학으로 보려는 입장의 근거는 첫째, 기독교교육학과 실천신학의 핵심적 내용과 이용하는 방법론 차원의 유사성이다. 내용과 방법의 유사성은 타 학문과의 관계에서 유동적이다. 이런 주장은 만일 기독교교육학이 실천신학 외에 다른 학문의 내용과 방법적 유사성을 갖고 있다는 것이 발견된다면 기독교교육학은 다시 그 학문이 될 수도 있다는 것이다. 내용이나 방법의 유사성은 학문성과 구별되어야 한다. 둘째, 기독교교육학을 실천신학의 입장에서 보려는 입장은 기독교교육학이 신학의 검토를 받는 것 이상으로 교회적 실천의 맥락을 중요시하기 때문이라고 한다. 그런데 기독교교육학은 이미 교회적 실천의 맥락을 고려하고 있다. 그러므로 기독교교육학이 구태여 실천신학일 필요는 없다. 오히려 실천신학은 신학적 이론을 교회적 실천으로 번역하려는 노력이라는 면에서 교육적이

강용원은 슐라이엘마허 등에 근거하여 신학 자체를 실천신학으로 보면서 기독교교육학이 이 실천신학으로서의 신학의 성격을 회복시키는 데 기여할 수 있을 것으로 본다. 따라서 기독교교육학은 신학 행위가 되며, 기독교교육학의 정체성은 바로 이와 같은 노력 속에서 찾아야 한다고 본다(강용원, "기독교교육과 신학", 총신대학교 기독교교육연구소 강좌 [2003]).

13) Lewis Mudge and James Polding, ed., *Formation and Reflection*(Philadelphia: Fortress, 1987), xⅷ - xxⅵ.

라고 할 수 있다.

기독교교육학을 신학에 의해 구성하려는 다른 하나의 입장은 특정한 신학적 내용을 기독교교육학에 반영하려는 입장이다. 이 입장은 다시 크게 두 가지로 나누어 볼 수 있는데, 하나는 위로부터의 입장이고, 다른 하나는 아래로부터의 입장이다. 기독교교육학에 특정한 신학을 위로부터 부여하려는 입장은 복음주의에서 볼 수 있다. 예를 들어, 김득룡은 기독교교육의 원천을 하나님과 하나님의 말씀인 성경에 두고 있다. 그런데 그 성경이라는 것이 그에 대한 해석이라고 할 수 있는 신학과 깊이 관련되며, 그래서 성경이 거의 신학과 동일시된다는 점이다. 그래서 기독교교육의 원천은 성경이지만 신학을 떠나서는 존재할 수 없게 된다.14) 신학의 내용을 충분히 습득하지 않고서는 교육의 방향, 내용 그리고 방법이 진리에 부합할 수 없기 때문이라고 한다.15) 그래서 결국 그의 기독교교육학은 성경에 근거하지만, 사실은 해석된 성경, 즉 개혁신학에 근거하고 있다.16) 한편, 복음주의자들에게 신학은 교리와 동일시되기도 하기 때문에, 기독교교육학은 학문으로서의 정체성을 정립하지 못하고 위에서 주어진 교리와 신학에 대한 단순한 실천 행위가 될 수 있다.

그러다 보니 교리와 신학이 기독교교육의 방법론까지 마련해 주지 못하는 역부족에서 자연스럽게 방법론 영역에서는 일반교육에 의존하게 된다. 그래서 한춘기는 "……복음적 기독교교육학자들이 …… 교육이론을 정립할 때 복음주의 신학에 근거"해야 한다고 하면서, "교육이론이 주가 되고 신학이 종이 되는 것도 아니고, 신학이 주가

---

14) 김득룡, "기독교교육철학의 원천", 「신학지남」 32:1(서울: 신학지남사, 1965), 31 - 45.
15) 김득룡, 『기독교교육학 원론』(서울: 총신대출판부, 1976), 196.
16) 한춘기, "김득룡의 기독교교육관", 「기독교교육논총3」(한국기독교교육학회, 1998), 23 - 24.

되고 교육이 종이 되는 것이 아니라, 교육이론과 신학이 화학적 반응처럼 융합한 기독교교육이 되어야 한다."[17]고 말한다. 우선 복음주의 기독교교육학은 복음주의가 우선되어야 하는 당위성을 가짐에도 교육이론과의 지위에서의 동등성을 허락하는 것은[18] 논리적으로도 맞지 않는다. 오히려 복음주의 기독교교육학은 복음주의라는 신학에의 천착을 통해 새로운 교육이론 – 그것은 대단히 성경적일 수 있을 것이다 – 을 창출해 낼 때 학문적 공헌을 할 수 있을 것이다. 일례로 복음주의의 특성을 보다 간단하게 성경, 회심 그리고 전도라고 한다면, '전도'는 기독교교육에서 소외된 영역이지만 교육현장에서는 외면할 수 없는 비중 있는 문제인데, 이 문제에 대해 복음주의 기독교교육학은 교육적 정당성과 방법론까지 부여할 수 있는 역량이 있다고 보인다. 한 걸음 더 나아가, 복음주의 기독교교육학은 자신이 가진 장점, 즉 성경의 권위에 대한 장점을 충분히 살리지 못하고 있다.[19] 교리적 신학이 아닌 성경의 자원으로부터 일반교육학마저 괄호 안에 넣고 기독교교육학을 구상할 수 있다면 그야말로 성경적이고, 참신한 기독교교육학의 탄생이 가능할 것이다.

특정한 신학적 내용을 기독교교육학에 반영하려는 두 번째 입장, 즉 아래로부터의 입장은 소위 자유주의에서 볼 수 있다. 문동환은 민중신학의 관점에서, 현실의 문맥으로부터 기독교교육학을 구상하려고 한다. 그의 관심은 보편적 이론이 아니라 지금 이 땅의 민중의

---

17) 한춘기, "복음주의 신학에 기초한 기독교교육 연구", 한국복음주의신학회 제2차 국제신학학술대회 발표논문집(2003. 10), 13.

18) 이 점은 아마 복음주의 기독교교육학이 종종 추상적이고 현학적으로 비칠 수가 있는데, 그와 같은 점을 극복하기 위한 방안이 아닌가 생각된다.

19) 이 외에 복음주의의 특성은 회심의 필요성, 예수 그리스도의 구속사역 그리고 개인의 경건을 강조한다. Robert W. Pazmiño, *Foundational Issues in Christian Education: An Introduction in Evangelical Perspective*, 2nd ed.(Grand Rapids, MI: Baker Books, 1997), 55 – 56.

삶이다. 문동환에게 기독교교육의 목적은 인간실현을 이루지 못하도록 방해하는 정치, 경제, 사회적인 구조악이 무엇인지 분석하고, 그것을 변혁하여 인간을 해방시키는 것이다.[20] 그래서 구체적으로 기독교교육의 목표는 인간 해방을 위해서 역사 속에서 일하시는 하나님의 사역에 사람들을 효과적으로 동참시키는 데 있다.[21] 그 일을 위한 전략은 민중들로 하여금 자신들의 억압 상황을 깨닫게 하고, 해방의 프락시스를 통하여 그 억압구조를 변혁시킬 수 있도록 하는 것이다.[22] 문동환에게 기독교교육학은 민중 편애적이다. 그리고 인간을 구조 안에서만 파악하고 있다. 그럼으로써 기독교교육학을 일반 민중교육과 일치시키면서 그 차별성을 무너뜨린다.

기독교교육학을 신학적 입장에서 정립하려는 시도는 기독교교육학을 신학으로 만들거나 신학을 교육적 신학으로 만들어 기독교교육학을 신학으로 변형시킨다는 점에서 기독교교육학의 정체성을 수립하는 데는 한계가 있다.

2. 철학적 접근

기독교교육학의 정체성을 철학적 입장에서 파악하려는 시도가 있다. 철학적 입장은 철학의 사용 방식에 따라 크게 두 가지로 나눌 수 있다. 하나는 기존의 교육철학을 기독교교육학에 응용하는 입장이다. 다른 하나는 기독교교육학을 철학적 관점에서 검토하고 그것을 재구성하고자 하는 입장이다.

---

20) 문동환, 『인간해방과 기독교교육』(서울: 한신대출판부, 1979).

21) 문동환, 『교회교육 지침서』(서울: 한국기독교장로회, 1970), 104 - 105, 133 - 43.

22) 문동환, "행동신학과 신학교육: 민중신학적 입장에서", 「신학연구」 27(1986), 94 - 96.

첫 번째의 입장은 오인탁에 의해 대변된다. 오인탁은 기독교교육철학의 과제 영역 중의 하나는 기독교교육학을 하나의 독립과학으로서 조정하고 그 자명성을 확인하는 일로 본다.

> "여기에는 이론과 실천의 관계, 기독교교육학 안에서의 부분 과학들 상호간의 관계, 기독교교육학과 인접과학들과의 관계, 기독교교육의 개별 현상들에 대한 해명과 이를 일정한 논리적인 전체 안으로 짜 넣는 일 등이 포함된다. 말하자면 기독교교육학의 조직론(Systematik)의 과제이다."[23]

오인탁은 기독교교육학의 기본 바탕을 이룬다는 이유에서[24] 기독교교육학 방법론 중에서 이론과 실천의 관계에 관해 언급한다.[25] 기독교교육학에 있어서 이론과 실천의 문제는 일반적으로 크게 넷으로 묶어서 정리할 수 있다. 그것들은 규범적 – 연역적 논리, 정신과학적 – 해석학적 논리, 경험적 – 분석적 논리 그리고 변증법적 – 이념비판적 논리이다.[26] 오인탁은 이와 같은 이론과 실천의 관계를 한국교회의 교육과 부자연스럽게 연관시키고 있다.

이와 같은 오인탁의 논리는 무리이다. 그가 한국교회의 교육적 흐름과 연결시키고 있는 틀이 한국교회의 교육을 분석하기 위해 창안된 이론이 아니기 때문이다. 이론의 바탕은 따지고 들어가면 결국 제 나라의 성격과 역사를 반영하며, 구체적으로는 자국의 문제 해결을 위한 것이다. 학문의 이와 같은 근본 동기를 무시한 채 독일의 교육과 한국의 교회교육이 마치 동일한 역사적 체험을 공유하는 것

---

23) 오인탁, "기독교교육철학", 54. 기독교교육철학의 그 밖의 과제 영역으로는 신앙과 신학의 교육학적 재구성, 기독교교육의 기본 개념 설명, 기독교교육학 방법론 그리고 교육사상을 조직하는 과제 등이다. 오인탁, "기독교교육철학", 54 – 55.

24) 오인탁, "기독교교육철학", 55.

25) 오인탁, "기독교교육철학", 59 – 70.

26) 오인탁, "기독교교육철학", 61.

처럼 전제하는 것은 무리가 있다.27) 그렇다면 왜 20세기에 독일에서 생겨나 지금도 전개되고 있는 교육철학적 연구 동향들 중에서 중요한 행위정향적 교육학을 누락시키고 있는가.28)

기독교교육학의 학문성을 철학적 입장에서 정립하려는 또 다른 흐름은 한승홍에 의해 대표된다. 한승홍은 기독교교육철학의 과제 중의 하나인 학문성 정립이란 문제에 대해 과학철학적 측면29)과 구조적 측면30)에서 접근하고 있다. 첫째, 과학철학적 측면에서의 접근이다. 여기서 이론과 실천의 관계를 규명하는 것은 학문성 논의의 기초가 되기 때문에 그 내용은 이론과 실천의 관계를 중심으로 전개된다. 기독교교육학의 이론은 방법론적으로 탐구되기보다는, 이론과 실천의 관계를 설정하고 관계화하기 위한 측면에서 이해되는 이론이어야 한다.31) 이와 같은 관점에서 한승홍은 기독교교육학은 이론과 실천의 상호 의존성과 관계성을 통하여 학문성을 정립할 수 있다고 보았다.32)

구조적 측면에서 기독교교육학의 학문성은 신학과 교육학과의 관계의 양상을 규정해 주는 철학의 기능에 의하여 확보될 수 있다. 여기서 철학은 분과학문으로서가 아닌 기능으로서의 철학을 의미한다. 이 철학적 기능은 학문성을 정립시키는 데 유용한 도구로 사용될 수 있다. 예컨대 교육학은 교육 행위에 관한 철학함을 통해 학문성을 획득하였다는 것이다.33) 이렇게 볼 때 '기독교교육학의 학문성이란

---

27) 오인탁, "한국기독교교육학 연구사", 한국문화연구원 편, 『한국신학연구 50년』(서울: 혜안, 2003).

28) Christoph Wulf, *Theorien und Konzepte der Erziehungswissenschaft*, 정은해 역, 『해석학·경험론·비판론 사이에서의 교육학』(서울: 철학과현실사, 1999) 참조.

29) 한승홍, 『기독교교육철학사상』, 183 – 94.

30) 한승홍, 『기독교교육철학사상』, 195 – 208.

31) 한승홍, 『기독교교육철학사상』, 191.

32) 한승홍, 『기독교교육철학사상』, 191.

기독교교육학의 철학화를 통하여 가능'하다.34)

기독교교육학에 대한 철학함은 기독교(신학)와 교육에 대한 철학함이다. 이렇게 볼 때 기독교교육학은 성격상 내용으로서의 신학, 방법으로서의 교육학, 기능으로서의 철학이 삼위일체적으로 모여 구성된 학문이라 할 수 있다.35) 그리고 철학함의 소재를 신학의 내용에서 하나님(Gott), 인간(Mensch), 그리스도(Christus), 세계(Welt)로, 교육의 기능에서 만남(Begegnen), 의식화함(Bewußtseinwer‒den), 도야함(Bilden), 만듦(Machen)으로 그리고 철학의 기능에서 앎(Wissen), 개방함(Offenheit), 공존(Mitsein), 행함(Tun)으로 본다.36) 기독교교육학은 이 세 가지 구성요소들이 각각 제 기능을 발휘하면서 조합을 이루어 형성된다는 것이다.37)

한승홍이 주장하듯, 기독교교육학은 (하나님·인간·그리스도·세계)×(앎·개방함·공존·행함)×(만남·의식화함·도야함·만듦)＝64가지나 되는 다양한 유형으로 구성될 수 있을 것이다. 그리고 신학, 교육학, 철학의 주요 내용들을 상이한 관점에서 선정할 경우 더 많은 조합들이 가능할 것이고 그에 따라 더 많은 기독교교육학이 가능하게 될 것이다. 그러나 그 많은 기독교교육학은 몸통을 보여 주지 않는다. 수많은 기독교교육학의 풍성함은 보여 줄지 모르지만 그것들에 일관되는 본질은 볼 수 없다. 구태여 그것을 말한다면 신학, 교육학 그리고 철학의 절묘한 조화인가? 그렇다면 기독교교육학은 그 세 학문의 조합인가?

---

33) 한승홍, 『기독교교육철학사상』, 204.

34) 한승홍, 『기독교교육철학사상』, 208.

35) 한승홍, 『기독교교육철학사상』, 208.

36) 한승홍, 『기독교교육철학사상』, 197‒203.

37) 한승홍, 『기독교교육철학사상』, 207.

3. 사회과학적 접근

기독교교육학의 정체성 문제에 대해 사회과학적으로 접근하는 입장이 있다. 이 입장은 기독교교육학을 어느 학문을 중심으로 이해하느냐에 따라 종합학문적 입장과 교육학적 입장으로 나뉜다. 전자의 입장을 대표하는 사람은 강희천이다.[38] 강희천은 기독교교육학이 이제까지 신학의 응용학문이었지만 제 역할을 다하기 위해서는 종합학문이어야 한다고 말한다. 여기서 종합학문이란 기독교교육학을 염두에 둘 때, 인문과학이나 사회과학의 의미로 받아들일 수 있을 것이나 교육적인 성격 때문에 사회과학의 의미로 볼 수 있을 것이다. 기독교교육학을 사회과학적으로 보아야 하는 이유는 다음과 같다. 첫째, 기독교교육학은 그 성격상 어떤 행동 양식이 가장 올바른 기독교적 실천인지 밝혀야 한다는 것이다.[39] 그런데 이 일은 신학만으로는 충분하지 않다는 것이다. 신학적 내용이 지니는 현재적 의미와 그 의미에 근거한 기독교적인 행동양식을 구별해 내기 위해서는 현재라는 시대적·사회적 상황을 구체적으로 분석하는 데 도움을 주는 제반 학문들의 이론이나 가설을 고려해야 하기 때문이다. 둘째, 기독교교육학이 사회과학적이어야 할 이유는 학습자들로 하여금 다양한 삶의 형태와 행동양식 중 과연 어떠한 것이 그들이 수용하는 신앙고백적 내용과 일치하는지를 판별할 수 있도록 도와주며 또한 현재 사회의 구조적 악을 제거하여 결과적으로 개인적 차원과 사회적 차원에서의 구원을 함께 지향하는 삶을 실천하도록 촉진하는 것이 기독교교육의 본질적 기능이라면, 인간의 행동양식과 사회구조를 경험적

---

38) 강희천, "기독교교육학의 학문적 성격", 1 - 30.
39) 강희천, "기독교교육학의 학문적 성격", 8.

으로 분석하려 하는 인접학문과의 연계 속에서 기독교교육학이 연구되어야 함이 자명한 일이라는 것이다.[40] 셋째, 기독교교육학에 대해 사회과학적 접근이 필요한 이유는 방법 면에서이다. 기독교교육학은 '계시적 지식'을 그 주요 연구대상으로 삼고 있지만, 계속 변화되고 있는 시대적 상황과 사회적 구조를 정확히 인식하는 차원에서 기독교적 행동 양식이 구체적으로 재조명되어야 하는데, 그러기 위해서는 사회과학적 연구방법에 의존해야 한다는 것이다.[41]

기독교교육학의 정체성을 교육학 차원에서 언급하고 있는 이에 송순재가 있다. 그는 독일의 교육학을 들어 기독교교육학의 학문성에 대해 언급한다.[42] 기독교교육학의 학문적 가능성을 위한 실마리로서 독일의 교육학은 내용을 효과적으로 전달하기 위한 방법론적 과정의 차원을 넘어 고유한 목적과 구조를 가진 자율적인 학문으로 서기 위한 노력을 기울여 왔다는 것이다. 주로 1900년 이후의 독일교육학을 소개하면서 교육학으로부터 기독교교육학의 학문적 가능성을 탐색하는 송순재의 입장은 "기독교교육학을 학문적으로 근거 짓기 위해 필요한 것은 교육학적 문제의 지평을 보다 정당하고도 깊이 인식하는 것이다. 신학이 여기서 차지하는 위치는 전제되어 있고 또한 자명한 사실이기 때문에, 만일 신학의 정체성이 위태롭게 다루어지지 않는 한, 이것을 강조하는 것은 그리 의미가 없다."는 것이다.[43] 그래서 송순재는 교육학 안에서 기독교교육학적 주제들을 인식하고 발전시키는 것이 중요하다고 말한다.[44]

---

40) 강희천, "기독교교육학의 학문적 성격", 24.
41) 강희천, "기독교교육학의 학문적 성격", 25.
42) 송순재, "기독교교육학의 학문적 가능성", 441 – 47.
43) 송순재, "기독교교육학의 학문적 가능성", 468.
44) 송순재, "기독교교육학의 학문적 가능성", 469.

기독교교육학의 학문성을 교육학 안에서 위치 지을 수 있다는 근거는 교육학이 내용을 효과적으로 전달하기 위한 방법론적 과정의 차원을 넘어 고유한 목적과 구조를 가진 자율적인 학문으로 볼 수 있기 때문이라는 것이다. 그런데 교육학의 목적을 내면적, 인격적 삶의 차원이나 양심의 차원에서 설정한다 하더라도, 기독교교육학의 초월적 성격을 어떻게 담지할 수 있느냐가 문제가 된다. 기독교교육학의 목적은 여전히 신학의 내용적인 차원에 관한 문제이다. 구조 면에서도 기독교교육학의 초월성은 교육학과 본질적인 차이를 드러낸다. 뒤에서 보게 되겠지만 기독교교육학의 구조에 영향을 주는 신앙 등의 내용은 교육학의 구조로 담아낼 수 없기 때문이다.

　이상에서 기독교교육학의 학문성에 대한 세 가지 접근 방식, 신학적, 철학적, 사회과학적 접근 방식에 대해 살펴보았다. 기독교교육학을 이와 같은 관점에서 보게 되는 가장 큰 이유는 기독교교육학을 합성어로 이해하기 때문일 것이다. 즉 기독교교육학을 기독교와 교육이 합친(기독교＋교육) 것으로 이해하기 때문이다. 그럴 경우 자연히 그 두 합성어 가운데 어느 한쪽으로 치우칠 수 있다. 그러면 기독교가 의미하는 신학, 교육이 의미하는 교육학의 영향을 받게 되고 결국 기독교교육학은 다른 학문들 사이에서 그 학문성을 찾아야 하는 것으로 생각하게 된다.

　그래서일까. 한국에서의 기독교교육학에 대한 학문성 연구들은 신학과의 관련에서, 철학과의 관련에서, 다음으로는 교육학을 포함한 사회과학적 입장에서 이루어졌는데, 신학적 접근은 삶을 도외시했다는 면에서, 철학적 접근은 신학과 교육학의 관계 양상을 다양화시켜 여러 기독교교육학의 가능성을 열어 놓았다는 점에서 그리고 사회과학적 접근은 종교의 궁극적 의미에 대한 대안의 부재로 적절치 않다.

신학과 사회과학 둘 다의 고유성을 유지하는 관계 지음을 통한 기독교교육학의 정체성 추구는 그 관계의 방식의 긴장을 통해서만 설득력이 있을 것이다. 그럼에도 불구하고 학문적 정체성의 입장에서 볼 때, 신학이든 교육학이든, 신학과 제반 분과학문들과의 긴장적 관계 안에서든 이 같은 접근 방식들은 기독교교육학을 독자적인 학문으로 정립하려는 시도가 아닌, 다른 것과의 관계 속에서 그 정체성을 파악하고자 하는 데 문제가 있다. 어느 접근이든 이미 특정 분과학문 내에서의 논의이기 때문에 그 분과학문에 의존하게 되고, 결과적으로 그와 같은 접근 방식으로는 기독교교육학의 학문적 정체성을 수립할 수 없다.

4. 분과학문적 접근

기독교교육학의 학문적 성격을 규명하고자 하는 앞에서와 같은 노력들의 공통점은 기독교교육학을 타 학문에 의해서 정립하려고 시도한다는 점이다. 그와 같을 경우 앞에서 언급했듯이 기독교교육학은 타 학문적 사실로 환원된다는 난점이 있다. 더구나 앞에서와 같은 연구들은 기독교교육학의 학문적 형태를 구체적으로 제시하지 못하고, 문제제기의 수준에 그치고 있다. 구체적으로 기독교교육학의 학문적 성격이 무엇인지 그 윤곽을 제시하지 못하고 있다. 그러나 무엇보다 이러한 접근들의 문제점은 학문 자체에 대한 이해가 결여된 상태에서 논의되고 있다는 점이다.

학문의 정의와 학문성 판단의 기준에서 볼 때, 하나의 학문이 독자성을 인정받기 위해 필수적인 조건은 최소한 첫째, 독립된 연구

영역, 둘째, 독자적인 연구 목적, 셋째, 독자적인 연구방법을 갖추어
야 한다.45) 그런데 학문의 연구 목적은 같은 학문에 종사한다 하더
라도 각기 다를 수 있다. 즉 학문의 목적은 대단히 가치 개입적인
문제이기 때문에 그것이 학문의 필수조건은 되지 못한다. 학문의 탐
구 방법 역시 필수적인 학문의 조건이 되지는 못한다. 물론 학문사
를 보면, 독특한 분과학문적인 '사실'을 드러내기 위해 새로운 방법
론이 등장하는 것을 알 수 있다.46) 그럼에도 불구하고 오늘날 분과
학문들의 탐구 대상에 대한 사실들이 점차 복잡한 현상임이 드러나
면서 특정한 방법이 자신만의 방법이라고 주장하고 그 방법만을 고
집하기는 어려운 현실이 되었다. 그러므로 학문의 조건들이라고 언
급된 것들 중에서 가장 중요한 요건은 독자적인 탐구 영역으로 보인
다. 탐구 영역에 의해 탐구의 목적이 유출되며, 그 목적을 위해 적실
한 방법들이 사용될 수 있기 때문이다. 사실 분과학문은 고유한 탐
구 영역에 대한 묘사, 설명, 이해라고 볼 수 있다는 면에서 그 학문
분야의 지식체계는 탐구 영역으로부터 시작됨을 알 수 있다.

   종래의 기독교교육연구에서 탐구 대상에 대해서는 언급된 적이 있
다. 교수 - 학습이라든가, 종교심리 또는 교육과정 등이 탐구 대상으
로 거론되어 왔다. 그러나 이 같은 탐구 대상은 이미 타 학문에 의
해 규정된 탐구 대상이며 또한 타 학문에 의존하지 않고는 해명될
수 없는 영역이기 때문에 기독교교육학의 고유한 탐구 영역이 될 수
없었다.

---

45) 오만록, "교육학의 학문적 발전과정과 성격에 관한 고찰", 「논문집」 4(나주: 동신대학
   교, 1991), 4; Marc Belth, *Education as a Discipline*(Boston: Allyn and Bacon, 1965), 6 - 15.
46) 에밀 뒤르켐(Emile Durkheim)이 사회학의 접근 방법과 설명 방식으로 실증주의적 방법
   을, 페르디낭 드 소쉬르(Ferdinand de Saussure)는 실증주의와는 전혀 다른 인식방법인
   구조주의적인 방법을, 에드문트 후설(Edmund Husserl)이 철학의 고유한 방법으로 현상
   학적인 환원이라는 특이한 방법을 창안해 내기는 했다.

여기서는 그 탐구 영역을 '신앙을 가르치고 배우는 현상'이라고 가정한다. '신앙을 가르치고 배우는 현상'이 기독교교육학의 고유한 탐구 영역이 될 수 있는 이유는, 우선 신앙이 기독교교육과 일반교육을 나누는 분명한 기준이 되기 때문이다. 기독교교육과 일반교육은 신앙이라는 차원을 배제할 경우에 그 상이성을 입증할 도리가 없어진다. 기독교교육은 바로 이 신앙을 가르치고 배우는 현상이다. 이것을 신앙교육이라고 할 수 있을 것이다. 그런데 신앙교육에 대해 가질 수 있는 가장 큰 오해는 신앙을 일종의 교육 소재로 생각하는 일일 것이다. 즉 신앙과 교육을 분리해서 신앙교육을 신앙이라는 내용을 가르치는 방법으로서의 교육을 떠올릴 수 있다. 그런데 신앙과 교육은 그 각각을 개념적으로 구분하는 것은 가능할망정, 양자를 별개의 실체인 양 독립적으로 다루는 것은 곤란한 문제를 야기한다. 신앙교육을 신앙과 교육으로 분리해서 따로 이해한다면 신앙을 교육하는 것이 된다. 신앙과 교육은 따로 있는 것이 아니라 유기체적인 하나로 이해해야 한다.

학문의 탐구 영역은 '조직적 구조'(organizational structure)로 설명될 수 있다.47) 조직적 구조란 학문의 영역을 구분해 주는 것으로 타 학문과의 경계와 관계를 말해 준다. 어느 학문이든 타 학문과의 경계가 겹치지 않을 수는 없을 것이다. 그럼에도 불구하고 부수적인 영역으로부터 주된 연구 영역을 분리함으로써 자신의 고유한 영역을 소유해야 할 것이다. 어느 분과학문이 그 독자성을 인정받기 위해서는 다른 학문과의 유사성이 아니라 다른 학문과의 차별성을 지녀야 한다.

---

47) 이귀윤, "교육학의 학문적 성격에서 본 교육연구의 과제", 「논총: 교육학편」 50(서울: 이화여자대학교 한국문화연구원, 1986), 187 – 90.

그런데 탐구 영역은 어떻게 형성되는지 그 과정과 그것의 성격은 무엇인가? 학문의 고유한 탐구 영역(인식 대상)은 단지 그것이 있을 것이라고 예측하거나 있다고 주장하기 때문에 있는 것은 아니다. 그것은 인식됨으로써 입증되어야 한다. 그런데 인식대상은 어떻게 드러나는가? 어떤 현상이 의미 있는 모종의 형태로 드러난다는 것은 그것이 구조성을 띠기 때문이다. 여기서 '구조'는 '체계'라는 말로도 쓰일 수 있는데, 하나의 전체가 있고 구성요소가 있으며, 그 의미가 내부의 요소와 요소 혹은 요소와 전체의 관계에 의해서 자기 충족적으로 규정되는 어떤 것을 의미한다.

박종석은 현상학적 방법을 통하여 기독교교육학의 탐구 영역으로서 다음과 같은 신앙교육의 구조를 드러냈다.

가르침의 구조:　　청함　→　마련　→　알림　→　바람
　　　　　　　　　↕　　　　↕　　　　↕　　　　↕
배움의 구조:　　　나옴　→　처함　→　접함　→　바뀜
(가르침과 배움의 구조의 관계)

가르침의 구조는 교사와 관계되며, 배움의 구조는 학습자와 관계된다. 이 두 구조는 각각의 차원에서 단계적인데, 이 단계들은 서로 관계된다. 청함과 나옴, 마련과 처함, 알림과 접함, 바람과 바뀜의 단계들은 서로 상응한다. 이 상응하는 단계들은 하나가 없이 다른 것은 그 효과가 반감된다. 가르침의 구조와 배움의 구조가 서로 상합적이라는 면에서 가르침과 배움의 구조는 전체적으로 하나의 전체를 이룬다.

이로써 기독교교육학은 신앙을 가르침과 배움의 구조를 갖는 고유한 탐구 영역을 갖는 학문임을 주장하고 있다. 그런데 기독교교육학이 탐구 영역의 확보로 학문성을 획득했다고 하더라도 신앙교육의 세계에 대한 심층적인 탐구를 위해서는 타 학문을 배척할 수 없다. 다만 기독교교육학과 타 학문과의 관계 양상은 전과는 성격상 달라진다. 이제는 전과는 달리 독립적 지위에서 타 학문과 관계하게 되었기 때문이다. 즉 중심이 있는 응용이 가능하게 되었다는 것이다.

Ⅲ. 한국적 기독교교육학의 구상

기독교교육학의 정체성을 정립하고자 하는 과제에 당면하여 앞에서 살펴본 다양한 접근들은 과제 해결의 일면에 기여할 뿐 어느 것도 완전하지 못하다. 따라서 기독교교육학에 대한 또 다른 접근 방식을 제시하여 양적 보충을 하기보다는 앞에서 다룬 접근 방식들의 공통점으로부터 기독교교육학의 정체성 정립을 위한 공통의 조건들을 마련하는 것이 앞으로의 논의에 기여하게 될 것이다. 왜냐하면 기독교교육학의 정체성 정립을 위해서는 최소한 공통의 합의점이 필요하기 때문이다. 여기서는 그 같은 합의점을 이미 앞에서 논의한 내용들을 바탕으로 해서 네 가지로 제시한다. 이것들은 앞에서의 네 가지 접근 방식들 모두로부터 나온 통찰이지만 구태여 그 바탕을 대라고 한다면 신학적 접근으로부터 성서적 중심의 회복, 철학적 접근으로부터 이론적 한계의 극복, 사회과학적 접근으로부터 실천적 맥락에 대한 관심 그리고 분과학문적 접근으로부터 학문의 바탕으로서의 생활세계가 나왔다고 할 수 있다.

1. 성서적 중심의 회복

앞에서 검토했던 기독교교육학에 대한 다양한 접근들의 공통점들 중의 하나는 그것들이 모두 성경적 관점과는 무관하다는 것이다. 신학, 철학, 사회과학, 독립성은 있지만 성경은 없다. 이 같은 사실로부터 현대의 기독교교육학의 연구 추세는 대체로 성경에 구애됨이 없이 논의되고 있다는 것을 알 수 있다. 그런데 그래도 좋은가? 성경 없는 기독교교육학은 온전할 수 있는가? 성경은 기독교교육학의 정체성을 정립하는 데 하나의 척도는 될 수 없는가? 종래의 기독교교육학 연구는 본질에 대한 규정 없이 논의된다는 점에서 근거 없는 확신은 아닌가?

성경이 기독교교육학을 정립하는 과제에서 중심적인 위치를 회복해야 하는 이유는 적어도 세 가지이다. 첫째, 성경은 기독교교육학의 학문적 뿌리라는 것이다. 상식에 속하는 일이지만 신학은 이방 세계에 대해 기독교를 변증해야 할 필요성에서 생겨났다. 또 하나의 필요성은 교회의 신자들을 교육하기 위해서였다. 이와 같은 신학들은 하나님의 말씀을 자원과 소재로 하여 탄생하였다. 이와 같은 신학 중에 실천신학의 분야가 생기고 그로부터 기독교교육학이 독립되어 나왔다고 할 수 있다. 따라서 모든 신학의 뿌리는 성경이며, 그 역사가 일천한 기독교교육학은 말할 필요도 없다. 따라서 기독교교육학은 독립성을 주장하기 위해 태생을 부정해서는 안 된다. 이와 같은 차원에서 기독교교육학의 성경신학적 차원은 타 신학 분야에 비하여 상대적으로 약세를 면치 못하는 것 같다. 기독교교육학 관련 주제들에 대한 연구에 관심을 모을 때이다.

둘째, 기독교교육학에서 성경적 중심을 회복해야 하는 이유는 성경이 기독교교육의 사(史)적 근거가 되기 때문이다. 기독교교육은 성경으로부터 시작된다. 유대민족으로부터 시작하여 초대교회를 거쳐 내려온 기독교교육의 역사를 성경에서 찾을 수 있다. 그것이 없으면 기독교교육의 원형을 알 수 없다. 그렇기 때문에 타 신학의 도움을 받아서라도 성경 속의 기독교교육의 역사는 더욱 탐구될 필요가 있다. 현대의 기독교교육은 성경 속의 기독교교육으로 환원되어야 하며 성경 속의 기독교교육은 현대 기독교교육에 방향을 제시해야 한다. 기독교교육은 그 근본정신과 형태에서 성경 속의 기독교교육에로 수렴되어야 한다.

셋째, 기독교교육학에서 성경적 중심의 회복 필요성은 기독교교육학의 정체성에 대한 신선한 접근이 될 가능성이 잠재되어 있기 때문이다. 성경에 기독교교육이 어떻게 나타났느냐 하는 문제는 교육적 요소의 차원에서는 일부 연구가 되었다.[48] 그러나 그것들을 하나로 아우르는 통일성을 갖춘 성경적 기독교교육의 원리는 제시되지 못하고 있다. 앞에서 살펴본 분과학문적 접근의 일부로 성경의 엠마오 사건에 대한 연구가 있지만,[49] 이 또한 구조주의라는 틀에 의한 관점이기 때문에 순수한 성경적 기독교교육의 원리를 드러냈다고 보기는 어렵다.

기독교교육학의 정체성 성립은 사실상 불가능한 것은 아닌가 하는 의구심을 가질 수 있다. 왜냐하면 기독교교육학은 그 학문의 표준이나 중심을 어디에 두느냐에 따라 학문적 입장에서 차이를 보이기 때문이다. 이와 같은 난점을 극복하는 하나의 대안으로 오춘희는 성경

---

48) Herman H. Horne, *Teaching Techniques of Jesus*, 박영호 역, 『예수의 교육방법론』(서울: 기독교문서선교회, 1980), 205; 강용원, "기독교교육학의 성격과 구조", 29 - 70.

49) 박종석, "엠마오 사건에 나타난 기독교교육의 구조", 「한국기독교신학논총」 23(한국기독교학회, 2002), 245 - 65.

이 기독교교육학의 근본적인 기반이 되어야 한다고 말하는데, 이는 옳은 지적이다.[50] 나는 이 점을 충분히 인정하면서도, 성경 중심의 기독교교육학이 성경의 주요 주제들을 기독교교육적 관점에서 탐구하거나, 교육의 주제들을 성경적 차원에서 탐구하거나, 좀 더 현실적으로 교회학교의 목적이라고도 할 수 있는 영혼 구원을 위한 복음 전달과의 관련에서의 연구와 같은 내용 차원에서 한 걸음 더 나아가 이론 구성 자체가 성경적이어야 한다고 주장한다. 즉 성경 자체 안에 모종의 기독교교육의 원리가 발견되기를 기다리며 은밀하게 숨어 있지 않겠느냐는 것이다. 성경 안에서 기독교교육의 원리를 찾아낼 수 있다면 이미 기독교교육학의 정체성 정립 과제는 큰 걸음을 내디딘 바와 진배없을 것이다. 따라서 기독교교육학을 정립하려는 학문적 노력에서 성경을 제외시키거나 경시하는 자세는 막대한 가능성을 포기하는 것이다.

2. 이론적 성격의 개선

앞에서 살펴본 기독교교육학의 성격에 대한 입장들은 논리적으로 문제가 될 수 있다. 기존의 기독교교육에 대한 입장들은 이미 모종의 기독교교육학을 전제로 논의하고 있다는 점이다. 우선 기독교교육학을 타 학문과의 관계에서 파악하려고 하다 보니 타 학문의 관점에서 기독교교육학을 왜곡하여 그 정체성의 혼미 현상을 심화시키거나 또는 기독교교육학과 타 학문과의 관계 양상에 대한 서술 정도에

---

50) 오춘희, "교육학의 입장에서 본 기독교교육학: 학문적 성격을 중심으로", 총신대학교 기독교교육연구소 발표논문(2003), 5.

그치고 말게 된다. 기독교교육학에 대한 이와 같은 접근은 기독교교육학의 정체성이나 학문 발전을 위해서는 크게 도움이 되지 않는다. 왜냐하면 기독교교육학에 대한 이와 같은 연구 입장은 그것이 어떤 형태이든 이미 있는 또는 있다고 생각되는 기독교교육학의 모호한 실체를 전제로 하고 있기 때문이다.

이미 있는 실체에 대한 이질적 접근은 종종 규범적이 되기 쉽다. 기독교교육학에 대한 타 학문적 접근은 기존의 기독교교육학은 그대로 방치한 채 덧씌우기이거나 치장하기와 유사하다. 이와 같은 방식에 의해서는 기독교교육학은 물론 어느 학문도 발전을 기대하기 어렵다. 발전은 일종의 변화이다. 학문에서 변화는 내용에 대한 차원이지 형식에 대한 차원은 아닐 것이다. 하지만 변화를 위해서는 내용과 형식을 함께 고려할 필요가 있다. 내용의 질적 변화는 형식의 변화 없이는 성취되기 어렵다. 예를 들어 다음과 같은 9개의 점이 있다고 하자. 펜을 종이에서 떼지 말고 이 9개의 점을 4개의 직선으로 연결시키라는 것이 문제이다.

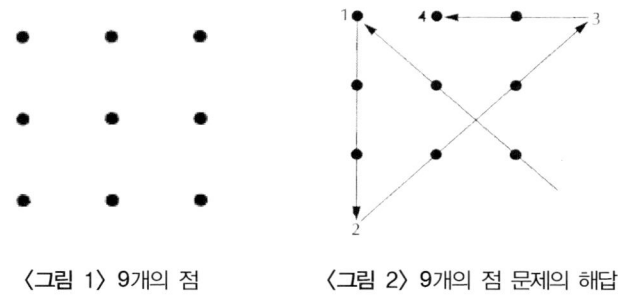

〈그림 1〉 9개의 점   〈그림 2〉 9개의 점 문제의 해답

문제를 해결할 수 없는 사람들은 점들이 하나의 사각형을 이루고 해답도 이 사각형 안에 들어 있어야 한다고 생각함으로써 처음 제시

된 문제 안에는 들어 있지 않은 조건을 자신에게 부과한다. 이들이 해답을 구하지 못하는 것은 문제 자체에 해답이 없는 것이 아니라, 이들이 선택한 해결방법 때문이다.51) 해답은 사각형의 범위를 넘어 설 때 나타난다. 점들을 잇는 선을 사각형의 바깥에까지 연장할 경우 이 문제는 간단히 해결된다.

이와 같은 유비로부터 기독교교육학에 대한 기존의 접근들은 거의 기독교교육학을 어떤 한계 내에서만 탐구해 왔기 때문에 그 한계를 넘어섰을 때 가능할 수 있는 변화된 기독교교육학을 볼 수 있는 기쁨을 누리지 못했다. 앞의 점에 관한 문제가 논리의 비약과 같은 방식을 취하여 해결되었다는 점에서, 기독교교육학의 문제 해결 방식은 기존의 접근 방식으로부터의 비약이 필요하다.52)

이를 위해서는 기독교교육학 문제의 본질이 무엇인지에 대한 규정 그리고 이와 같은 문제들의 해결책 성격에 대한 합의가 우선되어야 한다. 이때 앞의 점 문제가 시사하듯 논리 또는 이론의 성격을 새로 규정하여 기존의 이론에 대한 이론을 포함해 비약 또는 통찰까지 이론에 포함시키는 문제도 고려해야 할 것이다.53)

기독교교육학의 정체성 정립을 위한 사전 포석으로서의 이 글의 성격상 여기서 말하는 이론은 단일한 통일된 이론을 말하는 것은 아

---

51) Paul Watzlawick, John H. Weakland, and Richard Fisch, *Change: Principles of Problem Formation and Problem Resolution*, 박인철 역, 『변화: 역설과 심리요법』(서울: 동문선, 1995), 42 – 43.

52) James E. Loder, *The Transforming Moment: Understanding Convictional Experiences* (New York: Harper & Row Publishers, 1981), 29 – 31. 로더의 경우 인간 전인의 변화에 대해 말하는데, 이것은 학문의 경우에도 유효할 것이다.

53) 물론 통찰과 비약까지 설명되어야 한다고 주장할 수 있다. 그러나 설명될 수 없는 사상 (事象)들은 또 얼마나 많은가! 이 같은 문제들은 이미 마이클 폴라니(Michael Polanyi) 등에 의해 충분히 설명되었다. 그의 *The Tacit Dimension*(Garden City: Doubleday & Company, 1967) 참조.

니다. 사실 전체를 포괄하는 이론은 본질상 이데올로기가 아니고서는 불가능할 것이다. 따라서 나는 기독교교육학이 교차학문적 입장에서 연구될 수 있다고는 보지만 또 그러기를 바라지만, 그와 같은 입장은 모종의 기독교교육학을 전제로 한 것이기 때문에 우선은 기독교교육학이 무엇이냐에 대한 다양한 이론적 접근이 우선되어야 한다고 본다. 그래서 다양한 이론들에 의한 정체성 대 정체성의 충돌과 파괴와 재결합 등에 의한 정체성 형성의 과정이 지속되어야 할 것이다. 이론의 통일을 추구하던 근대성의 정신이 다양한 정신 활동의 만개를 방해하고 있었다는 사실을 인정한다면, 기독교교육학에 대한 탐구는 다양한 그리고 과감한, 위험을 배태한 이론적 모험이 필요하다. 후기 근대성의 시대에 하나의 기독교교육학을 주장하는 학문적 전제주의는 시대착오적인 행태가 될 것이기 때문이다.

한국에서 기독교교육학의 정체성 연구 중 이론적 차원에서 언급해야 할 필요가 있는 또 다른 내용은 이론의 성격이다. 기독교교육학의 이론이 설명적이거나 해석적일 수 있다. 그런데 무엇을 설명하고 해석하느냐가 문제이다. 만일 기독교교육학이 외래 이론에 대한 설명과 해석으로 일관한다면 기독교교육학의 외래 이론을 수입하는 창구의 역할은 충분히 할 수 있을지 모르지만 생산적 이론을 창출해 내지는 못할 것이다. 조동일은 이를 학문의 오퍼상이라고 비난하면서 우리 학문이 생산자의 역할을 할 것을 촉구하고 있다.[54] 이와 같은 사정의 저변에는 우리 이론에 대한 경시와 외래 이론에 대한 막연한 사대주의가 자리하고 있다. 조한혜정은 이를 지식인의 '식민성'이라고 비판했다. 따라서 한국에서의 기독교교육학의 정체성을 정립

---

54) 조동일, 『인문학문의 사명』(서울: 서울대학교출판부, 1997), 26 – 78; 조동일, 『우리 학문의 길』(서울: 지식산업사, 1993), 26 – 37 참조.

하기 위해서는 기독교교육학 학문공동체의 학문적 자세에 대한 자기 검토가 선결되어야 한다.

그런 다음에 우리 이론의 생산 작업이 뒤따라야 하는데, 그러기 위해서는 새로운 이론에 대한 인정과 격려가 지원되어야 한다. 이와 같은 수용적 분위기가 학문공동체 내에 형성되면서 새로운 이론들에 대한 학문적 논쟁이 빈번하게 일어나야 한다. 논쟁 없는 진리는 허구일 가능성이 높다. 한국 학문공동체의 고질적인 병폐 중의 하나는 학연과 지연으로 얽힌 인맥이 학문 연구에까지 영향을 미치며, 철저한 논리에 근거한 예리한 논쟁이 아닌 감정으로부터 비롯된 편견과 권력 행사 그리고 신상 비난 등이었다. 기독교교육학 연구의 경우 문제는 논쟁이 원칙을 벗어난다는 데 있는 것이 아니라 논쟁 자체가 없다는 것이다. 기독교교육학의 정체성 정립은 우리 이론을 생산해 내려는 노력과 이에 대한 수용적 분위기 그리고 건설적 논쟁을 통해 가능할 것이다.

3. 맥락의 본문화

앞에서 학자들을 중심으로 한 기독교교육학의 탐구의 다양한 입장에 대해 검토하는 중에 누락된 이 중에 정웅섭이 있다. 그가 한국의 기독교교육에 끼친 공헌은 누구 못지않게 크다고 할 수 있다. 불행히도 그는 내가 보기에 기독교교육학에 대한 자신의 입장을 소유하지 못함으로써 기독교교육학의 정체성 논의에서 배제되었다. 그런데 이것은 바른 판단인가? '학문'이라고 할 때, 우리는 그것을 지나치게 이론적 성격으로 간주하는 성향이 있다. 따라서 실천적 성격의 기독교교육연구를 해 온 정웅섭은 '학문적이지 않다'고 매도될 수 있다.

1980년대의 대표적 기독교교육학자 중의 한 사람인 정웅섭의 화두는 다음과 같은 것들이었다. "기독교교육의 근거는 무엇인가? 교회교육은 가능한가? 교육학이나 심리학적 이론이 기독교적으로 수용 가능한가?"[55] 그는 이런 문제들에 대해 시대의 추이를 따라가며 관심의 끈을 놓지 않았다. 그가 가장 공헌한 부분은 교육 현장에서 활약하고 있는 교사들의 교육적 실천을 실제적으로 도운 점이다.[56] 정웅섭은 기독교교육학을 보다 실천적인 것으로 생각하고 여러 학문들을 이용하여 이론의 실천화에 힘을 쏟았다고 할 수 있다.

기독교교육학의 실천성과 관련하여 제기할 수 있는 문제는 우선, 이제까지의 기독교교육학 학문공동체의 기독교교육학 탐구가 지나치게 이론적인 면에 편중되어 있지 않았느냐는 것이다. 물론 대부분의 기독교교육학 관련 연구논문들은 말미에 이론에의 실천적 적용에 대해 언급하지만 그것은 논문의 형식을 충족시키려는 예의에 불과하다는 인상이 짙다. 그 정도의 적용은 현장을 위해서 유효하지 않으며 더 심화시킬 필요가 있다. 긴 외래 이론에 비해 짧은 한국적 실천에 대한 언급은 이종 교배(hybrid)의 유익을 얻기 위해서는 자기비판과 더불어 책임성이 따라야 할 것이다. 여기서 본문(text)과 문맥(context)의 문제를 생각해 볼 필요가 있다.

기독교교육학의 일반적인 본문은 무엇이었는가? 그것의 대부분은 외래 이론이지 않았는가? 신학과 성서적 주제였다고 해도 마찬가지이다. 기독교교육학의 본문으로서 교회 현장의 실천은 상대적으로

---

55) 정웅섭, 『기독교교육의 이론과 실제』(서울: 대한기독교출판사, 1981), 417 – 19.

56) 윤웅진, "정웅섭의 삶과 학문세계", 「기독교교육논총」 3(한국기독교교육학회, 1998), 203 – 204.

통념상의 이론보다 상대적으로 외면당하고 경시되었다. 이 같은 현실은 실천을 문맥으로 보는 그릇된 인식 때문이다. 그래서 급기야는 기독교교육학은 이론과 실천의 균형을 도모하는 학문이라는 오명제가 자명한 진리처럼 인식되게 되었다. 이렇게 생각해 보자. 기독교교육학계가 선호하는 외래 이론은 어디서 온 것인가? 그것은 그들의 현장으로부터 왔다는 사실을 간과해서는 안 된다. 이 같은 사실은 기독교교육학의 이론이 현장으로부터 기인해야 한다는 강력한 요구를 담고 있다. 현장, 현실에 대한 신학적 견해의 상이성에도 불구하고 상이성은 상이성대로 인정하면서 현실에 대한 관찰과 해석 그리고 다시 적용으로 이어지는 이론의 순환고리가 회복되어야 한다. 어느 학문이 현실로부터 나오지 않았는가? 기독교교육학의 본문은 문맥이고 문맥은 본문의 고향이다. 기독교교육학이 학문공동체의 지적 유희가 되지 않으려면 무엇을 위한 기독교교육학인지를 다시 한 번 상기할 필요가 있을 것이다.

　기독교교육학의 정체성 탐구의 장에서 어느 학문에라도 의존할 수는 있을 것이다. 그리고 그와 같은 학문적 접근의 타당성은 이론의 논리적 타당성이 아니라 기독교교육학의 본문인 맥락을 고려하는 이론의 실천적 성격에 의해 판단되어야 한다고 본다. 이와 같은 기독교교육학에 대한 나의 입장은 학문의 목적이 무엇이냐는 근본적인 질문과 연관된 문제라고 볼 수 있겠지만,57) 내가 학문의 실용성에

---

57) 분과학문의 구체적 목표의 동기를 구성한다고 여겨지는 학문의 가치(목적)만 보더라도 크게 두 가지 입장이 대치되고 있다. 하나는 학문은 봉사적 가치가 있어야 한다는 것이고, 다른 하나는 학문은 그 자체로 가치가 있다는, 즉 내재적 가치를 주장한다. 역사적으로 학문의 내재성과 외재성의 문제는 아리스토텔레스의 지식의 분류에 연원을 두고 있다. 'theoria'와 'praxis'의 구분인데, 전자는 앎 자체를 목적으로 하는 학문과 활동을 의미하며, 후자는 비록 자유인의 생활 방식이기는 하지만 윤리적인 생활이나 정치적인 생활에 특징적으로 들어 있는 것을 다루는 다양한 활동을 의미하는 것이었다. 그런데 "활동 자체로서의 '정신'은 'praxis'이다. 철학으로서 그 순수한 형태에 있어서 'theoria'

손을 들어 주는 이유는, 적어도 기독교교육학은 예수 그리스도의 몸인 교회의 문제이며 그리스도의 몸을 이루는 살아 있는 지체들인 신자들을 가르치고 배우는 과정과 직접적으로 관련이 있다고 보기 때문이다. 예를 들어, 기독교교육학 학문공동체는 교사들에 대한 직접적 교육이 행해지는 교회 현장의 강습회에 대해 한마디 언급이 없다. 한 세기를 훌쩍 지나온 교회의 교육 현장에 대해 설문 등에 의한 조사 외에 구체적 실증 조사도 없는 실정이다.

4. 학문 바탕으로서의 생활세계

우리의 기독교교육학은 한국적이어야 한다. 왜 한국적이어야 하는가? 그 필요성 내지 당위성을 두 가지 차원에서만 보도록 하자. 첫째, 앞에서 살펴보았듯이 미국, 캐나다 등 북미의 기독교교육과 유럽의 기독교교육은 다르며, 유럽에서도 프랑스와 독일의 기독교교육학은 같지 않다. 이는 이들 기독교교육학이 국민국가적 성격을 띠었기 때문이라기보다는 기독교교육학의 실천적 성격으로부터 기인한다고 보는 편이 더 상식적일 것 같다. 아주 원색적으로 물어보자. 외래 기독교교육학은 우리나라의 기독교교육을 위한 연구인가? 이 말에 '그렇다'고 대답할 수 없다면 우리는 우리의 기독교교육학 형성을 위해 노력을 해야 할 것이다. 또는 '어느 정도는 그렇다'라고 대답하더라도, 우리 기독교교육학 정립을 위한 과제에서 면제되는 것은 아니다. 보다 이론적으로 타당하고 실천적으로 효율적인 우리 기독교교육학

는 'praxis'에 내재된 합리성의 명확한 표현에 불과하다." Richard J. Bernstein, *Praxis and Action: Contemporary Philosophies of Human Activity*(Philadelphia: Praxis and Action, 1971), 34.

에 대한 기대가 남아 있기 때문이다.

우리 기독교교육학의 정립에 대한 요구는 신자유주의와 세계화의 시대에도 여전히 당위성을 띤다. 지금 세계는 신자유주의와 세계화가 발전의 논리를 앞세워 통일된 하나의 세계를 지향하려는 흐름과 포스트모던이라는 과학과 이성 중심의 세계관에 대하여 감성과 권위의 해체를 주장하는 흐름이 혼재되어 있다. 이와 같은 혼란스런 양상 속에서 우리나라는 아직 근대를 통과하지도 못했다는 주장과 포스트모던에 접어들었다는 시각 차이들이 겨루고 있는 실정이다. 우리나라의 사회적 상황이 어떤 것이든 내가 말하고자 하는 것은 바로 지금 있는 그대로의 이 상황에서 기독교교육학을 구성하는 노력들이 필요하다는 것이다.

이것은 신학적으로도 마찬가지이다. 예를 들어 복음주의가 현대사회에서 자유주의에 의해 위협받는다고 한다면, 그에 대응할 수 있는 그리고 그것을 극복할 수 있는 보다 정치하고 설득력 있는 논리를 내어놓기 위해서는 성경과 복음주의에 대한 심층적, 창의적 재발견 노력이 필요할 것이다. 이것은 충분히 가능한 일이라고 생각되며, 복음주의 기독교교육학 역시 이 일의 동반자라고 할 수 있다.

둘째, 언어의 이질성 문제이다. 우리는 특별한 경우가 아니라면 한국인으로서 한글로 학문을 한다. 언어는 단순히 의미를 나타내는 기호가 아니다. 페르디낭 드 소쉬르(Ferdinand de Saussure), 로만 야콥슨(Roman Jakobson), 롤랑 바르트(Roland Barthes) 등의 구조주의자들에 의하면 우리는 우리가 말하고자 하는 것을 언어로 표현한다고 생각하는데, 우리가 아는 그것은 언어에 의해 습득된 것이다. 언어는 그 사회의 문화를 담지하고 있다. 그래서 언어를 배운다는 것은 그 사회와 문화를 배우는 것이 된다. 같은 단어를 사용하더라도 그것이 의미가 달라지는 것은 문화가 다르기 때문이다. 그런데 이미 그 문화의 차이가 언어 안에 함유되어 있다는 것이다. 종종 대학원생들의 글쓰기에서 영어 투의 문장들을 보게 되는데, 영어라는 언어가 영어 글쓰기 문화를 담고 있기 때문이다. 언어가 그 언어를 사용하는 사회의 문화와 긴밀한 연관이 있다고 본다면, 때로 느껴지는 외래 기독교교육학의 이론이나 그 내용의 낯섦이 어디서부터 기인했는지 알 수 있을 것이다.

기독교교육학을 우리글로 할 때의 유익은 그 선례를 찾을 수 없어 가늠하기 어렵다. 기독교교육학의 영역은 아니지만 비근한 예로 이정배의 예를 들 수 있다.[58] 그는 한글에서 신학을 발굴하거나 또는 한글에 신학적 의미를 부과한다. 유영모와 그의 제자 김흥호 두 사람을 통해 한글 자체를 "하느님의 계시가 담긴 그릇(祭器)으로 보았다."[59] 감리교신학대학교의 토착화 신학의 전통을 그대로 보여 주는 한글에 대한 이와 같은 접근은 한글의 창제 의도나 역사적 문맥을 무시한 무리한 주장이 아닐 수 없다. 오히려 기독교교육학을 토착적으로 할 수 있는 실마리는 철학 쪽에서 찾을 수 있다.

이기상은 우리말로 철학해야 할 당위성을 주장하면서[60] 언어에 대해 다음과 같이 정리한다. ① 언어는 세계를 보는 눈이다. ② 언어는 민족을 묶는 끈이다. ③ 언어는 사고방식을 형성해 주는 틀이다. ④ 언어는 의식의 밑바탕을 이루는 무의식이다. ⑤ 언어는 정서의 공감대이다. ⑥ 언어는 자주와 자율의 바탕이다. ⑦ 언어는 자유와 평등

---

58) 이정배, "한글과 기독교 – 문화신학의 과제로서 한글로 신학하기: 유영모와 김흥호의 한글풀이를 중심으로", 「한국기독교신학논총」 22(한국기독교학회, 2001), 407 – 43.

59) 이정배, "한글과 기독교 – 문화신학의 과제로서 한글로 신학하기", 440.

60) 이기상, "이 땅에서 철학하기, 탈중심 시대에서의 중심 잡기", 우리사상연구소 편, 『이 땅에서 철학하기: 21세기를 위한 대안적 사상 모색』(서울: 솔, 1999), 38 – 53 참조.

의 조건이다. ⑧ 언어는 학문(과학)을 위한 필수 불가결의 전제이다. ⑨ 언어는 사람 사이의 다리이다. ⑩ 언어는 존재의 집이다. 결국 언어는 민족의 사상, 그래서 독자적 학문과 무관할 수 없다는 것이다.

우리말로 학문을 하자는 것은 폐쇄적 민족주의에 대한 아집이 아니다. 학문이 발생하는 소위 생활 세계는 민족마다 고유한 특성을 지니고 있기 때문에 이와 같은 바탕에서 학문을 전개할 경우 학문은 오히려 그 골과 너비가 발전할 수 있다. 예를 들어, 우리의 생활 세계에 해당하는 용어인 살림살이는 우리말에서 '살림', '섬김', '비움', '나눔'이라는 다양하고 폭넓은 의미를 지닌다.61) 이와 같은 의미의 다층성이 학문의 풍요성을 낳으리라는 것은 자명하다. 예를 들어, 존재 또는 있음에 대한 우리말 철학은 서구사상에 없던 '사이에 있음', '나타나 있음', '사르고 있음', '되고 있음' 등의 의미를 새로 발굴함으로써 존재 또는 있음의 심층을 들여다볼 수 있도록 한다.62)

이상과 같은 조건들을 고려할 한국에서의 기독교교육학은 한국교회의 교육현장을 본문으로 자율적 이론에 의하여 구성되되 성경적으로 타당한 것이어야 한다.

Ⅳ. 나가는 글

나는 이 글에서 지난 40여 년간에 걸친 한국에서의 기독교교육학에 대한 다양한 접근들에 대해 간략하게 살펴보았다. 신학적, 철학적,

---

61) 이기상, "이 땅에서 철학하기", 54–77 참조.

62) 이기상, "존재 또는 있음: 우리말에서 읽어내는 존재의 사건", 우리사상연구소 편, 『우리말 철학사전1』(서울: 지식산업사, 2001), 339–83 참조.

사회과학적 그리고 분과학문적 접근으로 대별된 이 같은 접근들은 근본적으로 '기독교교육학은 무엇인가?'에 대한 나름대로의 탐구였다. 기독교교육학의 정체성이란 지난한 과제의 해결을 위한 이 같은 노력들의 각각의 차원에서의 공헌에도 불구하고, 최소한의 합의점이 없는 상태에서의 논의였기 때문에 각각의 접근들은 서로에 대해 무관하게 각자 제 목소리만을 내고 있는 상황과 같아서, 기독교교육학의 정체성 문제는 제자리를 맴돌고 있다. 이와 같은 문제점을 해결하기 위한 대안의 하나로 나는 여기서 기독교교육학에 대한 다양한 접근들의 한계로부터, 기독교교육학 연구에 우선되어야 할 조건들을 모색해 보았다. 이 같은 조건들은 기독교교육학의 정체성 정립이란 주제에 대한 직접적인 처방은 아니다. 오히려 기독교교육학의 정체성 문제를 해결하는 데는 부수적인 내용들로 보일 수 있다. 그러나 내 생각에 이 같은 조건들에 대한 합의점을 찾지 못한다면 기독교교육학의 정체성 문제는 진전에 어려움을 겪을 것으로 보인다.

이 글은 기독교교육학 연구를 위해 주장된 조건들을 유기적으로 조직하여 기독교교육학의 정체를 형상화하는 데까지는 이르지 못하였다. 어떤 면에서 기독교교육학의 정체성 탐구에 대한 문제 제기 수준에 그쳤다고 할 수 있다. 이 같은 점은 이 글의 한계이다. 그러나 이 한계가, 무책임해 보이는 구상이 기존의 기독교교육학 탐구에 일정한 자극의 역할을 할 수 있을 것으로 기대된다. 그리고 기독교교육학의 정체성 연구의 전제 조건들로서의 앞의 내용들을 바탕으로 한 기독교교육학의 정체성 정립은 우리에게 학문적 열정을 요구하는 지난한 과제가 될 것이다.

한국 기독교교육학의 성격과 전망

I. 들어가는 글

한국에서 기독교교육이 학문적으로 논의되기 시작한 시기는 1960
년대부터이다.[1] 그러니까 벌써 반세기가 되어 간다. 그동안 기독교
교육은 큰 발전을 이루었다. 그러나 기독교교육학의 미래는 밝지만
은 않다. 이미 1970년대 중반에 은준관 교수는 기독교교육의 위기를
외적, 내적 요인으로 나누어 주의를 환기시켰다.[2] 그가 지적하는 외
적 요인은 1974년부터 시작된 고등학교 평준화로 인한 기독교계통
학교의 채플과 성경과목의 존폐 위기, 과학기술 혁명의 영향으로 인
한 세속적 가치의 증대 등이고, 내적 요인은 기독교교육을 유년주일
학교와 동일시하는 등의 기독교교육에 대한 인식 부족, 교회의 기독

---

[1] 1960년대는 한국에서나 외국에서 공히 기독교교육이 학문적으로 본격적으로 논의되기 시
작한 시기라고 할 수 있다. 대표적인 기독교교육학 문헌목록인 D. Campbell Wyckoff and
George Brown, Jr. eds., *Religious Education, 1960 –1993: An Annotated Bibliography*(Wesport,
Conneticut · London: Greenwood Press, 1995)이 그 시작을 1960년부터 잡고 있다는 것
이 이 같은 사실의 반증이다.

[2] 은준관, 『교육신학: 기독교교육의 이론적 근거』(서울: 대한기독교서회, 1976), 183.

교교육에 대한 무관심이 빚는 교육의 질적 문제 등이다. 은준관의 이와 같은 경고의 내용은 오늘날 더 심화되었으며, 그 형태만 바뀌었을 뿐 여전히 지속되고 있다.

한국의 기독교교육은 이와 같은 상황에 잘 대처해 왔는가? 그리고 앞으로도 적절하게 대처할 역량이 있는가? 이와 같은 질문들에 대해서 가부간에 대답을 할 수 있기 위해서는 기독교교육의 과거를 알아야 한다. 과거의 내용을 알 때 잘해 왔는지 어떤지를 알 수 있고, 그것에 대한 판단을 통해 잘해 나갈 수 있는지도 가름할 수 있을 것이기 때문이다. 따라서 이 글에서는 한국에서 기독교교육에 관한 연구의 흐름들을, 기독교교육이 학문적으로 논의되기 시작한 시점인 60년대 이후의 기독교교육 문헌들을 통해 살펴보고 문제점이 무엇인지 그리고 그와 더불어 어떤 방향으로 나가야 할 것인지를 제안함으로써 기독교교육이 미래의 급격한 변화에 대처하는 데 일조를 하고자 한다.

Ⅱ. 한국기독교교육학의 현실

이 글에서는 한국에서의 기독교교육의 현실을 60년대 이후의 기독교교육연구 문헌들, 구체적으로는 1960년부터 1999년까지 40년 동안의 것들을 통해서 살펴볼 것이다. 그 이유는 2000년대는 우리에게 미래로 여겨지면서 대응해야 할 시기로 여겨지며, 아직 진행 중이어서 그 내용을 어느 정도라도 파악하려면 좀 더 시간을 두고 지켜보아야 할 것으로 여겨지기 때문이다. 여기서 검토될 수 있는 문헌의 종류는 단행본, 학위논문, 학술지 논문, 정기간행물 논문, 신문 기사, 교재와 교구 등이 될 수 있을 것이다. 그러나 여기서는 최소한의 학문적 가치가 있다고 여겨지는 문헌들만이 유용하다고 생각되어, 정기간행물이나 신문기사 등에 실린 논평 수준의 글들과, 교재와 교구 등은 제외시키도록 하겠다. 그러나 정기간행물 중에서 학술지적 성격을 가진 문헌들, 예컨대 「기독교사상」 등에 실린 글들은 포함시킬 것이다. 즉 문헌의 주종을 이루는 것은 저서와 학술 논문집에 실린 이론적 논문들이다.

검토할 문헌에 포함시킬 저자는 기독교교육 학문공동체에 속한 교수들에 한정한다. 일반적으로 학문공동체는 '학문 생활을 촉진하고 보장해 주는 삶의 터전을 그 구성원에게 마련해 주는 특수한 집단'으로 상정된다.3) 학자들은 그들 나름대로 창조적 작업을 효과적으로 추진하려는 의도에서 일반적인 사회와는 구별되는 공동체를 형성하는데 그것이 바로 학문공동체이다. 오늘날에는 대학이 학문공동체의 대명사로 통한다.4)

한국기독교교육학 학문공동체는 대학을 학문공동체로 보는 일반적인 입장을 따라 전국신학대학협의회 가입학교들과 기독교교육학회에 가입한 학교들에서 기독교교육학을 가르쳤거나 가르치고 있는 교수 집단을 말한다. 물론 시간 강사들이나 기독교교육과 관련된, 예컨대 교단의 교육부(국) 같은 곳에서 연구하는 이들도 학문공동체에 포함시켜야 한다고 주장할 수 있다. 그러나 이들에게는 위에서 말한 그들의 터전이 학문 생활을 촉진하고 보장해 주지 않는다는 점에서 학문공동체에 포함시키기에는 미비하다. 또한 그들이 누구인지 파악하

---

3) 장상호, "학문공동체의 지적 풍토에 대한 소고", 「서울대학교 사대논총」 47(1993): 25.
4) 장상호, 『학문과 교육(상): 학문이란 무엇인가』(서울: 서울대학교 출판부, 1997), 508 - 509.

는 일은 현실적으로 어렵다. 또한 그들이 학문공동체 내에서 지속적으로 연구 활동을 하느냐를 파악하기는 어렵다. 이런 이유들 때문에 여기서는 그들을 제외시킨다. 따라서 이 연구에서 한국기독교교육학 학문공동체에 속하는 이들은 다음과 같다(가나다순). 이들의 소속 대학은 이 글의 연구 끝 시기인 1999년 이후 변동되었을 수 있다. 그러니까 기독교교육 학자들의 소속 학교는 1999년 현재 그 이전의 학교를 나타낸다. 감리교신학대학교(김영래, 김재은, 송순재, 장종철, 차풍로), 강남대학교(이숙종), 경성대학교(김기숙), 계명대학교(이규민, 최성찬), 고신대학교(강연정, 강용원, 김성수, 김용섭, 류해욱, 임창호, 조성국, 한기태), 그리스도신학대학교(구희완, 권순택), 기독대학교대학원대학교(윤화석), 나사렛 대학교(마미령, M. 보웬, 이회능), 대한기독교대학교(손소빈, 손원영), 동서대학교(김호규), 목원대학교(김청봉, 윤신영), 배재대학교 (전영배), 삼육대학교(김홍량, 조영일), 서울신학대학교(김삼복, 김성은, 박성화, 이소연, 이원희, 이정근, 이정기, 이정효, 정소영), 성결대학교(김국환, 김승곤, 서정인, 홍은숙), 숭실대학교(최태연), 숭의여자대학(연요한), 아세아연합신학대학교(권택조, **Dirk Jon Nelson**, 오춘희, 이숙경), 안양대학교(김호현, 신현광, 이은규, 장화선), 연세대학교(강희천, 김형태, 반피득, 오인탁, 은준관), 영남신학대학교(강은희, 권용근, 박신경), 이화여자대학교(백은미, 손승희, 정의숙), 장로회신학대학교(고용수, 김득렬, 박원호, 사미자, 양금희, 임창복, 주선애, 한숭홍), 전주대학교(김현웅), 천안대학교(백응석, 정정미), 총신대학교(김득룡, 김희자, 정일웅, 정정숙, 한상진, 한춘기, 황성철), 침례신학대학교(노윤백, 도한호, 박영철, 이석철, 정동섭, 주상지), 한국성서대학교(구다윗, 김순자, 박영호, 오윤선), 한남대학교(김광률), 한성신학교(곽분이, 윤종권, 임상빈), 한세대학교(강영만,

고병인, 김명숙, 박문옥, 이은실, 장윤옥, 허일룡), 한신대학교(강순원, 김성재, 문동환, 윤응진, 이금만, 이준모, 이향명, 임희숙, 정응섭), 한일신학대학교(송남순, 이영호, 전경숙, 주방란), 협성대학교(임영택, 장대현), 호남신학대학교(김도일, 임영금), 호서대학교(한미라), 횃불트리니티신학대학원대학교(Mark H. Senter, 이영운, Glenn Alvin Jent) 이상 37개 교, 125명이다.5) 그들의 전공 영역은 기독교교육학, 종교심리, 교육과정 및 교수-학습, 상담학, 유아교육학, 교육학, 교육사회학, 교육철학, 교육공학, 기독교심리학, 성인교육학, 교회 및 교회교육행정, 아동학 등으로 다양하다.

이 글에서 분석 대상이 된 문헌은 총 94명의 학자가 연구한 849건이다. 이 중 단행본은 123권(14.6%)이고, 논문은 726건(85.4%)이다. 문헌들에 대한 분류는 1960년대로부터 시작하여 10년 단위로 나누어, 크게 이론과 실제로 나누고, 이론은 현재 기독교교육학 내에서 암묵적으로 통용되는 하위전공 영역별로 나누었다. 그 분류는 일반교육학의 방식과 같은 것으로 교육일반, 교육신학, 교육철학·사상, 교육사, 교육심리, 교육과정, 교육방법, 교육행정이다. 실제는 특별히 실천적인 성격이 강한 내용들을 교육의 현장, 대상, 과제 그리고 한국의 현실문제로 분류하였다. 이 같은 분류의 문제점은 학자별 편중도가 고려되지 않았다는 것이다. 예를 들어, 어느 학자의 경우 수십 편의 논문이 통계 자료에 올라 있지만, 어느 학자의 경우에는 한 편의 논문도 없는 경우가 있다. 이럴 경우 통계 자료를 분석한 결과는 많은 논문을 쓴 학자에 의해 좌우될 수 있을 것이다. 그러나 그렇더

---

5) 이상의 명단은 오인탁 편, 『한국기독교교육학 문헌목록 1945 - 1980』(서울: 연세대학교 출판부, 1983); 전국신학대학협의회 편, 『한국신학교육기관자료집 1999/2000』(서울: 전국신학대학협의회, 1999); 「기독교교육논총5: 한국 교단의 기독교교육사」(한국기독교교육학회, 1999) 등과 인터넷을 통한 검색, 도서관에서의 문헌조사 등을 통해 작성되었다.

라도 그것이 바로 우리 기독교교육 학문공동체의 현실이기 때문에 그 한계를 인정할 수밖에 없을 것이다.

먼저 연구 추이는 아래의 <표 1>에서 보듯이 비약적인 증가 추세에 있다.

〈표 1〉 연대별 연구 추이

구 분	연구 연대				계
	60년대	70년대	80년대	90년대	
표본 수	34(4.0%)	102(12.0%)	201(23.7%)	512(60.3%)	849(100%)

1930년대에 34건이었던 연구 편수가 70년대에는 102건으로 300% 증가되었고, 80년대에는 70년대에 비해 201건으로 197% 증가했으며, 90년대에는 512건으로 80년대에 비해 역시 254.7% 증가하였다. 이것은 60년대를 기준으로 볼 때 무려 약 1,500%의 증가를 한 것이다. 한국기독교교육학 학문공동체의 학문 연구가 활성화되고 있음을 알 수 있는 내용이다.

먼저 이론과 실제 면에서의 연구 활동을 보자. 한국기독교교육학이 이론적인 면에 치우쳐 있지 않을까 하는 예상과는 달리, 자료가 보여 주는 바는 이론과 실제 면의 연구 활동이 비교적 균형을 이루고 있는 것으로 나타났다. 1960년대 이후 2000년 현재까지의 연구 내용을 크게 이론과 실제로 나누어 살펴보면 이론에 대한 연구가 441건으로 51.9%, 실제에 대한 연구가 408건으로 48.1%를 차지하고 있다. 이것을 연대별로 추이를 살펴보면 다음의 <표 2>와 같다.

<표 2> 연대별 이론과 실제 연구 추이

구 분	60년대	70년대	80년대	90년대	계
이론 분야	14(41.2%)	56(54.9%)	113(56.2%)	258(50.4%)	441(51.9%)
실제 분야	20(58.8%)	46(45.1%)	88(43.8%)	254(49.6%)	408(48.1%)
계	34(100%)	102(100%)	201(100%)	512(100%)	849(100%)

위의 <표 2>에서 보는 바와 같이 연대별로 본 이론과 실제의 비율은 60년대를 제외하고 전반적으로 실제가 45% 정도를 유지하고 이론 분야가 55% 정도를 유지하고 있는 것으로 나타났다. 이론과 실제에 대해 비교적 균형 있게 연구되고 있음을 알 수 있다.

이것을 좀 더 자세하게 살펴보자. 이론적인 경우는 분류를 교육일반(원리, 방향, 과제, 전망, 개론), 교육신학, 교육철학, 교육사상, 교육사, 교육심리학, 교육과정, 교육방법, 교육행정으로 했다. 아래의 <표 3>은 그 구성 비율을 보여 준다.

<표 3> 이론 연구 분야 구성 비율

구 분	교육일반	교육신학	교육사상	교육사	교육심리	교육과정	교육방법	교육행정	계
표본 수 (비율)	91 (20.6%)	35 (7.9%)	118 (26.8%)	41 (9.3%)	71 (16.1%)	26 (5.9%)	28 (6.3%)	31 (7.0%)	441 (100%)

각 분류항들이 전체 이론적인 문헌의 양 중에서 차지하는 비율을 볼 때, 교육일반적인 것과 교육사상적인 것의 소개가 많다. 교육심리, 방법 등은 예상보다 적었는데, 실제적으로 연구하는 경향이 있기 때문인 것 같다. 이와 같은 내용을 연대별로 그 추이를 한 번 더 살펴보자. <표 4>가 그 내용을 보여 준다.

<표 4> 이론 연구 분야 연도별 추이

구 분	교육일반	교육신학	교육사상	교육사	교육심리	교육과정	교육방법	교육행정	계
60년대	2 (14.3%)	1 (7.1%0)	3 (21.4%)	2 (14.3%)	2 (14.3%)	2 (14.3%)	2 (14.3%)		14 (100%)
70년대	13 (23.2%)	13 (23.2%)	16 (28.6%)	1 (1.8%)	3 (5.4%)	3 (5.4%)	3 (5.4%)	4 (7.1%)	56 (100%)
80년대	27 (23.9%)	9 (8%)	31 (27.4%)	14 (12.4%)	15 (13.3%)	6 (5.3%)	3 (2.7%)	8 (7.1%)	113 (100%)
90년대	49 (19.0%)	12 (4.7%)	68 (26.4%)	24 (9.3%)	51 (19.8%)	15 (5.8%)	20 (7.8%)	19 (7.4%)	258 (100%)
계	91 (20.6%)	35 (7.9%)	118 (26.8%)	41 (9.3%)	71 (16.1%)	26 (5.9%)	8 (6.3%)	31 (7.0%)	441 (100%)

<표 4>를 보면 교육사상이 가장 많이 논의되었음을 알 수 있다. 다음으로 교육 일반적 내용들이 많은데, 이를 통해 한국의 기독교교육학 연구가 부지런히 이론들을 소개하고 있음을 알 수 있다.

다음으로 실제에 대한 분류는 교육의 장(교회, 가정, 학교, 사회), 교육 대상(어린이, 청소년, 성인, 노년), 교육의 주제, 한국의 현실 문제로 나누었다. 그 연대별 연구 추이는 아래의 <표 5>와 같다.

<표 5> 실제 연구 분야 연도별 추이

구 분	교육현장	교육대상	교육주제	현실문제	계
60년대	6(30.0%)		8(40.0%)	6(30.0%)	20(100%)
70년대	17(37.0%)	4(8.7%)	18(39.1%)	7(15.2%)	46(100%)
80년대	27(30.7%)	7(8.0%)	30(34.1%)	24(27.3%)	88(100%)
90년대	74(29.1%0)	38(15.0%)	98(38.6%)	44(17.3%0)	254(100%0)
계	124(30.4%0)	49(12.0%0)	154(37.7%)	81(19.9%)	408(100%)

1960년대부터 1999년 현재까지 전체적으로 볼 때, 교육의 주제가 37.7%로 가장 많이 다루어졌다. 그러나 교육적 주제의 다양성을 고

려하면 실제로 교육 현장을 대상으로 하는 교육이 가장 많이 논의되었다. 그중에서도 교회를 장으로 하는 교육이 73건으로 59%를 차지하여 가정, 학교, 사회를 장으로 하는 교육을 모두 합친 건수보다도 많았다. 한국의 기독교교육학이 교회의 교육학이어 왔음을 알 수 있는 대목이다.

<표 5>에서 관심을 끄는 항목은 60년대와 80년대의 한국 현실을 다룬 연구의 비중이다. 당시의 민주화와 관련된 역사적 현실을 반영하고 있다고 볼 수 있으나, 기독교교육학은 한국의 문제를 이슈로서가 아니라 그 학문적 입장에서 다루어야 할 것이다. 교육 대상에 대한 연구가 가장 약한데, 이에 대한 연구는 특히 노인 문제에 대한 관심이 증가되는 오늘에 더욱 힘써야 할 주제로 보인다.

이상에서 한국기독교교육학 학문공동체 연구의 특성을 몇 가지로 나누어 볼 수 있다. 첫째, 한국의 기독교교육학은 하위전공 영역들의 형식으로 연구되고 있다. 즉 일반교육학의 나쁜 전례를 따라서 교육신학, 기독교교육철학, 기독교교육사, 기독교교육심리학, 기독교교육과정, 기독교교육행정 등으로 나뉘어 연구되고 있다는 것이다. 이 말은 일반교육학이 교육학 본래의 학문적 정체성을 정립하지 않은 상태에서 학교의 교사들을 양성하기 위한 당면한 필요에서 타 분과학문을 검토 없이 수용하여 교육학을 구성했으며, 이 전례가 가정학, 체육학 등에도 영향을 미치고 있음을 염두에 두고 한 말이다.6) 그래

---

6) 일반교육학의 현재와 같은 구성(교육철학, 교육사, 교육심리학, 교육행정학 등)의 직접적 원인은 교사 양성의 필요성이다. 서양의 역사에서 18 - 19세기는 근대국가의 탄생기였다. 교육적 지평에서 그와 함께 나타난 특징 중의 하나는 공립학교(public school)의 출현이었다. 학교를 통한 동질적 시민 정신의 함양의 효과를 노려 수많은 학교가 생겨났다. 그에 따라 많은 수의 교사가 요구되었다. 교육학은 이러한 교사의 수요에 맞추기 위한 노력과 맞물려 있다. 그 필요성에 의해서 교사양성기관과 교육학과가 설립되었다. 교육학과의 첫 번째 과제는 교직 과목을 편성하는 것이었다. 학구적인 기초 위에서 교육전문인을 위한 훈련을 한다는 취지에서 이미 학문적인 위치를 굳힌 타 학문의 학자들이 영

서 한국의 기독교교육학은 그 모든 하위전공 영역들을 종합한 성격을 띠고 있다. 한국의 기독교교육학 학문공동체는 기독교교육학을 타 분과학문들의 종합학문으로 이해하고 있는 것으로 보인다.

둘째, 기독교교육학이 교회의 교육으로 연구되고 있다는 것이다. 교육 이론이나 교육 실제에서 대상이나 주제는 교회라는 장을 전제로 하고 있다. 한국의 기독교교육학자들이 특별히 학교나 사회, 그밖의 다른 교육의 장을 주제로 하지 않는 이상, 어떤 주제로 연구를 하든 그 연구의 전제는 교회라는 것이다. 이것은 비록 표면적으로는 이론적 연구라도 교회의 실천을 돕는 처방 이론적 성격이 강하다는 것을 말해 준다. 기독교교육학의 연구가 교회를 중심으로 전개된다는 면에서 한국의 기독교교육학은 학교가 상당한 비중을 차지하는 독일의 기독교교육학의 전통과는 확연히 구별된다.

셋째, 한국의 기독교교육 현실을 다룬 연구 내용이 대단히 희박하다는 것이다. 앞에서 말한 것처럼 비록 한국의 기독교교육학이 교회를 중심으로 전개되고 있기는 하지만, 위의 문헌 통계에 나타나듯이 한국의 현실을 다룬 연구가 부족하다는 것은 구체적인 교회가 아닌 이상적 관념적 교회를 상정하고 연구하기 때문이 아닐까 하는 생각이 든다. 또는 한국의 기독교교육연구가 지나치게 교회에만 치중하고 있기 때문에 미처 한국사회의 현실을 대상으로 연구하지 못했다고도 볼 수 있을 것이다. 아니면 한국기독교교육학이 한국의 현실을 연구 주제로 다루는 것을 어떤 이유에서든 기피하기 때문인지도 모른다. 그 분명한 이유가 어디에 있든 한국의 현실을 다룬 연구의 부

입됨으로써 이 문제를 해결하였다. 교육학과의 구성에 참여한 학자들의 대부분은 심리학, 사회학, 인류학, 행정학 및 기타의 행동과학 혹은 사회과학에 배경을 두고 있고, 소수이기는 하지만 철학과 역사라는 인문학의 배경을 가지고 있었다. 장상호, "교육학의 비본질성", 「교육이론」 1:1(서울대학교 사범대학, 1986), 8.

족은, 뒤집어 말하면 한국기독교교육학의 이론은 외래적 성격이 짙다는 것이다. 한국기독교교육학 연구의 특성에 대한 이와 같은 내용들에 대해서 아래에서 좀 더 구체적으로 검토해 보자.

Ⅲ. 한국기독교교육학의 성격

1. 종합적 학문

한국의 기독교교육학은 종합학문적 성격을 띠고 있다. 즉 여러 분과학문들을 기독교교육에 적용하는 입장을 취하고 있다는 것이다. '기독교교육학'이라는 이름 아래 진행되는 연구들을 보면, 교육신학, 기독교교육철학, 기독교교육사, 기독교교육심리학, 기독교교육과정, 기독교교육행정 등이 있다. 그런데 기독교교육이 이렇게 연구되는 이면에는 일반교육학의 영향이 크다. 일반교육학 역시 그와 같은 분류로 나뉘어 연구되고 있다. 기독교교육학은 그러한 일반교육학의 범례를 그대로 따르고 있다. 그래서 기독교교육학은 일반교육학의 하위전공 영역에 접두어 '기독교'를 붙인 유사 일반교육학이 된 느낌이다. 실제로 기독교교육학은 '기독교'라는 이름을 붙인 일반교육학의 하위전공 영역들을 모두 합친 '합계 학문'이 되었다. 교육신학이 있고, 기독교교육철학이 있고, 기독교교육사가 있지만, 기독교교육학은 어디 있는가. 기독교교육학은 추상명사로만 존재하는 허상의 명칭에 불과한 것이 돼 버렸다. 무엇을 기독교교육이라고 불러야 하는가?7)

---

7) 이에 대한 최근의 논의는 오인탁, "기독교교육학이란 무엇인가?", 오인탁 편, 『기독교교

한국의 기독교교육학이 이처럼 하위전공 영역들의 종합 학문으로 연구될 경우에 생기는 문제는 학자들 상호간의 학문적 소통이 대단히 어렵게 된다는 점이다. 학문공동체는 상식적으로 거기에 속한 학자들 사이에 학문적 의사소통이 가능할 때 의미가 있다. 기독교교육 학문공동체는 아직까지는 학문공동체 구성원들 사이에 학문적 소통이 불가능하지는 않다. 그렇다고 해서 학문공동체 구성원들 사이에서 기독교교육의 학문적 정체성에 대한 합의가 이루어졌기 때문은 아니다. 오히려 기독교교육의 정체성이 모호해서 어느 것도 기독교교육이고 어느 것도 기독교교육이 아닌 것이 없기 때문에, 실제로는 소통이라기보다는 실제로는 수많은 독백들이 난무하는 상황이라고 보는 편이 맞을 것이다. 그와 같은 학문적 혼란 상황에서 기독교교육학의 하부전공이라고 여기는 영역들 사이에 원칙 없는 선택과 조합들에 의해 향방을 상실한 다양한 기독교교육들이 존재하게 된다.

2. 교회 중심의 학문

한국기독교교육의 역사는 사회교육8)과 학교교육으로부터 시작되었다. 그러나 교회의 성장과 주일학교운동의 확대로 교회가 기독교교

육학개론』(서울: 도서출판 기독한교, 2004), 19 - 53 참조.

8) 일반적으로 사회교육이란 "정규 학교교육 이외에서 실시되는 의도적이고 조직적인 교육 활동"(사회교육법 제2조 제1항)이라 할 수 있다. 기독교사회교육은 그 내용보다도 그 교육의 과정을 통해 개인과 집단이 세상을 구원하시기 위해 일하시는 하나님을 만나는 사건이 일어나, 하나님과 함께 세상을 섬기고 변화시키는 일에 동참하는 삶을 살도록 이끄는 신앙공동체의 계획적이고 조직적이며 지속적인 작용이라 하겠다. 김성은, "사회와 기독교교육", 서울신학대학교 기독교교육연구소 편, 『기독교교육개론』(서울: 기독교대한성결교회 출판부, 2003), 339 - 40. 한국교회의 사회교육의 역사에 대해서는, 문인숙, "기독교 사회교육사", 대한기독교교육협회 편, 『한국기독교교육사』(서울: 대한기독교교육협회, 1973), 203 - 20 참조.

육의 중심을 차지하게 되었다. 사정이 그렇다 보니 기독교교육연구 역시 교회교육을 소재로 전개되게 되었다.

그런데 교회의 교육이라는 것이 실상을 들여다보면 실제로는 교회 공동체 전체가 대상이 되는 교육이 아니라 주로 아동과 청소년을 대상으로 하는 학교식의 교회학교 교육이다. 그래서 교회 현장에서는 '교육' 하면 교회학교를 연상하곤 한다. 기독교교육학은 이런 상황에서 교회학교와 관련된 연구를 많이 수행해 왔다. 교회학교의 교육과정을 개발한다거나, 교수-학습이론을 제시한다거나, 교회학교 교사를 위한 교육 등을 그 예로 들 수 있다.

그런데 기독교교육이 교회학교를 위한 실제적 처방을 위한 연구에 많은 노력을 기울이다 보니, 상대적으로 기독교교육학 자체를 탐구하는 일에 소홀하게 되었다. 그 결과 수많은 처방적 이론이 있으나 노력만큼 교회의 교육에 적절한 이론이 될 수 없었다. 실제로 교회의 교육을 위해 제시된 이론들은 교회에서 어떻게 사용해야 할지도 모르는 아직은 추상적인 이론들이 대부분이다. 그 '아직'은 교회의 실제적 현장과 이론적 학문의 만남에 의해 해소되어야 할 과제이다.

한편, 한국의 기독교교육학이 교회를 중심으로 전개됨에 따라 기독교교육학의 연구 대상이 축소되었다. 물론 이제까지의 한국의 기독교교육학 연구가 절대적으로 교회에만 그리고 교회학교에만 치우친 것은 아니었다. 성서 연구나 교육목회에 대한 연구도 있어 왔다. 그리고 사회나 학교를 장으로 하는 연구도 있어 왔다. 그럼에도 불구하고 기독교교육학은 그 연구의 초점을 주로 교회에 맞춤으로써 기독교교육의 보다 풍성한 비유들을 발견할 수 있는 다른 장들을 간과하게 된 것이다.

3. 외래 이론적 학문

한국기독교교육학 학문공동체의 연구의 특성이 종합학문적 성격과 교회 중심적 성격을 띠고 있는 이유는 보다 근본적인 원인에 의해 야기된 것이다. 그것은 한국기독교교육학의 외래 이론적 성격 때문이다. 그것은 태생적이다. 한국기독교교육학 학문공동체 구성원들의 학위 수여지역은 문헌 등을 통해 조사한 90여 명 중에서 석사학위의 경우, 미국이 51명(56.7%)으로 절대적으로 우세하다. 나머지는 한국이 26명으로 28.9%, 독일이 7명으로 7.8%, 남아프리카공화국이 4명으로 4.4%, 프랑스와 스위스가 각각 1명으로 1.1%이다. 박사학위의 경우, 전국신학대학협의회에 소속된 학교의 전임교수 53명 중에서, 미국이 28명(52.8%), 한국이 18명(33.9%), 독일 3명(5.6%), 영국 2명(3.7%), 프랑스와 홍콩이 각각 1명(1.8%)이다.[9] 미국 한 나라가 한국기독교교육 학문공동체에서 차지하는 비율이 반을 넘고, 다른 나라까지 합치면 2/3가 외국에 학문적 배경을 두고 있다. 이것은 학문의 우생학적 차원에서 건강한 학문의 출생을 기대하기가 그만큼 어렵다는 사실로 볼 수 있을 것이다.

우리나라에 수입된 외래 이론의 성격은 대체로 실용적이다. 기독교교육학 역시 이로부터 자유롭지 못하다. 한국기독교교육학에 끼친 외래 이론의 영향은 두 가지 차원에서이다. 첫째는 학문적 차원에서인데, 기독교교육학에 끼친 일반교육학의 영향이다. 이것은 전술한 바와 같이 서양에서 교사 양성의 필요성으로부터 생겨난, 실용주의적 지식관을 가진 교육학의 구성 체계를 그대로 수용한 기독교교육학의 경우

---

9) 전국신학대학협의회 편,『한국신학교육기관자료집 2001 - 2002』(서울: 전국신학대학협의회, 2001).

에서 볼 수 있다. 한국기독교교육학의 연구가 교회를 중심으로 한 처방적인 성격이 강한 데는, 바로 이와 같은 서구 역사의 전개상 필요했던 일반교육학의 영향이라는 뿌리 깊은 원인이 있는 것이다.

외래 이론이 한국의 기독교교육학에 끼친 영향의 두 번째 차원은 기독교교육이론의 외래 이론 의존적 성격이다. 한국에서 기독교교육학은 외래적이며 토착적이지 못하다. 외래 이론은 상식적으로 생각해도 한국의 현실에 잘 적용되는 것이 아니다.[10] 실제로 기독교교육학이 현장에 긍정적 영향을 끼치지 못하고 있는 현실은 외래 이론으로 무장한 기독교교육학의 무력함을 보여 주는 현상이다. 이와 같은 무력함은 두 가지 원인으로부터 나온다. 첫째, 외래 기독교교육 이론 자체의 결함에서 비롯된다. 외래 기독교교육 이론의 대부분은 기독교교육학의 독자적 이론 체계를 구성하고 있지 못하다. 그 이론들의 대부분은 신학으로부터, 교육학으로부터, 심리학으로부터 그리고 사회학으로부터 기인한다. 즉 분과학문이 갖추어야 할 최소의 요건인 학문의 연구 대상에 대한 합의조차 없다는 의미에서,[11] 원천적으로 기독교교육의 이론을 형성하지 못하고 있는 외래 이론이 다시 우리나라의 현실을 고려하지 않고 소개됨으로써 한국의 기독교교육 이론 형성에 기여할 수 없다는 것이다.

외래 이론이 한국기독교교육에 끼치는 영향은 위와는 다른 방향으

---

10) 오죽하면 기독교교육 이론의 대표적 주자라 할 수 있는 그룸(Thomas H. Groome)마저도 그의 *Sharing Faith: A Comprehensive Approach to Religious Education and Pastoral Ministry*의 한역서(한미라 편역, 『나눔의 교육과 목회』[서울: 기독교대한감리회 홍보출판국, 1997])의 서문에서(4-5), 자신의 '프락시스 접근이 서양 교육 및 교육철학에 기초를 두고 있기 때문에' 우려된다고 하면서, '한국 문화에 토착화시켜서……한국적 나눔의 기독교 프락시스 접근을 만들'기를 바라고 있다. 그룸의 접근을 우리 것으로 소화하는 일은 차치하고, 그룸의 이 말은 일단 외국의 이론을 무조건 도입해서는 안 된다는 경고로 받아들여야 할 것이다.

11) 이에 대해서는 박종석, 「한국에서의 기독교교육학의 학문성에 대한 연구」 박사학위논문(부천: 서울신학대학교 대학원, 2000), 70-78 참조.

로부터도 온다. 그것은 기독교교육이 아닌 일반교육이나 심리학, 사회학, 철학 등의 학문을 소개하고 그것을 기독교교육적으로 수용한다는 입장이다. 기독교교육과는 성격이 다른 학문들에 의한 기독교교육의 변형 또는 그 반대로 기독교교육이 아닌 학문을 기독교교육학으로 변형시키려는 데서 나타나는 범주 착오는 기독교교육의 학문적 상황의 혼란을 초래할 뿐이다. 기독교교육학이 아닌 분과학문을 무리하게 기독교교육적으로 응용하는 것은 모든 분과학문의 개념이나 논리들이 공통적이라고 보는 데서 오는 잘못이다. 예를 들어 보자. 한국기독교교육학자들의 연구 논리는 일반적으로 일반 학문으로부터 시작하여, 기독교교육에 이론적인 차원에서 적용되고, 다시 그것이 실천적인 차원에서 한국교회의 현장에 적용하거나, 외래의 기독교교육 이론을 한국의 교육 현장에 바로 적용하거나 한다. 이 같은 연구 논리는 무엇보다 논의 차원의 이질성으로 인한 논리성에 문제가 있다. 논의의 순차가 일반학문→ 기독교교육학→ 교회 식으로 그리고 이론→ 다른 이론→ 실천 식으로 상이한 범주들을 넘나드는 데서부터 나타나는 논리의 비약은 당연한 것이다.[12]

이상에서 우리는 한국기독교교육학의 성격이 독자적인 분과학문의 정체성을 형성하지 못하고 여러 학문들을 종합한 학문이며, 교회에 대한 관심에서 문제들을 처방하는 방식의 학문을 해 왔으며, 그와 같은 배경에는 외래 이론에 크게 의존하는 성향이 자리 잡고 있음에

---

12) 예컨대 강희천, 『기독교교육사상』(서울: 연세대학교 출판부, 1991)과 『기독교교육의 비판적 성찰』(서울: 대한기독교서회, 1999)을 보라. 이 같은 범주 착오는 그릇된 해석학적 이해로부터 기인한다. 이 같은 이해는 환원적인 해석학이라고 할 수 있는 것으로, 그것은 우선, 특정한 철학이나 사유 유형 그리고 목적 등을 미리 전제하고, 이것을 절대화시키고, 다음에는 그것을 실체화시키고, 그로써 해석학적 이해의 절차를 자신의 단편적인 이해의 구조로써 낯선 것(타인)에 옮겨 씌운다. Hans - Georg Gadamer, "Hermeneutik", *Historisches Wörterbuch der Philosophie* Bd. 3(Basel, Stuttgart, 1974), 1 - 61 - 1073.

대해 설명했다. 이와 같이 규정한 한국기독교교육학의 성격이 미래에 대해 갖는 전망이 무엇인지 생각해 보자.

Ⅳ. 한국기독교교육학의 전망

1. 현실을 바탕으로 타 학문과의 건설적 관계 형성

한국에서 기독교교육학이 주로 일반교육학의 구성 방식을 따르는 종합적 학문이라는 상황이 기독교교육학의 현재와 미래를 향한 전망에 대해 갖는 의미는 무엇일까. 우선 이 글이 한국이라는 특정한 문맥을 전제로 한다는 사실에 주목할 필요가 있다. 왜 한국인가? 그 이유를 이루는 배경에는 기독교교육학은 그것이 전개되는 문맥에 적절해야 한다는 당위성의 주장과 문맥에 실효적이기를 바라는 기대가 중첩되어 있다. 이와 같은 배경을 전제로 할 때, 현재의 기독교교육학을 종합학문적이라고 하는 규정이 갖는 의미는 무엇인가? 그것은 첫째, 기독교교육이 전개되는 문맥과의 관계에서 종합적 학문이 갖는 함의의 내용이 될 것이다.

여기서 '종합적 학문'이라고 하는 말의 의미에 대해 다시 한 번 생각해 보자. 우리는 이 말을 주로 일반교육학과 연관 지어서 사용했는데, 그럴 경우의 기독교교육학은 사실은 교육학의 일부라고도 할 수 있어, 종합적 학문이라는 말이 일반적으로 의미할 수 있는 범위보다 훨씬 더 그 범위를 축소시키게 된다. 따라서 기독교교육학이 종합적 학문이라는 말을 바르게 사용할 경우, 기독교교육학이 관계하는 학문 영역은 지금보다 훨씬 더 확대된다고 할 수 있다. 기독교교육학을 지금의 종합학문적 의미보다 더 확대시켜 볼 경우, 기독교교육이 전개되는 한국의 문맥에 더 적절하게 될 것인가, 아니면 오히려 부적절하게 될 것인가? 이와 같은 물음은 결국 기독교교육학이 타 학문에 의존하지 않는 독립적인 분과학문이어야 한다는 의도에서, 현재 한국의 기독교교육학이 종합적 학문이라는 판단, 즉 기독교교육학의 정체성 문제가 결국은 기독교교육학의 실효성 문제와 연관되어 있음을 보여 준다. 즉 '기독교교육학이 무엇이냐.' 하는 정체성의 문제는 '기독교교육학이 무엇을 할 수 있느냐.'는 현실성의 문제와 분리될 수 없으며, 어떤 면에서 '기독교교육이 무엇이냐.'에 대한 설명에서 '무엇을 어떻게 해야 하느냐.'는 방법으로의 전환이라고 할 수 있다. 이것은 다시 말해 종합적 학문의 기독교교육학은 얼마나 한국적 문맥에서 실효적일 수 있는가 하는 것이다.

종합적 학문과 한국적 문맥의 정당한 관계는 무엇인가? 그 관계의 양상은 조금 복잡하다. 우선 종합적 학문이라는 말 자체가, 기독교교육학이 자율적인 분과학문의 지위를 확보하지 못했기 때문에, 기독교교육학을 포함하고 있다. 이러한 집합관계에 있는 종합학문은 다시 한국이라는 문맥의 부분 집합을 이룬다. 즉 기독교교육학은 종합학문 안에 그리고 종합학문은 한국 안에 속한다. 따라서 종합학문으로서의 기독교교육학은 이미 한국이라는 문맥 안에서 기능하고 있다고 보아야 할 것이다. 문제는 그 효율성이다. 이것은 다시 한국적 상황을 생각해 보게 한다.

한국은 지금 복잡하다. 지금 여기에서의 한국의 역사적 상황은 기독교교육학이 대면하여 풀어야 할 과제이다. 요는 종합학문으로서의 기독교교육학이 이 한국의 상황에 적실한가, 아니면 자율적 분과학문으로서의 기독교교육학이 더 적절한가 하는 것이다. 이 문제는 학문의 정체성 자체가 아니라 학문의 과제와 연결된 문제이다. 즉 '학문이 무엇을 위한 것이냐.' 하는 것이다. 학문은 학문 자체를 위한 것이기도 하고, 문제해결을 위한 것이기도 하다. 이 두 가지 학문의 목적은 어느 것이 맞다, 틀리다 할 수 없는 것으로 상황에 따라 선택해야 할 것이다. 그렇다면 한국적 문맥에서 기독교교육학의 목적은 '한국'이라는 말이 그 선택의 잣대가 되어, 문제해결을 위한 것이어야 한다. 기독교교육학을 이렇게 문제해결을 위한 것으로 볼 경우, 기독교교육학의 종합학문으로서의 지위는 상당한 설득력을 갖는다. 왜냐하면 한국적 상황의 복잡성은 종합적 학문에 의해 보다 용이하게 해결될 수 있어 보이기 때문이다. 이미 자율적인 학문의 정체성을 확보한 학문의 경우에도 타 학문과의 결합으로 정체가 모호한 학문으로 다시 태어나는 상황에서13) 기독교교육학의 종합적 학문의 성격은 권장되어야 할 사항이다. 문제는 어느 학문과 어떤 양상으로 관계하느냐 하는 것이다.

일반적으로 특정한 분과학문이 타 학문과의 교류를 시도할 때 적용되는 원리는 크게 세 가지이다. 공통점의 원리, 대화의 원리 그리고 문제 제기의 원리이다. 학제적 연구의 기본 원리로 우선 공통점의 원리를 들 수 있을 것이다. 그런데 분과학문들 사이에 공통점은 있는가. 엄밀한 의미에서는 없다고 보아야 할 것이다. 그러므로 유사성의 의미로 보아야 할 것이다.14) 그럴 경우 학문 교류의 지평은 크게 확대되며, 그리하여 쟝 피아제(Jean Piaget)는 구조적인 차원에서

---

13) 강봉균 외, 『월경하는 지식의 모험자들: 혁명적 발상으로 세상을 바꾸는 프런티어들』 (서울: 한길사, 2003).

14) Ludwig Wittgenstein, *Philosophische Untersuchungen*, 이영철 역, 『철학적 탐구』(서울: 서광사, 1994), 59 - 60.

타 학문과의 관계 형성의 가능성을 무관해 보이는 자연과학과 인간과학 사이에서까지 찾는다.15) 분과학문들이 공통점을 중심으로 어떻게 관계를 형성할 수 있는지를 보여 주는 개념 중의 하나는 '절합(articulation)'이다. 절합이 일어나는 지점에서는 서로 다른 것들이 교차한다. 분과학문들 사이의 관계가 절합의 모습을 띤다는 것은 학문 분야들을 개별적으로 인정하면서 그것들이 망으로 묶이는 것을 이른다. 이런 점에서 절합은 '중층결정'이며, 네트워킹이다.

타 학문과의 관계 형성의 두 번째 원리는 대화의 원리이다. 장 프랑소와 리오타르(Jean－François Lyotard)에 따르면, 이것은 다른 학문의 결과를 단순히 전용하거나 적용하는 것이 아닌, 상호적으로 주고받는 일반적 방식을 넘어, 역리(逆理)와 논전(論戰)이야말로 학문의 발전을 가능하게 하는 원리일 뿐 아니라, 그것 자체가 학문의 내재적 논리라고 한다.16) 이것은 이교도들(paganism) 간의 대화가 끝없는 논쟁의 과정일 뿐, 결코 합의에 이를 수 없는 양상과 유사하다고 하겠다.17) 그는 담론의 이질성이 합의를 불가능하게 하기 때문에, 학문에 있어서 합의가 대화의 궁극적 목적일 수 없고, 목적이어서도 안 된다고 본다.18) 합의라는 것은 논의의 과정에서 형성되는 특정 상태를 지칭할 뿐, 결코 학문적 대화의 궁극적 목적일 수 없다는 것

15) Jean Piaget, *Main Trends in Interdisciplinary Research*, 오세철 역, 『현대학문체계와 그 엇물림』(서울: 연세대학교 출판부, 1980), 23.

16) Robin Usher and Richard Edwards, *Postmodernism and Education*(London, New York: Routledge, 1994), 180.

17) Jean－François Lyotard, "Lessons in Paganism", Andrew Bemjamin, ed., *The Lyotard Reader*(Oxford: Blackwell, 1998); Richard Kearney, *Strangers, Gods, and Monsters: Ideas of Otherness*, 이지영 역, 『이방인, 신, 괴물: 타자성 개념에 대한 도전적 고찰』(서울: 개마고원, 2004) 참조.

18) Jean－François Lyotard, *The Differend: Phrases in Dispute*, trans., G. Abbeele(Minneapolis: University of Minnesota Press, 1988), 55.

이다. 합의를 목적으로 하는 한 지식의 발전은 불가능하므로 논전과 역설적 사고, 실험을 존중하는 대화의 이면적 차원에 주의를 기울여야 한다는 것이다.

타 학문과의 관계 맺기의 세 번째 원리는 문제 제기의 원리이다.19) 분과학문적 체계는 본성상 지식의 체계를 안정화시키려는 흐름이라고 볼 수 있다. 학문의 체계를 단순화시키려는 것은 그 학문이 누리는 권력을 유지하려는 속셈이거나 그 학문을 보다 수준 높게 발전시킬 능력이 없기 때문이다. 학문체계에 문제를 제기하는 노력은 외형상으로는 학문체계의 안정을 거스르는 흐름처럼 보이지만 사실은 학문을 좀 더 정교하게 체계화시키는 데 도움이 된다. 문제 제기의 향방은 항상 학문의 체계를 향상시키는 방향으로 제기되어야 한다. 그리고 구체적이고 현실적이어야 한다.

학문과 학문이 관계를 형성하는 기본적 원리인 공통점, 대화 그리고 문제 제기의 차원은 개별적으로 작용하지 않는다. 학문들 사이에 공통점이 전제되지 않으면 대화가 불가능할 것이고, 대화에서 문제 제기가 없으면 학문의 발전을 기약할 수 없으며, 공통점이 없으면 처음부터 문제 제기가 있을 수 없을 것이다. 이들 원리들이 학문과의 관계 형성에 총체적으로 작용한다는 사실을 전제로, 기독교교육학에서는 이 같은 원리들이 다르게 변주되어야 할 것이다. 즉 공통점의 원리는 가능한 한 확장시켜야 할 것이고, 대화의 원리는 역리와 논전과 같은 부정적인 것보다는 적극적이고 긍정적인 성격을 크게 살려야 할 것이고, 문제 제기는 구체적이고 현실적이되 건설적이어야 할 것이다.

---

19) 강내희, "분과학문 체계의 해체와 지식생산의 '절합적 통합'", 「문화과학」 11(1997 · 봄), 33.

2. 새로운 연구 영역의 확보와 실천 지향적 연구

한국의 기독교교육학이 교회 중심의 학문이라는 사실을 부정적으로 볼 수는 없다. 이론과 실천의 조화와 균형을 추구하는 기독교교육학으로서는 차라리 권장할 만한 내용이다. 그러나 한국에서 저간의 기독교교육학이 교회 중심적이었다는 말은 주제와 관련해서 그렇다는 말이지, 실질적으로 교회 중심적이었느냐 하면 그렇지 못하다. 교회 중심의 기독교교육학이 교회학교 중심으로 전개되었다고 해도 사정은 마찬가지이다. 즉 한국의 기독교교육학은 교회학교의 현실을 있는 그대로 인정하는 바탕 위에서 탐구한 것이 아니라, '어떠해야 한다'고 하는 당위성을 전제로 탐구해 왔다는 데서 실제적으로는 추상적이었다. '어떠해야 한다'고 하는 근거가 무엇인지는 차치하고서라도 이와 같은 성격의 탐구는 현실을 왜곡한다. 이와 같은 내용으로부터 한국에서의 기독교교육학의 교회 중심적 성격이 줄 수 있는 전망은 두 가지이다. 하나는 한국의 기독교교육학은 더 이상 교회학교에 치중하던 연구를 벗어나 연구의 대상 영역을 확대해야 한다는 것이고, 다른 하나는 기독교교육학은 더욱 실제적인 주제와 영역들을 연구해야 한다는 것이다.

한국의 기독교교육학은 연구 영역을 확대해야 할 것이다. 교회학교는 더 이상 기독교교육학이 해야 할 모든 것이 고여 있는 수원지가 아니다. 기독교교육학이 처리해야 할 수량의 상당량은 이미 방류되어 버렸다. 그것들은 기본적으로 가정을 채우고, 학교와 사회를 채우고 있다. 기독교교육학은 이와 같은 사태에 발 빠르게 대처해 나가야 한다는 것이다.[20] 최근 극심한 사회 · 문화의 변동으로 가정이

---

20) 가브리엘 모란(Gabriel Moran)과 마리아 해리스(Maria Harris)는 16~17세기 미국에서

파괴되면서 전통적 가부장적 의미의 가정 개념까지 위협받고 있으며,21) 급기야는 가족 개념을 중심으로 한 새로운 가정 개념의 정립이 모색되고 있는 실정이다.22) 이 같은 상황에서 기독교교육학은 정상적인 가정을, 그것도 신앙의 가정만을 대상으로 하는 연구에 자족해서는 직무 유기라는 비난을 받아도 변명할 수 없을 것이다.

학교의 경우도 마찬가지이다. 최근 7차 교육과정에 의해 종교과목이 선택과목으로 전환되는 바람에, 기독교계 계통의 고등학교에서 예배와 성경수업 시간이 문제가 되었다.23) 이와 같은 문제의 원천적인 원인은 교육부의 교육과정에 있음에도 마치 기독교계 학교가 종교를 강요하는 식으로 표출되어 기독교계 학교의 설립 정신이 무산될 위기에 처하게 되었다.

사회 역시 마찬가지이다. 학습자들은 기독교나 교회의 문화보다 사회의 문화에 순응하며 그에 호감을 갖고 있어 기독교교육의 무력함을 절감하게 한다. 가정과 학교와 사회는 학습자들이 직·간접적으로 관여되는 곳으로 교회에서의 교육의 효율성을 위해서도 기독교교육학이 적극적으로 관심을 가지고 탐구해야 할 영역이다.

한국에서 기독교교육학은 이론과 실천의 균형이라는 기독교교육학의 성격에 보다 부합되기 위해서 상대적으로 풍성한 이론 연구보다

주요한 교육의 장은 가정, 교회, 학교 그리고 도제제도였으나, 이 중 오늘날까지 교육의 장으로 남은 것은 학교뿐이라고 하면서 새로운 교육의 장을 모색한다. 그것은 가정, 학교, 직업, 여가이다. 전자의 장들과 비교해서 사라진 것은 교회이다. 그러나 교회는 다른 장들 전체에 종단적으로 걸쳐 있어야 할 것으로 설명한다. Maria Harris and Gabriel Moran, *Reshaping Religious Education: Conversations on Contemporary Practice*(Louisville, KY.: Westminster John Knox Press, 1998), 15 – 19.

21) 박종석·황선희, "대담 – 현대 가정의 해체와 그 대안: 혈연이 아니라 사랑의 관계를 이루는 가정 공동체", 「기독교사상」 509(2001·5), 93 – 114.

22) "21세기 가정의 패러다임: 달라지는 가족개념", 「세계일보」(2004. 2. 15.)

23) 예를 들어, 2004년 6월에 시작된 대광고등학교 강희석 군이 예배 참여의 자유를 주장한 사건.

실천 연구에 힘을 쏟아야 한다. 칼 에이치 마르크스(Karl H. Marx)에 따르면, 실천이 이론의 지도를 받는다는 일반인의 상식과는 달리, 이론이 실천을 원천으로 하고 실천의 요구에 따라 발생한다. 실천의 발전과정에서 이론은 실천을 지침으로 주어, 실천을 조정하고 조직화하는 구실을 한다. 그러므로 실천에는 이론이 내포되어 있는 것이다. 이렇게 보면 실천은 단순한 기술이나 방법이라고 볼 수 없다. 그것은 자연이나 사회, 즉 세계에 작용하여 그것들을 변혁시키려고 하는 인간의 의식적, 능동적 활동이다. 기독교교육학 역시 교육의 본질인 변화를 추구한다면, 실천은 운명처럼 버릴 수 없는, 이론에 생명을 불어넣는 내재율로 삼아야 할 것이다.

여기서 실천의 대상이 실천의 본성을 결정한다. 실천이 기독교교육학의 연구의 대상이 되고, 그것이 기독교교육학의 이론에 평형을 제공하는 저울추가 되기 위해서는 그 내용이 실천적이어야 한다. 그러나 사실은 실천적 내용이 따로 있는 것은 아니고, 내용을 어떻게 다루느냐에 따라 실천적이거나 그렇지 않게 되는 것이다. 그러나 일단 한국에서의 기독교교육학은 일견 실천적이라고 보이는 주제들, 그래서 일단 탐구의 영역에서 제외되었던 문제들을 고의적으로 과제로 삼아야 할 것이다. 예컨대 교회학교에서 연중행사로 치러지는 여름성경학교, 부활절, 성탄절 등의 절기 행사, 교사교육 프로그램 등은 그 실제적 중요성에도 불구하고 그리고 그 실천의 강화 필요성에도 불구하고 학문적으로 본격적으로 탐구되지 않고 있다.[24] 기독교교육은 결국 실천으로 표현되며 기독교교육학이 실천의 향상에 기여해야 한다면 이 같은 실천에 대한 학문적 탐구는 자명하다 할 것이다.

---

24) 정웅섭, 『교회의 교사교육 과정: 지침과 교재』(서울: 대한기독교교육협회, 1992) 등이 그 예가 되지만, 그 수는 극히 적다.

실천의 주제는 교회와 교회학교로부터 가정, 학교, 사회와 세계로 까지 확대되어야 하며, 가난, 평화, 생명 그리고 신자유주의 등으로 까지 확장되어야 한다. 이와 같은 확대된 실천의 주제는 대체로 탐구되지 않고, 그래서 익숙하지 않아 낯설게 느껴질 수 있다. 그러나 이와 같은 주제들은 사실 이미 우리와 우리가 그 안에 있는 세계의 한 부분을 이루고 있다. 즉 가난, 평화, 생명 그리고 신자유주의 등은 우리와 무관한 것이 아니라 바로 우리의 문제이다. 기독교교육학에서 당면한 실제적 문제를 수용함으로써 세계의 문제는 기독교교육학의 문제로 수렴되면서 한국의 문제가 될 것이다.

3. 이론의 비판적 수용, 재창조 그리고 논쟁

한국에서 기독교교육학은 자생적으로 형성된 것이 아니라, 외래 기독교교육학의 도입을 통하여 생성되고 발달된 후발적(後發的) 학문의 역사를 걸어왔다.[25] 외래 이론의 추종은 외국에서 형성된 것을 즉각 이용한다는 편의성이 있지만, 부작용이 따르게 된다. 후발성 학문의 부작용은 한국의 학자들에게 외래 이론을 뒤쫓는 학문 태도의 형성(탐구행위의 종속성), 자국의 문제에 대한 탐구의 소홀, 관념론에 머물고 마는 연구 경향, 주체의식과 역사의식과 문화의식의 결핍

---

25) 어떤 학문의 자생성의 문제를 논의하기 위해서는 두 가지의 논의를 포함시켜야 한다. 하나는 특정 학문이 자국의 상황을 고려하지 않고 외국의 학문을 차용하는 문제이고, 다른 하나는 타 학문의 유입으로 인한 학문 자체의 정체성 문제이다. 자생성에 대한 논의는 이 두 가지를 다 포함한다. 유재봉, "한국교육학의 자생성에 관한 논쟁 검토", 「한국교육사학」 25:2(한국교육사학회, 2003), 30. 기독교교육학을 예로 들면, '한국' 기독교교육학과 한국 '기독교교육학'의 자생성 문제라고 불러도 무방할 것이다. 정범모, "한국교육학의 자족성 문제", 「교육학연구」, 25:2(한국교육학회, 1987), 1－8; 유재봉, "자생성의 관점에서 본 한국교육학 50년", 한국교육학회50년사 편찬위원회 편, 『자생적 한국교육학의 미래』(서울: 원미사, 2003), 3－33 참조.

등을 들 수 있다.26)

한국 학자들의 외래 이론에 대한 가능한 역할은 다섯 가지로 볼 수 있다.27) 첫째, 전달 역할, 즉 외래 이론을 한국에 소개 전달하는 역할이다.28) 둘째, 상황규정 역할, 즉 외래 이론에 따라 한국 상황과 그 위치를 규정하는 일이다. 셋째, 적용 방안 작성 역할, 즉 외래 이론에 따른 한국 상황의 개선 또는 개혁을 위하여 나가야 할 방향과 방안을 작성하는 일이다. 넷째, 비판적 도입의 역할, 즉 외래 이론을 자국의 역사적, 정치적, 경제적, 문화적 상황에 대한 주체적 판단에 비추어 보면서 도입하는 역할이다. 다섯째, 재창조의 역할이다. 즉 도입된 외래 이론을 한국의 역사와 현실과 미래상에 적합하게 수정하여 한국적 이론으로 만드는 역할이다. 이 중에서 한국의 학계는 앞의 세 가지 유형의 역할 수행은 열심히 해 왔지만, 나머지 두 가지 유형의 역할은 거의 수행하지 못해 왔다. 따라서 한국의 기독교교육학이 외래 이론적이라는 비난을 벗어나기 위해서 해야 할 과제는 자연히 이 후자의 역할에 집중되어야 할 것이다.

외래 이론은 자국의 다면적 상황을 고려하여 도입해야 할 것이다. 이것은 한국기독교교육학에 대한 두 가지 입장, 즉 한국기독교교육학을 한국적 독특성을 가진 기독교교육학으로 보는 입장과 한국에서 하

---

26) 이종각, 『교육학 논쟁』(서울: 도서출판 하우, 1994), 116.

27) 이종각, 『교육학 논쟁』, 105 - 106.

28) 이 역할을 옹호하는 사람들은 '아직은 외국의 이론을 학습하는 데 힘써야 한다, 창의적 학문을 하는 것은 시기상조이다.'라고 주장한다. 그러나 외국의 이론과 소개가 현실적으로 기득권과 안정을 부여하지만, 그런 상태에 안주하여 학문의 창의성과 도전 정신을 말살시킨다는 데 유의해야 한다(조동일, 『인문학문의 사명』[서울: 서울대학교 출판부, 1997], 32 - 33). 기독교교육학 분야에서는 기독교교육 번역서적들이 대표적으로 이와 같은 역할을 수행한다. 대부분 미국 저자들의 번역서로 구성된 이 같은 책들은 외국어 능력이 없는 학생들에게 선호되어 그들의 기독교교육관을 지배하는 식민지적 기능을 하게 된다.

는 기독교교육학의 입장 중에서 후자의 입장을 취하는 것이다. 그럼
에도 불구하고 학문의 보편성을 주장하여 한국의 기독교교육학이 따
로 있는 것은 아니라고 강변해서는 곤란하다. 왜냐하면 엄밀한 의미
에서 외래 이론의 타 문화에의 실질적 도입은 불가능하기 때문이다.
따라서 탐구자가 자신의 사회와는 이질적으로 다른 사회의 내용을 그
사회의 내부 기준이 아닌 자신의 개념과 기준으로 탐구할 수는 없다.
그럴 경우 외래 이론 본래의 뜻을 왜곡시킬 수 있다. 이 같은 까닭에
외래 이론은 자국의 사정에 맞도록 비판적으로 수용되어야 한다.

　외래의 이론을 비판적으로 수용한다는 것은 어떻게 하는 것인가?
가장 기본적인 입장만 생각해 보자. 우선 외래 이론의 성격을 알 필
요가 있다. 전술한 바와 같이 외래 이론의 가장 큰 특성은 실용성이
라고 할 수 있다. 그러나 그 밖에 우리와는 다른 성격의 특성들을
갖고 있다. 특히 이론 형성의 배경을 이루는 사고 면에서 볼 때, 동
양과 서양의 간극은 크다. 리처드 이 니스벳(Richard E. Nisbett)에
따르면, 동양과 서양은 서로 다른 자연환경, 사회구조, 철학사상, 교
육제도로 인하여 매우 다른 사고방식과 지각방식을 갖게 되었다. 동
양은 좀더 '종합적'으로 사고하기 때문에, 부분보다는 전체에 주의를
더 기울이고, 사물을 독립적으로 파악하기보다는 그 사물이 다른 사
물들과 맺고 있는 '관계'를 통하여 파악한다. 서양의 '분석적'인 사
고방식은 사물과 사람 자체에 주의를 돌리고, 형식논리나 규칙을 사
용하여 추리한다.29) 서양의 외래 이론이 이처럼 동양과는 다른 사고
방식 안에서 형성되었다는 것에 충분한 주의를 기울일 필요가 있
다.30) 그래서 우리 입장, 즉 삶이 펼쳐지는 우리의 생활세계를 바탕

---

29) Richard E. Nisbett, *The Geography of Thought: How Asians and Westerns Think Differentl
y⋯⋯and Why*, 최인철 역, 『생각의 지도: 동양과 서양, 세상을 바라보는 서로 다른 시
선』(서울: 김영사, 2004).

으로 중심을 잡고 수용할 수 있어야 한다는 것이다.31)

외래 이론에 대해 한국의 기독교교육학이 할 수 있는 역할은 재창조의 역할로서, 외래 이론을 우리의 현실에 맞도록 새롭게 형성하는 것이다. 여기서 우리의 현실에만 맞추려다 보면 자칫 폐쇄적이 되어 보편성을 상실하기 쉽다. 이와 같은 우려를 벗어나기 위해서, 즉 보편과 특수 둘 다를 만족시키기 위한 접근은 미적(aesthetic) 접근이라고 할 수 있을 것이다. 마리아 해리스(Maria Harris)와 가브리엘 모란(Gabriel Moran)에 따르면, 시간 속에서 살아가는 우리는 과거로부터 특정한 형태를 물려받고 그것을 현재와 미래에 보다 맞도록 다듬어 새로운 형태를 만들어 가고 있는데, 이것이 '재형성'(reshaping)이고, 이것은 창의적이고 미적 상상력의 작품이라는 것이다.32) 예술 작품은 그 형태가 바로 내용이면서 예술이라는 보편성과 개성이라는 특수성을 모두 함유하고 있다.

마지막으로, 외래 이론을 수용하는 과정에서 검증의 역할을 할 수 있는 학문 행위는 논쟁이다. 이종각에 따르면 논쟁은 인용, 서평, 토론, 문헌 리뷰(선행 연구의 비판적 검토) 등과 더불어 학문적 상호 작용이다. 논쟁은 가장 중요한 학문적 상호 작용 방식으로 "주장 또

---

30) 외래 이론을 비판적으로 수용하는 문제와 관련해서 '비판적 성찰'(critical reflection)이라는 개념을 떠올릴 수 있다. 비판 이론(critical theory)으로부터 유래된 이 개념은 과거의 정치, 경제, 사회, 문화 속에서 인간의 의식이 어떻게 왜곡되었는지를 드러내는 방식이다. 이것을 기독교교육에 응용한다면 외국의 기독교교육이 본래의 기독교교육(그것이 무엇인지는 확실치 않다)을 어떻게 왜곡해 왔는지에 대한 검토가 될 것이다. 그러므로 '비판적 성찰'이란 개념은 우선은 외국의 이론을 다룬다는 면에서 그리고 비판적 성찰 자체의 구조가 외래적이라는 면에서 외래 이론을 비판적으로 수용하려는 동기와 일치하지 않아 부적합하다. 비판적 성찰에 대해서는 강희천, 『기독교교육의 비판적 성찰』(서울: 대한기독교서회, 1999), 1장 참조.

31) 이기상, 『서양철학의 수용과 한국철학의 모색』(서울: 지식산업사, 2002), 7 - 21.

32) Harris and Moran, *Reshaping Religious Education*, 7. 이론을 재형성하는 과정에서 필수적인 요소는 상상력인데, 이에 대해서는 Maria Harris, *Teaching & Religious Imagination*, 김도일 역, 『가르침과 종교적 상상력』(서울: 한국장로교출판사, 2003) 참조.

는 이론이 두 가지 이상 있고 각 이론의 주장자들 사이에 언쟁, 토론, 비판, 반론을 상호 교환하면서 각 이론을 정교화하고 그 정당성을 주장하는 것이다."[33]

한국기독교교육학계에서 논쟁은 희소하다.[34] 기독교교육학 학문공동체에서 논쟁이 적은 이유는 분명치 않으나 짐작할 수는 있다. 우선 논쟁이 가능할 만큼의 학문적 역량이 쌓이지 않았다는 점이다. 이것은 두 가지 면에서 볼 수 있는데, 하나는 전공 영역들 간의 학문적 소통의 불가능성, 즉 타 전공 분야에 대한 일천한 지식과 무지이다. 그런 상태로서는 논쟁을 해 봐야 승산이 없기 때문에 아예 논쟁을 할 마음을 갖지 않는다. 학문적 논쟁이 어려운 또 다른 측면은 잠재적 논쟁 대상의 내용이 중요한 내용이 아니거나, 내용의 전개에 무리가 있어 논쟁의 가치가 없는 경우이다. 기독교교육학의 대부분의 내용은 글쓴이의 독창적인 의견을 개진한 것이라기보다는 외래 이론을 적절히 편집한 내용, 즉 본인의 주장이 아니기 때문에 정작 글쓴이와의 논쟁은 잘못된 표적을 겨냥한 꼴이 되기 십상이다. 한국에서 기독교교육학 학문공동체 구성원들 사이에서 논쟁의 난점에도 불구하고, 전술한 바와 같이 논쟁의 긍정적인 점들을 생각한다면 논쟁을 방해하는 요인들을 제거하고, 논쟁을 활성화시키는 노력이 요망된다.

---

33) 이종각, 『교육학 논쟁』, 19.

34) 한국에서의 비논쟁적 문화는 비단 기독교교육학 학문공동체에만 해당되는 문제는 아니다. 문화의 단일성으로 인한 다양한 사고가 발달하지 않았고, 다양한 이익집단이 발달하여 자신의 주장을 하는 경우가 드물었으며, 권위주의적 의사소통 체계 등의 거시적 요인들이 그 원인이라 할 것이다.

V. 나가는 글

우리는 이상에서 한국에서의 기독교교육학이 관계가 있다고 여겨지는 여러 학문들을 응용하고 적용하는 데 자유롭다는 의미에서 종합학문적이며, 그러한 학문이 주로 교회학교의 문제를 처방하기 위한 것이었다는 점과 그러한 기독교교육학의 성격이 외래 학문의 실용성과 무관하지 않다는 점을 지적했다. 문제는 이와 같은 한국기독교교육학의 성격이 기독교교육학의 발전을 위해 긍정적이지 않다는 데 있다. 기독교교육학이 종합학문적 성격을 띰으로써 기독교교육학이 자율적이고 독립적인 분과학문으로서의 정체성을 형성해야 하는 과제로부터 멀어지게 되고, 기독교교육학이 교회 중심으로 진행되다 보니 교회만큼이나 학습자들에게 중요하고 비중 있는 영향을 끼치는 학교, 사회 등에 대해서 무력함을 드러낼 수밖에 없고, 기독교교육학이 이런 식의 성격을 갖게 된 것이 그 외래적 성격과 무관하지 않다고 볼 때, 기독교교육학의 토착화가 큰 부담으로 다가오지 않을 수 없다.

그러나 지혜는 부정으로부터가 아니라 긍정과 적극적인 자세로부터 온다는 사실을 인정한다면, 앞으로 기독교교육학은 지금까지 부정적 성격이라고 여겨지던 내용들을 적극적이고 긍정적인 차원에서 소화해 내야 할 것이다. 종합학문적인 성격을 살려 타 학문과의 건설적 관계 형성을 위해 노력하고, 교회 외에 가정, 학교 그리고 사회 등을 현대에 새롭게 등장하는 문제들(예컨대 사이버 공간 등)과 더불어 기독교교육의 장으로 수용하여 적극적으로 기독교교육적 방안들을 모색해 나가고, 외래 학문의 부정적인 면들을 알면서도 그것들을 한국의 사회·문화 상황에서 비판적으로 수용하여 재창조의 단계에까지 나간다면 한국기독교교육학의 미래에 대해 낙망하지 않아도 될 것이다.

대단히 단순하게 생각해 본다면, 현재의 한국기독교교육학의 성격은 이미 나름대로 한국적 상황에서 어느 수준에서 검토가 된 내용이라고 볼 수 있다. 그것을 겸허하게 인정하되 타성에 젖어 안주하지 않고 급변하는 사회에 시의적절하게 대응해 나가는 노력이 필요하다. 한국기독교교육학의 앞으로의 과제는 이미 과제로 떠오른 세계 일반의 보편의 주제가 아닌 우리의 문제를 보다 구체적으로 접근하는 데 있다고 본다. 그리하여 한국기독교교육학의 성격은 새롭게 변화되어야 하고, 그에 따른 새로운 전망이 부각되어야 한다.

교회의 사명 수행을 위한 교육목회

: BCM 교육목회제도

Ⅰ. 들어가는 글

한국교회는 여러 면에서 위기를 맞고 있다. 우선 교세 면에서 성장이 지체되고 있다. 2006년 통계청의 발표에 의하면 개신교인은 최근 10년 사이에 15만여 명이 감소했다고 한다. 이에 비해 가톨릭은 220여만 명, 약 74%의 놀라운 증가세를 보이고 있다. 여기에 개신교에 대한 부정적 인상까지 겹치고 있다. 특히 올해에 있었던 아프간 피랍 사태나 이랜드 노조 점거농성 등의 사건은 선뜻 신자라고 말하는 것이 꺼려질 정도이다. 교회 내적으로는 교세의 감소와 교회 외적으로는 기독교에 대한 적대감이 팽배해 있다. 한국교회는 대내외적으로 위기를 맞고 있다. 이 같은 위기 상황을 돌파하기 위한 한국교회의 대처 방식은 크게 두 가지이다. 하나는 셀 프로그램 등을 통한 교세의 회복을 노리는 것이고, 다른 하나는 영성 운동을 통한 교세 회복의 바탕을 마련하고자 하는 것이다.

여기서 우리가 주목해야 할 사실은, 아주 단순화시켜서 말한다면, 한국교회가 이제껏 추구해 온 것은 교회성장이었고, 그것이 위기에 직면하게 되자 그 타개책으로 시도하는 방법 역시 그 동기가 교회성장에 있다는 것이다. 한마디로 한국교회는 교회성장이라는 협소한 의미에서의 선교 패러다임에 의해서 움직여져 왔다는 것이다. 한국교회의 이 같은 대안 부재의 선교지향성은 그 기대와는 다른 결과를 낳을 것이라는 예측을 가능케 한다.1)

한국교회의 선교 우선주의가 잘못된 것은 아니다. 그러나 현재의 위기 상황을 극복하기 위해서는 당장은 적어도 새로운 목회의 패러다임이 필요하다. 요청되는 패러다임은 선교에 신경 쓰느라 돌아보지 못했던 교회 자신의 모습, 즉 교회론에 충실해야 할 것이다. 사실 한국교회가 이 지경이 된 것은 자신이 누구인지에 대한 정체성 외면과 무엇을 해야 하는지에 대한 사명의 망각으로부터 비롯된 것이라 할 수 있다. 다음으로 새로운 목회 패러다임에 요청되는 내용은 선교와 동행하는 것이다. 교육의 촉매적 기능을 강조한다면 새로운 목회 패러다임은 오히려 이제까지 한국교회가 추구하던 선교를 그 본래적 차원에서 도울 수 있을 것이다.

한국교회에서 '교육목회'라는 말은 낯선 말이 아니다. 그럼에도 불

---

1) 한국교회의 선교 지향적 목회는 선교가 성장을 낳을 것이라는 순진한 생각에서 비롯된 듯하다. 그러나 그렇지 않음은 가톨릭의 예를 보아도 알 수 있다. 가톨릭의 성장 이유를 원색적인 선교 활동에서 찾기는 어렵다. 가톨릭은 자기들이 국민의 긍정적 인식을 만들어 낸 요인들이 한국사회의 민주화와 인권 증진에서 교회의 역할, 사회봉사 및 복지 분야에서 헌신, 타 종교에 대한 개방적이고 관용적인 자세, 천주교 성직자에 대한 신뢰도, 성직자, 수도자와 평신도의 헌신적 사랑 실천 등이라고 말한다. 반대로 개신교에서 가톨릭으로 개종한 이들의 말을 들어 보면 개신교의 교세가 감소한 이유의 일부를 알 수 있다. "천주교는 묵상을 강조하는 데 반해 개신교는 덮어놓고 믿으라고 한다." "헌금을 많이 내라고 강요하더라." "예배에 한번 빠지기라도 하면 죄인 취급을 한다." "가족 같은 분위기를 강조하며 사생활까지 마구 파고드는 교회가 불쾌하다." "막무가내식의 지나친 전도, 자기 교회에만 나오라는 강요 등이 피곤하다." <한겨레신문>, <문화일보>(2006. 11. 28.)

구하고 아직도 그 말은 기독교교육자들 사이에서 주로 통용되며 그 사용되는 의미가 상이하다. 그러나 그것은 크게 세 가지로 대별될 수 있다. 첫째, 전통적인 학교형태의 교회학교에 대해서이다. 이 경우는 내용은 그대로 둔 지칭의 변경에 불과하다. 둘째, 교회학교를 교회형태로 변화를 주어, '어린이교회', '청소년교회' 등으로 부르는 흐름에 대해서이다. 이 경우는 교회라는 전체 신앙공동체와의 관계 설정이 문제가 된다. 셋째, 주로 성인들을 대상으로 한 양육 프로그램, 예컨대 셀(Cell), 알파(Alpha) 등에 대해서이다. 이 경우는 프로그램이 목회의 특정 영역에 한정되어 있다는 문제가 있다.[2] '교육목회'라는 말의 이 같은 다의성은 논의를 통해 정리될 필요가 있다. 여기서는 다만 기존의 '교육목회'라는 용어의 사용 의미가 갖는 한계들을 극복하는 지점에서 '교육목회'의 의미를 찾고자 한다. 즉 교육목회는 교회학교를 목회적 차원에서 검토하며 그리스도를 머리로 하고 신자들을 지체로 하는 유기적인 신앙공동체를 추구하며 케리그마(Kerygma), 레이투르기아(Leitourgia), 디다케(Didache), 코이노니아

---

[2] 한국교회 목회에서 주로 채택되어 온 양육 프로그램들에는 알파(Alpha), 윌로우 크릭(Willow Creek), 세렌디피티(Serendipity), 새들백(Saddleback), G-12(Group of Twelve), 셀(Cell), 자연적 교회성장(NCD: Natural Church Development) 등을 들 수 있을 것이다. 이 프로그램들은 목회의 특정 영역을 염두에 둔 것이기에, 목회 전반을 위한 것으로는 한계가 있을 수밖에 없다. 예를 들어, ① 알파는 신약성서에 나타난 전도 원리 6가지를 근거로 삼아 불신자 전도와 새 신자 정착에 주력한다. ② 윌로우 크릭은 '관계 전도', '생활 전도' 등 다양한 전도에 주력한다. 소위 '열린 예배'는 전도를 위한 방편일 뿐이다. ③ 세렌디피티는 건강한 소그룹을 만들기 위한 야구장 다이아몬드 전략을 제시하여 소그룹을 개발/강화시키고자 한다. ④ 새들백은 헌신의 정도와 발전 과정에 따라 지도자 의존적인 야구장 내야 개념의 양육과정을 제시한다. ⑤ G-12는 다단계 형식의 증식과정에 초점을 맞춘다. ⑥ 셀은 프로그램보다는 사람 중심으로, 선물보다는 공동체 중심으로, '오라'를 강조하는 것보다는 '가라'를 강조하는 전도 방식으로의 변화 등을 강조한다. ⑦ 자연적 교회성장은 교회의 사각 영역에 대한 지원을 통해 전체적인 성장을 꾀하고자 한다. 한국교회 목회의 문제점은 교육목회제도가 부재하다 보니까 유행하는 양육 프로그램을 검증 없이 단편적으로 적용하고 그 결과 실패를 초래하고, 전반적인 교육목회의 침체로 이어지는 악순환의 주기(교육목회제도부재 → 양육프로그램들을 무조건적으로 적용→교단교육의 전반적 침체)를 겪게 되었다.

(Koinonia), 디아코니아(Diakonia)라는 교회의 사명에 충실한 목회이다. 이와 같은 목회를 위해 필요한 것이 교육이며 교육이 목회와 관련되어 출현한 새로운 성격의 목회를 지칭한다.

이하에서는 이 같은 성격을 지닌 하나의 교육목회제도를 제안할 것이다. 제안되는 교육목회제도의 이론적 근거와 그에 따른 구체적 실천 방향의 예도 구체적으로 제시할 것이다. 그리고 이 교육목회제도의 전망과 앞으로의 과제에 대해 언급할 것이다. 마지막으로, 이 교육목회제도는 기독교대한성결교회 창립100주년기념사업 중의 하나로 필자를 책임연구원으로 서울신학대학교 기독교교육연구소에 의해 수행된 연구프로젝트이다. 이 글은 그 같은 연구를 바탕으로 하고 있지만 거기서 다루어진 내용들을 필요에 따라 논의함으로써 보완의 역할을 하고 있다.

한편, 이 연구는 시스템 이론에 근거하고 있는데, 이와 관련된 생태학적 문제에 대한 논의는 그 필요성에도 불구하고 그 같은 문제를 다룸으로써 이 연구의 또 다른 접근인 유기체론과 빚어질 수 있는 상충과, 연구의 명료성 결여에 대한 우려 때문에 다음 기회로 미룬다.

II. 새 교육목회제도의 이론

1. '그리스도의 몸'으로서의 교회론

목회는 탄탄한 교회론의 반석 위에 자리를 잡아야 한다. 신학적으로 교회의 본질에 대한 대표적인 정의는 세 가지이다. 첫째, '그리스도의 몸'(Corpus Christi)이다. '그리스도의 몸'으로서의 교회론은 중세 로마 가톨릭의 교회론으로서 교회의 근거를 신비적인 비전이나 추상적 사상에 두는 것이 아니라, '갈릴리 어부'를 불러내어(ekklesia) 그들을 제자와 사도로 삼으신 '예수 그리스도의 사역'에 그 근거를 두고 있다. 이 교회론은 '객관적 – 역사적'인 근거의 장점에도 불구하고 자칫 '성례전적 계급주의'(sacramental hierarchism)에 빠질 위험성이 있다. 초월적 근거를 잃어버리기 쉽기 때문이다. 둘째, '선택된 사람들의 무리'(Coetus Electorum)이다. 이것은 존 칼빈(John Calvin)의 교회론으로서 교회는 "영원하신 하나님의 선택과 의지"(롬 8:28; 엡 1:9 – 11)에 존재의 근거를 둔다. 교회란 '하나님의 선택된 사람들', '구원받은 작은 무리', '하나님 나라의 전위'이다. 이 교회론은 초월적 – 예정적 근거라는 신학적 타당성에도 불구하고 언제나 '추상적인 영적 지식주의'(abstract spiritual intellectualism)에 빠질 위험성을 안고 있다. 역사성과 제도성 그리고 교제라는 교회의 수평적 차원을 외면하기 쉽기 때문이다. 셋째, '성도의 교제'(Communio Sanctorum/Communio Fidelium)이다. 이것은 마틴 루터(Martin Luther)의 교회론으로서, 교회는 '신자 한 사람 한 사람의 신앙'에 그 근거를 둔다. 오순절에 제자들의 그룹이 자라면서 새로운 신자들이 계속 늘어나고 또 첨가된 것과 같은 원리에 근거를 둔다. Communicatio를 통하여 Communio에 이른다. '선택'에 기초한 교회론과 '몸'에 기초한 교회론을 연결하고 종합하는 제3의 차원이다. 이 교회론은 '영적 – 주관적'인 데 그 근거를 두고 있다는 장점에도 불구하고 '감정주의적 – 경건주의적 개인주의'(emotional, piestistic individualism)에 빠질 위험성이 있다.

여기에서 제안하는 교육목회가 취하는 교회론은 '그리스도의 몸'

으로서의 교회이다. '그리스도의 몸'은 교회에 대한 성서의 표현 중의 하나이다. 특히 바울은 교회를 '그리스도의 몸'으로서 갖가지 은사를 받은 사람이 유기체적으로 협력하는 기관으로 본다(롬 12:3 - 8).3) 바울이 교회를 '그리스도의 몸'으로 지칭할 때에(고전 12:27; 롬 12:5 참조) 그것은 단순히 하나의 비유가 아니라 '그리스도 안에 있는 존재'에 상응하는 하나의 현실을 지칭한다.4) 바울의 교회에 대한 '그리스도의 몸' 비유에 나타나는 두 가지 기본 사상은 첫째, 각 몸에는 상이한 지체가 있다는 것(고전 12:14 - 20) 그리고 그 지체들은 서로 연관되어 있으며 따라서 어느 것도 중요하지 않은 것이 없다(27 - 30절)는 것이다.5)

이 같은 '그리스도의 몸'으로서의 교회론은 교회 구성원 전체가 상호 연관 속에서 교회의 사명을 이루어 나가는 것을 목표로 하는 교육목회에 시사하는 바가 크다. 우선 '그리스도의 몸' 교회론은 교회를 '선택된 사람들의 무리' 교회론에서 보이는 비역사성과 '성도의 교제' 교회론에서 보이는 주관성과는 달리 객관적 - 역사적이라는 것이다. 따라서 이 '그리스도의 몸' 교회론에서는 교회를 구성하는 것은 살아 있는 몸을 지닌 활동하는 자로서의 신자들이라는 아주 현실적 존재들이다. 이로써 목회는 비역사성과 주관성이 아닌 신자라는 현실성과의 관계임이 분명해진다. 여기서 우리가 제안하고자 하는 교육목회제도의 명칭인 'BCM', 즉 the Body of Christ Model이 나온다. 마지막으로 한 가지 언급하고 넘어갈 사실은 물론 교육목회가 '그리스도의 몸'으로서의 교회론에만 제한되는 것은 아니라는 것이

---

3) 『독일성서공회판 성경전서』(서울: 대한성서공회, 1997), 384.

4) 『독일성서공회판 성경전서』, 414.

5) 바울은 이 그리스도의 몸을 머리이신 그리스도와 교회와의 관계(엡 1:22 - 23) 그리고 전 우주와의 관계로도 설명한다(골 1:17 - 18), 『독일성서공회판 성경전서』, 456, 476.

다. 그러나 반드시 교회론에 근거해야만 한다.

2. 시스템 이론적 접근

1) 시스템 이론의 배경

한국교회의 목회는 주로 성인을 대상으로 한 성장 지향의 성격을 띤다. 그러나 이 같은 성격의 목회는 성인 외의 다른 연령층이 소위 목회로부터 소외되고 있다는 문제점이 있다. 예를 들어, 성인 외의 연령층인 아동, 청소년 그리고 청년은 교육의 대상일지언정 목회의 대상은 아닌 것이다. 반면에 성인은 목회의 대상일지언정 교육의 대상은 아니다. 이처럼 한국교회의 일반 목회에서는 목회 대상의 소외가 있으며, 그에 따라 목회와 교육이 분리되어 왔다. BCM 교육목회 제도가 근거해야 할 이론은 이 같은 문제를 극복할 수 있는 것이어야 한다. 여기에 한국교회의 최대 관심인 교회성장을 도울 수 있는 이론이라면 더욱 좋을 것이다. 그 같은 목적에 대체로 부합될 수 있는 이론 중에 시스템 이론(system theory)이 있다. 시스템 이론은 교육에 참여하고 있는 학습자와 시스템, 학습자와 다른 대상들과 형성하는 내적 관계 그리고 대상들 간의 다양한 상호 관계 등을 전체적으로 이해하는 데 도움이 될 수 있다.

시스템 이론은 1920년 생물학자 루트비히 폰 베르탈란피(Ludwig von Bertalanffy)에 의해서 처음으로 제창되었다. 시스템 이론의 이론적 배경으로는 게오르그 더블유 에프 헤겔(Georg W. F. Hegel)의 변증법, 칼 에이치 마르크스(Karl H. Marx)의 노동과 분배의 개념 그리고 찰스 다윈(Charles Darwin)의 적용과 수용이라는 진화의 과정에 등장하는 개념들을 거론할 수 있지만, 직접적으로는 사회기능주의(Sociological Functionalism)와 일반체계이론(General Systems Theory)과 관계가 있다. 사회기능주의는 총체적 접근을 지향하는 일종의 사회이론으로서, 사회를 구성하고 있는 각 개인들의 행태와 상호 작용에 대한 분석으로는 전혀 설명될 수 없는 보다 큰 실체에 대한 분석을 중시한다. 따라서 사회기능주의는 사회의 역사성보다는 사회체계에 관심을 집중하고 있으며, 사회적 실체를 구성하고 있는 각 부분들 간의 상호 관계와 다양한 작용을 집중적으로 탐구한다. 사회기능주의의 핵심적인 개념은 구조(structure)와 기능(function)이다. 전자는 사회 체계 안에서의 행동 유형들을 지칭하고, 후자는 보다 큰 의미의 구체적 활동들 혹은 그런 구체적 활동을 체계, 즉 하나의 전체와 연관시켜서 이해하려는 시도를 가리킨다.

일반체계이론은 생물학자인 베르탈란피에 의해 1940년대에 처음으로 제시된 이후 1960년대부터 주목을 받게 되었다. 베르탈란피는 일반체계이론은 이론이 아니고 현상을 설명하고, 예측하고, 통제할 수 있는 이론적 모형을 제시해 주는 기능을 하는 작업가설이라고 하였다. 버틀란피는 체계를 구성하는 요소들의 속성과 이들 간의 상호 작용의 속성을 이해하기 위하여 일반체계이론을 개발하였다. 일반체계이론의 내용 중에서 인간관과 기본 가정을 살펴보자. 일반체계이론에서는 인간을 통합된 하나의 체계로 간주하는 전체적 인간관을 갖고 있다. 전체의 기능수준은 신체, 심리, 사회라는 각 부분의 기능정도를 단순히 합한 것 이상의 것이며, 한 영역의 변화는 전체 인간의 사회적 기능에 영향을 미친다고 보고 있다. 일반체계이론의 인간본성에 대한 또 다른 관점은 환경 속의 인간관이라 할 수 있다. 인간은 외부 체계와 끊임없이 상호 작용하며 상호 의존하는 존재로 보고 있다. 일반체계이론에서는 인간의 행동을 집단, 가족 또는 다른 사회적 단위를 포함하는 전체적인 사회적 상황의 결과로 본다. 일반 체계이론에서 말하는 '체계'는 자체의 경계를 초월하여 외부 환경과도 지속적인 에너지 교환을 함으로써 생존이 가능해지고, 내적 기능에 있어서의 변화와 발달이 이루어진다. 그리고 이러한 한 체계의 변화는 체계 자체의 변화에 머무르는 것이 아니라 환경의 변화를 야기한다. 체계는 부분들 간의 지속적인 관계를 맺음으로써 비교적 안정된 상호 작용 유형을 지니고 있다. 하나의 총체로서 기능하는 체계는 다른 체계의 하위체계인 동시에 또 다른 체계의 상위체계이다.[6]

한편, 시스템 이론의 현실적 배경에는 세계적인 쟁쟁한 회사들의 도산이 있다. '왜 그처럼 막강했던 기업들이 무력하게 주저앉느냐.'는 물음으로부터 이 이론이 탄생했다고 한다. 그에 대한 대답으로 나온 것은 변화하는 세계에 적절한 대처를 하지 못했다는 것이다. 이 같은 물음을 교회에 적용한다면 오늘날 교회는 왜 정체를 당연한 것으로 알고 퇴보를 숙명처럼 여겨야 하는 것일까. 그 해답 역시 시대와 사회의 변화에 대한 교회의 부적절한 대응 때문이 아닐까. BCM은 교회를 마치 사회 속의 섬으로서가 아니라 사회의 일부로서 위치 지음으로써 목회자들에게 필요할 때마다 교회의 방향을 제시해 줄 수 있을 것이다.

시스템에 대한 정의는 학자들마다 조금씩 차이가 난다. 하지만 그들의 견해를 종합해 볼 때 시스템은 다음과 같이 정의될 수 있다. "시스템은 상호 작용하는 부분들로 이루어진 통일된 유기체이다." 이 정의에 따르면 시스템에서 강조하는 점은 전체 그리고 그것들을

---

6) Ludwig von Bertalanffy, *General System Theory*, 현승일 역, 『일반체계이론』 대우학술총서 번역 32(서울: 민음사, 1990).

구성하는 부분들 간의 상호 작용이다.

여기서 '체제'라고 번역한 시스템의 의미를 분명히 이해하기 위해 '체계적'(systematic)과 '체제적'(systemic)이란 용어의 의미를 분명하게 구분할 필요가 있다. 어원적인 측면에서 볼 때, '체계'라는 말은 라틴어에서 유래한 것으로 '순서'나 '간격'이라는 의미가 있고, '체제'는 헬라어에서 유래한 용어로서 유기적 총체를 의미한다. 체계적인 연구가 환원론적 가정을 토대로 전개되는 연구를 의미한다면 체제적 연구는 총체적인 이해를 지향하는 연구를 의미한다. 한편, 체계적인 접근이 주로 단계적이고 선형적인 절차를 의미하는 데 반해서, 체제적인 접근은 전체 체제의 유기적 총체나 복잡한 생태학적 관계를 이해하기 위한 방법을 의미한다.7) 이 글에서 제안하는 교육목회제도 연구는 체제적 접근에 의한다.

2) 시스템의 특성

시스템 이론에서 중시하는 개념으로, 전일성(wholeness), 상호 작용(interaction), 위계(hierarchy), 균형(balance), 자기 - 조절(self - regulation) 등을 들 수 있다.

첫째, 모든 시스템은 전일성을 지닌다. 시스템에 속한 모든 요소들은 관계를 맺고 상호 작용하고 있다. 이 상호 작용으로부터 요소들 간의 새로운 관계 내용들이 창출될 수 있기 때문에, 전체는 분리된 상태로 있는 부분들의 단순한 합보다 큰 것이 된다.

둘째, 시스템은 모든 부분들이 서로 영향을 주고받으며 상호 작용한다. 나무를 볼 때 나뭇잎, 가지, 뿌리 등의 관계와 작용이 결코 일

---

7) 유영안, "체제과학에 비추어 본 교육공학의 궤도이탈: 적용과정에서 나타난 오류분석", 「교육공학연구」, 13:2(한국교육공학회, 1997), 214.

방적이지 않음을 알 수 있다. 나뭇잎이 광합성을 잘해야 다른 부분들이 건강하게 성장을 잘할 수 있고, 뿌리가 대지로부터 흡수를 잘해야 다른 부분들이 잘 자랄 수 있게 되는 것과 마찬가지이다.

셋째, 시스템은 위계를 이루고 있다. 시스템의 위계는 상위시스템(suprasystem)과 하위시스템(subsystem)의 체계로 구성되어 있다. 하나의 하위시스템은 어떤 상위시스템에 속해 있고, 그 상위시스템 역시 더 큰 상위시스템을 중심으로 볼 때 하나의 하위시스템으로 이해된다.[8] 사람의 몸을 예로 들어 보자. 우리의 몸은 피부, 근육, 골격계, 소화계, 배설계, 순환계, 호흡계, 신경계로 이루어져 있다. 그중 소화계를 중심으로 볼 때, 소화계는 전체 몸의 하위시스템이 된다. 동시에 소화계는 위, 소장, 대장 등의 상위시스템이 됨을 알 수 있다. 이처럼 하나의 시스템은 그 자신이 상위시스템인 동시에 하위시스템으로 존재한다.

넷째, 시스템은 늘 균형을 이루려 한다. 시스템의 일차적인 목적은 생존에 있다. 그렇기 때문에 정상상태에서 일탈이나 변화가 생기면 그 상황에서 될 수 있는 한 균형 상태를 유지하려고 시도하게 된다.

다섯째, 시스템은 목적 지향적으로 자기-조절을 한다. 모든 시스템들은 자체의 목적으로부터 통제를 받고, 그러한 목적을 달성하기 위해서 행동을 규제한다. 이것은 시스템이 유기적 특성을 지니기 때문이다.[9]

위와 같은 특성을 지니는 시스템들은 외부와 영향을 주고받는 정도에 따라 '열린 시스템(open system)'과 '닫힌 시스템(closed system)'으로 구분된다. '열린 시스템'은 시스템의 환경과 물질·에너지·정

---

8) 이준형, 『시스템의 이해』(인천: 인하대학교출판부, 2000), 29-32.
9) 이준형, 『시스템의 이해』, 12-21.

보 등을 교환하거나 거래하는 시스템이다. 그러한 시스템의 경계 (boundary)는 투과성을 가지고 있다. 반면, '닫힌 시스템'은 환경으로부터 유리(遊離)되거나 고립되는 경직성을 지닌다.[10] 건강하게 적응하고 성장하는 시스템은 열린 시스템이다.

3) 시스템 이론의 예상 효과

시스템 이론은 여기에서 제안하는 교육목회제도가 지향하는 성격과 원리를 잘 반영하고 있다. 그 내용을 살펴보자. 첫째, 시스템적 관점을 통해 교회를 구성하고 있는 개인, 소그룹, 회중 등의 다양한 영역들을 전체적인 관점에서 이해할 수 있다. 시스템에 속한 모든 요소들이 관계를 맺고 상호 작용을 하면서 전일성을 이루게 된다는 점을 통하여 우리는 교회가 다양한 부분들로 이루어진 유기적 공동체임을 알 수 있게 될 것이다. 그리고 상위시스템과 하위시스템의 관계를 이해함으로써 우리는 교회 안의 다양한 영역들이 구성되는 방식을 이해할 수 있다. 시스템적 접근에서 공동체는 하나로서의 전체를 의미한다. 동시에 하나가 된 전체는 마치 생명력을 지닌 유기체와 같이 존재하는 것으로 이해한다. 이와 같은 시스템적 관점은 교회를 유기적 공동체로 설명하는 성서의 입장을 매우 잘 반영하기도 한다.

둘째, 시스템적 관점에 의해 교회의 신학이 어떠한 과정과 방법에 의해 교육목회의 현장에 반영되는지를 보다 분명하게 이해할 수 있다. 기존의 주일학교 제도에서는 일부 교재의 내용을 제외하면 현장과 교단 신학과의 관련성을 거의 찾아볼 수 없었다. 그러나 시스템 이론이 제시하는 위계와 상호 작용의 개념에 의해 교단 신학이 교육

---

10) 이준형, 『시스템의 이해』, 32 – 35.

목회에 영향을 주는 과정을 좀 더 명확하게 설명할 수 있게 되고 그 영향력이 극대화되도록 도울 수 있다.

셋째, 시스템적 관점에 의해 목회자나 일부 신자들의 활동에만 의존하지 않는 자기 조절 능력을 갖추고 스스로 유지, 성장하는 교회의 모습을 그릴 수 있게 된다. 한국교회의 대표적인 문제점은 교회의 사역이 목회자를 비롯한 소수의 사람들에게 지나치게 의존되는 수직적 구조이다. 그러다 보니 의사소통 방식도 일방적이어서 지시하는 자와 지시받는 자, 가르치는 자와 가르침을 받는 자 식으로 이분화되었다. 그러나 시스템적 관점에서는 쌍방적인 의사소통의 원리하에 수평적인 구조로 재편되면서 전체 교회가 함께 신앙의 경험을 공유하고 나누게 될 것이다.

넷째, 시스템적 관점에 의해 교회와 사회와의 관계성이 더욱 강조될 것이다. 교회는 세계와 구분된 신앙의 공동체이지만 세계 안에 존재한다. 대체로 교회의 세계 내 존재 방식은 세계로부터 분리되거나 세계에 관여하거나 그리고 그 중간 방식을 택해 왔다. 교회의 고유한 신학에 의해 영향받는 교회의 대사회적 관계 양상은 그 자체로 문제 삼을 수는 없다. 다만 그 관계의 구체적 내용과 관계의 지속성이 문제된다. 시스템적 체제에서는 교회가 사회와 반드시 관련되도록 하기 때문에 교회가 사회적 변화에 대해 능동적으로 대처할 수 있게 될 것이다.

기독교교육에서도 일찍이 체제적 접근의 목표 지향적 성격과 체제를 구성하는 요소들 간의 상호 관련성, 즉 통전성이 주리라고 예상되는 유익 때문에 티모시 라인즈(Timothy Lines) 등의 주의를 끌었다.[11] 그러나 그는 *Functional Images of the Religious Educator*라는 그의

---

11) Timothy A. Lines, *Systemic Religious Education*(Birmingham, AL: Religious Education Press,

저서의 마지막 부분에서 체제적 접근을 시도하지만 여전히 구체적이고 실천적인 제안을 하지 못하는 아쉬움을 남기고 있다.12) 여기서 라인즈의 일반 원칙 제시에 그치는 한계를 지적하면서, 바바라 제이 플라이셔(Barbara J. Fleischer)가 대안으로 제시하는 것이 피터 엠 센게(Peter M. Senge)의 학습조직(learning organization)이론이다.13) 피터 엠 센게는 『제5의 수련』(The fifth discipline)이란 책에서 학습조직, 즉 학습하는 조직의 핵심이 되는 다섯 가지의 수련에 대해 말하고 있다.14)

Ⅲ. BCM 교육목회제도의 기초

1. 교회의 구성요소와 상호 관계

시스템적 접근에 의한 BCM 교육목회제도는 교회를 이루는 구성요소로서 개인, 소그룹, 회중, 성서와 전통 그리고 사회를 든다. 전통적 목회 현장에서 '개인'은 주 목회의 대상인 것처럼 보이나 실상은 회중 속에 매몰된 교세상의 하나의 숫자였다. 개인 대 개인의 만남

1987).

12) Timothy A. Lines, *Functional Images of the Religious Educator*(Birmingham, AL: Religious Education Press, 1992), 14장 참조.

13) Barbara J. Fleischer, "From Individual to Corporate Praxis: A Systemic Re – Imagining of Religious Education", *Religious Education* 99:3(Summer 2004), 321 – 22, 328.

14) 이에 대해서는 Peter M. Senge, *The Fifth Discipline: The Art and Practice of the Learning Organizatio*, 안중호 역, 『피터 센게의 제5경영』(서울: 세종서적, 1996) 참조. 센게의 내용을 포함한 기독교교육에 대한 체제적 접근에 대해서는 박종석, "체제적 기독교교육의 구상", 「교수논총」 17(서울신학대학교, 2005), 183 – 208 참조.

은 상실되었고 낯선 이웃으로 외롭게 신앙생활을 하고 있다. 가장 중시되어야 할 목회의 목표여야 할 생명으로서의 개인이 사실은 망각된 존재로 잊혀 왔다. 실제로 대부분의 목회자들은 상식적 수준의 인간 이해에도 미치지 못하는 것 같다. 목회는 개인의 신앙 형성으로 열매를 맺어야 할 것이다. '소그룹'은 개인과 회중을 이어 주는 역할을 통해 신앙공동체 형성에 기여한다. 그러나 종종 내·외부적 이유로 그 역할을 감당하지 못하고 갈등을 일으키는 경우가 있다. 회중의 지원을 받아 개인과 나누는 소그룹은 나무의 가지와 같다. '회중'은 개인과 소그룹을 모두 포함하나 그 이상의 시너지를 갖고 있다. 그럼에도 불구하고 목회의 현장에서 명목상의 회중은 있으나 상호간의 관계를 통한 결속력의 밀도는 낮고 교회적 사명을 위한 자발적 의지는 실종되어 보인다. 신앙에 의한 공동체라는 유대감과 그것이 가져오는 연합과 통일은 곧바로 하나님의 나라 건설로 이어져야 한다. 회중은 나무의 줄기와 같아서 나무를 떠받치는 역할을 한다. 성서와 전통은 목회에 정신적, 신학적 근거와 터를 제공한다. 성서는 목회의 자원이고 방향이고 거울이다. 전통은 독선이 아닌 개성으로 다양성의 조화를 이루는 상이성이다. 성서와 전통은 개인, 소그룹 그리고 회중이 자리를 잡아야 할 뿌리이고 땅이다. '사회'는 목회의 영역으로 수용되지 못하고 있다. '사회'라는 실재의 막막할 정도의 광역성과 다양성을 생각하면 이해가 된다. 그럼에도 불구하고 목회에서 사회는 마치 공기와 같은 의식할 수 없으나 긴요한 환경이다. 사회와의 바른 관계 형성에 실패해 질식 위기에 있는 목회는 이제 사회라는 대기를 크게 들이마시고 내쉬어야 한다.[15]

---

15) 교회를 구성하는 다섯 가지 요소에 대한 그 밖의 설명은 서울신학대학교 기독교교육연구소 편, 『BCM 교육목회』(서울: 기독교대한성결교회 출판부, 2007), 32 - 37 참조.

교회를 구성하는 이 같은 요소들은 각각 다른 요소들에 의존한다. 달리 말하면 그것들은 교회라는 하나의 신앙공동체, 즉 '그리스도의 몸'을 이룬다. 몸이 하나의 유기체이듯이 이 구성요소들은 매우 밀접하게 관련되어 상호 영향을 주고받는다. '그리스도의 몸'이라는 신앙공동체는 마치 나무와 같아서 사회라는 대기 중에서 전통이라는 땅에 성서라는 뿌리를 내리고 회중이라는 줄기가 소그룹이라는 가지를 견지하면서 개인이라는 열매를 맺도록 하는 것과 유사하다 할 것이다. 몸이 예외 없이 다른 지체들과 상호 관련성 가운데 상호 의존하고, 나무가 뿌리와 줄기 등이 협응하여 과실을 일구어 내듯 온전한 신앙공동체가 되기 위해서는 개인, 소그룹, 회중, 성서와 전통 그리고 사회라는 구성요소가 모두 필요하다. BCM 교육목회제도는 개인, 소그룹, 회중, 성서와 전통, 사회가 밀접한 관련성 속에서 상호 영향을 주고받는다는 점을 강조한다. 교회는 이러한 관계성 속에서 존재하게 되고, 유지되며, 움직이고, 성장하게 된다.

2. BCM 교육목회제도의 핵심 개념

교회를 이루는 다섯 가지 구성요소들 사이에는 어떠한 내용 또는 성격의 영향력들이 상호 관계를 통해 전달되는가. BCM 교육목회제도가 제시하는 상호 관계를 살펴볼 때, 20가지의 핵심적인 개념들을 발견하게 된다. 이 개념들은 상호 관계를 통해 전달되는 영향력들 중에서 가장 강조되어야 할 사항들로 선택되었다. 그 개념들은 친밀감, 돌봄, 성실, 공동체 정신, 기억, 응답, 행동양식, 화해, 연대, 지원, 영성, 활성, 참여, 문화 풍토, 개혁, 고유성, 이상, 변화, 기독교윤리,

개방성 등이다. 이 개념들을 구성요소들과의 상호 관계에 위치 지으면 아래와 같은 그림으로 나타낼 수 있을 것이다.

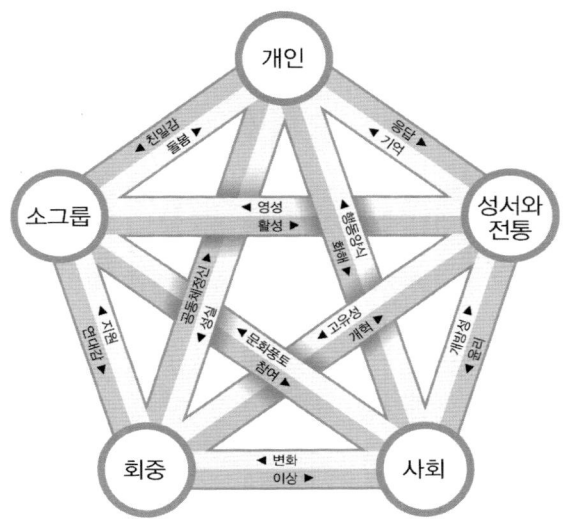

〈그림 1〉 교회의 구성요소와 상호 관계의 성격 개념도

이 개념들에 대해 유의할 점은 다음과 같다. 첫째, 이 개념들은 핵심적인 개념들이라는 것이다. 이는 교회를 구성하는 요소들의 동일한 상호 관계의 맥락에서는 발달과 환경을 고려해서 유사한 개념들이 창출될 수 있겠지만 중요한 것은 기본적으로 핵심적 개념들이 있어야 한다는 점이다. 둘째, 이 개념들은 교회를 이루는 구성요소들 사이의 상호 작용 가운데, 즉 과정 가운데 발생하는 개념이라는 점이다. 혹시 이 개념들을 전통적인 수업 형태를 통해 배워야 할 교육 내용으로 생각해서는 안 된다.

Ⅳ. BCM 교육목회제도의 실제

1. BCM 교육목회제도의 반영 원리

1) 다섯 지체의 구성

그리스도의 몸 모델은 다섯 지체들로 이루어진다. 다섯 지체들은 앞에서 언급한 20가지의 핵심 개념들을 공유영역으로 묶은 것이다. 머리 부분은 그리스도인으로서 그리고 교회의 일원으로서 자신이 누구인지 그 정체성을 파악하는 것과 관련된다. 이와 관련된 개념은 고유성, 기억, 연대감, 공동체정신 등이다. 눈 부분은 기독교적 가치관으로 인해 변화를 향한 새로운 시각을 갖게 되는 것과 관련된다. 새로운 전망을 가질 때 신앙적인 변화와 성숙이 가능해진다. 이와 관련된 개념은 개혁, 개방성, 이상, 변화 등이다. 가슴 부분은 교회의 신학이 강조하는 거룩한 사랑과 관련되는 부분으로서 주로 함께 모여 예배드리고 영성을 강화하는 것과 관련된다. 이와 관련된 개념은 화해, 응답, 영성, 친밀감 등이다. 손 부분은 교회 안의 신앙생활에서 그리스도의 몸과 지체들을 섬기는 것이나 자신에게 주어진 달란트를 개발하는 것과 관련되는데, 이와 관련된 개념은 돌봄, 지원, 성실, 활성 등이다. 발 부분은 그리스도의 지체로서 사회를 향한 봉사에 해당된다. 이와 관련된 개념은 참여, 윤리, 문화풍토, 행동양식 등이다. 손 부분이 주로 교회 안에서 이루어지는 봉사에 해당된다면 발 부분은 교회 밖을 향한 봉사에 해당된다는 점에서 상호 구별된다.

그런데 위의 다섯 가지 지체들은 교회의 주요 사명인 케리그마, 레이투르기아, 디다케, 코이노니아, 디아코니아라는 관점에서 볼 때 머리는 가르침을 새긴다는 의미에서 디다케, 눈은 하나님의 나라가 건설되는 비전을 본다는 의미에서 케리그마와, 가슴은 믿음이 머무는 곳이고 그것은 예배와 성례전으로 표현된다는 점에서 레이투르기아와, 손은 교회 안에서 지체들을 향해 내미는 사랑과 관계가 깊다는 의미에서 코이노니아와, 발은 섬김을 위한 걸음이라는 의미에서 디아코니아와 관계가 깊다. 이와 관련해서 한 가지 유념할 점은 각 영역의 성격이 완전히 분리된 것이 아니라는 점이다. 아래 표의 내용은 각 영역의 가장 대표적인 성격을 나타낸 것이지, 그 영역에 해당되는 교회의 사명이 단일하다는 의미는 아니다. 즉 한 영역에 여러 가지 교회의 사명이 복합적으로 반영될 수 있다. 이 같은 지체와 관련 개념들을 그림으로 표시하면 아래와 같다.

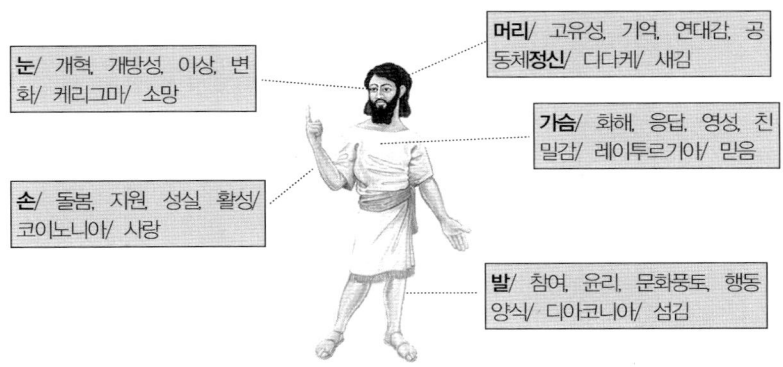

눈/ 개혁, 개방성, 이상, 변화/ 케리그마/ 소망

머리/ 고유성, 기억, 연대감, 공동체**정신**/ 디다케/ 새김

가슴/ 화해, 응답, 영성, 친밀감/ 레이투르기아/ 믿음

손/ 돌봄, 지원, 성실, 활성/ 코이노니아/ 사랑

발/ 참여, 윤리, 문화풍토, 행동양식/ 디아코니아/ 섬김

〈그림 2〉 지체와 관련 차원 상관도

2) 통합적 구성 방식

시스템적 접근에 의한 BCM 교육목회제도는 통합적 구성 방식을 지향한다. 여기에서의 통합적 구성 방식은 학교교육제도에 준하여 연령별로 구분된 획일적 구성 방식을 탈피하여 공동체 전체를 관계 중심적이면서도 상황 중심적으로 구성하는 방법을 의미한다. 이러한 구성 방식은 교세가 지속적으로 감소하고 있는 현 상황을 염두에 두고 볼 때 현실적으로 더욱 적절할 수 있다. 통합적 방식은 현재의 교회학교뿐만 아니라 교회를 구성하는 다섯 가지 구성요소들이 필요에 따라 일시적으로 적절한 조합을 형성해야 한다는 폭넓은 의미이다.

3) 구성원들의 관계와 상호 작용

시스템적 관점에서 볼 때 BCM 교육목회제도는 그 구성원들의 관계와 상호 작용에 의해 성립되고 유지되며 성장한다. 따라서 BCM에 참여하는 모든 사람들은 교육목회제도의 전 영역을 통해 상호 관계성 속에서 활동함으로써 서로에게 영향을 주고받으며 배움을 형성해 간다. 이를 위해 모든 구성원은 소그룹 모임에 관심을 갖고 참여하며, 그들 사이에 친밀감을 형성하여, 나눔과 돌봄이 극대화되도록 안내되어야 한다. 이러한 성격은 교육 내용과 방법에도 반영되어야 한다. 한편 구성원들 간의 의사소통이 원활하게 이루어지도록 하기 위해 카페나 미니홈피와 같은 온라인 매체들을 적극적으로 활용할 것이 권장된다. BCM에서는 일부 리더들에 제한된 교회활동을 지양하고, 구성원들 모두가 평등성에 기반을 둔 관계성을 중시한다.

4) 교회와 사회와의 관계성

지금까지의 교회학교 형태나 양육 프로그램들에서는 주로 각 개인의 신앙성장에 초점이 맞추어져 있었다. 그러다 보니 교육 내용이나 활동들이 주로 교회 안의 영역들에 머물 수밖에 없었다. 그러다 보니 교회는 사회의 변화에 적절하게 대응하지 못하여 그 사명 수행에 어려움을 겪게 되었다. 시스템적 관점에서 보았을 때, 각 개인과 교회는 사회 속에 존재하면서 의식하든 안 하든 사회와의 관계 속에서 서로 영향을 주고받고 있다. 이 같은 상황에서 사회의 특성과 변화를 명확하게 파악하고, 그에 대한 적절한 적응과 반응을 거듭하는 교회야말로 열린 시스템이 되어 건강한 성장을 기대할 수 있다. BCM 교육목회제도에서는 교회와 사회와의 관계를 강조하여 적극 반영하도록 한다.

5) 온라인(On-line)과 오프라인(Off-line) 병행

현대사회의 특성을 나타내는 용어 중 하나가 바로 '정보화'이다. 현대사회에서 컴퓨터와 인터넷은 마치 대기와 같은 생존의 요소가 된 듯하다. 지금의 어린이와 청소년세대를 i-세대(internet generation)나 n-세대(net generation)라고 부른다. 그 정도로 어린이와 청소년들에게 온라인 환경은 매우 익숙하고 일상적인 것이 되었다. 이에 발맞추어 BCM 교육목회제도는 지금까지 이루어져 온 오프라인상의 활동뿐만 아니라 온라인상의 활동 또한 적극 활용하고자 한다. 이를 위해서 교단 차원에서는 장기적인 개발전략으로서 BCM 교육목회를 위한 웹사이트 개설을 시도할 수 있다. 온라인상에서 진행할 수 있는 목회자나 교사 연수 프로그램을 개발할 수도 있을 것이다. 또한 웹사이트를 통해 다양한 정보와 교육 자료들을 필요한 사람들에게 제공할 수도 있을 것이다. 한편 각 교회에서는 미니홈피(Mini homepage), 카페(Cafe), 블로그(Blog), 클럽(Club) 등 손쉬운 온라인 매체들을 활용하여 의사소통의 통로로 활용할 수 있을 것이다.

2. BCM 교육목회제도의 실천

1) 마루와 터

BCM 교육목회제도는 그리스도의 몸인 교회를 이루는 다섯 지체들의 은유적 표현인 다섯 개의 '마루'로 운영된다. '마루'는 '집채 안에 바닥과 사이를 띄우고 깐 널빤지 또는 그 널빤지를 깔아 놓은 곳'을 이르는 우리말이다. 그러나 이 같은 상식적 뜻 외에도 마루는 '등성이를 이루는 지붕이나 산 따위의 꼭대기'를 가리키기도 한다.16) 그러나 무엇보다 마루는 '하늘'을 뜻하는 순우리말이다.17) 집 안과 밖을 연결해 주며, 하늘에 가장 가까운 등성이로 직접적으로 하늘을 의미하는 이 '마루'라는 말은 BCM 교육목회제도의 상호적 성격에 잘 들어맞는 용어이다. '마루'는 주님의 몸 된 교회를 구성하는 지체들이 하나님을 향하여 성장해 나아가는 신앙교육의 장이다. 한편 하나의 마루는 네 개의 '터'로 구성되는데 각 터의 명칭은 BCM의 핵심 개념들을 실현하는 은유인 동시에 해당 교육 프로그램과 관련된다. 그 기능과 역할에 따라 독특한 성격을 지니는 다섯 개의 '마루'는 새김마루, 믿음마루, 사랑마루, 소망마루, 섬김마루로 명명된다.

---

16) 사서편집국 편, 『동아 새국어사전』 5판(서울: 두산동아, 2003), 738.

17) 최기호, 『살려 쓸 만한 토박이말 5000』(서울: 한국문화사, 2004).

마루에는 각각 네 개의 '터'가 따라붙는다. '터'라는 말은 보통은 집이나 건물이 있었던 자리 또는 지을 자리를 말한다. 그러나 '일이 이루어지는 밑바탕, 활동의 토대'라는 의미도 있다. 여기에 어미나 조사로 쓰일 경우 '예정'이나 '추측' 등의 뜻을 나타내기도 한다.[18] 그래서 이 '터'라는 말이 BCM에서 사용될 경우 각각의 '마루가 지향하는 목표를 이루어 가는 기본적 활동이 전개되는 토대'라는 뜻으로 쓰인다.

'새김마루'는 '머리' 지체에 해당하는 교육의 장으로서 학습자들이 그리스도인으로서 자신이 누구인지 그 정체성을 형성하기 위한 지적인 기반을 마련하는 정신적인 공간이다. 여기에서 신자들은 기독교와 교단의 전통 안에서 성서와 기독교 진리의 주요 내용들을 배우게 된다. 이 새김마루는 누구터, 성서터, 함께터, 우리터로 구성되는데 '고유성', '기억', '연대감', '공동체정신'의 개념들이 해당 교육 프로그램을 통해 구체화된다.

'소망마루'는 '눈' 지체라고 할 수 있다. 신자들은 소망마루에서 기존의 시각과는 다른 시각을 갖게 되며, 그러한 관점에 의해 그들은 주님이 재림하실 새 하늘과 새 땅을 소망하는 자들로 변화될 것이다. 따라서 소망마루에서 신자들은 다시 오실 예수 그리스도를 기다리며 바람직한 그리스도의 몸 공동체를 구상하고 그 내용을 실천할 것을 결단한다. 소망마루는 신문고터, 동서남북터, 말씀샘터, 간증터로 조직되며 '개혁', '개방성', '이상', '변화'의 개념들을 실현하고자 한다.

'믿음마루'는 '가슴' 지체에 해당하는 교육의 장으로서 하나님을 향한 신앙심과 이웃에 대한 신뢰심을 키우는 정서적 공간이다. 여기

18) 사서편집국 편, 『동아 새국어사전』, 2405.

에서 신앙공동체 구성원은 자신을 성찰하고 마음을 비우면서 그것을 그리스도에 대한 열망과 경건의 태도로 채워 간다. 이 믿음마루는 예배터, 기도터, 만남터, 순례터로 구성되는데 '응답', '영성', '친밀감', '화해'의 개념들이 해당 교육 프로그램을 통해 구체화된다.

'사랑마루'는 '손' 지체에 해당하는 교육의 장으로서 자신에게 주어진 은사를 개발하여 교회 안에서 신앙생활을 하는 가운데 그리스도의 몸을 돌보는 교제의 공간이다. 여기에서 신자들은 청지기로서의 삶을 살아가는 데 필요한 신체적, 정서적, 지적 자원들을 형성한다. 또한 이것을 통하여 다양한 교회 활동에 참여하여 공동체를 섬기는 자들이 된다. 이 사랑마루는 돌봄터, 한글터, 문화터, 놀이터로 구성되며 '돌봄', '지원', '성실', '활성'의 개념들이 각 교육 프로그램들을 통해 실현된다.

'섬김마루'는 '발' 지체와 연관된다. 배우고 깨달은 말씀을 삶에서 실천하는 것은 직접 발로 뛰지 않으면 불가능하다. 발은 학습자가 사회와 이웃을 향해 봉사하도록 해 준다. 따라서 이 마루는 이웃에 대한 섬김의 정신으로 행동하는 신앙인이 되도록 하는 실천의 공간이다. 섬김마루는 하자터, 바름터, 나름대로터, 누림터로 구성되어 '참여', '윤리', '행동양식', '문화풍토'의 개념들을 교회와 사회에서 실천한다.

이제까지 BCM 교육목회제도와 관련해서 언급한 차원들, 즉 지체, 교회의 사명, 마루 그리고 터 등과 개념들의 관계를 나타내면 다음의 표와 같다.

지체	교회의 사명	마 루	터	핵심 개념	구성요소 간의 상호 작용
머리	디다케	새김마루	누구터	고유성	성서와 전통 → 회중
			성서터	기억	성서와 전통 → 개인
			함께터	연대감	소그룹→회중
			우리터	공동체 정신	회중→개인
눈	케리그마	소망마루	신문고터	응답	개인→성서와 전통
			동서남북터	영성	성서와 전통→소그룹
			말씀샘터	친밀감	개인→소그룹
			간증터	화해	개인→사회
가슴	레이투르기아	믿음마루	예배터	돌봄	소그룹→성서와 전통
			기도터	지원	회중→소그룹
			만남터	성실	개인→회중
			순례터	활성	소그룹→성서와 전통
손	코이노니아	사랑마루	돌봄터	개혁	회중→성서와 전통
			한글터	개방성	사회→성서와 전통
			문화터	이상	회중→사회
			놀이터	변화	사회→회중
발	디아코니아	섬김마루	하자터	참여	소그룹→사회
			바름터	윤리	성서와 전통→사회
			나름대로터	행동 양식	사회→개인
			누림터	문화 풍토	사회→소그룹

교회의 사명에 기초하여 세워진 마루와 터들은 유기적으로 상호 작용하면서 학습자의 전인적 신앙성장을 도울 것이다. 여기서는 다섯 마루 중에서 새김마루의 경우를 예로 들어 각 터들에서 어떤 내용들이 어떻게 운영되는지 보도록 하자.[19]

---

19) 다른 마루들의 경우에 대해서는 서울신학대학교 기독교교육연구소 편, 『BCM 교육목회』, 82 - 131 참조.

2) 새김마루의 실제

(1) 새김마루의 성격

가. 새김마루는 그리스도의 몸 모델의 주요 개념들 중에서 고유성, 기억, 연대감 그리고 공동체성의 네 가지 개념을 구현하는 장이다.

나. 이 새김마루는 교회의 사명 중 디다케 영역인 교육 관련 영역을 지칭한다.

다. 새김마루는 교회에서 행하는 기존의 성서 연구 체제를 보완하는 대안이다.

라. 새김마루는 다른 지체의 근거와 기초로서 기능한다. 즉 그리스도의 몸을 이루는 다른 지체(마루)들의 활동을 가능케 하는 교육의 원리로 기능한다.

마. 새김마루는 교사보다 학습자의 적극적 학습을 중시하여 필요에 따라 배우는 '학습 공동체(learning community)'의 원리를 따른다.

(2) 새김마루의 교육목적

새김마루의 교육목적은 학습자로 하여금 기독교와 교회의 전통 안에서 하나님의 말씀과 기독교적 가치관을 배우고, 그리스도를 머리로 하는 지체를 이루어 하나의 몸을 이루도록 돕는 데 있다.

(3) 새김마루의 교육구조

가. 터의 내용

개 념	터	내 용
고유성	누구터	1) 성격 　① 누구터는 그리스도인의 정체성을 배우는 곳이다. 　② 여기서 그리스도인은 신앙을 가진 자이다. 　③ 그 신앙의 내용은 하나님께서 함께하심을 믿는 임마누엘 신앙이다. 　④ 이 신앙은 보고 들으면서 감동을 통해 배울 수 있다. 2) 분야 　① 배우고: 교육 　② 보고: 영화 　③ 듣고: 간증 3) 교육의 단계 　① 배우고, 보고, 듣기 　② 나누기 　③ 내 문제를 하나님께 내어놓기 　④ 기도나 찬양을 통해 응답을 구하거나 인도를 바라며 하나님을 신뢰하기
기억	성서터	1) 성격 　성서를 다룰 수 있는 능력을 기르는 곳 2) 분야 　① 귀납법적 성서연구 　② 성서를 듣고 나누기 3) 원리 　① 정체성 알기 　② 깨닫기 　③ 실천하기
기억	성서터	4) 방법 　① 전수: 학습자의 발달에 맞추어 성서와 전통의 주요 내용을 설명을 통해 이해시키고 흥미 있는 방식으로 숙지할 수 있어야 한다. 　② 모방: 기독교 정신에 대한 명확한 이해와 굳은 신념을 표현할 수 있어야 한다. 　③ 내면화: 성서 연구와 교회 활동 등을 통해, 기독교적 가치관이 발달 수준에 적절하게 내면화될 수 있어야 한다.
연대감	함께터	1) 성격 　① 연대의 원형을 가족으로 본다. 　② 그리스도인으로서의 행복 추구를 목표로 한다. 　③ 가족 형태를 취하지만 연령에 구애받지 않는다. 2) 교육내용 　① 교회학교: 소속감 및 자부심 　② 교육목회: 교회공동체의 구성원으로서의 정체성 3) 분야

		① 가족 간의 친교(행복 맛보기)
		내용/ 기쁨, 선행, 음식, 자기 일에 자족, 멋 부리기, 사랑하며 살기
		(전 1:2, 3:12 - 13, 9:8 - 9)
		② 선행(cluster 개념) 특공대: 요청을 받아 필요를 채워 주는 프로젝트
		4) 교육의 단계
		① 상호 이해를 위한 교육(성격심리, 이해의 기술)
		② 소개(만남)
		③ 관계 맺기
		④ 활동하기
		⑤ 가족 축제: 가족 자랑 축제
		⑥ 교회 전체 가족 관계 끈 잇기: 가족으로부터 시작해서 교회 전체로
		(홈페이지, 싸이, 블로그 등을 연결한다.)
		5) 교육적 원리
		① 공동체에 대한 이해와 소그룹과의 관계를 이해한다.
		② 공동체 정신을 길러 줄 수 있는 프로그램을 운영한다.
		③ 신앙공동체와의 사귐을 심화할 수 있는 프로그램을 운영한다.
		④ 교회 공동체의 일원이라는 인식과, 그에 대한 자부심을 갖도록 한다. 교회는 다양한 사람들이 모여 하나의 몸을 이룬 공동체임을 이해하도록 한다. 교회에 대한 자부심과 사랑이 학습자의 발달 정도에 맞게 표현되도록 한다. 다양한 상징적 도구를 통하여 교회에 소속된 자로서의 정체성을 분명히 인식할 수 있도록 한다(마스코트[Mascot], 배지[Badge], 스티커[Sticker] 등을 활용하여 교회 구성원으로서의 정체성 강화, 교회 주제가를 만들어서 교회 구성원으로서의 아이덴티티 강화, '교회의 날'을 선정하여 다양한 페스티벌[Festival]을 제공하고 자부심을 갖도록 하는 프로그램 제공).
공동체성	우리터	1) 목적: 기독교 복음의 진실성과 위대함에 대한 신념을 가질 수 있다.
		2) 내용: 성서에 나타난 예수 그리스도의 신분과 구원사역
		케리그마의 고유한 내용은 성서에 나타난 예수 그리스도의 신분과 구원사역이라고 할 수 있다. 기독교의 내용은 성서로부터 나온다. 그 성서는 고대의 문헌이지만 오늘날도 우리를 향하는 하나님의 말씀이다. 이 성서의 동기는 구원이며 그 정점에 예수 그리스도가 있다. 이 예수는 진리에 대한 증언자가 아니며 진리 그 자체이다. 그는 구원에 대해 말하지 않고 구원을 완성한다. 그는 하나님이며 인간으로, 인간의 죄를 대속하기 위해 십자가에 달려 죽었으며, 사흘 만에 부활해서 지금은 하늘에 올라 성도들을 위해 중보한다.
		3) 성격
		① 공동체의 정신 곧 신자를 연대케 하는 정신을 하나님의 나라 건설을 위한 복음전파와 선교로 본다.
		② 그리스도인으로서의 행복 추구를 목표로 한다.
		③ 가족 형태를 취하지만 연령에 구애받지 않는다.
		4) 분야
		① 전도: 전도폭발 등 다양한 전도 훈련
		② 선교: 이웃의 필요에 의한 다양한 영역

5) 방법

상식적으로 기독교 진리 전파의 기본적 방식은 선포이다. 선포는 물론 교육의 한 방식이라고 볼 수는 있지만 보다 교육적이지 않다. 따라서 기독교 진리 전파의 교육 방식은 선포식 교육으로 새롭게 정리 선포식 교육은 우선 그 내용에 대한 설명으로부터 시작될 것이다. 그리고 그 설명한 내용에 대한 확신이 필요할 것이다. 그것을 위해 보통 사용되는 방식은 기도일 것이다. 기도는 질문을 허용치 않는 선언적 내용으로서 인간의 논리를 초월하는 내용이기 때문에 이에 대한 논리적 이해가 아닌 신앙적 이해를 성령께 구해야 할 것이다.

6) 채널

① 오프라인

② 온라인

- 유년: 만화 등
- 감동적 글 등

7) 교사

공동체 정신을 고양하려는 교육과 관련해서 교사는 선포자, 설명자, 중보자이다. 교사는 무엇보다 선포된 기독교 진리에 대한 확신이 있어야 한다. 확신이 확신을 낳는다. 그럼에도 불구하고 그 확신은 선포된 기독교 진리에 대한 설명에서 발휘되어야 한다. 교사는 선포된 기독교 진리에 대한 내용을 인지할 뿐만 아니라 그에 대해 선포된 기독교 진리의 성격 안에서 설득력 있는 설명을 할 수 있어야 한다. 선포된 기독교 진리에 대한 소화된 지식과 간명한 소개가 선포된 기독교 진리에 대한 그의 확신이 맹목적이지 않음을 입증할 것이다. 교사의 설명이 아무리 탁월하다 해도 신적 영향력이 없이는 학습자에게 선포된 기독교 진리에 대한 신념이 생겨날 수 없다. 교사는 학습자의 심령 안에 성령의 능력을 통한 확신이 파종되도록 간구해야 할 것이다. 기도는 외관상 무위(無爲)이나 그 통로를 통해 신적 능력이 작용한다.

8) 학습자

선포된 기독교 진리의 공동체성에 대한 학습자의 입장은 유아로부터 성인에 이르는 발달론적으로 그리고 개인, 소그룹, 회중이라는 유형적으로 상이할 것이다. 발달론적으로 여타의 교육 내용과 달리 선포된 기독교 진리에 대한 이해는 발달과는 역방향을 취한다. 즉 유아기가 성인기보다 선포된 기독교 진리에 대한 학습이 용이할 수 있다. 성인의 경우 선포된 기독교 진리는 그들의 삶과 연관되어 의미를 지닐 수 있어야 한다.[20]

나. 터 운영

- 머리 지체는 원칙적으로 누구터(고유성) – 성서터(기억) – 함께터

---

20) 이하 각 터의 프로그램의 예에 대해서는, 서울신학대학교 기독교교육연구소 편, 『BCM 교육목회』, 74 – 81 참조. 그리고 부서별 각 마루와 터의 프로그램은 서울신학대학교 기독교교육연구소 편, 『BCM 교육목회 핸드북: BCM 유아교회 핸드북, BCM 어린이교회 핸드북, BCM 청소년교회 핸드북』(서울: 기독교대한성결교회 출판부, 2007) 참조.

(연대감) – 우리터(공동체 정신)의 순환을 거친다.

- 참여는 자발적으로 하는 것을 원칙으로 한다. 따라서 교육지도 자의 터 운영 방식은 참여도에 대해서 자유로운 것이어야 한다.
- 다른 지체와 연계되어 운영될 수 있다. 그럼으로써 자연스레 이 지체의 교육목적인 연대감이 형성될 수 있다.
- 필요에 따라 발달단계에 따른 교육이 요구되나, 원칙적으로 연 령과 무관하게 운영한다.
- 모든 터에는 음식(떡볶이, 김밥, 돈가스, 아이스크림 등) 마련이 권장된다.
- 학습내용은 전시 또는 공연을 원칙으로 한다. 따라서 그에 필요 한 공간이 필요하다. 공간이 교회 안일 경우 이상적인 것은 학 습결과의 유형에 따라 전시, 공연 그리고 작업 공간이 준비되면 좋다. 작업 공간을 지하에 마련하여 여러 부서나 지체가 함께 작업하는 가운데 연대가 형성될 수도 있을 것이다. 이 공간은 교회 밖일 수도 있으며, 학습의 결과를 바자회적 성격과 결부시 킬 때(예컨대 '아름다운 가게'), 그것이 선교 차원에서 더 나을 수도 있다.
- 학습내용은 온라인상에 탑재하며, 온라인 도우미들이 그 내용이 누적되도록 관리한다. 학습과 관련된 자료들도 풍성히 탑재하여 학습자들이 수시로 참고할 수 있도록 한다.
- 새김마루의 네 가지 터와 관련된 교육지도자에 대한 교육내용은 '성결신학', '교육과정의 이해', '그룹 다이내믹스', '교회의 이 해' 등이 권장된다.[21]

---

21) 이 교육목회제도에 맞는 교육지도자 양성을 위한 교육과정이 필요하며, 그 교육과정으로는 교회를 이루는 구성요소들 사이의 상호 관계의 성격을 나타내는 개념들을 고려해서 성결신학(성서와 전통→ 회중), 교육과정의 이해(성서와 전통→ 개인), 그룹 다이내

V. 나가는 글

일방적 선교 지향의 한국교회가 직면한 위기의 극복은 또 다른 유사선교적 목회 방향에 있지 않고 교회의 본래적 모습과 사명에 충실한 교육목회에 있다는 점을 전제로 하나의 교육목회제도를 제안했다. 이 제도는 유기체성을 강조하여 그리스도의 몸을 유비로 하는 교회를 바탕으로 교회의 불변하는 사명인 케리그마, 레이투르기아, 디다케, 코이노니아 그리고 디아코니아를 어떻게 이루어 나갈지를 구체적 교육 실천과 연결시킴으로써 보여 주고자 했다.

이를 통해 이 교육목회제도가 넓게는 교회의 본래 모습과 사명을 회복시킴으로써 목회의 변질과 왜곡을 제거하고 올곧게 함으로써 목회의 형상을 회복시킬 수 있을 것이다. 이 외에 이 교육목회제도는 구체적으로 몇 가지 기여를 할 수 있을 것이다. 첫째, 이 교육목회제도는 전인적인 측면에서의 신앙형성을 돕고자 했으며, 이를 위해 지적인 각성, 정서적 관계를 신뢰 형성 그리고 참여적 경험을 통해 하나님의 나라를 이루어 가는 데 안내가 될 것이다. 둘째, 연령별로 이루어지는 학교식 교육에서 벗어나 성인, 청소년, 아동 등이 함께 포함될 수 있는 간세대적 교육 시도에 도움이 될 것이다. 셋째, 소수의 인사에게 의존되던 리더십이 신앙공동체 구성원 전체에게 위임되면

믹스(소그룹→회중), 교회의 이해(회중→개인), 예수의 리더십(회중→성서와 전통), 기독교 시민운동(사회→성서와 전통), 하나님 나라(회중→사회), 멀티미디어(사회→회중), 종교경험(개인→성서와 전통), 영성훈련(성서와 전통→소그룹), 대화법(개인→소그룹), 필드 트립(개인→사회), 소그룹 운동(소그룹→개인), 사례분석(회중→소그룹), 사역자의 자기 관리(개인→회중), 부흥(소그룹→성서와 전통), 그리스도인과 봉사(소그룹→사회), 성결윤리(성서와 전통→사회), 교육과 사회화(사회→개인), 기독교 문화론(사회→소그룹) 등이다. 이에 대한 자세한 내용은, 서울신학대학교 기독교교육연구소 편, 『BCM 교육목회』, 159-207 참조.

서 평등한 관계 속에서 상호 작용을 촉진할 수 있을 것이다. 그 결과 지도자 부족 문제를 어느 정도 해결할 수 있을 것이다. 넷째, 교회의 사회와의 관계의 내용에 대해 반성하도록 하며, 그것을 바탕으로 변화하는 사회에 적극적으로 대응해 나가는 창의적 선교 자세를 갖게 될 것이다. 다섯째, 현대사회의 주요 특성 중 하나인 정보화의 흐름을 반영하여 온라인과 오프라인을 병행하는 교육목회제도의 기초를 마련해 줄 수 있을 것이다.

BCM 교육목회제도의 의의는 크게 두 가지라고 생각한다. 하나는 목회의 방향을 분명히 제시했다는 점이다. 기존의 목회는 대체로 조감도(Master plan)가 없는 부분적이고 일과성적인 성격이 짙었다. 그러나 여기에서 제안하는 BCM 교육목회제도는 목회의 전체 그림을 보여 주면서 각 부분들이 무엇을 향해 나가야 할 것인지를 분명하게 보여 주었다. 이로써 목회가 '계획적'이고 '의도적'이라는 의미에서의 교육적 성격을 띤 목회가 될 것으로 기대된다. 둘째, 교단의 전적인 지원에 의한 목회에 관한 기독교교육 이론의 구체적 실현 가능성이다. BCM 교육목회제도는 아직 검증되지 않은 제도이다. 현재 기독교대한성결교회에 의해 검증의 과정을 밟고 있는 중이다. 기독교대한성결교회는 이 BCM 교육목회제도를 전체 교단의 목회에 뿌리내린다는 방침에 따라 BCM 교육목회제도를 실험할 임상교회(씨앗교회)들을 모집하여 정례모임을 갖고 있으며, 그 실험교회에서 임상을 실시하고, 임상 평가 및 커뮤니티 자료를 공유할 계획을 세워 진행해 나가고 있다.[22] BCM 교육목회제도는 시행착오를 겪으면서 그 나이테가 쌓여 갈 것이다. BCM에 대한 평가는 최소한 수년 후로

---

22) 기독교대한성결교회 총회본부 교육국,「The BCM」창간준비호(2007. 9. 17), 창간호 (2007. 11. 13).

유보되어 있다. 그러나 적어도 한국교회의 위기를 교육목회를 통해서 극복해 보려는 시도와 그에 대한 교단의 전적인 지원과 시행 의지는 높게 평가되어야 할 것이다.

부 록
BCM 교육목회제도로 여는 성결교회교육의 미래[*]

Ⅰ. 들어가는 글

2007년 기독교대한성결교회 창립 100주년을 준비하면서 100주년사업위원회(위원장 이정익) 교육분과위원회(위원장 권석원)는 서울신학대학교 기독교교육연구소(소장 박종석)에 교단의 선교 2세기 준비를 위한 교육제도 개선 프로젝트를 의뢰하였다. 이에 연구소는 2005~2006년에 걸친 연구를 통해 단지 개선을 넘어 그리고 교회학교를 넘어 목회의 개념을 도입한 새로운 교육목회제도를 창안하여 2007년 성결교회교육의 체제적 대안으로서 'BCM 교육목회제도'를 제안하였다. 이 제안은 총회본부 교육국의 헌신적인 노력에 의해 교회 현장에 전파되어 그 효과가 나타나며 한국교회의 교육을 위한 대안으로 부상하고 있는 중이다. 그러나 2009년 9월 28일 제2회 '성결교육인의 밤' 행사 시 보고된 바에 의하면 아직도 BCM이 무엇인지 잘 모르는 교회도 상당수 있는 것으로 조사되었다.

---

[*] 2009년 11월 10일 충주에서 있었던 기독교대한성결교회교육부 주최 '2009 교육지도자 세미나'에서 발표한 글이다.

현재까지 그리고 현 상황에서 BCM은 우리 성결교회뿐만 아니라 한국과 세계를 위한 훌륭한 교육목회제도라고 믿는다면 이 제도는 더욱 발전되고 이 제도를 통해 교회의 목회가 질적으로 성숙하고 양적으로 성장하도록 하는 것이 우리에게 주어진 과제가 될 것이다. 그래서 여기서는 이 BCM 교육목회제도가 앞으로 우리 교회의 교육에 기여하는 것이 될 수 있을지를 이제까지의 성과를 바탕으로 논의해 보고자 한다.

II. 성 과

1. 교단 총회에서의 공식 교육목회제도 인정

2007년 기독교대한성결교회 창립100주년기념사업의 일환으로 연구된 BCM은 서울신학대학교 기독교교육연구소가 2년여의 연구 기간을 거쳐 개발한 교육목회제도이다. 이 제도는 2007년 기독교대한성결교회 101년차 총회에서 성결교회의 공식 교육제도로 인준되었으며, 2008년 102년차 총회에서는 2009년부터 전국교회의 의무 시행이 결의되었다.

2. 임상 실시

서울신학대학교 기독교교육연구소가 교회학교에서 사용할 수 있도록 BCM 이론을 구체화한『BCM 교육목회 핸드북: 유아교회, 어린이교회, 청소년교회』(2007)를 중심으로 임상을 실시하였다. 40여 개의 'BCM 임상씨앗교회' 80여 명의 성결교회 일선 교회교육지도자들이 이 실험에 참여하였다. 씨앗교회들은 2007년 11월부터 매월 한 차례씩 모여 다음 달의 교육목회 개념, 내용, 방법 등을 전수받아 실제 운영한 후 임상결과를 보고하였다.

3. 실천을 위한 관련 자료 발간

BCM 교육목회제도의 실천을 돕기 위해 총회본부 교육국에서는 다양한 종류의 자료를 발행하였다. 그동안 BCM 교육목회제도의 이론을 담은 『BCM 교육목회: 21세기 기독교교육의 새방향 』(2007), BCM 이론의 기본적 실천 프로그램을 담은 『BCM 교육목회 핸드북: 유아교회, 어린이교회, 청소년교회』(2007), 교사대학 시리즈인 『BCM교사 에센스 Ⅰ: 시작마루, 새김마루』(2008), 『BCM교사 에센스 Ⅱ: 소망마루, 믿음마루』(2008), 『BCM교사 에센스 Ⅲ: 사람마루, 섬김마루』(2008) 그리고 교사용 교육목회 핸드북인 『BCM Mighty Planner 유아교회, 어린이교회, 청소년교회 교사핸드북』(2009)을 발간하였다. 특히 『Mighty Planner』를 통해서는 교사들과 교육지도자들이 1년 365일, 52주 교육목회와 관련된 모든 것에 관한 지침을 얻을 수 있도록 내용을 구성하였다.

여름계절학기 교재도 발간되었다. 『움틀꿈틀 성결교회: 유치부(4~7세), 유년부(1~3학년), 초등부(4~6학년) 새김북스』(2009), 『움틀꿈틀 성결교회: 유치부, 유년부, 초등부 새김북스 가이드』(2009), 『BCM the summer vacation magazine VACAZINE: 교회를 배우는 여행』(2009), 『BCM the summer vacation magazine VACAZINE: 교회를 배우는 여행-지도자 가이드북』(2009), 『움틀꿈틀 성결교회: 여름교육 찬양집』(2009), 『움틀꿈틀 성결교회: 여름교육 찬양집 [DVD]』

(2009), 『움틀꿈틀 성결교회: 지도자 가이드북 [CD]』(2009), 『BCM the summer vacation magazine VACAZINE: 교회를 배우는 여행 - 지도자 가이드북 [CD]』(2009) 등이 그것들이다.

나아가 총회본부 교육국은 BCM 교육목회의 효과적인 시행을 위해 교육국 홈페이지(http://www.eholynet.org) 내에 BCM 코너를 운영(2008), 교육지도자들과 교사들에게 이미지, 영상 및 다양한 교육 보조 자료를 보급하고 있다. 아울러 각 지교회의 교육지도자들과 교사들이 현재 활용 중인 다양한 프로그램들을 교류하고, 나아가 『Mighty Planner』가 제공하는 프로그램들을 버전업시켜 교단 내 교회들이 그 자료들을 나눌 수 있게 할 뿐 아니라 차후에 계속하여 발간된 『Mighty Planner』의 프로그램들의 질이 보다 높아질 수 있도록 하고 있다.

4. 실시를 위한 저변 확대

성결교회의 역사상 기독교교육 분야에서 BCM 교육목회제도만큼 주목을 받은 내용은 없을 것이다. BCM은 학회를 통한 이론 발표, 교육지도자교육, 석사학위논문을 통한 영역의 확장과 심화된 연구, 홍보활동 등을 통해 많은 사람들의 관심을 끌고 있다. 이 같은 관심은 앞으로 BCM의 실시가 더욱 활성화될 수 있는 기반으로 작용될 것으로 보인다.

BCM은 이제 교사와 교육지도자에 의한 교회학교의 교육을 넘어 담임교역자들의 목회 시스템으로도 인정을 받아 가고 있다. 뿐만 아니라 BCM은 우리 교단을 넘어 여러 교단의 관심을 끌고 있으며 적절한 계기만 주어진다면 한국교회 전체로 확장될 수 있는 분위기가 무르익고 있다.

Ⅲ. 과 제

1. 주요 관계 개념에 대한 정리와 보완

주지하는 바와 같이 BCM은 성서와 전통, 개인, 소그룹, 회중 그리고 사회라는 구성요소들 간의 관계 개념을 근간으로 하는 교육목회제도이다. 따라서 구성요소들 간의 20가지 경우에 해당하는 이상적인 관계라고 여겨지는 개념들은 BCM의 존재 이유이기도 하다. 교육의 범주를 따라 말한다면 그것은 교육의 목적 또는 목표라고 할 수 있다.

이 관계 개념들은 성실한 연구로부터 나왔고, 지난 몇 년간 현장의 교회들에서 구체적 실천으로 그 타당성이 인정되었다고 볼 수 있다. 그럼에도 불구하고 이 개념들을 항구적인 것으로 볼 경우 급변하는 시대와 교육 현장을 보다 충실히 반영하지 못할 것이다. 이와 같은 기본적 사실만 보더라도 주요 관계 개념들에 대한 재검토가 필요하다.

관계 개념에 대한 검토의 방향은 다음과 같은 내용들을 고려할 수 있을 것이다. 우선은 그동안 BCM 실천에서 불완전하다거나 문제가 있다거나 모호하다거나 신학적으로나 교육적으로 부적합한 개념들에 대해서 비판적으로 검토하고 보완하는 것이다. 다음으로는 교단의 교육이념과 교육목적에 맞추어 이 관계 개념들을 정리하는 것이다. 과연 현재의 관계 개념들이 '성결한 하나님의 사람'이라는 우리 교단의 교육이념과 교육목적에 부합하는지 반성하고 그것들에 맞춘 논리성을 확보해야 할 것이다. 끝으로는 미래 사회의 자라나는 세대들을 염두에 두고 관계 개념들을 새로 구성해 보는 것이다. 시대는 급변하고 성장 세대들은 예측을 불허하기에 교육의 짐은 감당하기 어렵다. 막상 상황에 닥쳐서 문제를 해결하고자 할 경우에는 이미 손을 쓸 수 없다. 가능한 예측을 바탕으로 준비하지 않으면 미래는 없을 것이다. 관계 개념들은 이처럼 교회 실천적인 면에서 그리고 교단 교육적인 차원에서 그리고 미래 사회의 변화를 염두에 두고 개선되어야 할 것이다.

2. 이론과 실천의 내실화를 위한 연구팀 운영

BCM의 역사는 일천하다. BCM은 사실 유년기를 통과하고 있지 않나 하는 생각이 든다. BCM은 청소년기와 청년기를 거쳐 성인으로 자라나야 한다. 유년기의 BCM은 그 연륜이 짧아 치기와 실수가 있을 수 있다. 전혀 엉뚱한 방향으로 나갈 수도 있다. 그렇기에 성숙한 BCM으로 자라나기 위해서는 여러 면에서 보완할 것들이 있을 것으로 예상된다. 아이가 혼자 서기까지는 세심한 배려가 필요하듯이 BCM 역시 좀 더 향상된 교육목회제도가 되기 위해서는 이론을 정교하게 다듬어야 하며 교육 현장의 실천을 통해 그 타당성이 입증되어야 한다.

BCM에 요구되는 이론과 실천은 그것들을 수행하는 연구자들을 필요로 한다. 그 연구를 어디에서 감당하든 그 팀에는 교수급의 기독교교육 전문가와 교단 교육국의 실무자와 BCM 관련 집필자와 교회 현장의 교육지도자와 교사들이 포함되어야 할 것이다.

이 연구팀에서는 BCM 관련 이론과 실천의 관계를 검토해야 할 것이다. 그것은 쌍방향으로 이루어져야 할 것으로 보이는데, 한 방향은 이론으로부터 실천으로 가는 방향으로 이론이 실천으로 제대로 해석되고 번역되었는가를 검토하는 것이다. BCM이 핸드북이나 교사 교재로 구체화되면서 이론에 대한 바른 이해에 근거하고 있는지

따져 보아야 할 것이다. 다른 방향은 실천으로부터 이론으로 가는 방향인데, 실천의 경험을 통해 이론의 문제점을 지적하는 것이다. 교육 현장에서 실천해 보니 교재의 내용과는 판이한 내용이 전개되지는 않았는지 추후에 그와 같은 내용들이 이론에 반영되어야 한다. 이론과 실천의 쌍방향적 상호 영향은 주기적 성격을 띠면서 나선형의 구조를 이루어야 할 것이다.

3. 아동, 청소년교회로부터 청장년교회로의 확대

BCM은 처음에 성결교회가 지금 하고 있는 교육제도에 대한 개선 프로젝트였다. 하지만 성결교회가 지금 하고 있는 교육이 무엇인지 그리고 그것이 제도화되어 있는지 그리고 그것은 선교 2세기를 맞는 앞으로도 여전히 유효한 것인지에 대한 의문이 제기되었고, 그렇다면 아예 새로운 교육제도에 대한 연구가 더 경제성이 있겠다는 생각들에 합의를 보게 된 것이다.

그러나 여전히 문제는 남아 있었다. 새로운 교육제도의 범위와 영역에 대한 문제였다. 즉 새로운 교육제도가 추구하는 것이 또는 새로운 교육제도가 행해지는 곳이 어디냐 하는 것이다. 기존의 교육은 소위 교회학교에 한정된 행위로 인식되어 왔다. 그리고 교육 외의 활동은 목회라는 이름으로 뭉뚱그려 정리되어 왔다. 이와 같은 교육적 현실 앞에서 새로운 교육제도는 문제가 있다고 여겨지는 과거의 교육적 전통을 그대로 이어 가느냐, 아니면 새로운 세기를 맞기 위한 전혀 새로운 관점에서 구성되어야 하느냐 하는 선택에 직면하게 되었다. BCM은 후자 선택의 결과이다.

BCM은 교육목회제도이다. 이 말은 BCM이 교육과 목회가 화학적으로 결합된 새로운 형태의 체제라는 뜻이다. 이제까지 교육은 어린이와 청소년을 대상으로 한 교회학교의 일이고 목회는 장년에 대한 것으로 구분되어 있었다. 그래서 교육은 목회가 아니고 목회 역시 교육이 아니었다. BCM은 이런 경계를 허물고자 했다. 교육이 목회이고 목회가 교육이라는 것이 BCM의 의도이다.

그래서 BCM은 교회학교의 교육을 목회적 차원에서 하고자 한다. 그러나 목회를 교육적 차원에서 하는 이 일은 하지 못하고 있다. 그 일은 아무래도 담임교역자의 의식에 달린 문제이기 때문이다. BCM의 본래 시행계획은 정년부로부터, 아니면 담임목회자들에 대한 교육부터 시작하고자 했다. 그러나 그렇게 할 수 있는 여러 가지 조건들이 구비되지 않아 교회학교로부터 시작된 것이다. BCM이 교회학교에 한정되어 있는 한 BCM은 반쪽짜리에 불과하다. 온전한 BCM이 되기 위해서는 교회 전체에서 BCM의 내용이 구현되어야 한다.

BCM을 교회 전체로 확산시키기 위해서는 목회의 전권을 행사하는 담임목회자들을 설득할 필요가 있다. 담임목회자들의 관심을 끌고 그들의 요구를 반영할 수 있는 다양한 형태의 교육을 통해 BCM 교육목회를 시도하도록 권장해야 할 것이다.

4. 질적 성숙과 양적 성장 보장

오늘날 교회의 사역 현장의 관심은 성장에 있다. 교회의 교세가 정체 또는 퇴보하고 있는 상황에서 성장에 대한 관심은 오히려 당연한 일이다. 지금 교회는 생존의 위기에 처해 있다. BCM도 교회 현장의 이와 같은 분위기로부터 자유롭지 못하다. 일단은 교회 현장에서 BCM을 보는 시각은 이 시스템이 교회에 성장을 가져올 수 있느냐일 것으로 예상된다.

다행히 씨앗교회들의 BCM 임상실험 결과는 성장에 긍정적이었다. 이 같은 결과는 보다 엄밀하게 분석되어서 BCM의 내용들 중에서 성장에 영향을 주는 요소들이 무엇인지 구별해 내어 그것들을 강화하는 방안을 고안해 BCM의 성장 가능성을 보완해야 할 것이다.

한편 성장 문제에 대해서는 '교회성장학'이라는 특정 연구 분야와 교차적인 연구를 진행함으로써 교육과 목회와 성장이 어떤 지점에서 만나 성장의 싹을 틔우고 열매를 맺을 수 있을지 성실한 연구가 필요하다.

여기에 최근 교회성장연구소(소장 홍영기)에서 우리 교단의 교회성장 프로젝트와 관련해서 선정된 16개 교회(본교회, 무극교회, 신촌교회, 번동교회, 대전백운교회, 은광교회, 청주큰빛교회, 사랑의쉼터교회, 여주교회, 동수원교회, 오류동교회, 익산삼광교회, 성북교회, 남군산교회, 군산중동교회)를 교육과 목회 차원에서 성장의 이유를 규명해서 BCM을 보완할 필요가 있다.

5. 모델교회 설립, 선정과 지원

BCM의 이름이 알려지기 시작하는 과정에서 서울신학대학교 신학대학원에 BCM 관련 교과목 개설에 대한 요청이 교육부로부터 있었다. 이와 관련해서 한 교수가 이렇게 물었다. "BCM의 모델이나 성공에 대한 사례가 있습니까?" 그 말을 들으면서 교육에 대한 잣대가 얼마나 엄격한가를 실감했다. 하지만 BCM의 활성화를 위해서는 BCM에 대한 부정적 시선이나 가혹한 기준들을 이겨 내야 한다. 그런 극복책 중의 하나는 분명한 모델을 제시하는 것이다.

BCM 활성화 정책이 원심적인 확산을 위한 것이어야 하지만 구심적인 집중적 정책도 필요하다. 이를 위한 구체적 방안은 BCM 모델교회의 설립이다. 이 교회는 새로 창립해도 좋고, 기존의 BCM 시행교회들 중에서 기준에 부합되는 교회를 선정해도 좋을 것이다. 이 모델교회에 대한 집중적인 지원을 통해 BCM이 질과 양에서 이 시대에 탁월한 교육목회제도임을 입증해야 할 것이다.

BCM 모델교회의 사역자들은 담임에서부터 교육지도자와 교사에 이르기까지 교육적 사명이 투철해야 하며 이론과 실천 면에서 BCM 훈련을 거친 사람으로서 일정 기간 동안 책임을 지고 일할 수 있는 사람이어야 한다. 이와 같은 모델교회는 연차적으로 하나에서 지방회별로 점차 늘려 갈 수 있을 것이며, 이와 같은 모델교회들은 나중에 지방의 BCM 교육목회제도 훈련원으로 활용될 수 있을 것이다. 또한 이와 같은 모델교회의 교육종사자들은 BCM 연구팀이나 보조연구원의 역할을 함으로써 이론적 연구의 자원으로도 활용될 수 있을 것이다.

6. 교육 관련자들에 대한 발전 전략

앞서 이론과 실천의 내실화를 위한 연구가 내적인 것이라면 이것은 행정적이고 외적인 것이다. BCM을 통해 교단 교육의 미래를 열어 가기 위해 선행되어야 할 것들 중의 하나는 교단의 교육과 관련된 구성단위들에 대한 전략이다. 성결교회교육의 구성단위는 사회, 교단, 총회(교육부), 총회본부(교육국), 지교회, 담임교역자, 교육지도자, 교사, 학습자 등이다. 이 9개 구성단위는 BCM의 구성요소 5가지보다 많아 교단교육의 활성화가 결코 용이하지만은 않으리라는 것을 예상케 한다.

BCM 성공의 최종 결과는 지교회의 학습자(영아 - 노년)에게 나타난다. 그러기 위해서는 나머지 8개의 구성단위가 제 역할을 해야 한다. 현재 상황에서 교단, 총회(교육부), 총회본부(교육국)는 그 어느 시기보다 협력이 잘되고 있는 것으로 보인다. 그러나 사회라는 단위는 접점을 찾지 못하고 있는 미개척의 장이며, 지교회와 담임교역자에 대한 공략을 어떻게 할 것인지에 대한 많은 연구가 필요하다. 교육지도자와 교사 그리고 학습자 단위는 비교적 공략하기가 쉬워 보인다. 문제는 얼마나 BCM 실시비율을 높이느냐이다. 특히 이들 단위에 대한 영향력은 대부분 교육지도자에게 있으므로 이들을 어떻게 설득하느냐는 큰 과제이다. BCM의 활성화를 위해서는 교단의 교육 관련자 전체 단위를 염두에 두면서도 지도자들의 구성원들에 대한 영향력을 고려하면 아무래도 교단, 지교회 그리고 교회학교 등의 지도자들을 집중적으로 공략하는 것이 큰 효과를 낼 수 있을 것으로 보인다.

Ⅳ. 나가는 글

BCM은 우리 교단뿐만 아니라 한국교회의 교육과 목회의 대안으로 점차 부각되고 있다. BCM에 대한 현재의 시각이 부정적이든 긍정적이든 그 평가는 BCM이 더욱 개선된 모습을 통해 정당한 평가를 받을 때까지 유보되어야 한다. 현재로서 우리가 해야 할 일은 교단 교육부를 중심으로 한 BCM의 이제까지의 성과를 바탕으로 미래를 열어 갈 수 있는 전략들을 구상하고 시도해 나가는 것이다. BCM의 미래로의 길은 순탄하지 않을 것이다. 그 길은 교단 교육과 관련된 여러 구성단위들이 함께 동반자가 되어 나아갈 때 보람 있고 유익한 길이 될 것이다.

건강한 교회성장을 위한 SMG[1] 양육 체계

: 기독교대한성결교회를 중심으로

Ⅰ. 들어가는 글

한국교회는 심각한 위기를 맞고 있다. 이 위기는 대부분의 사람들이 생각하듯 양적인 면에 그치지 않는다. 질적인 면에서도 교회는 사회의 지탄을 받고 있다. 이제 교회는 양적, 질적 양면에서 위기를 겪고 있으며 그 극복을 위해 고심을 하고 있다. 교회는 현재 처해 있는 위기 극복을 위한 방안 중의 하나로 양육과 훈련을 시켜 왔으며 여전히 그것은 유효한 방법이다. 다만 그 내용이 문제일 뿐이다.

교육은 교회의 주요 사명 중의 하나이다. 교회가 교육을 하느니 안 하느니라는 말들을 하지만 교회는 어떤 형식으로든지 교육을 해왔다. 그럼에도 이제 다시 교육이 문제가 되는 이유는 무엇인가. 그 이유는 교회가 정체되고 있는 현 시대 상황에서 교육이 이제까지처

---

1) 순환적(Spiral) 체계로 신자의 신앙의 성숙(Maturation)과 교회의 양적 성장(Growth)의 이니셜을 딴 합성어이다.

럼 원론만을 주장하며 하는 것이 맞느냐 하는 물음이 있을 수 있기 때문이다. 여기에 그간의 교육이 체계적이었느냐 하는 반성까지 곁들인다면 이제 교육의 과제는 체계적인 교육을 통해 정체를 벗어나 성장으로 나아가야 하는 것으로 모아진다. 그래서 여기에서 언급할 양육과 훈련 체계는 신자의 신앙 성숙과 교회의 양적 성장 둘 다를 포함한다. 이것은 전자만에 집중되었던 기존의 양육 체계들과는 차이가 있다.

이 같은 교육의 과제를 완수하기 위해 여기에서는 무엇을 어떻게 교육해야 할지에 대해 생각해 보도록 한다. 여기에서 제시할 내용은 신자의 신앙 성숙과 교회의 양적 성장에 관한 효과적 이론의 집대성이 아니다. 그럴 경우 상이한 성격의 내용들이 서로 충돌하는 가운데 그 방향을 상실하고 의도하는 목표를 이루지 못하게 될 것이 분명하다. 따라서 분명한 합리적이고 효율적인 체계가 필요한데, 여기서는 그 바탕을 이루는 것을 가장 근저에 성결교회의 신학 그리고 그 위에 학습자의 신앙적 발달 과제, 학습자의 신앙의 수준 그리고 이 같은 내용들의 순환을 위한 체계로 구성할 것이다.

교회에서 성인을 대상으로 하는 교육과정을 흔히 '○○ 양육과정', '○○ 훈련과정', '제자교육과정' 등으로 부른다. 동일한 성격의 내용 등에 대해서 '양육'과 '훈련' 등으로 무분별하게 사용되는 용어의 혼란을 막기 위해 여기에서는 양육은 그리스도인의 정체성이나 신앙 생활 등과 같은 모든 신자가 기본적으로 갖추어야 할 내용에 대한 교육으로, 훈련은 신자 중에서 특정 영역의 지도자로 일하기 위해 받아야 되는 교육에 대한 용어로 사용한다.

구체적으로 여기에서 다룰 양육과 훈련 체계의 목표는 이 교육을 받은 신자들이 그리스도인이 무엇인지 알고 그리스도인으로 어떻게 살아야 하는지를 알 수 있게 하는 것이다. 나아가 그리스도인으로서 교회의 성장에 기여해야 한다는 사명감도 갖도록 한다는 것이다.

다음으로 이 양육과 훈련 체계는 체계적인 것을 지향한다. 이 체계를 성실하게 진행할 경우 신자들은 성숙하고 교회는 성장하게 되는 것을 목표로 한다. 체계적인 교육 체제를 제공하기 위해서 여기에서는 성결교회의 교육목회제도인 BCM(Body of Christ)[2]의 바탕이론인 시스템 이론과 기본틀을 응용한다. 여기서는 그것을 '순환적 성숙 성장 체계'(Spiral Maturation Growth System)라고 부르도록 한다.

II. 양육과 훈련의 현실

1. 양육과 훈련의 문제점: 비전문가에 의한 비체계적인 내용의 일방적 전달

성인을 대상으로 한 성결교회의 교육은 양적으로 풍성하며 내용면에서 다양하다고 할 수 있다. 성결교회는 그 초기부터 사경회 등을 통해 성경교육을 해 왔으며, 이 같은 전통은 예배 전에 성경을 공부하는 형태로 오랫동안 지속되어 왔다. 농경사회에서 산업사회로의 변화를 겪는 과정에서 이 같은 형태의 성경교육은 점차 사라지고 특정한 시간을 정해 교육을 하는 형태로 자리를 잡게 되었다. 대부분의 교회는 수요 저녁예배를 통하여 성경공부를 한다. 어느 교회는 저녁예배 시에 성경공부를 하는 경우도 있으며 새벽기도회에 성경강해를 하는 경우도 있기는 하다. 특정한 시간을 정해서 성경공부를

---

2) 이에 대해서는 박종석, "교회의 사명 수행을 위한 교육목회: BCM 교육목회제도", 「기독교교육논총」 17(한국기독교교육학회, 2008), 1 – 34 참조.

하는 것은 긍정적이지만 학습자인 신자들이 그 같은 모임에 빠지지 않고 참석하는 것이 아니기 때문에 교육의 연속성과 연계성을 보장할 수 없다는 문제가 있다.

요즈음 대부분의 교회에서 양육과 훈련은 특별한 프로그램으로 대치되는 것 같다. 알파니, 셀이니 하는 것들이 바로 그것들이다. 이것들은 하나의 형식을 말하는데 교회에 적당하다고 여겨지는 것을 취해 시행하면 되는 것이기 때문에 그것 자체로 잘못되었다고 말하기는 어렵다. 예를 들어 대그룹과 소그룹을 말한다고 하는 '두 날개' 프로그램이 그렇다.3) 문제는 그 같은 중립적 형식에 어떤 내용을 담느냐 하는 것이다.

교육의 내용은 다양하다. 가장 일반적인 것은 교회생활에 필요한 예배, 기도 등의 기본적인 내용으로부터 성경을 전체적으로 개관하는 내용, 성경의 인물이나 생활과 관련된 주제 등에 이르기까지 다양하다. 부흥집회 등을 통해서 성경의 한 주제나 교리를 다루는 경우도 있으며, 특강 형식으로 특정한 이슈를 다루는 경우도 있다. 문제는 이 같은 내용들이 충분히 이해되고 신자들에게 소화될 정도로 다루어지지 않고 너무 급하게 단기간 내에 형식적으로 전달된다는 데 있다.

성경공부는 다양한 층에 따라 구별되었다. 전체 신자를 대상으로 하는 수요예배 시의 성경공부가 있으며, 당회원을 중심으로 한 성경공부가 있는가 하면, 집사나 권사들을 위한 모임이 있다. 신앙 연륜

---

3) 두 날개 양육 시스템은 먼저는 다이아몬드 양육 시스템이라고 이름을 붙였다가 다음에는 D12라고 바꾼 후에 다시 두 날개 양육 시스템이라고 이름이 바뀌었다. 김성곤, 『두 날개로 날아오르는 건강한 교회』(서울: NCD, 2001), 김성곤 편저, 『D12 비전: D12 비전으로 변화된 건강한 교회 이야기』(부산: 두날개, 2007), Joel Comiskey, Groups of twelve, 정진우 · 홍원팔 공역, 『지투엘브 이야기: G - 12』(서울: NCD, 2000), 풍성한 교회 홈페이지 http://www.psh.or.kr 참조.

에 따라 교육을 달리하기도 했는데, 새신자교육, 세례교육, 양육훈련 등이 그것이다.

양육교재와 관련해서 서로 다른 성격을 가진 것으로 나뉜다. 가장 많은 것은 기존에 나온 교재들을 이용하는 것이다. 성경공부교재를 포함해서 소위 양육교재 또는 훈련교재라 해서 나온 것들이다. 이 같은 교재들은 교단이나 선교회 또는 개인 저자들에 의한 것으로 오랫동안 그 분야에서 신뢰를 얻은 것들이 있지만 대다수의 교재들은 검증되지 않은 것들이다. 더구나 이런저런 교재들이 마음에 들지 않는 경우 교재를 직접 작성해서 사용하는 경우도 있다. 교재에 대한 기본 지식과 다룰 내용에 대한 전문적 지식이 없을 경우 이 같은 교재들을 신뢰하기는 어렵다.

체계 면에서 볼 때 대부분 교회의 양육과 훈련은 안정적이지 못하다. 예를 들어, 하나의 프로그램을 끝내면 다음 단계로 어떤 프로그램을 해야 할지 망설이는 형편을 보게 된다. 연이어 프로그램을 한다고 해도 그 프로그램이 앞서의 프로그램과는 성격이 다른 출처로부터 온 것이기 때문에 의도나 수준 등 여러 면에서 이전 것과 일관성을 유지하기가 쉽지 않다.

전체적으로 교회의 양육과 훈련 체계는 교육의 비전문가들인 교역자들에 의해 교회의 성격이나 의도와 무관한 시중의 교재들을 사용해서 의무적으로 참여하는 신자들을 대상으로 형식적으로 진행되기 때문에 신자들의 삶을 변화시키거나 그리스도의 제자로 세우는 데 비효율적이다.

2. 양육과 훈련 시 주의점

1) 교육의 목적을 분명히 해야 한다. 교회에서 교육의 목적은 종

종 교회의 표어와 동일시된다. 그러나 교회의 표어는 설교, 예배 등과 같은 교회의 다른 전체 사역과 관계되지만 교육의 목적은 양육과 훈련을 시키고자 할 때 그 의도를 표현한 것이다. 교회에서 교육은 일반적으로 다른 사역과 겹칠 수 있는데, 그럴 경우에라도 교육의 목적은 해당 영역에서 무엇을 가르치고자 하는지를 규정하는 진술이 분명해야 한다. 교육의 의도와 관련된 목적이나 목표의 진술이 없거나 불분명하기 때문에 차후에 그 성과를 판별하고자 할 때 어려움을 겪을 수 있다.

2) 교회에서 교육은 주로 배타적으로 성경 내용에 치중되어 있다. 마치 성경공부와 교육을 동일시하는 듯한 인상을 준다. 그러나 성경공부는 말 그대로 하나님의 말씀인 성경을 말하는 것이고, 교육은 그 성경공부를 포함해 그리스도인이 되고 그리스도인으로서 살아가는 데 필요한 그 밖의 내용도 포함한다. 따라서 성경공부를 교육의 전부라 생각하고 거기서 그쳐서는 안 된다. 특히 교회의 양육과 훈련과 관련된 내용들의 상당한 비중은 성경의 직접적인 내용이 아닌, 성경에 근거한 현실적이고 구체적인 내용들로 구성해야 하는 경우가 흔하다. 여기에 교회의 필요를 제고한다면 양육과 훈련의 내용은 해당 교회만의 특정한 것이 될 수 있다.

3) 양육과 훈련의 개념을 분명히 알 필요가 있다. 양육은 비정규적 커리큘럼의 성격이 강한 데 비하여, 훈련은 정규적 커리큘럼의 성격이 강해서 좀 더 계획적이고 체계적이다. 교회의 규모 면에서 볼 때 전자는 작은 교회에, 후자는 상대적으로 큰 교회에 적당한 교육이라 할 수 있다. 이 같은 내용은 방법과 관계되는데, 즉 양육이 비지시적이고 경험적이고 상호 작용적이라면, 훈련은 지시적이고 주입식이라 할 수 있다. 교회에서의 양육과 훈련은 주로 일방적인 주

입식 방법으로 행해져 왔다. 그러나 그리스도의 제자를 형성하고자 하는 교회의 양육과 훈련은 그 내용에 맞추어 다양한 방법들이 동원되어야 할 것이다.

4) 양육이나 훈련 교재의 성격을 분명히 알아야 한다. 즉 사용하고자 하는 교재들이 우리 교회의 환경에 적절한가를 따져 보아야 한다. 대부분의 교재들은 교단의 신학을 반영하거나 선교회가 필요로 하는 내용들로 구성되어 있기 때문이다. 따라서 기존에 나와 있는 교재를 사용하고자 할 경우에는 먼저 그 선정 기준을 분명히 정한 뒤에 그에 부합되는 교재를 선택하도록 해야 한다.

5) 교회에서 양육과 훈련은 주로 교역자들에게 집중되어 있다. 그런 까닭에 막중한 업무를 맡은 교역자들에게 교육은 큰 부담이 아닐 수 없다. 교육은 장기간의 지속적인 노력이 요청되는 행위이기 때문에 이래서는 그 열매를 맛보기 어렵다. 그러다 보니 쉽게 결과를 확인할 수 없는 교육 사역은 뒤로 미루어지는 경우가 생기며 그 결과 전체적으로 교회의 사명은 불균형을 초래하게 된다.

이 같은 문제를 해결하기 위해서는 양육과 훈련을 시키는 데 필요한 지도자의 수를 확보해야 한다. 이제까지 양육과 훈련이 교역자에게 주로 한정되어 있었던 이유는 양육과 훈련의 내용이 주로 성경적이고 신학적이었기 때문이다. 그러나 앞에서 언급했던 것처럼 그리스도의 제자로 삼는 양육과 훈련에는 다른 내용들도 포함되기 때문에 교역자가 교육의 책임을 모두 맡을 필요는 없다. 오히려 양육과 훈련의 내용에 따라 교역자보다 더 적합한 교육 지도자를 배정할 필요가 있다. 사역의 내용에 따라 그 분야에 능력이 있는 사람을 교사로, 관심 있는 사람들을 학습자로 삼아 모임을 구성할 수 있을 것이다.

Ⅲ. 양육과 훈련의 체계

1. 양육과 훈련 체계의 원리

1) 성결교회 신학에 바탕을 둔 체계

양육과 훈련의 체계는 성결교회의 신학에 바탕을 두어야 한다. 성결교회의 신학은 개신교 복음주의 웨슬리안 사중복음이다. 개신교는 성경을, 복음주의는 중생을, 웨슬리신학은 성결을, 사중복음은 그 나머지인 신유와 재림을 강조한다. 이로써 양육과 훈련체계는 성경과 중생, 성결, 신유, 재림의 사중복음의 신학적 바탕 위에 서 있어야 함을 알 수 있다. 성결교회의 신학은 양육과 훈련 체계에서 가장 하부에 위치한다.

2) 경험을 매개로 한 상호 작용의 방법

양육과 훈련의 체계는 성인교육(안드라고지, **Andragogy**)의 원리 위에서 행해져야 한다.4) 성인은 아동과 다르며, 그래서 학습 방식이 다르다.5) 교육지도자는 이를 고려하여 가르쳐야 한다. 성인은 자신

---

4) 안드라고지는 희랍어의 '소년이 아닌 성인 남자 혹은 성인'의 의미를 지닌 안드라(andra)와 '이끌다'의 의미를 지니고 있는 아고구스(agogus)의 합성어이다. 기독교교육에서 안드라고지에 대한 연구는 대표적으로 존 엘리아스(John Elias), 린다 보겔(Linda J. Vogel) 등에 의해 수행되었고, 한국에서는 김재은과 박봉수 등에 의해 연구되었다. John L. Elias, *The Foundations and Practice of Adult Religious Education*(Malabar: Robert E. Krieger Publishing Co., 1982); John L. Elias and Sharan Merriam, *Philosophical Foundations of Adult Education*, 기영화 역, 『성인교육의 철학적 기초』(서울: 학지사, 2002); Linda J. Vogel, *The Religious Education of Older Adults* (Birmingham: Religious Education Press, 1984); Linda J. Vogel, *Teaching and Learning in Communities of Faith: Empowering Adults through Religious Education* (San Francisco: Jossey-Bass, 1991); 김재은, 『기독교 성인교육』(서울: 기독한교, 2004); 박봉수, 『교회의 성인교육』(서울: 한국장로교출판사, 2003) 참조.

5) 말콤 S. 노올즈(Malcolm. S. Knowles)는 성인교육이 그동안 전통적인 아동교육학의 개념과 방법론에 의해 지배받아 왔다는 것에 대하여 문제를 제기하고 성인교육론을 제시했다. 그는 안드라고지를 '성인의 학습을 돕기 위한 기술과 과학'으로, 페다고지(Pedagogy)는 '아동을 교육하기 위한 기술과 과학'으로 정의하고 있다(Malcolm S. Knowles, *The*

이 겪은 경험을 자원과 매개로 하여 학습한다. 따라서 일방적 전달식의 주입식 교육은 효과가 적으며 토의 등을 통한 상호 교류 방식의 교육이 적합하다. 경험 위주의 방법은 해당 단계의 내용을 가르치기에 적합한 방법들을 학습자의 발달을 고려하여 다양하게 사용할 수 있다.

3) 학습자의 삶이 중심이 되는 체계

양육과 훈련의 체계는 학습자 중심이어야 한다. 종래의 양육과 훈련 체계는 내용 중심이었거나 교육지도자 중심이었다. 양육과 훈련의 목표여야 할 학습자는 정작 교육에서 소외되고 배제되는 식이었다. 즉 종래의 양육과 훈련의 체계에서는 말씀과 삶의 일치가 일어나지 못했다. 아예 학습자의 삶을 고려하지 않은 까닭이다. 학습자의 삶에서 중요한 것이 무엇인지, 학습자의 삶이 어디에서 전개되는지, 학습자들이 삶의 문제들에 대해 어떻게 대응하는지 등에 대해 무지했으며 관심도 없었다. 교육의 목표는 삶의 변화이고 그것은 다른 사람이 아닌 바로 학습자의 삶의 변화이다. 따라서 학습자가 삶의 자리에서 배운 말씀을 실현하기 위해서는, 새로운 양육과 훈련의 체

Modern Practice of Adult Education: From Pedagogy to Andragogy [Englewood Cliffs: Prentice Hall/Cambridge, 1980, 43). 안드라고지의 핵심개념을 페다고지와 비교하면 다음과 같다.

〈표 1〉 학습자 개념에 대한 가설

가설항목	교사 중심 학습(페다고지)	자율학습(안드라고지)
1. 학습자의 개념	의존자	자율학습자
2. 학습자의 경험의 역할	경험이 많지 않으므로 학습 자료가 충분치 않음	많은 경험이 풍부한 학습의 자료가 됨
3. 학습자의 발달과제	성숙단계에 맞는 과제	삶의 문제 및 역할에 따른 과업
4. 학습내용	주제 중심	과업 또는 문제 중심
5. 학습동기부여	외적 보상 또는 벌	욕구에 따른 내적 자극과 호기심
6. 학습결과 적용시기	미래 적용	현실적 적용

계에서는 학습자의 요구와 학습자에게 필요한 내용 그리고 경험 중심의 교육방법이 요청된다.

4) 유기체적, 순환적 체계

양육과 훈련의 체계는 유기체적이어야 한다. 종래의 양육과 훈련 체계는 그 영향력이 교육이 행해지는 단위에 국한되었으며, 그 단위 안에서조차 단속적이었기 때문에 서로 상합하여 발전되어 나가지 못했다. 따라서 새로운 양육과 훈련 체계는 그리스도의 몸인 교회 전체와 의미 있는 관계를 가져야 하며, 해당 단위는 작은 교회로서 그리스도의 몸이 되어야 한다.

양육과 훈련 체계는 유기체를 지향하지만 몇 가지 위계를 포함한다. 첫째, 교육 내용의 위계이다. 이 양육과 훈련 체계에서는 학습자의 수준별 학습 내용이 제공된다. 둘째, 학습자의 수준에 따른 위계이다. 학습자는 초신자, 기존 신자, 지도자 등으로 나뉜다. 이들의 교육과정 단계는 입교 단계, 양육 1단계, 양육 2단계 그리고 훈련 단계로 언급된다. 셋째, 지도자교육의 단계이다. 종래의 양육과 훈련 체계에서는 교육지도자가 주로 교역자나 소수의 특정인에게 제한되었으나 이 양육과 훈련 체계에서는 학습자가 훈련 단계를 거친 뒤에는 교육지도자로 섬길 수 있도록 학습자와 교사가 연결되는 형태를 취한다.

양육과 훈련 체계는 순환적이다. 양육과 훈련 체계는 전체적으로는 이 같은 위계들이 학급으로부터 교회, 가정, 사회 그리고 세계로 확장되는 교육의 장들과 수평적으로 연결되면서 수직적으로 상향하는 나사모양의 순환적 체계를 이루게 된다. 이 체계는 끝이 개방된 열린 체계이며 그것은 사회 환경 등에 대응해서 지속적으로 새롭고 발전된 내용과 방법으로 보완되어야 하는 융통성을 지닌 체계이기도 하다.

5) 정보화 시대에 맞는 체계

양육과 훈련의 체계는 정보화 시대가 선사하는 다양한 방법들을 채용해야 한다. 현대인은 이미 정보 환경에 익숙하며, 정보 환경은 교육의 장을 지속적으로 확장시키고 있는 까닭에 교육 기회의 차원에서 이를 적극적으로 이용해야 한다. 특히 교회라는 물리적 공간에서의 양육과 훈련의 기회가 여러 가지 이유로 시간적으로 제한받고 있는 현실에서 정보화가 이 시대에 선사한 네트워크를 멘토링(mentoring)의 장과 관계 증진을 위한 개념으로 적극 수용할 경우 양육과 훈련의 효과가 배가될 것이다.

6) 교육 사역의 이론적 틀이 될 수 있는 체계

양육과 훈련의 체계는 다양하게 이용될 수 있다. 여기에서 제안하는 평신도 교육과정을 근간으로 하는 교육의 내용뿐만 아니라 교회의 사정과 필요에 따라 다양한 내용이 이 양육과 훈련 체계에 의해 운영이 될 수 있다. 교육하고자 하는 내용이 수준과 단계를 나눌 수 있는 것이라면 이 체계에서 사용될 수 있다. 따라서 교회 현장에서 사역자가 교육해야 한다고 여겨지는 내용이나 신자들이 배우고자 하는 내용들을 이 체계 안에서 다룰 수 있다. 이런 면에서 우리 교단에서 이미 발행된 <평신도교육과정>을 이 체계에서 효과적으로 활용할 수 있을 것이다.

2. 양육과 훈련 체계의 얼개

1) 양육과 훈련 체계의 목적

양육과 훈련 체계의 목적은 두 가지이다. 하나는 신자들로 하여금 그리스도인이 무엇인지 알고 그리스도인의 삶을 살 수 있도록 인도

하는 것이다. 다른 하나는 이 양육과 훈련 체계가 교회의 양적 성장에 기여하게 한다는 것이다. 즉 양육과 훈련 체계는 신자의 신앙적 성숙과 교회의 성장 둘 다를 지향한다.

이에 따른 목표는 다음과 같다.

(1) 그리스도인은 누구인지 말할 수 있다.

(2) 신앙생활을 바로 할 수 있다.

(3) 그리스도인으로서 가정과 사회에서 어떻게 살아야 하는지 배우고 따를 수 있다.

(4) 복음 선포와 선교에 관심을 갖고 필요한 기술과 재능을 사용할 수 있다.

2) 양육과 훈련의 내용

양육과 훈련 체계에서 학습할 내용들은 이 체계의 목적인 신자의 신앙 성숙과 교회의 양적 성장과 관련이 있어야 한다. 성숙과 성장을 염두에 둘 때 학습 내용으로 선정할 수 있는 내용은 네 가지 영역이다. 그것들은 그리스도인의 정체성, 신자의 신앙생활, 신자의 삶 그리고 복음 전파와 선교이다. 앞의 세 가지가 신자의 신앙 성숙과 관계가 있다면, 마지막 내용은 교회의 양적 성장과 관계가 있다. 그리고 이것들은 각각 사중복음의 중생, 성결, 신유 그리고 재림과 상응한다. 결국 양육과 훈련의 내용은 성숙, 성장 그리고 사중복음의 공통 영역이 된다.

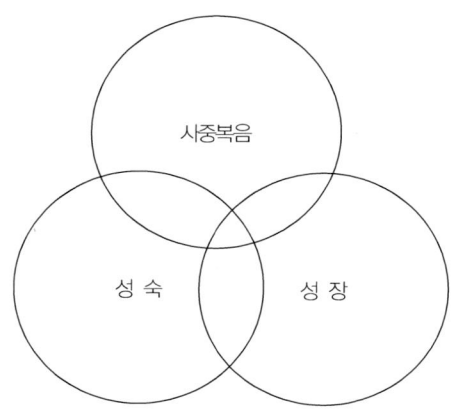

〈그림 1〉 교육 내용과 사중복음, 체계의 목표와의 관계도

(1) 그리스도인의 정체성: 예수를 믿음으로 죄를 용서받고 영생을 얻으며 하나님의 양자가 되어 이 세상에서 빛과 소금의 역할을 하며 살아간다(중생).

① 예수

구주 예수, 예수의 생애, 예수의 정신

② 구원

구원의 도리, 죄, 성결, 영생

③ 성경

언약, 하나님의 자녀, 성령, 종말

(2) 신자의 신앙생활: 그리스도의 몸인 교회의 지체가 되어 하나님을 예배하며 감사한 마음을 갖고 생활하며 기도로 필요를 아뢰며 이웃에게 사랑을 전한다(성결).

① 교회

교회의 탄생, 교회의 사명, 그리스도의 몸

② 예배

경배와 찬양, 참회, 감사

③ 기도

간구, 중보

④ 봉사

은사 개발, 십자가

(3) 신자의 삶: 교육을 통해 자녀에게 신앙을 전수하며, 청지기로서 하나님께서 맡기신 자산을 성실하게 관리하며, 이웃과 더불어 민주주의 사회를 이루어 간다(신유).

① 가정생활

자녀교육, 재물 사용, 노후 생활

② 사회생활

직장, 대인관계, 시민교육

(4) 복음 전파와 선교: 복음 전파를 사명으로 알아 전도에 힘쓰며, 재능을 따라 선교에 힘쓴다(재림).

① 복음 체험

복음 숙지

② 전도

관계 전도

③ 선교

선교의 현황, 선교의 종류

위와 같은 양육과 훈련의 내용은 이 체계의 순환적 구조를 따라 그 내용이 넓어지고 심화된다. 그 내용들은 물론 변화되는 세계와 개인 그리고 교회의 요구들을 반영하는 것이어야 한다.

3) 양육과 훈련 체계의 장
(1) 학급: 그리스도인의 정체성
(2) 교회: 신자의 신앙생활
(3) 가정, 사회: 신자의 삶
(4) 세계: 복음 전파와 선교

이 양육과 훈련 체계에서 교육의 장은 여러 곳이다. 종전의 체계에서 교육의 장은 교회에 한정되어 있었다. 모든 교육은 교회에서 이루어졌다. 양육과 훈련은 모두 교회를 위한 것이라고 생각한 까닭에 다른 교육의 문맥은 필요치 않았던 것이다. 그러나 새로운 양육과 훈련 체계에서는 교육이 교회를 위한 것이기도 하지만 신자 개인의 신앙 성숙을 위한 것이기도 하기 때문에 다양한 교육의 장이 필요하다고 본다.

한편 종전의 양육과 훈련 체계에서는 교육의 장을 교육이 전개되는 단순한 물리적 공간으로만 생각했다. 그러나 새 양육·훈련 체계에서는 교육의 장을 이론이 아닌 실제로 생각한다. 즉 교육의 내용 자체를 그대로 실천'해 보는' 실험실로 보자는 것이다. 교육의 장을 그렇게 볼 경우 양육과 훈련은 교회만이 아닌 가정과 사회 그리고 세계 속에서 직접 해 보는 연습이 될 것이다.

또한 교육의 장을 이처럼 확장시킬 때 교회가 세계 속에 섬이 아닌 그 일부임이 확연히 드러난다. 교회의 성장이 정체되고 있는 이유 중의 하나는 교회가 자신을 세계 안에 위치한 것이 아닌 분리된 또는 군림하는 기구로 생각했기 때문이다. 그러나 그것은 비현실적인 희망일 뿐이다. 교회는 어디까지나 사회와 세계 안에 위치하며 그 같은 위치에서 성장을 위한 전략을 세워 나가야 할 것이다. 새 양육과 훈련 체계는 교회를 세계 안에 배치한다는 점에서 교회성장의 가능성의 문을 열고자 할 신자를 단지 교회사람(교인)이 아닌 가정과 사회와 세계 안에서 살아가는 현실인(현재 실제로 살아가는 사람)으로 보고자 하는 것이다.

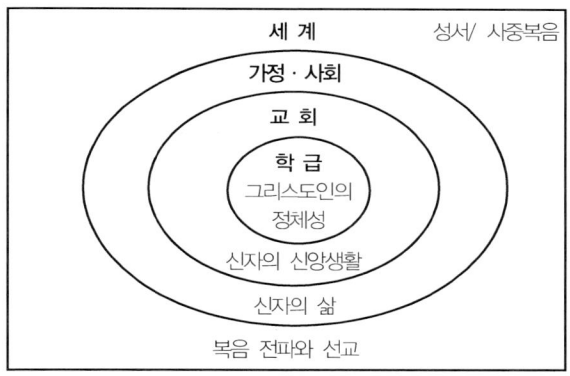

〈그림 2〉 교육 내용과 교육의 장들의 관계도

4) 양육과 훈련 체계의 방법

종전의 양육과 훈련 체계에서 교육의 방법은 강의 일변도였다. 강의 방법이 교육에서 가장 기본적인 교육방법이기는 하지만 교육의 내용이 사실과 정보이고 그것도 기초적인 경우가 아니라면 강의식 방법을 통해 신자의 신앙을 형성하고 성숙시키기는 어렵다. 새로운 양육과 훈련 체계에서는 신앙의 성숙과 교회의 성장을 위해서 강의식 방법 외에 그 효과가 입증된 다양한 교육방법들이 동원된다.

(1) 강의와 고백: 그리스도인의 정체성

그리스도인의 정체성과 관련된 교육의 방법은 강의와 고백적 형식의 방법이 적절하다. 이 두 가지 방법은 내용에 따라 개별적으로 또는 함께 사용해야 한다. 예를 들어, 예수의 정체성과 생애에 대해서는 우선 강의를 통한 전달과 설명이 필요하지만, 그 내용이 사실이나 정보를 전달하는 식으로 되어서는 안 되고, 교사의 체험이나 고백이 함께 묻어나는 식으로 되어야 한다. 내용을 들은 학습자들에게도 예수를 구주로 고백하는 결단과 예수의 삶을 본받아 따르겠다는 의지적 순종이 있어야 한다. 그리스도인의 정체성을 유지하게 해 주며 그리스도인의 삶의 준거와 척도가 되는 성경 역시 그 뜻이 왜곡되지 않게 정당하게 해석되어야 하며, 말씀의 깨달음은 행위로 이어져 진정한 믿음을 보여 주어야 한다.

(2) 교제: 신자의 신앙생활

대부분의 기독교교육학자들은 신앙이 개인적 학습의 산물이 아니라 신앙공동체인 교회의 사회화 기능을 통한 형성(formation)이라고 본다. 형성은 전달(transmission)과는 다르다. 전달이 신앙의 지적인 차원에만 영향을 미치는 데 비하여, 형성은 정서적이고 행위적인 차원에까지 미치는 영향을 말한다. 기독교교육학자들은 이 같은 형성이 구체적으로 교제를 통해 일어난다고 본다.

교회가 세상의 조직체(organization)와 구별되는 것은 생명을 지닌 유기체(organism)라는 점이다. 유기적 신앙공동체로서의 교회는 유기적 관계의 원리와 신앙양육의 원리를 갖는다. 생명을 지닌 유기체로서의 교회의 동력은 관계성(relationship)에 있다. 생명의 교류가 지체를 이루는 신자 상호간의 인격적인 관계에서 이루어진다. '몸으로서의 교회'의 존재 양식은 구체적으로 지체를 이루는 신자들 상호 간의 사랑과 친교(fellowship)에 있다. 신앙양육의 원리는 유기적인 관계 속에서의 일치와 교류(공유)와 협력을 통한 성장을 그 내용으로 한다. 따라서 교회의 교육적 기능은 항상 이 유기체(몸)의 관계성에 유의해야 할 것이다.

교회의 예배가 다른 지체와 연합되지 않은 개인적 경건의 시간이라면, 기도가 다른 지체의 어려움을 외면한 채 나의 필요만을 하나님께 아뢰는 이기적 수단으로 전락한다면, 봉사가 하나님의 사역에 함께 참여하는 동반자를 배제하고 자신의 능력을 과시하는 선행이 되고 만다면 그리스도의 몸을 이루는 지체의 신앙생활이라고 할 수 없다. 따라서 교회교육의 우선적 과제는 단순한 성서내용의 주입이나 지식의 습득이 아니라 하나의 몸(Body of Christ), 곧 이 세상에서 예수 그리스도의 인격을 닮은 공동체를 형성하는 일이 바로 신앙생활임을 인지하고, 그것이 교제를 통해서 이루어진다는 사실을 알고 이를 보다 발전시키도록 노력해야 할 것이다.

(3) 모방과 경험: 신자의 삶

사람이 하나님을 처음 알게 되는 통로는 가정이다. 구체적으로는 부모를 통해서 신앙을 배우게 된다. 그래서 가정은 자녀의 신앙 형성의 장으로서 그 중요성이 강조되지만 부모의 입장에서는 자녀의 교육을 잘해 내야 하는 의무의 장이기도 하다. 특히 요즘과 같이 어려서부터 일반의 경쟁 교육의 마당에 서야 하는 입장에서 자녀의 신앙교육은 뒷전으로 밀리기 일쑤이다. 현실 상황을 이유로 어떤 변명을 하더라도 가정에서의 신앙교육의 중요성은 반감되지 않는다. 성경 역시 그 같은 입장에서 한발도 뒤로 물러서지 않는다. 구약성서에서는 자녀에 대한 부모의 교육적 책임이 강조되고 있고(신 6:4 - 9), 신약성서에서도 이 같은 기본전략에는 변화가 없다(엡 6:1 - 4).

호레이스 부슈넬(Horace Bushnell)이나 로렌스 오 리처즈(Lawrence O. Richards)에 따르면, 자녀들 안에는 하나님의 생명의 씨, 신앙의 씨가 들어 있는데, 이것은 부모가 사회화의 매개가 됨으로써 싹을 틔우고 자라날 수 있다.6) 부모를 통한 사회화가 곧 모범이라 할 수 있다. 가정에서 자녀들은 부모와의 유기적인 인격적 관계에서 부모의 가르침과 모범을 실제로 보면서 부모와 함께 계시된 실재에 대한 신앙의 삶을 나누면서 신앙의 정체를 파악할 뿐 아니라 이해 가운데서 신앙의 삶을 시도해 보면서 실험을 한다.

부모의 모범이 자녀의 신앙 성장으로 이어질 수 있는 것은 자녀의 부모와의 동일시 때문이다. 자녀는 동일시를 통해 부모의 외적 행동만을 흉내 내는 모방과는 달리, 부모와의 강한 정서적 유대감도 갖게 된다. 성인의 경우에도 그 인격과 행동 면에서 모범의 영향이 큰 것으로 나타나는데, 그 예를 예수와 그 제자들과의 관계에서 볼 수 있다. 예수님의 인격을 닮는 것으로서의 교육은 삶의 이해와 태도, 가치, 정서, 위임을 포함하는 전인적인 것이어야 한다. 이와 같은 내용을 달성하기 위한 방법의 하나는 모범이다. 예수님은 제자들과 함께 거하셨고, 제자들은 예수님을 본받았다.

모범의 방법은 신앙이 감성과 관심, 동기, 인지, 행동이 연합되는 실제상황, 즉 사회화 상황에서 더 잘 형성된다. 사회화 이론은 사회 환경이 하나의 직접적인 모범 역할을 연출한다는 사실을 보여 준다. 따라서 모범은 단순히 가정에서 부모와 자녀 간에서 볼 수 있는 협

---

6) Horace Bushnell, *Christian Nurture*, 김도일 역, 『기독교적 양육』(서울: 장로회신학대학교 출판부, 2004); Lawrence O. Richards, *A Theology of Christian Education*, 문창수 역, 『교육 신학과 실제』(서울: 정경사, 1981).

소한 교육 방식이 아니라 신자가 생활하는 사회 전체와의 관계에서도 두드러진 역할을 하는 교육의 방식임을 알 수 있다.

모범은 주로 동일시 과정에 의해 이루어진다. 동일시를 조장하고 촉진하는 구체적 실천 방안은 다음과 같다.

"① 모범(들)과 빈번한 장기적인 접촉을 가질 필요가 있다.

② 모범(들)과 따뜻하고 사랑스런 관계를 가질 필요가 있다.

③ 모범(들)의 내면상태에 노출되어야 할 필요가 있다.

④ 모범(들)은 각 생활환경과 상황에서 관찰될 필요가 있다.

⑤ 모범(들)은 행동, 가치 등에 있어서 일관성과 명료성을 보일 필요가 있다.

⑥ 모범(들)의 행동과 공동체의 신념은 (이상적 기준에) 일치될 필요가 있다.

⑦ 모범(들)의 삶의 스타일의 개념적 설명이 공유된 체험에 수반되는 교훈과 함께 와야 할 필요가 있다."[7]

존 에이치 웨스터호프 3세(John H. Westerhoff Ⅲ)에 따르면, 경험은 하나님과의 만남의 자리이다. 하나님에 대한 인식은 인간에게 행동 속에서 경험된다. 경험이라는 자리에서 하나님은 인간과 만나고, 인간은 하나님과 만나게 된다. 하나님과 인간의 만남은 공동체 속에서 인간들끼리의 상호 작용 속에서 일어나는 경험에서 가능하다. 물론 경험적 신앙은 아동기와 관련이 크다. 그러나 경험은 다양한 신앙 유형의 기초를 이루기 때문에 어느 시기에나 중요하다.[8]

신자들은 사회에서 수많은 경험을 접하고 경험 속에 처하게 되는

---

7) Richards, *A Theology of Christian Education*, 98.

8) John H. Westerhoff Ⅲ, ed, *A Colloquy on Christian Education*, 김재은 역, 『기독교교육 논총』(서울: 대한기독교출판사, 1978), 101 – 102.

데, 이 경험들이 단지 기독교적이지 않다는 이유로 양육과 훈련의 범위에서 제외되고 있다. 그러나 사실은 양적으로 보더라도 신자의 삶은 교회에서보다 오히려 사회 속에서 더 벌어지고 있다. 그리고 신자의 신앙의 질은 사회적 삶에서 판별될 수 있다. 사회생활에서 예상되는 상황들을 예측해서 다루거나 모의 상황을 구성해서 신자들이 경험하도록 하는 방법들은 그리스도인으로서의 처신을 익히는 데 큰 효과가 있을 것이다.

(4) 참여: 복음 전파와 선교

양육과 훈련 체계의 마지막 단계라고 볼 수 있는 복음전파와 선교는 앞의 단계들의 열매라고 할 수 있는 단계이다. 만일 이 최종 단계가 없다면 앞서의 단계들은 지속되지 못하며 나아가 기독교공동체의 존립 자체가 위협받을 것이다. 복음전파와 선교는 신앙공동체의 자기표현일 뿐 아니라 생명 전수의 기제(mechanism)이다.

복음전파와 선교를 위한 교육의 방법은 머리가 아닌 몸으로, 말이 아닌 행동으로, 교회가 아닌 불신의 세계 현장에 직접 뛰어드는 참여이다. 교육방법으로서의 참여는 다양한 형태로 나타날 수 있다. 레티 엠 러셀(Letty M. Russell)은 그것의 세 가지 형태에 대해 말한다. 첫째, 신앙공동체가 선교에 참여하는 것이다. 이는 주로 그룹이 함께 모여서 생각하고 토의하고 활동하는 집단토의의 과정을 거쳐 행동과 실천으로 옮기는 것이다. 둘째, 참여자로서의 교사이다. 이는 팀 티칭(team teaching)의 형태를 취하는데, 이를 통해 교사는 참여하는 존재로 또한 타자를 섬기는 경험을 공유한다. 기독교교육의 방법으로서의 참여의 세 번째 형태는 카테키즘(Catechism)이다. 이는 하나님과 이 세계 사이에 오간다고 여겨지는 대화에 끼어들어 물음을 던지는 것이다. 카테키즘은 세계 안에 있는 신앙적 삶과 관련된 그 내용의 인지 이상으로 실제적인 삶과 연결되어 실천될 수 있어야 한다. 이는 삶의 스타일을 통한 적극적 참여를 모색하는 것을 통하여 이루어질 것이다.9)

러셀은 신앙공동체가 복음전파와 선교에 이용할 수 있는 참여의 세 가지 전략을 제안한다. 그것은 가족으로서의 교회구조(family structure), 대응적인 상설 봉사기구형의 교회구조(structure of permanent availability) 그리고 기동부대형의 교회구조(task force structure)이다. 러셀은 교회 구조 자체를 염두에 두고 말하고 있으나, 우리의 양육과 훈련 체계에서는 선교의 기본 형태로 수용할 수 있을 것이다. '가족으로서의 교회구조'는 교회가 위치한 특정 지역의 사람들의 삶을 위해 봉사하는 형태이다. 이 같은 참여는 교회가 행하는 모든 사역들이 신앙공동체 회원 전체에게 그대로 교육과 훈련의 과정이 된다. '대응적인 상설 봉사기구형의 교회구조'는 오늘날의 변화되고 있는 시대의 특징에 적응하는 모양으로 형성된 것으로, 특히 급속한 도시화의 방향을 더듬어 가면서, 동시에 극히 유동적인 성격을 지닌 형태 특유의 여러 가지 사회적 요구에 대응하는 봉사이다. '기동부대형의 교회구조'는 일시적인 특정한 요구나 기능, 목적에 따라 임기응변적으로 조직되는 봉사로, 일정한 임무가 성취되면 해산될 수 있다.10)

5) 양육과 훈련 체계의 교수 – 학습

위에서 언급한 교육의 방법들은 각각의 내용에 최적의 방법이지만

---

9) Letty M. Russell, *Ferment of Freedom; A Guide to Help Women Relate the Christian Faith and Participation in Social Change*(New York: National Board of the Young Women's Christian Association of the U.S.A., 1972).

10) Letty M. Russell, *Christian Education in Mission*, 정웅섭 역, 『기독교교육의 새 전망』(서울: 대한기독교서회, 1972).

양육·훈련체계의 전체적 교수-학습 단계로 사용될 수도 있다. 즉 양육과 훈련의 어떤 내용이든 첫 부분에서는 강의와 고백 그리고 다음 단계로는 교제 그리고 모방과 경험, 참여로 이어질 수 있다는 것이다. 교육의 방법들을 이처럼 이해할 경우, 본래의 의미와 조금 달라질 수는 있지만 사실은 여기에서 언급할 내용들을 이미 그 안에 지니고 있었다고 보는 편이 옳을 것이다.

그럴 경우 첫 단계의 강의는 해당 내용의 기본적인 사실이나 원리를 언급하는 단계라고 할 수 있다. 고백은 해당 내용에 대한 자신의 현재 상황을 말하는 단계로 볼 수 있다. 다음 단계인 교제는 학습하는 내용에 대한 자신의 상황과 신앙공동체에서 행해지는 내용들을 비교하는 단계로 볼 수 있다. 모방과 경험 단계는 자신의 의견이나 행위를 신앙공동체에 맞추어 조정하고 신앙공동체의 행위에 참여하여 경험해 보는 단계이다. 참여의 단계는 신앙공동체에서의 경험을 통해 확신을 얻은 학습자가 그것을 복음전도와 선교의 형태로 다양하게 표현하는 단계라고 할 수 있다.

그러나 교육의 방법과의 혼란을 피하기 위해 각각의 방법을 그에 상응하는 다음과 같은 단계로 별칭할 수 있을 것이다.

- 소개(강의) → 의견(고백) → 전통(교제) → 동일시(모방) → 공유(경험) → 행동(참여)

이를 그림으로 나타내면 다음과 같다.

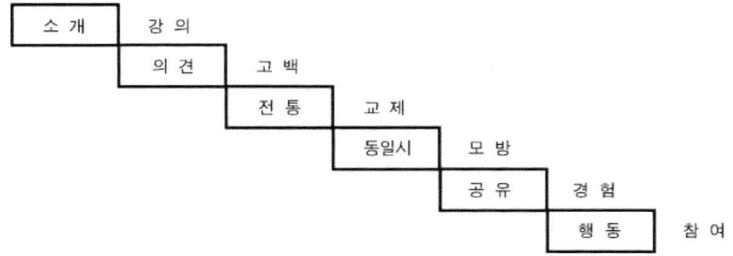

〈그림 3〉 교육의 방법과 교수-학습 진행 단계의 관계도

다만 학습자의 수준에 따라 새 신자의 경우에는 소개와 의견, 기존신자의 경우에는 전통, 동일시 그리고 공유 그리고 지도자의 경우에는 행동이 강조될 수 있을 것이다.

3. 양육과 훈련 체계의 시스템

1) 양육과 훈련 체계의 단계

양육과 훈련 체계는 학습자와 지도자의 두 수준에서 각각 네 단계로 이루어진다. 학습자의 수준에서는 입교 단계(EC, Entering Course) - 양육 1단계(NC1, Nurturing Course1) - 양육 2단계(NC2, Nurturing Course2) - 훈련 단계(TC, Training Course), 지도자의 수준에서는 마찬가지로 학습자 수준에서의 각 단계를 지도할 수 있는 단계들로 나누어지는데, 그것들은 입교 리더(ELC, Entering Leader Course) - 양육 1리더(NLC1, Nurturing Leader Course1) - 양육 2리더(NLC2, Nurturing Leader Course2) - 훈련 리더(TLC, Training Leader Course)의 단계이다. 이를 아래의 그림을 보면서 설명해 보자.

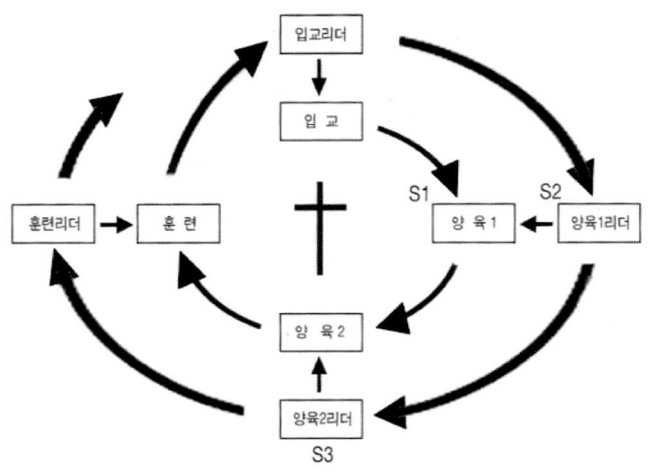

〈그림 4〉 SMG 양육 체계의 순환적 구조도

SMG 양육 체계는 입교 단계에서 출발한다. 입교 단계 다음에는 양육1, 양육2 그리고 훈련 단계로 이어진다. 이것이 기본적인 학습자의 교육과정이라 할 수 있다. 훈련 단계까지 마친 학습자는 다시 입교의 단계로 가는 것이 아니라 지도자의 단계로 넘어간다. 즉 최소한 입교 단계의 초신자를 지도할 수 있는 훈련을 받게 된다. 입교 리더 훈련을 받은 지도자는 양육1단계의 학습자를 지도할 수 있는 양육1 리더 훈련으로 넘어간다. 이런 식으로 양육2리더, 훈련 리더의 훈련을 거치게 되며, 이는 계속적인 순환을 거치게 된다. 첫 번째 순환원인 학습자의 수준을 넘어 두 번째 순환원인 리더 훈련의 수준은 세 번째 순환원인보다 수준 높은 리더 훈련으로 이어진다.

2) 양육과 훈련 체계의 교사

위와 같은 순환 구조 안에서 학습자는 훈련자로 태어나게 된다. 학습자는 양육과 훈련 체계의 첫 번째 순환원에서는 가르침을 받아야 하는 학습자였지만 훈련의 단계까지 수료했을 경우 그는 이제 학습자를 양육하고 훈련할 수 있는 교사가 된다. 그리고 다시 한 번 순환할 때 그는 리더를 훈련하는 교사가 된다. 이로써 양육과 훈련이 배타적으로 교역자에게 집중되는 오랜 문제점을 해결할 수 있을 것이고 교사의 수준이 정체되는 상황을 개선할 수 있을 것이다.

3) 양육과 훈련 체계의 실천

(1) 입교 단계

양육과 훈련 체계의 첫 단계인 입교 단계는 초신자들을 대상으로 교역자에 의해 시작된다. 여기서 초신자는 새 신자와 세례를 받기 전까지의 신자를 말한다. 이들에 대한 교육은 앞에서 언급한 교육 내용을 위주로 진행한다. 그러나 구체적 내용을 정할 수 없을 경우, 교단에서 나온 '평신도 제자화 교육과정'의 <구원: [평신도 제자화 교육과정] 제1단계 새신자교재>와 <믿음: [평신도 제자화 교육과정] 2단계 세례교재>를 이용할 수 있다. 구체적인 교육 내용과 진행 등에서도 교재를 참고할 수 있을 것이다.

양육과 훈련의 첫 단계가 이 시스템의 첫 순환원에서는 초신자를 위한 것이지만 두 번째 순환원과 세 번째 순환원에서는 입교 단계의 교사를 위한 교육이 되어야 하는데, 입교 단계의 교육 내용과 그 성격이 같되 그 내용은 깊어져야 한다. 예를 들어, 입교 단계에서 하나의 교육 영역인 성경교육은 다음과 같은 내용으로 진행될 수 있다.

<表 2> 순환적 교육 체계에서 입교 단계 교육내용의 예

단 계	내 용	교 재
입교S1	(입교 전 단계) 죽음, 신, 구원, 인생의 의미	① 내용과 관련된 강의와 관련 자료 ② 〈생명〉: [평신도 제자화 교육과정] 제3단계 양육교재
	창조, 이스라엘의 선택, 그리스도의 죽음과 부활(구원)	〈구원〉: [평신도 제자화 교육과정] 제1단계 새신자교재
	성령 안에서의 새로운 삶(하나님 백성으로서의 삶)	〈믿음〉: [평신도 제자화 교육과정] 제2단계 세례교재
입교 리더S2	성경개론 ① 성경 줄거리 ② 성경 각 책에 대한 안내와 단락의 제목 ③ 참고내용: 지리, 민족과 국가들, 사물이나 식물이나 동물, 역사와 문화, 특정 개념들, 상호 관련 구절 등	〈말씀〉: [평신도 제자화 교육과정] 제4단계 사역교재
입교 리더S3	성경해석방법, 성경의 주제, 삶의 주제들, 사회적 이슈들(경제, 통일 등), 설교자를 돕는 성경공부	〈우리는 무엇으로 사는가〉라는 제목으로 사회생활이나 사회적 주제 등에 대해 성경적 관점으로 해석하여 실천을 위한 판단을 돕도록 한다.

입교 단계의 교육은 주로 교역자에 의해 전통적인 설명식 전달방법에 의해 진행된다.

양육과 훈련 체계의 두 번째 단계인 양육 1단계는 새 신자와 세례 대상자들을 제외한 신자들을 대상으로 한다. 종종 다른 교회로부터 전입해 온 신자들에 대한 교육을 새신자교육으로부터 시작하는 경우가 있는데, 이들을 양육 1단계에서 교육시킬 경우 이 같은 문제를 해결할 수 있을 것이다. 양육 1단계는 신자의 신앙생활에 대한 내용을 교육하는 과정이다. 여기서도 교육 내용 중에 기도의 예를 들면 순환원에 따라 다음과 같이 그 내용을 심화시켜 나갈 수 있다.

〈표 3〉 양육 1단계 중 순환원별 기도에 관한 내용의 예

단 계	내용(기도)	교 재
양육1 - S1	① 기초(기도의 형식, 기도의 내용) ② 중보기도	〈기도〉: [평신도 제자화 교육과정] 제4단계 사역교재
	기도가 필요한 비신자를 위한 중보 기도 훈련	필요한 비신자를 찾아가 위로하고 기도
양육1 리더S2	금식기도	〈깊은 기도〉라는 제목으로 금식기도, 관상기도 관련 내용을 다룬다.
양육1 리더S3	관상기도	

(2) 양육 1단계

양육 1단계는 교회에서의 신앙생활 영역을 대상으로 한다. 교회생활은 기본적으로 예배를 중심으로 이루어진다. 예배 안에 말씀이 있고, 기도가 있고, 찬양이 있고 봉헌이 있다. 이 같은 영역들을 이 단계의 교육 내용과 잘 연계시킬 필요가 있다. 우선 예배 자체가 무엇인지 신학적 차원과 제의적 차원에서 언급되어야 할 것이다. 예배가 무엇인지, 그 구성에 대한 설명이 있어야 할 것이다. 예를 들어, 예배를 시작하는 묵도가 무엇인지 등등, 신자들이 당연히 아는 것으로 치부되는 예배의 요소들에 대해 그 역사적, 신학적 설명이 필요할 것이다. 특히 예배에서 사용되는 사도신경과 다른 모임들에서도 상용되는 주기도문에 대해서는 특정한 시간을 마련해 충분한 설명을 해야 할 것이다. 나아가 예배 안에서 어떻게 신자가 형성되어야 할 것인지에 대한 계획이 있어야 할 것이다. 예배에 대해 이렇게 접근함으로써 예배는 단지 하나의 의식이 아니라 신자를 형성하는 교육의 매개가 될 수 있다. 설교의 경우, 해당 교회의 설교 계획과 교회력(Church Year)에 대한 설명도 있어야 할 것이다. 기도 모임에 직접 참여시켜 기도를 배울 수 있도록 해야 한다.

찬양은 특별한 관심이 필요한 영역이다. 말씀이 하나님께서 우리

를 찾아오시는 계시의 통로라면, 봉헌은 우리 자신을 하나님께 드리는 헌신의 행위이다. 말씀과 봉헌이 하나님과 우리 사이의 어느 한 편의 통로라면, 기도와 찬양은 오가는 쌍방 통로이다. 우리는 기도를 통해 하나님께 간구하고 하나님은 기도 안에서 우리에게 말씀하신다. 찬양은 그 밀도 면에서 결코 기도에 뒤지지 않는다. 찬양은 목소리로 하지만 그 진실도와 강도에 따라 우리의 몸이 자연스레 동반되는 그야말로 전인적 만남의 통로이다. 우리는 찬양 속에서 우리 자신을 적나라하게 살피며 하나님과 뜨겁게 만나며 그리고 하나님께 우리 자신을 남김없이 드릴 수 있다. 하나님을 직접적으로 만날 수 있는 가장 근접성이 탁월한 이 찬양이 교회의 성인들에게는 크게 배려되지 않았다. 이 양육과 훈련 체계에서는 신자들을 찬양의 세계로 자연스럽게 초청하되 쉽고 가벼운 곡으로부터 점차 어려운 곡으로 나가도록 이끌어야 할 것이다. 이때 마음의 움직임에 따라 자연스레 나올 수 있는 몸동작을 권장하는 것이 중요하다. 또한 찬양이 단지 감정적 고양에서 그치지 않고 하나님께 대한 헌신의 의지를 굳히는 단계로까지 나가도록 지도해야 할 것이다.

헌금과 십일조 등에 대한 교육도 필요할 것이다. 교회는 헌금 문제에서 좀 더 당당해야 할 것이다. 헌금이 교회의 재정적 필요를 채우기 위한 수단으로서가 아니라—그럴 경우 헌금을 강권하는 등의 부작용이 초래될 수 있다—하나님 앞에서의 헌신의 의미임을 가르쳐야 할 것이다. 십일조 등에 대해서는 하나의 의무로서 지도해야 할 것이다. 교회의 헌금이 어떻게 사용되는지에 대해 알리는 것은 교회의 의무인데, 사무총회 등에 학습자들을 참석시켜 그 실상을 알도록 하는 방법이 있을 것이다.

교회의 직분 등 행정 전반에 대해서도 알려 줄 필요가 있다. 당회로부터 시작해서, 기관들 그리고 목사, 전도사, 장로, 권사, 집사, 교사 등 교회의 일꾼 등을 소개하고 그들이 교회에서 하는 일들이 무엇인지 그들의 입을 통해 소개하면서, 전체 교회 내에서 나의 위치를 인식시킬 뿐만 아니라, 교회가 하나의 유기체임을 강조해야 할 것이다.

이상에서 알 수 있듯이 양육 1단계에서의 교육은 전통적인 설명식 전달에 의한 것이 아닌 해당 내용에 대한 직·간접적 참여나 관련자들과의 만남 등을 통해 일어난다.

(3) 양육 2단계

가정교육. 양육 2단계의 교육의 환경은 가정과 사회이다. 오늘날 가정 붕괴는 흔하나 그럴수록 가정 건설의 중요성은 강조되고 있다. 가정교육은 여전히 중시되며 교회는 가정목회에 대해 고민하고 있다. 무너지는 가정에 대한 마땅한 연결고리를 찾지 못하는 것이 교회의 고민이다.

여기 양육과 훈련 체계에서는 교회와 가정의 연결고리를 부모에게서 그리고 그들의 발달과제에서 찾는다. 종종 교회는 교회와 가정의 연결고리인 이들 부모를 배제하고 또는 소외시킨 채 교회가 중심이 되는 가정목회의 프로그램 등에 매달려 왔다. 그와 같은 교회의 시도들이 가정의 중심축인 부모를 제외시키고 소기의 성과를 거둘 수 없는 것은 당연한 일이다.

가정교육은 가정이 '……해야 한다'는 식의 원론적인 내용이어서는 안 된다. 가정교육은 부모의 요구를 가장 먼저 반영하는 것이어야 하며 부모를 교사로 세울 수 있는 교육이어야 한다. 부모의 일차적 관심은 자녀교육일 것이다. 다음으로는 직장이나 사업의 문제일 것이다. 양육과 훈련 체계에서 가정교육은 부모에 대한 교육이되 부모가 자녀를 어떻게 교육해야 하느냐에 대한 교육이어야 한다.

부모를 위한 교육은 부모들이 모여 자녀교육에 대한 경험을 나누거나 의견을 교환하는 방법과 부모교육 전문가들을 초청해서 강의를 듣거나 상담을 받을 수 있다. 여기서 교사는 교회에 적을 둔 사람을 넘어 일반사회로 확대된다. 교회의 양육과 훈련에서는 교회가 할 수 없거나 잘 모르는 내용들에 대해서는 전문가들에게 위임할 줄 알아야 한다.

노후 생활은 가정교육에서 중요한 주제가 되어야 한다. 현대 의학의 발달로 인간의 생명이 연장되면서 인구 중에서 노년층이 차지하는 비율이 높아지고 있다. 이에 따라 사회에서는 노인문제의 해결책을 위해 노력을 기울이고 있고 경제적으로도 실버산업에 대한 관심이 크게 늘고 있다. 하지만 이상할 정도로 교회에서는 노인대학 등 일종의 프로그램 외에는 노인을 중심에 둔 목회적 배려가 거의 없어 보인다. 노인은 교회가 돌보아야 할 대상일 뿐 그들 자체의 인생 경험과 신앙 경륜을 잘 마무리 짓게 해 주는 도움은 없다. 노인은 교회가 생각하는 대로의 존재이면 될 뿐이지, 그들의 요구는 청취되지 않으며, 그들은 하나의 대상이지 주제로서 인정되지 않는다. 교회는 이들 노인들의 신앙적 지혜를 활용해야 한다. 그러기 위해서는 적극적으로 노인을 교사로 활용해야 하며, 노인과 젊은 세대와의 만남의 기회를 확대해 나가야 할 것이다.

사회교육. 양육 2단계의 주요한 교육 내용은 사회와 관계된 것이다. 가정의 구성원들은 어떤 형태로든 사회생활을 한다. 성인을 주 대상으로 하는 여기에서의 양육·훈련 체계에서는 직장과 관련해서 직업

의 문제, 사회와 관련해서 시민의 자질이 문제가 된다. 직업은 일종의 소명이라 할 수 있다. 그것은 하나님께서 그리로 불러 주신 곳이다. 그런 만큼 직업은 거룩하기까지 하다. 이처럼 성스러운 처소인 직장을 교회는 신자 개인의 책임으로 돌려버려 왔다. 교회는 직장인 선교회나 신우회 또는 직장인 예배 등을 통해 직장을 선교의 대상으로 보아 왔다. 그 내용을 살펴보면 직장인에 대한 선교는 직장인에게만 향한 것이었다. 그래서 직장인이 그곳에 존재하는 이유이기도 한 업무는 선교와 아무 상관이 없는 것이 되어 버렸다. 교회는 직장인들에게 그들 직업의 거룩함과 그것을 통해 어떻게 하나님께 영광을 돌리며 이웃을 섬기며 행복을 누릴 수 있는지를 교육해야 한다.

사회생활의 두 번째 주요한 면은 시민 됨(Citizenship)의 교육이다. 우리나라에서 일부 진보적인 교단을 제외하고는 대부분의 교회는 사회적 이슈에 무관심해 보인다. '사회가 어떻든 교회는 하나님이 인도하신다.'는 생각을 갖고 있는 듯하다. 그러나 과연 그럴까. 교회가 사회를 애써 외면하려 해도 교회의 현실에는 사회적 변화가 그대로 반영된다. 교회의 신자들이 사회의 일원이기 때문이다. 교회는 이 단순한 사실, 즉 신자는 곧 사회인이라는 사실을 인정하지 않으려 한다. 한편 신자의 삶은 사회에서의 삶이다. 교회에서의 삶이 종교적 삶이라면 사회에서의 삶은 인간적 삶이다. 그런데 그 인간적 삶이 종교적 삶의 판단 근거가 된다. 신자가 진정 인정받는 곳은 교회가 아니라 사회이다. 따라서 교회는 신자가 사회인이라는 것, 그래서 그들은 교회만이 아니라 오히려 더 사회에서 인정받는 사람이 되어야 한다는 점을 인정해야 한다.

양육과 훈련 체계가 주의를 기울여야 할 부분이 이것이다. 한 사람의 사회인으로서 어떻게 하나님께 영광을 돌리며 생활할 수 있는

가가 양육·훈련의 과제가 되어야 한다. 이를 위해 교회는 사회적 이슈들에 대한 저들의 이야기를 들어 보고, 전문가를 초청하여 의견을 청취하고, 성서적, 신학적 대안들을 제시할 수 있어야 한다. 여기서 교육의 방법은 이슈가 되는 주제들에 대한 폐쇄적 해석의 전달이 아니라 충분한 토의와 입장의 정리를 통해 신자들이 주관을 갖고 자신의 소리를 내며 당당하게 사회에서 살아 나갈 수 있게 해야 한다.

(4) 훈련 단계

훈련 단계는 크게 전도와 선교 두 가지 영역으로 나뉜다. 전도는 개인전도 위주의 복음전달 방식을 익히는 것이며, 선교는 해외 지역에 대한 복음 전달을 포함해 교회의 다양한 봉사 형태를 가리키는 말이다. 전도에 대해서는 다양한 전도 기술이 있을 텐데, 그보다 더 중요한 것은 복음을 접하고 복음에 의해 변화되고 복음의 능력에 감동받아야 한다는 것이다. 그렇지 않고서는 그 전도는 힘이 없고 결과적으로 열매를 맺을 수도 없을 것이며 하나의 형식으로 그치고 말 것이다. 전도에 대해서는 전도 전문가의 도움을 받아야 한다.

선교에는 다양한 영역이 있다. 해외에 선교사로 직접 나가는 방법이 있을 수 있고, 단기 선교를 통해 해외 선교지의 현실을 익힐 수 있는 방법도 있으며, 국내의 다양한 분야에 대한 사역에 참여할 수 있다. 선교는 일반적으로 복음전달의 수단으로 이해된다. 그래서 선교의 내용과 복음전달이 분리되는 경우가 흔하다. 선교는 선교 자체로 의미를 두어야 한다. 선교가 다른 무엇을 위한 수단으로 전락할 때 이미 그 선교는 형식이 되어 버린다.

선교의 영역은 다양하지만 중요한 것은 우리 교회가 참여할 수 있는 영역을 찾아 개발해야 한다는 것이다. 우리 교회와 관련된 수많은 선교의 영역들을 함께 찾아나가는 것 자체가 훈련의 내용이 된다. 이를 위해 학습자들과의 토의는 필수적이다. 이미 교회 측에 의해 결정된 내용보다 더 교회의 빛을 드러내어 성장에 도움이 될 만한 선교의 영역을 교회 안에서부터 가정, 사회로 확대시키면서 찾아볼 수 있겠다. 선교 영역의 발굴과 사역 훈련은 사회복지 등의 전문가의 도움을 받을 수 있을 것이다.

충분한 토의와 전문가로부터의 도움을 받은 후에는 유사한 현장에 대한 탐방과 견학이 필요하다. 말과 현실은 다를 수 있기 때문이다. 탐방은 궁금한 점에 대한 질의를 포함해 문제점이 무엇인지, 어떻게 더 개선하거나 응용할 수 있는지 등에 대한 체크리스트를 사전에 준비해 확인할 수 있다. 그 같은 탐방의 결과를 놓고 예산이나 인원 등에 대한 조건을 다시 한 번 고려한 후 계획에 착수할 수 있을 것이다.

선교 사역은 이론이 아닌 실제이기 때문에 반드시 현장에서 구현되어 실천될 수 있도록 해야 하는데, 이는 여기서 말하는 양육과 훈련 시스템의 두 번째 순환원의 구성요소가 되며 지도자가 되기 위한 필수적인 요건이기 때문이다. 자기가 말하는 내용을 몸으로 겪은 사람만이 제대로 교육하는 사람이 될 수 있다.

(5) 지도자 단계

지도자 단계는 이 양육과 훈련 체계에서 두 번째 순환원으로 시작되어 계속되는 단계이다. 기존의 양육 · 훈련 체계에서는 학습자가 양육을 받는 것으로 그쳤지만 이 양육 · 훈련 체계에서는 학습자가 곧바로 지도자의 역할을 맡게 된다. 물론 기존의 양육 · 훈련 체계에서도 교육받은 사람이 지도자를 맡았을지라도 이 양육 · 훈련 체계에서는 한 단계에서 그치는 것이 아니라 지도자도 계속해서 교육을 받으며 보다 수준 높은 지도자로 형성되어 간다는 점이 다를 것이다.

지도자 단계에서 교육할 내용은 학습자의 단계에 정한 내용뿐만 아니라 지도자로서 학습자를 교육하는 데 기본적으로 갖추어야 할 내용이 포함된다. 그것들에는 최소한 교회(그리스도의 몸)론, 지도자론, 교수-학습론, 학습자(지체) 이해, 성서해석방법, 커뮤니케이션론 등이 있다.

지속적인 순환 단계의 과정을 거치면서 지도자만 성장하는 것이 아니라 교회 전체가 성장하는 경험을 하게 될 것이다. 일반적으로 교회는 시간이 경과함에 따라 양적인 변화는 겪지만 질적인 변화에는 차도가 없었다. 다시 말해 유기체인 그리스도의 몸이 자라지 않고 성정 지체를 겪고 있다는 것이다. 이 같은 실정의 상당 부분은 이 양육·훈련 체계의 지도자 교육을 통해 해소될 수 있을 것이다.

Ⅳ. 나가는 글

이제까지 언급한 양육·훈련 체계인 SMG는 우리 교단의 신학을 바탕으로 BCM 교육목회제도를 응용한 체계이다. 특히 이 SMG 체계는 BCM의 유기체적 성격이 현실적 성장으로 나타날 수 있도록 순환론적 과정을 덧붙였다. 주지하다시피 BCM은 교회의 구성요소와 교회의 사명이 모두 상호 관계하는 유기체라는 인식하에 그것들의 통합을 시도한 제도라 할 수 있다. 이 SMG 체계 역시 유기체적 성격을 띤다. 양육과 훈련을 중심으로 또는 그 안에서 교회의 복음 선포와 예배와 교제와 봉사가 통합된다.

기존의 양육·훈련 체계의 여러 문제점들 중에서 가장 근본적인 과제라고 할 수 있는 신자의 신앙의 성숙과 교회의 양적 성장 둘 다를 해결하고자 하는 체계이다. 이 체계에서는 성숙과 성장을 교육받은 학습자가 곧바로 지도자로 세워지는 과정이 반복됨으로써 성장을 꾀하는 방식을 채택했다. 따라서 순환론적 유기체적 체계는 크게 세 가지의 의미를 띠는데, 첫째는 순환론적 체계가 끝이 열린 개방적 체계라는 점에서, 기존에 특정한 양육·훈련 프로그램 실시에서 볼 수 있었던 후속 프로그램의 단절을 극복하고 있다는 것이다. 둘째는 하나는 순환론적 체계는 학습자가 지도자가 되는 평신도 중심의 양육·훈련 체계라는 것이다. 따라서 이 체계에서는 교역자의 사역 부담이 줄어들면서 교사를 위한 별도의 교육이 불필요하다는 점이다. 셋째는 이 체계는 순환적 체계이기 때문에 신자들의 다양한 수준에 맞추어 다양한 수준의 교육의 단계를 제시할 수 있다는 것이다.

또한 이 체계는 기존의 양육·훈련 체계가 교회가 중심이 되어 성경적 교리적, 즉 내용 중심의 교육을 해 온 것을 반성하면서 교육의 중심이 학습자임을 다시 한 번 확인하면서 학습자의 삶 중심의 경험적 내용으로 구성하고자 했다. 마지막으로 양육과 훈련을 통한 건강한 교회성장을 위한 요점을 다음과 같이 제시하고자 한다.

① 양육과 훈련의 목적은 신자의 신앙 성장임을 분명히 하라.
② 잘 양육받고 훈련된 신자가 교회의 성장에 기여하는 일꾼이 될 수 있음을 믿으라.
③ 전도와 선교에 대한 교육을 양육·훈련 체계에 포함시켜 운영하라.
④ 양육과 훈련의 짐을 교역자에게만 지우지 말고 평신도들에게 분배해서 그들을 지도자로 세우라.
⑤ 양육과 훈련 체계의 내용이 교회 중심, 교리 중심, 사역 중심

이 아니라 신자들의 삶을 풍성하고 윤택하게 해 주는 내용을
중심으로 구성하라.

⑥ 양육과 훈련을 강의 방법에만 의존하지 말고 교제, 견학, 참여
등 다양한 방법을 동원해서 교육의 효과를 높여라.

⑦ 양육과 훈련을 통한 교회성장은 장기간의 점차적인 결과임을
기억하고 양육과 훈련 체계를 착실하게 운영하라.

⑧ 양육과 훈련 체계가 우리 교회의 특정한 조건에 적합한 것이
되도록 수정하며 운영하라.

한국 기독교평화교육의 반성과 방향

I. 들어가는 글

21세기는 평화로운 세상에 대한 희망으로 시작했으나, 그 첫해는 테러와의 전쟁으로 얼룩졌다. 미국의 대통령 부시는 2002년을 '전쟁의 해'로 선포하였고, 그 영향은 세계 유일의 분단국인 우리나라에까지 미치고 있다. 지금 세계는 불안하다.

그러나 사실상 평화는 인류의 역사 이래 항상 위협받고 있었다. 인간은 그 악한 본성과, 갈등과 소외의 실존적 존재 형식 때문에 평화로울 수 없다.[1] 인간 세계가 평화롭지 못하면 못할수록, 평화는 인간이 획득해야 할 절대적 목표가 될 수밖에 없다. 그렇기 때문에 평화 문제는 항구적인 문제이고 계속해서 연구되어 왔다.[2]

교육이 성장 세대에게 올바른 세계 이해와 자아 이해를 매개하는 것이라면,[3] 세계와 인간의 본래 모습을 드러낼 수 있는 평화교육은

---

[1] 오인탁, "평화교육의 근거와 조건", 대한예수교장로회총회교육부 편, 『성숙한 교회와 평화교육』(서울: 대한예수교장로회출판국, 1988), 196.

[2] 구미에서의 평화 연구에 대해서는 하영선, "현대의 평화 연구", 그리스도교철학연구소 편, 『현대사회와 평화』(서울: 서광사, 1991), 193 – 211 참조.

교육의 본질적 과제이다. 이와 같은 인식으로부터 비롯된 평화교육은 오랜 역사를 지닌다.[4)

기독교교육 역시 평화교육의 필요성을 느끼고 탐구를 쉬지 않았다. 평화교육은 기독교교육의 핵심에 있다. 기독교교육이 하나님과 인간 사이의 관계를 매개하는 것이라면, 기독교교육은 바로 평화를 수행하고 있는 것이다. 따라서 기독교교육은 본질적으로 평화를 수행하는 교육이다.

그럼에도 불구하고 종래의 기독교평화교육은 평화 문제를 단편적이고, 추상적이며, 단선적으로 다루어 왔다. 그러므로 이 글에서는 한국에서의 종래의 기독교평화교육에 대한 논의들에 대하여 반성하고, 그 반성에 근거하여 기독교평화교육의 방향을 제시하려고 한다.

Ⅱ. 기독교평화교육의 반성

평화는 인류보편의 문제이지만, 그렇다고 평화에 대한 일반적이고 원칙적인 논의가 지역의 평화 문제를 해결해 줄 수는 없다. 평화문제는 지역적 문제로서의 보편적인 것이지, 보편적인 것을 지역적으로 적용하는 비현실성은 아니다.

이와 같은 의도에서 한국에서의 기독교평화교육을 다루고자 할 때, 우리의 논의 안으로 들어오는 문제는 크게 세 가지이다. 첫째, 기독교평화교육은 평화문제만을 분리시켜 다루는 것으로 충분한가? 둘째, 기독교평화교육은 우리의 현실을 외면하고 있지는 않는가? 셋째, 기

---

3) 오인탁, "평화교육의 근거와 조건", 197.

4) 평화교육의 역사에 대해서는 S. J. Heywood, "Peace Education", Young Seek Choue, ed., *World Encyclopedia of Peace*(London: Pergamon Press, 1987), 182 – 97을 참조.

독교평화교육은 공정하게 다루어져 왔는가?

1. 단편적 평화교육

종래의 기독교평화교육은 평화를 그것과 밀접한 관계가 있는 정의, 생명의 문제 등과 분리시켜 다루어 왔다.[5] 평화는 독립적으로 탐구될 수 있다. 그러나 정의와 생명의 문제와 함께 다루어질 때, 온전하게 다루어질 수 있다. 1990년 3월 5일부터 12일까지 서울에서 정의·평화·창조세계의 보전(Justice, Peace, and the Integrity of Creation) 세계대회가 개최되었다. JPIC 운동은 원래 세계개혁교회협의회(WARC)에 의해 처음으로 제안되었으며, 그 후 1983년에 열린 세계교회협의회(WCC) 밴쿠버 제6차 총회에서 채택되어 계승되었다. 밴쿠버 총회는 "……그리스도를 세상의 생명으로 고백하고 기독교신앙은 죽음의 세력, 사탄의 세력에 저항하는 것……"으로 고백한다. 이로부터 정의·평화·창조질서의 보전은 생명을 부정하는 '죽음의 세력'에 의해서 야기되었다는 것에서 불가분리의 연관된 주제임이 분명해진다.

1990년 서울에서의 JPIC 국제대회는 한국의 기독교교육계에 도전을 주었다. 그 결과 기독교대한감리회, 기독교대한성결교회, 기독교장로회 등 주요 교단이 연합하여, 여름성경학교(수련회) 주제를 JPIC로 정하여 공동교재를 펴내게 되었다. 1990년도 "아름다운 세상"(창조질서의 보전), 1991년도에 "깨끗한 마음 바른 삶"(정의)을 다루었

---

5) 예를 들어, 대한예수교장로회총회교육부 편, 『성숙한 교회와 평화교육』(서울: 대한예수교장로회출판국, 1988); 김성재 편, 『평화교육과 민중교육』(서울: 풀빛, 1990); 윤응진, 『기독교 평화교육론』(오산: 한신대학교출판부, 2001). 물론 이와 같은 책의 목적상, 평화문제를 독립적으로 다룰 수 없었다는 것은 인정해야 할 것이다.

고, 1992년도에는 "그리스도의 평화가 이 땅에"(평화)라는 주제로 JPIC 문제를 연차적으로 다루었다. JPIC에 대한 교육적 노력들은 우선 그간 부진했던 다른 영역에서의 교회연합운동이 교육적 차원에서 열매를 맺었다는 데 있을 것이다. 그러나 이러한 성과에도 불구하고 JPIC 주제들을 연차적으로, 개별적으로 다룸으로써 평화, 정의 그리고 생명, 그 각각의 주제들의 상호 연관관계를 이해할 수 없었고, 이 주제들이 전체적인 것으로서 줄 수 있는 교육효과를 상실했다는 것이다. 평화는 정의 그리고 생명과 연관된 문제이기 때문에 그 둘과의 연관성 속에서 다루어져야 한다.

평화는 정의와 관계가 있다. 오늘 우리의 세계는 부정의로 가득하다. 범세계적인 분배의 불균형, 인종차별, 성차별, 신분제도에 따른 사회 계급적 차별, 인권의 문제, 정치적 민주화의 문제 등은 정의와 관계된 제 영역이다. 그리고 평화는 정의와 결합함으로써 적극적 평화가 된다. "정의와 평화가 입을 맞추리라."(시 85:10) 또한 이와 같은 부정의의 현상은 고문과 약탈, 억압과 살생 속에 있는 생명과 직접적으로 연관된 문제이며, 정의가 없이 생명이 억압되는 곳에 평화가 존재할 수는 없다. 하나님의 평화는 생명을 억압하는 힘에 기초하지 않고 정의로운 통치에 기초한다.

평화는 또한 생명과 관계가 있다. 인간은 과학 지식과 기술의 발전을 생명을 위해 사용하지 않고, 오히려 생명을 향한 전쟁과 지구의 생태계를 파괴하는 일에 적용해 왔다. 개방과 발전 그리고 이익이라는 우상의 이름으로 행해지는 이 모든 착취들은 인간의 생존을 위협하며 지구를 황폐화시키고 있다. 환경 파괴의 문제가 윤리, 종교, 경제, 정치적 문제로까지 확대되었고, 교육의 결여, 인구 과잉, 낭비성 소비, 만족할 줄 모르는 이익 추구, 공해 등으로 지구라는 유기체는 날마다 죽어 가고 있다. 현실적으로도, 경제적 기아와 빈곤과 같은 부정의가 생명을 파괴하고, 사회적 갈등과 정치적 폭력 그리고 문화적 피폐와 같은 비평화적 요소가 생명을 파괴하고 있다.6) "평화는 생명의 기틀이다. 평화의 정원에서 생명이 창조되고 지탱되며, 자라고 꽃피며 열매 맺는다."7) 성서적으로 보아도, 생명과 평화는 불가분리의 관계에 있다. 생명은 하나님의 피조물이며 귀하다. 생명은 평화 안에서 본질을 상실하지 않고, 최적의 상태에 있으며, 완성될 수 있다.8)

평화가 정의 그리고 생명과 더불어 완성된다는 앞에서의 내용으로부터 기독교평화교육을 위한 두 가지 함의를 끌어낼 수 있다. 첫째, 평화가 정의와 생명과 관련되어 있는 상태에 대한 인식이 필요하다는 점이다. 평화 문제는 단순한 상식으로 파악될 수 있는 성격의 것이 아니다. 그것은 실타래처럼 다른 주제들과 얽혀 있기 때문에 주의를 기울여 그 실마리를 풀지 않으면, 오히려 더 복잡하게 얽힌다는 것이다. 평화와 생명 그리고 정의와의 관계에 대한 정치한 구별이 필요하며, 그 각각의 관계에 대한 성격뿐만 아니라, 전체에 대한 총체적 이해가 필요하다. 타 주제와의 연관 속에 있는 평화 문제가 기독교교육에 던지는 둘째 함의는, 평화는 인간의 생활 전체와 관련되어 있는 삶의 문제, 즉 삶 자체라는 것이다. 그 이유는 두 가지이다. 첫째, 평화는 깨어졌을 뿐, 인간의 본성에 속한 것이며, 그래서 인간의 삶은 평화를 지향한다. 둘째, 정의와 생명 그리고 평화는 인간이 인간다울 수 있는 조건이라는 것이다. 그와 같은 조건이 구비되어 있지 않은

---

6) Freda Rajotte, "Jusyice, Peace, and the Integrity of Creation", *Religious Education* 85:1 (Winter 1990), 5 - 6.

7) 김용복, "생명과 평화의 상관관계에 대한 성서적 연구", 대한예수교장로회총회교육부 편, 『그리스도께서 주신 생명과 평화』(서울: 한국장로교출판사, 1996), 83.

8) 양금희, "생명을 위한 평화교육", 대한예수교장로회총회교육부 편, 『그리스도께서 주신 생명과 평화』(서울: 한국장로교출판사, 1996), 314.

곳에서의 삶은 인간적 삶이라 할 수 없다. 그러므로 정의, 생명과 더불어 추구하는 평화는 정당한 인간 삶의 추구에 다름 아니다.

2. 현실 외면적 평화교육

종래의 기독교평화교육은 성서적 의미를 탐구하거나, 제3세계적 입장에서 다루는 방식으로 이루어졌다.9) 평화에 대한 성서적 의미 탐구는 평화의 현실적 차원을 외면함으로써, 신앙으로 도피하고 있다. 제3세계적 입장에서의 평화 논의는 저 하늘 위의 평화를 이 땅 아래의 현실로 끌어내는 데 성공하기는 했지만, 제3세계 전체를 일반화시킴으로써 국가들 사이의 차이점을 간과하고 있다. 즉 평화교육을 통일교육과 동일시함으로써, 우리나라의 중요한 여러 현실문제들을 외면하고 있다.10)

우리가 국토가 분단된 현실에서 관심을 가져야 할 평화의 영역은 통일이다. 우리 민족은 어떤 지리적, 인종적, 문화적, 경제적인 면에서도 분단될 이유가 없다. 그럼에도 불구하고 분단으로 말미암아 남북한의 이질화 현상이 심화되고, 천만이 넘는 이산가족들의 아픔은 날로 깊어 가며, 분쟁 가능 지역으로 남아 있어서 세계평화를 위협하고 있다. 따라서 비평화의 구조를 생산해 내는 분단의 담을 헐어 내기 위하여 여러 가지 통일을 위한 노력들이 남북한 양편으로부터 있어 왔다.11)

---

9) 양금희, "생명을 위한 평화교육", 주5 참조.

10) 김성재는 이렇게 말한다. "우리나라의 평화교육은 제3세계의 시각에서 보아야 하며, 우리나라 사회문제의 근본 골격을 이루고 있는 민족 보전의 문제를 궁극적으로 해결하기 위한 통일 지향적 교육이어야 한다는 의미에서 평화 · 통일교육이어야 한다고 생각한다." 김성재, 『분단현실과 기독교민중교육』(서울: 한국신학연구소, 1988), 348.

11) 유석성, 『현대사회의 사회윤리』(부천: 서울신학대학교출판부, 1997), 233 – 50 참조.

민족의 분단과정에서 피해를 입은 교회는 50년대 북진통일론에 대한 동조를 시작으로 60년대 통일논의를 용공시하면서 분단이 고착화되고, 군사독재정권은 안보를 빌미로 인권을 유린하고, 경제성장논리를 내세워 노동자와 농민을 억압하였다. 한국교회는 이에 대하여 정의와 평화를 위한 신앙으로 저항하였으며, 70, 80년대의 한국교회의 인권 및 민주화 운동은 동일한 맥락에서의 전통이었다. 이와 같은 노력들은 80년대에 한반도 평화통일을 위한 국제적 연대와 남북교회의 만남이라는 성과로 나타났다.[12]

특히 1988년 2월 29일 한국기독교교회협의회(NCCK)가 발표한 '민족의 통일과 평화에 대한 한국기독교회 선언'은 민족분단 현실에 대한 새로운 인식과 책임을 일깨워 주었다. 이 선언은 한반도의 분단을 극복하고 통일로 한발 나아가게 하는 역사적 사건이었다. 모두 6장으로 구성된 이 선언은 분단과 증오에 대한 죄책 고백과 민족통일을 위한 한국교회의 기본원칙 등의 내용을 담고 있으며, 평화와 통일을 위한 한국교회의 과제를 건의하고 있다. 이에 따라 한국기독교교회협의회는 1995년 해방 50주년을 맞는 광복절을 평화와 통일의 희년으로 선포하였다. 이것과 맥을 같이하는 교육적 노력도 나타났는데 그중의 하나는 평화통일희년준비위원회의 평화와 통일을 위한 성서연구교재인 『희년을 향한 순례』(서울: 대한기독교교육협의회, 1993)이다.[13]

분단의 상황을 극복하고 통일을 이루려는 노력은 큰 비중을 두어야 하는 문제임에는 틀림이 없다. 그러나 통일의 문제가 우리나라 평화 문제의 전부인 것처럼 다루어서는 안 될 것이다. 통일의 문제

---

12) 유석성, 『현대사회의 사회윤리』, 233 – 50.

13) 이 책은 박은영(대한예수교장로회[통합]), 박종석(기독교대한성결교회), 손삼권(기독교대한감리회), 홍순원(기독교장로회) 등에 의해 집필되었으며, '평화의 동산에서', '생명을 누리며', '희년을 향한 순례'의 네 마당으로 구성되어 있다.

는 그 밖의 다른 여러 문제들과 얽혀 있는 문제이고, 평화와 관련이 있지만, 통일문제와는 다른 성격의 중요한 문제들 역시 존재하기 때문이다. 이와 같은 점을 전제하고, 그럼에도 불구하고 통일문제와 관련해 기독교교육적 함의를 끌어내는 것은 유의미하다.

한반도의 평화통일을 위한 교육은 첫째, 분단으로 인한 비평화의 상태를 진단할 수 있도록 하는 교육이어야 한다. 그 내용에는 한반도 분단의 원인과 그 결과 등에 대한 바른 이해가 있어야 할 것이다. 둘째, 통일에 장애가 되는 국내외의 정치·경제·사회·문화적 요인들의 실체가 무엇인지 파악하고, 그 조직화된 갈등 구조를 분석함으로써 이를 극복할 수 있도록 하는 교육이어야 한다. 셋째, 한반도의 평화통일을 위한 교육은 분단현실을 묵인하는 것이 아니라, 적극적으로 분단을 극복하고자 하는 열정의 교육이어야 한다. 넷째, 평화통일을 위한 기독교교육을 통일을 위한 교육과 통일을 준비하는 교육이라고 나누어 본다면, 이제까지의 기독교교육은 통일을 위한 교육에 치중했다. 통일 이후의 갈등을 최소화하기 위한 통일을 준비하는 교육에 대한 노력 역시 필요하다.

3. 편향적 평화교육

한국에서의 기독교평화교육 논의는 드물었고[14] 특정 교단에 속한 학자들에 의해서 주로 논의되었다. 이와 같은 평화에 대한 기독교교육적 논의의 현실 속에서, 1990년 서울에서의 JPIC 국제대회는 한국의 기독교교육계에 도전을 주었다. 그 결과 여름성경학교(수련회) 공동교재의 개발로 감리교와 성결교회가 평화 논의에 교육적으로 가

---

14) 1960년대 이래 평화교육과 관련된 연구논문은 30여 편에도 이르지 못한다.

담하면서, 기독교평화교육 논의의 지평을 넓힐 수 있는 가능성을 열어 주었다. 그러나 평화를 위해 함께 노력하는 집단 내에서도 평화 개념에 대한 견해차로 비판이 일어났다.[15]

평화의 개념은 다양하며, 평화에 대한 논의는 그 모든 개념들을 종합적이고 포괄적으로 다루어야 한다는 합의 아래 진행되어야 한다. 평화에 대한 누적적 연구의 결과, 개념의 층위는 다양한 무늬를 띠며 두텁다. 개념들은 나름대로 의미가 있으며, 그러므로 독창성이 있어 다른 개념들과 조화를 이루기 어렵다. 그럼에도 불구하고 그 여러 독특한 개념들을 몇 개의 무리로 집적한다면, 크게 세 부류로 나눌 수 있을 것이다. 일반적, 성서적, 기독교적 개념.

첫째, 일반적 의미에서의 평화이다. 이것은 다시 네 가지로 요약할 수 있을 것이다. 첫째, 힘에 의한 질서유지를 통한 평화가 있다. 팍스 로마나(Pax Romana)라고도 불리는 이 평화는 불평등한 구조 등의 현실을 그대로 인정하고 있다. 둘째, 휴전 상태로서의 평화가 있다. 이것은 싸움이 끝난 것이 아니기 때문에 불안하고 불완전한 평화이다. 셋째, 위안으로서의 평화이다. 주로 개인 내면의 심리적 위로를 추구한다. 넷째, 탈속적 평화이다. 평화를 이 땅에서가 아닌 저 세상에서 찾으려는 신비적인 색채가 강한 것이다.

평화 개념의 두 번째 부류는 성서의 평화이다. 성서에서 말하는 평화는 첫째, '하나님께서 허락하시는 것'이다. 히브리어로 평화는 샬롬이다. 이 샬롬은 인간 내면에서가 아닌 '하나님과의 관계'에서 생기는 하나님의 선물이다. 둘째, 성서에서 말하는 평화는 예수 그리스도를 통해서 나타난다. 예수님은 몸소 평화의 제물이 되시어 다시 하나님과 세계 앞에 바른 관계회복의 길을 열어 주셨다. 셋째, 성경

---

15) 윤응진, "한국교회 평화 교육의 과제와 전망", 「기독교사상」 419(1993 · 11), 51.

은 우리에게 평화를 위해 일하기를 요구한다. 평화의 수립을 인간에게 위임한다(사 11:1 - 9; 롬 12:28, 14:19; 고후 5:19).

평화 개념의 세 번째 부류는 기독교 역사적 개념이다.16) 그것은 다시 세 가지로 나눌 수 있다. 평화주의(Pacifism), 의로운 전쟁론(the just war) 그리고 십자군 이념(the Crusade). 평화에 대한 이 세 가지 태도는 기독교 역사와 궤를 같이하는데, 초대교회는 콘스탄틴 시대까지 평화주의적 태도를 취하였다. 그 후 콘스탄틴 치하에서 교회와 국가가 밀접하게 연결된 결과 그리고 야만인들의 침입 위협 때문에, 4～5세기의 기독교는 고전적 세계관으로부터 의로운 전쟁론을 취하게 되었다. 이 의로운 전쟁의 목적은 평화의 회복과 정의의 수호에 있었다. 십자군 이념은 중세기에 발생한 것으로서 교회의 세계 지배와 결합되어 있었다.

최근 평화연구의 대가인 요한 갈퉁(Johan Galtung)은 평화의 개념에 대한 다양한 이해들에 기초한 모든 평화 연구를 종합하여 정리하고 있다.17) 갈퉁은 평화를 폭력의 차원에서 보고 있는데, 세 가지 종류의 폭력에 대해 말한다. 직접적 폭력, 구조적 폭력, 문화적 폭력.18) 직접적 폭력은 인류가 상호간에 그리고 다른 형태의 생명과 자연에 행사하는 폭력이다. 구조적 폭력은 사회 구조 자체에서 일어나는 것으로, 사람들 사이에서, 사람들의 집단인 사회 간에, 사회들의 집단인 동맹이나 지역 간에 발생하는 그리고 인간의 내면에 성격구조로

---

16) Roland H. Bainton, *Christian Attitudes toward War and Peace*, 채수일 역, 『전쟁 · 평화 · 기독교』(서울: 대한기독교출판사, 1981), 12 - 13.

17) Johan Galtung, *Peace by Peaceful Means*, 이재봉 외 역, 『평화적 수단에 의한 평화』(서울: 들녘, 2000).

18) Galtung, *Peace by Peaceful Means*, 19. 이 개념들은 평화 차원에서, 직접적 폭력 또는 물리적 폭력이 없는 상태인 '소극적 평화', 간접적 내지 구조적 폭력이 없는 상태인 '적극적 평화' 개념과 대응된다.

부터 생기는 폭력이다. 문화적 폭력은 모두 상징적인 것으로 종교와 사상, 언어와 예술, 과학과 법, 대중매체와 교육의 내부에 존재하는 폭력이다. 이와 같은 폭력은 문화적 폭력으로부터 구조적 폭력을 경유하여 직접적 폭력으로 나아간다.[19] 즉 폭력의 지층은 최상층에 직접적 폭력이 있으며, 그 밑에는 구조적 폭력이 중간층에 자리 잡고 있으며, 맨 아래층에는 위의 두 가지 폭력을 지지하는 문화적 폭력이 자리하고 있다.

앞에서 언급한 평화에 대한 다양한 이해들은 기독교평화교육을 위해 다음과 같은 사실들을 요구한다. 첫째, 기독교평화교육은 폐쇄적 입장에서 다루어져서는 안 된다는 것이다. 신학적 성향의 차이에도 불구하고, 평화의 문제는 갈등의 소재가 아니라, 다양한 입장들이 대화를 통해 자신들의 입장을 더 풍요롭게 할 수 있는 동일한 지향점이 되어야 한다. 평화에 대한 다양한 이해로부터 나오는 기독교평화교육의 두 번째 함의는 평화 개념에 대한 이해가 심리적이고, 타계적인 것으로부터 제3세계적인 관점에서의 비판적인 것 그리고 사회구조 자체의 변혁을 꾀하는 혁명적인 것까지 그 폭이 넓다는 것이다. 그 각각의 전망은 소박한 감정적인 신앙의 차원, 비평화의 상황에 대한 비판적 반성적인 지적인 차원, 현실의 변혁을 꾀하는 행동적인 차원들 중 어느 한 차원에 의해서가 아닌 그 모든 차원이 고려되어야 한다는 것이다. 평화교육은 적대 감정과 정신을 극복하기 위한 사랑의 감정으로부터 비평화의 상황을 인식하는 차원과 의로운 분개로부터 출발하는 평화 심기 행동의 모든 요소들을 포함해야 한다. 평화 안에는 전인적 교육의 조건이 되는 지·정·의적인 차원이 내재해 있는 것이다.

---

19) Galtung, *Peace by Peaceful Means*, 20.

Ⅲ. 기독교평화교육의 방향

우리는 앞에서 종래의 한국기독교평화교육에 대해 반성하였다. 그것들은 정의, 생명 등과 연관된 평화교육, 우리의 현실을 고려하는 평화교육 그리고 총체적 입장에서의 평화교육이었다. 이 같은 각각의 반성으로부터 우리는 기독교평화교육의 방향성을 염두에 두고, 다음과 같은 대응하는 질문들을 던질 수 있을 것이다. 첫째, 기독교교육은 평화로운 방식에 의해 행해지고 있는가? 둘째, 기독교교육은 평화를 위해 무엇을 할 것인가? 셋째, 기독교교육은 평화를 어떤 방식으로 이루어 나갈 것인가? 우리는 첫 번째 것을 종래의 기독교평화교육이 평화문제만을 분리해서 다루어 왔다는 사실에 주의를 기울이며, 그것과 연관 지어 평화를 삶 자체의 문제로 수용해야 한다는 기독교평화교육의 목적 차원에서 다룰 것이며, 둘째는, 종래의 기독교교육이 일부를 제외하고는, 우리의 삶과 연결된 현실적인 문제를 외면해 왔다는 점에 착안하여, 기독교평화교육이 현실적 문제를 다루어야 한다는 내용 차원에서 다룰 것이다. 셋째는, 평화교육이 주로 관심을 가진 일부에 의해 특정한 시각에서 논의되었다는 점을 반성하며, 평화에 대한 모든 개념들에 주의를 돌려야 한다는 점에 착안하여, 그 개념들이 시사하는 전인적 성격을 기독교평화교육의 방법 차원에서 다룰 것이다.

1. 삶으로서의 평화(목적)

평화는 삶의 문제이다. 우리의 삶은 평화 안에서 보장되며 의미를 소유한다. 평화는 삶과 굳게 손잡고 있다. 더구나 우리는 위에서 평화가 정의, 생명과 무관하게 논의될 수 없다고 했다. 정의, 생명 역시 우리의 정상적인 삶을 위한 요소라고 볼 때, 평화는 바로 삶의 문제임을 알 수 있다. 평화의 문제를 삶의 문제로 읽을 수 있는 이유는 앞에서 말했듯이 평화가 삶과 밀착되어 있는 정의와 생명의 문제와 얽혀 있는 문제이기 때문이다. 따라서 평화를 묻는 것은 삶에 대해 질문하는 것이다. 그것은 현재의 삶에 대해 진정성을 묻는 것이다. 즉 우리의 현재의 삶은 거짓이 아닌가, 나아가 진정한 삶은 무엇인가에 대해 묻는 것이다. 교육과 연관 지어 삶으로서의 평화를 묻는 일은 바로 교육의 현장으로부터 물어져야 한다. 즉 교육의 현장은 평화로운가? 거기에는 갈등과 폭력이 없는가? 평화교육은 그 자체가 평화적이어야 한다.[20]

교육을 통해서 행해지는 억압은 두 가지 방식으로 행해진다.[21] 하나는 지식의 통제를 통해 이루어진다. 지식의 통제는 다시 두 가지 방식으로 행해진다. 첫째, 지식을 계층화(stratified)하는 것이다. 어떤 지식이 다른 지식보다 더 가치 있게 여겨진다. 학습해야 하는 교육의 내용은 보다 가치 있다고 여겨지는 것들로 구성된다. 교사는 교재를 통해 지식의 통제를 받으며, 학습자를 향해 지식을 통제한다. 교사와 학생은 함께 배우는 사람으로서 대화에 참여해야 한다.[22] 그 대화는 자유에 기초한 것으로서, 거기에는 합리적 사고, 자율적 선택, 자유로운 행위가 포함되어야 한다.[23] 지식 통제의 둘째 유형은 지식을

---

20) 정웅섭, "교회의 평화교육", 김성재 편, 『평화교육과 민중교육』(서울: 풀빛, 1990), 157.

21) William B. Kennedy, "Education for a Just and Peaceful World", *Religious Education* 79:4(Fall 1984), 554 – 55.

22) Thomas H. Groome, "Religious Education for Justice by Educating Justly", Padraic O'Hare, ed., *Education for Peace and Justice*(New York: Harper and Row, 1983), 78.

23) Hee – Chun Kang, "Christian Education for Freedom", *Journal of Christian Education & Information Technology* 2(June 2001), 262.

분류화(classified)하는 것이다. 학과를 구분하고 영역을 구별한다. 장시간에 걸쳐서 발전한 전공의 기능과 전문성이 커리큘럼에 반영된다.

교육을 통해서 이루어지는 억압의 다른 하나의 방식은 '숨겨진 교육과정'(hidden curriculum)이다. 여기에는 두 가지 교묘한 방식이 있다. 하나는 시간을 단위로 묶어 준다는 것(packaging of time)이다. 그래서 학습보다는 행정적 요구를 충족시키려 한다. 수업시간의 제한은 수업 내용에 대한 심화적 탐구를 방해하고, 일어날 수도 있는 갈등과 불일치를 해소할 수 없게 만든다. 현재 교회교육의 현장에서 예배와 활동 시간을 뺀 나머지 시간에 주어지는 성경공부 시간은 성서에 대한 충분한 연구 시간을 제한하고, 그 결과 성서에 대해 무지하게 만든다. 그렇게 됨으로써 성서에 대한 지식을 특정인들에게 제한시키게 되어 그 지식을 이용한 권력을 남용할 여지를 남긴다. 숨겨진 교육과정의 또 다른 방식은 꼬리표 붙이기(labelling)이다. 그것은 현실을 인식하는 한 가지 방식을 수용하도록 우리를 조건 짓는 언어의 폭력이다. 만일 교사가 학습자의 사회적, 문화적 배경, 개인적 성향 등과 같은 요소들을 파악하고 이해하지 않는다면 그의 교육은 학습자에게 무의식적인 폭력으로 작용할 것이다.

교육적 상황에서 살펴본 것과 같은 평화의 현상은 인간 삶의 어느 영역에서나 발견될 수 있다. 그리고 삶으로서의 기독교평화교육은 단속적인 것일 수 없다. 그것은 긴 평생에 걸친 과정이다. 헨리 시 시몬스(Henry C. Simmons)는 평화교육의 과정을 '순례의 길'(pilgrimage)로 표현한다.24) 순례는 자아가 머물렀던 집을 떠나 간단없이 자아와 가치의 중심을 찾아 나서는 것이다. 평화는 인생이라는 순례의 목적으로 완전하다.

---

24) Henry C. Simmons, "A Pilgrim Tale", *Religious Education* 78:4(Fall 1983), 477‒79.

2. 현실로서의 평화(내용)

평화교육은 삶으로서의 교육이다. 삶은 우리가 딛고 있는 현실을 기반으로 한다. 이 땅에서의 평화교육은 그러므로 우리의 문제에 천착해야 한다. 현실 사회와 관련지어 갈등은 평화가 이루어져야 할 영역을 정치적, 군사적, 경제적, 문화적 차원에서 언급한다.25) 여기서는 이 중에서 경제, 문화적 차원에 대해서만 다룬다. 정치는 과거에 비해 상대적으로 민주화가 이루어졌고, 군사적 문제는 방어체제로 개편되어야 하는 세계적 문제이기도 하기 때문이다.26)

1) 경제적 차원

경제에 의한 비평화의 위협은 신자유주의로 대변되는 세계적 흐름으로부터 온다. 신자유주의는 경제학적인 관점에서 보면 '세계화 더하기 시장'이다.27) 그것은 구체적으로 정부개입의 대폭 축소와 시장 근본주의를 내세우는 정책이다. 신자유주의에 대해 인류 역사의 심오한 전환의 계기를 형성하고 있다는 긍정적 평가도 있지만, 착취, 사적 소유, 권력 불균형 등 자본주의의 부정적인 요소들이 심화되고 있다는 평가도 있다.28) 신자유주의의 부정적인 면은 경제적인 차원에만 그치는 것이 아니다. 환경, 양육, 전통의 파괴, 정체성의 상실, 문화의 동질화 등의 폐해를 낳는다.29) 이와 같은 모습들은 바로 경

---

25) Galtung, *Peace by Peaceful Means*, 20.

26) Galtung, *Peace by Peaceful Means*, 26.

27) 박종화·정갑영 대담, "우리가 곧 시장의 구성원이다", 「기독교사상」 505(2001·1), 106.

28) 앤서니 기든스·윌 허튼, "대담·세계화 시대의 자본주의는 어디로 갈 것인가", Anthony Giddens and Will Hutton, eds., *On the Edge*, 박찬욱 외 역, 『기로에 선 자본주의』(서울: 생각의 나무, 2000), 26 - 121.

29) Giddens and Hutton, *On the Edge*에서 6장 반다나 시바(Vandana Shiva), 7장 알리 러셀 혹스차일드(Arlie R. Hochschild), 8장 로버트 커트너(Robert Kuttner), 9장 울리히 벡(Ulrich Beck), 10장 리처드 세넷(Richard Sennet), 11장 폴리 토인비(Polly Toynbee)의

제적 구조가 끼칠 수 있는 비평화의 모습이다. 근본적으로 재물은 "이를 보호하기 위하여 무기를 필요로 하게 된다."[30] 그래서 평화를 해친다는 프란시스코의 통찰은 옳다.

성서는 하나님과 물질을 동등한 위치에 두고 대조한다(마 6:24, 눅 16:13). 이 사실로부터 물질은 하나님만큼 인간에게 힘을 행사할 수 있으며, 하나님처럼 나름대로의 인격을 가진 것임을 알 수 있다. "예수는 맘몬 대신에 보통 돈이나 부를 나타내는 아람어 낱말을 쓸 수도 있었는데, 맘몬이라는 낱말을 씀으로써 돈을 의인화하고 그것을 일종의 신격으로 다루었다."[31]

기독교교육은 우리가 물질의 주인이 아니라 물질이 우리의 소유주가 될 수 있는 위력을 갖고 있음을 인식하도록 해야 한다.[32] 자크 엘룰(Jacques Ellul)은 돈과 관련하여 세 가지 교육을 제안한다. 돈의 유혹에 단련시키는 교육, 돈의 권세로부터 해방시키는 교육 그리고 자족하는 삶.[33] 기독교교육은 돈의 유혹을 피하게 하는 교육이 아니라, 그 위험을 극복하게 하는 교육이어야 한다. 기독교교육은 양과 높이가 아닌 질과 낮음을 강조하는 교육이어야 한다. 부요는 하나님을 배반하게 하며 가난은 하나님을 원망하게 할 수 있다. 그러나 어느 상황이든 돈에 대한 예수 그리스도의 승리는 우리를 그와 연합하도록 부른다.

글을 볼 것.

30) Angar Friemelt and Fritz Oser, *Den Frieden Lernen: Christentum und Wissenschaft auf der Suche nach Frieden*, 김종민 편역, 『평화추구』(왜관: 분도출판사, 1987), 226.

31) Jacques Ellul, *L'homme et l'argent*, 양명수 역, 『하나님이냐 돈이냐』(안양: 도서출판 대장간, 1991), 97.

32) Ellul, *L'homme et l'argent*, 99.

33) Ellul, *L'homme et l'argent*, 151 - 75.

2) 문화적 차원

문화는 폭력을 정당화하는 역할을 하기도 한다. 까마라는 "구조적 혁명은 문화적 혁명을 전제로 한다."고 말한다.34) 기독교가 삶과 관련이 있고 기독교적 삶을 살아가려고 한다면 문화적 혁명은 그칠 수 없다는 것이 그의 확신이다. 폭력을 정당화하는 대표적인 문화적 영역은 종교와 이데올로기이다.35) 가장 영향력 있는 서양종교와 이데올로기는 이슬람교와 기독교, 자유주의와 마르크스주의이다. 이것들은 모두 유일주의적이고 보편주의적인 성격을 표방한다. 자신만이 유일하게 진리를 정당하게 전한다고 주장하며, 전 세계적으로 자신만이 영원토록 정당하다고 주장한다. 그들이 자신들의 신념을 전파하고 보호할 권리와 의무를 가지고 자신들을 '선택받은' 국민, 성, 세대, 인종, 계층, 민족 등으로 규정할 때, 그러한 신념은 특히 위험하게 된다. 특히 이데올로기의 대립이 사라진 탈냉전시대에 세계를 위협하는 것은 종교를 중심으로 한 문명권 사이의 충돌이 될 수 있다.

이와 같은 종교와 이데올로기의 폭력 가능성에 대한 도전이 필요하다. 그 도전 방안 중에 하나는 대화이다. 평화를 심는 대화는 사실은 가치관의 문제로서 다음과 같은 내용을 갖는다. ① 타인은 나의 경쟁 상대가 아니라 나의 삶을 풍요롭게 해 주는 존재이다. ② 타인의 관점이 나와 다르다 하더라도 그 나름대로 가치가 있다. ③ 인간 사이에는 갈등이 불가피하다는 것을 인정하며, 갈등에도 불구하고 폭력이나 미움, 분노를 표현하지 않고 살아갈 수 있어야 한다.36) 이 같은 대화의 정신 배후에는 세계는 모든 곳이 '중심'이며 어떠한 곳

---

34) Friemelt and Oser, *Den Frieden Lernen*, 252.

35) Galtung, *Peace by Peaceful Means*, 28 – 29.

36) Hans – Jochen Gamm, *Aggression und Friedensfähigkeit in Deutschland*(München, 1968), 200 이하.

도 '주변'은 아니라는 인식이 있어야 한다.

3. 전인성으로서의 평화(방법)

평화를 위한 교육방법은 일반적으로 행동적이다. 평화를 위한 성인 그룹 교육에 종사한 윌리엄 비 케네디(William B. Kennedy)가 학습자들에게 먼저 요구한 것은 두 가지이다.[37] 첫째, 무엇인가를 보고 잘못되었다고 생각하여 가장 분노한 때는 언제인가? 둘째, 무엇인가를 보고 옳다고 생각하여 가장 기뻤던 때는 언제인가? 학습 참여자들은 아직도 기억 속에 남아 있는 아픈 경험이나 슬픈 경험들을 서로 나눈다. 드웨인 휴브너(Dwayne Huebner)는 종래의 교육이 지식과 정보 획득에 초점을 맞춘 기계적, 과학적 가치 우위의 교육이었음을 비판하면서, 정서와 관련된 심미적, 윤리적 가치에 눈을 돌려야 한다고 한다.[38] 심미적 가치는 활동의 전체성, 통합성에 기여하며, 내적인 가치를 부여한다. 그리고 윤리적 가치는 인간과 인간의 만남을 가능케 하는 기능을 한다. 파커 제이 파머(Parker J. Palmer) 역시 지식이 인간 영혼의 감성에서 시작해야 한다고 말한다.[39] 평화를 위한 노력은 인지적인, 도구적인 앎을 통해서 오는 것보다는 심미적인 앎과 감성에서 온다.[40]

다음 단계는 자신들이 겪은 그 경험들이 무엇인가에 대해 반성하

---

37) Kennedy, "Education for a Just and Peaceful World", 550.

38) Dwayne Huebner, "Curriculum Language and Classroom Meanings", William F. Pinar, ed., *Curriculum Theorizing*(Berkley: MaCutchan Publishing Co., 1975), 223 – 35.

39) Parker J. Palmer, *To Know as We Are Known: A Spirituality of Education*(San Francisco: Harper & Row Publishers, 1983), 7 – 8.

40) 송남순, "기독교평화교육의 이론과 실제", 대한예수교장로회총회교육부 편, 『성숙한 교회와 평화교육』(서울: 대한예수교장로회출판국, 1988), 223.

는 단계이다.41) 즉 왜 그들은 자신들의 경험들을 옳은 것으로 또는 잘못된 것으로 규정했는가 하는 문제이다. 그렇게 하기 위한 두 가지 방향이 있다. 하나는 현재의 상황과 전통, 특히 성서 사이의 해석학적 순환이고, 다른 하나는 그들의 삶에 있어서의 개인적인 것과 정치적인 것 사이의 변증법이다. 이를 통해 먼저, 학습자들이 하나님께서 오늘날 이 세계에서 하고 계시는 일과 하기를 원하시는 것을 볼 수 있도록 도와야 한다. 그러기 위해서는 보다 비판적 의식과 유용한 사회분석을 개발하도록 도와야 한다. 그리고 학습자들로 하여금 하나님과 함께 일하도록 도와야 한다.

비판적 반성은 비판적 사고(critical reason)와 분석적 기억(analytical memory) 그리고 창의적 상상력(creative imagination)으로 구성된다.42) 비판적 사고는 현실을 해독(decode)하며, 존재와 당위를 구별할 수 있게 하며, 분석적 기억은 자신의 행위에 대한 사회적 기원을 규명하게 하며, 현실에 내재해 있는 본질적 요소들, 전제들 그리고 이데올로기들을 볼 수 있게 한다. 그리고 창의적 상상력은 미래가 현재에 의해 결정되지 않도록 미래를 향해 열린 창의력을 발휘하는 것이다.

그럼에도 불구하고 아직도 학습참여자들은 비평화의 상태나 구조를 바꿀 힘이 없다. 아직은 학습참여자들은 하나님에 의해 사용된 도구로 헌신하지 않았기 때문이다. 그들은 '고치'(cocoon)를 뚫고 나와야 한다. 그러나 우리 사회는 그것을 구조적으로 방해하고 있다. 이제 새로운 종류의 행동적 지식이 더해져야 할 때이다. 행동적 앎은 머리보다는 발을 통해 더 많이 배운다(마틴 루터 킹[Martin Luther King, Jr.]과 시민운동의 기록들에 나타난 도보이동, 행진 등에 대한

---

41) Kennedy, "Education for a Just and Peaceful World", 550.
42) Groome, "Religious Education for Justice by Educating Justly", 78.

초점을 상기하라). 그리고 위험을 무릅쓸 때, 더 잘 배울 수 있다.[43]

평화는 비평화에 대한 인식으로부터 시작된다. 그리고 비평화의 현실에 대한 감정적 공감이 있어야 한다. 비평화의 현실을 비판하고 그리고 행동에 옮길 수 있어야 한다. 평화는 그 내부에 다층위적인 성격을 지니고 있으므로, 그를 위한 교육적 방식은 지 · 정 · 의가 조화와 균형을 가진 전체적, 통합적 성격의 것이어야 한다. 기독교평화교육은 전인적이어야 한다.

Ⅳ. 나가는 글

종래의 기독교평화교육은 평화 주제를 그와 관련된 정의, 생명의 문제들과의 연관에서 다루고 있지 않아서 그것들을 함께 다루었을 때 낼 수 있는 교육적 효과를 반감시키고 있으며, 평화가 우리의 생존과 밀접한 문제임에도 불구하고 우리의 현실적 평화 문제를 다루는 데 인색함으로써 평화를 추상화시켰으며, 평화에 대한 논의가 주로 비판적 인식과 행동적 차원이 강조됨으로써 평화의 속성 중의 하나인 감성적 차원을 간과하고 있었다는 난점들을 지녀 왔다.

종래의 기독교평화교육에 대한 이와 같은 반성으로부터, 우리는 앞으로의 기독교평화교육이 평화의 개념을 모두 포괄하는 총체적인 평화교육이 되어야 할 뿐 아니라, 평화가 교육되어야 할 삶의 일부 내용이 아닌, 인간 삶 자체라는 사실을 깨달아야 할 필요성을 발견하였다. 그렇다면 평화는 바로 우리의 현실의 문제라는 사실을 확인하면서, 평화에 대한 교육이 전인적으로 행해져야 한다는 당위적인

---

43) Kennedy, "Education for a Just and Peaceful World", 556.

결론에 도달하게 된다.

기독교평화교육은 이제 보다 심화된 탐구가 필요하다. 그 일례는 학습자의 발달단계를 고려한 평화교육의 지침이 필요할 것이다.44)

기독교교육은 이제 평화교육으로 거듭나야 한다. 우리 앞에 평화가 있을지는 아무도 모른다. 그러므로 기독교교육은 평화를 찾아 순례의 길을 계속해야 한다.

---

44) 이에 대해서는 정웅섭, "교회의 평화교육", 155 – 56 그리고 대한기독교교육협회 편, 『여름성경학교(수련회) 공동교재: 그리스도의 평화가 이 땅에』(서울: 대한기독교교육협회, 1992), 10 – 14를 참고할 것.

변화하는 세계와 신학교육의 내용

I. 들어가는 글

신학교육에 대한 논의는 수없이 많다. 1980년대 중반 이후 신학교육에 대한 논의는 그 효과성으로부터 신학교육의 성격과 목적이 무엇이냐 하는 물음으로 초점이 옮겨졌다. 즉 신학교육에 대한 현실적 문제를 배제한 채 끝없는 문제 제기가 이어지면서, 논의의 대부분은 신학교육을 단편적으로 다룸으로써 부분적인 해결책을 제안할 뿐 실제로 신학교육을 개선하는 데까지 이르지 못하고 있다.1) 한편, 신학

---

1) 1980년대의 신학교육 논쟁은 신학교육을 신학적 문제로 보는 상이한 입장들의 차이라고 할 수 있다. 이 입장들은 크게 세 가지 접근으로 나타나는데, 그것들은 신학의 본성적인 면에서, 교회의 정체성과 선교적인 면에서 그리고 교역의 차별적 성격 면에서의 접근들이다. 첫째, 신학교육에 대한 신학의 본성적 접근은 신학교육에서 신학의 통일성을 찾고자 하는 의도를 숨기고 있는데, 그것을 신학의 개념으로부터(Edward Farley, *Theologia: The Fragmentation and Unity of Theological Education*[Philadelphia: Fortress Press, 1983] 또한 그의 "The Reform of Theological Education as a Theological Task", *Theological Education* 17[1981], 93 – 117; "Phenomenology and Pastoral Care", *Pastoral Psychology* 26[1977], 95 – 112 그리고 "Theology and Practice Outside the Clerical Paradigm", Don S. Browning, ed., *Practical Theology: The Emerging Field in Theology, Church, and World*, 이기춘 역, 『실천신학』[서울: 대한기독교출판사, 1986], 27 – 48), 교회의 공적 가르침으로부터(*The Program of Priestly Formation*[Washington D.C.: National Conference of Catholic Bishops, 1982]), 기독교인의 증언에 대한 해석과 실천으로부터(Charles M. Wood, *Vision and Discernment: An*

교육에 대한 논의는 신학교육이 분명히 기독교교육의 범위 안에 들어 있는 내용임에도 불구하고 비전문가들에 의해 논의되고 있다는데 문제가 있다. 이는 기독교교육자들의 임무 태만이라 할 수도 있다. 이제부터라도 신학교육은 기독교교육적 차원에서 논의되어야 할 것이다. 따라서 이 글에서는 신학교육에 대해 통합적인 면에서 그리고 기독교교육적 차원에서 다룰 것이다.

'통합적'이라는 말은 그동안의 신학교육 논의가 신학교육의 목적, 교육과정 등의 문제에 있어서 신학교육을 구성하는 교수, 학습자 등의 구성요소들을 충분히 고려하지 못했을 뿐만 아니라 신학교육의 배경을 이루는 교회와 사회에 대해 피상적 논의에 그쳤다는 것이다. 그리하여 실제적으로 신학교육의 논의는 신학교의 범위 안에서 논의되어 온 인상이 짙다. 따라서 앞으로의 신학교육에 대한 논의는 신학교육과 관련된 교회, 교단 그리고 사회를 함께 논의해야 할 것이다.

Orientation in Theological Study[Atlanta, GA: Scholars Press, 1985]), 하나님의 계시에 응답하는 인간의 조건 차원에서 신학의 재구성을 통해(Karl Rahner, *Zur Reform des Theologiestudiums*, Quaeestiones Disputatae 41[Freiburg: Herder, 1969]) 찾고자 하였다. 둘째, 신학교육에 대한 접근은 교회의 정체성과 목적으로부터 출발하는데, 이는 다시 교회를 내적으로 이해하느냐(H. Richard Niebuhr, *The Purpose of the Church and Its Ministry: Reflections on the Aims of Theological Education*[New York: Harper, 1956]), 외적으로 이해하느냐(Joseph C. Hough, Jr. and John B. Cobb, Jr., *Christian Identity and Theological Education*[Chico, CA: Scholars Press, 1985])에 따라 두 가지 의견으로 나뉜다. 셋째, 신학교육에 대한 교역적 접근은 교역 개념을 신학적으로 보느냐(John H. Westerhoff Ⅲ, "Theological Education and Models for Ministry", *Saint Luke's Journal of Theology* 25[1982], 153 – 69), 아니면 전문적으로 보느냐(James D. Glasse, *Profession: Minister*[Nashville: Abingdon Press, 1968]. 또한 Charles W. Stewart, *Person and Profession: Career Development in the Ministry*[Nashville: Abingdon Press, 1974]; Wolfram Fischer, *Pfarrer auf Probe: Identität und Legitimation von Vikaren*[Stuttgart; Berlin; Köln; Mainz: Kohlhammer, 1977]; Stewart Ranson, Alan Bryman and Bob Hinings, *Clergy, Ministers and Priests*[London; Boston: Routledge & Kegan Paul, 1977]도 참조)에 따라 다르게 나타난다. 전술한 바와 같은 신학교육에 대한 접근들에 대한 간략한 설명과 평가는 Francis S. Fiorenza, "Thinking Theologically about Theological Education", *Theological Education* 24, Supplement 2, 89 – 119 참조. 1980년대 이전과 이후의 신학교육 논쟁에 대한 소개는 Melissa Harrison, "Theological Education: Past, Present, and Future: A Comparison with Legal Education", *Sewanee Theological Review* 45:4(Michaelmas 2002): 400 – 10 참조.

'기독교교육적'이라는 것은 신학교육이 기독교교육의 범위 안에 있다고 할 때, 그에 대한 논의는 당연히 기독교교육적이어야 함에도 불구하고 그렇지 못했다는 반성으로부터 나온 자기 찾기 행위라 할 수 있다. 기독교교육은 그 내용에서야 차이가 나지만 일반적으로 교육의 목적, 내용, 방법, 교사, 학습자 그리고 환경 등의 범주적 차원에서 논의되고 있다. 신학교육을 기독교교육적 차원에서 논의한다는 말은 바로 이와 같은 범주에서 논의하는 것을 뜻한다. 그러나 여기에서는 지면 사정상 그리고 신학교육에 대한 기독교교육 차원적 논의의 촉발에 만족한다는 뜻에서 그 논의를 내용에 한정한다.

따라서 이 글에서의 신학교육에 대한 논의는 신학교육과 관련된 교회, 교단, 사회와 신학교의 관계 양상을 내용적 차원에서 다룰 것이다. 구체적으로는 신학교육과 관련된 이 같은 사회적 구성체들에 대해서 그것들의 본질적 내용이 신학교육과 어떤 관계를 맺을 수 있는지가 될 것이다.

II. 신학교육의 배경

신학교육의 배경을 이루는 구성체들에는 교회, 교단 그리고 사회 등이 있다. 기존의 신학교교육에 대한 논의에서는 이와 같은 사회적 구성체들에 대해 주로 피상적으로 다루어졌다. 신학교육의 교회와의 관계에 대해서 신학교육이 교회를 위한 것이어야 한다는 정도로 언급되었을 뿐 과연 그것이 무엇인지는 구체적으로 언급되지 않았다. 교단과 사회에 대해서는 하나의 배경을 이루는 힘 정도로 다루어졌지, 그것과의 관계에서 신학교육에서의 구체적 실천으로까지 이어지지 못했다. 따라서 여기에서는 신학교와 교회, 교단 그리고 사회가 서로 그 본질적 성격을 상실하지 않으면서 신학교육의 발전을 기할 수 있는지를 모색해 보려고 한다. 이를 위해 먼저 교회, 교단 그리고 사회 각각에 대하여 그 본질적 성격과 내용에 대해 언급한 후에 그 것과 신학교육의 구체적 관계에 따른 내용을 구상해 보는 방식으로 전개할 것이다. 전개 순서는 사회, 교단, 교회의 순서로 할 것이다. 범위 면에서 후의 것이 앞의 것에 포함된다고 볼 수 있기 때문이다.

1. 사 회

세계는 급속히 변화하고 있으며 그 변화의 중심에 세계화와 정보화의 물결이 흐르고 있다. 현대 한국사회 역시 예외는 아니다. 여기에 포스트모던의 물결이 모든 분야에 창일함으로써 한국사회를 특징 짓고 있다. 여기에서는 신학교육의 배경을 이루는 오늘날의 한국사회를 정보사회, 포스트모던 사회 그리고 세계화 사회로 보도록 한다.2)

1) 정보사회

정보사회는 그 이전 단계인 산업사회와 비교할 때, 여러 면에서 다르다. 특히 다음과 같은 면에서 산업사회와 구별되는 특성을 지닌다.3) 첫째, 정보사회는 시간적·공간적 소멸이 가능한 사회이다. 정보통신네트워크의 연결로 언제, 어디서든 통신이 가능하게 됨으로써 시간과 공간의 극복이 이루어지고 있다. 둘째, 정보사회는 열린사회인 동시에 경쟁사회이다. 정보네트워크를 통한 자유로운 의사소통이

---

2) 이와 같은 관점의 근거는 한국 최대 기업인 삼성의 경제연구소가 최근 수년간 계속 발표하는 국내 10대 트렌드의 공통점이다. www.seri.org 참조.

3) 권기헌, 『정보사회의 논리: 지식정보사회와 국가경영 논리』(서울: 나남출판, 2000), 58–59.

닫힌사회의 존립을 위협하고 있다. 그러나 정보화로 인해 모든 부문과 영역에서 경쟁이 발생할 것이며, 이로 인해 경쟁자들 사이에서 격차가 두드러지게 될 것이다. 셋째, 정보과학사회는 윤리적 문제가 심각하게 제기되는 사회이다. 과학만능주의가 전통적인 생명관을 부정하게 되고, 정보의 홍수 속에서 정체성 수립에 어려움을 겪을 것이다. 세계적인 정보통신 분야 시장조사분석 기관인 IDC(International Data Corporation)가 최근 발간한 보고서 '2004 세계 정보화지수(ISI: Information Society Index)'에 따르면, 전 세계 53개국을 대상으로 실시한 조사에서 한국이 전 세계 정보화지수 상위 8위에 랭크된 것으로 나타났다.4) 우리나라는 정보화의 한가운데 있다.

전술한 바와 같은 성격을 지닌 정보사회는 교육의 여러 측면에도 영향을 끼칠 것이다. 교육의 목적에 있어서 급변하는 사회에 신속하게 적응하기 위해 미래지향적 인간, 능동적 인간, 가치 창조의 인간 형성에 주력하게 될 것으로 보인다. 교육의 내용 역시 산업사회에서 요구되었던 읽기, 쓰기, 셈하기 등의 기본적 지적 능력을 넘어서 정보의 수집, 가공, 검색, 창출 등과 같은 정보 활용 능력을 중시하게 될 것이다. 교육의 방법도 주입식 교육보다는 참여식 방법을 통한 창의적 교육에 보다 다가갈 것이다.5) 또한 교사가 다수의 학습자를 일방적으로 가르치던 방식으로부터 정보매체를 이용한 일대일, 쌍방적 교육이 가능하게 될 것이다. 교육의 장 역시 변화를 겪게 될 것인데, 교육이 일정 시간에 학교 공간에서뿐만 아니라 불특정 시간에

---

4) 정보화지수는 정보와 관련된 컴퓨터(Computers), 인터넷(Internet), 텔레콤(Telecoms) 그리고 사회적(Social) 요소의 4개 지표의 15개 이상 변수들을 조사하여 국가별 정보접속 및 정보이용과 가공, 정보생성 및 정보기술 능력을 평가하는 지수이다. http://www.idckorea.com

5) 오해석, "인터넷 시대의 미래교회", 임성빈 편저, 『현대문화의 한계를 넘어서』(서울: 예영커뮤니케이션, 2000), 269 - 70.

사이버 공간에서도 가능하게 될 것이다.

2) 포스트모던 사회

포스트모던의 개념을 규정하는 일은 쉽지 않다. 그러나 모던 이후 (post)라는 면에서 생각해 볼 때, 포스트모던은 모던과는 대조적인 특성을 지니고 있다고 할 수 있을 것이다. 모던의 특성이 이성과 그 것을 근거로 한 진보를 신뢰하는 체계적이고 통일적인 질서라고 한 다면 포스트모던은 감성을 강조하며, 권위를 부정하며 중심으로부터 벗어나려 하는 특성을 지니고 있다. 그래서 포스트모던의 특징을 다 음과 같이 몇 가지로 정리할 수 있을 것이다.[6] 첫째, 절대성을 부정 하고 상대성을 옹호한다. 포스트모던은 17세기 이래 서양 문명을 지 배해 온 합리주의를 배격한다. 인간의 이성이 진리로 인도할 수 있 다는 이성에 대한 신뢰를 버릴 뿐만 아니라 그 어느 것도 절대적일 수 없으며 상대적일 뿐이라고 생각한다. 사실 진리 자체에 대해서도 상대적인 입장이기 때문에 포스트모던에 절대성은 허구이다. 둘째, 포스트모던의 이성의 권위에 대한 배격은 그 상대편에 있는 감성에 비중을 두게 된다. 포스트모던의 정신은 통전주의적이라고 할 수 있 는데, 이는 모던의 이원론적 세계관에 대한 비판으로부터 나온 것이 다. 모던은 인간을 물질과 세계로부터 분리시켰으나 포스트모던은 주체와 객체를 전체적으로 보려고 한다. 이런 관점에서 인간을 이성 적 차원에서만이 아니라 감성적 차원을 함께 고려하며 전체적으로 보려고 하는 것이다. 셋째, 포스트모던은 다원성을 강조한다. 모던의 중심성을 비판하며 그것을 해체시키려 한다. 유일한 것은 없으며 여 러 가지 다른 것들이 존재할 뿐이라고 본다. 그래서 동일성을 강요

---

6) 김욱동, "포스트모더니즘의 개념과 본질", 김욱동 편, 『포스트모더니즘의 이해』(서울: 문 학과지성사, 1990), 418.

하는 모던을 비판하며 다양성을 권장한다.

이 같은 성격을 지닌 포스트모던 사회는 교육에 대한 전통적 관점을 재고하도록 도전한다. 교육의 목적에 있어서 전통적인 교육이 기존의 진리라고 여겨진 내용의 학습을 통한 합리적 인간의 형성을 추구해 왔다면, 이제 포스트모던에서는 모던의 절대성에의 향수에서 벗어나 세계에 대한 시각의 차이를 인정하면서 전인적이며 창의적인 주체적 인간 형성을 위해 노력한다. 교육의 방식에 있어서 포스트모던은 절대성을 갖춘 그 어떤 가상적인 인간 모습이나 삶의 형태를 전제로 하여 그것에로의 접근에 가장 효과적인 '처방'을 제시해 온 모던적 교육에 반대하여, 상대성과 다원성을 전제로 다의적 해석 위주의 형태로 전환시키려 한다.[7] 이처럼 차이와 다양성을 존중하는 포스트모던의 교육에서는 교육의 내용이 결정되어 교사에게 주어지는 것이 아니라 교사와 학습자가 함께 참여하여 교육 내용을 생산해 내게 된다. 하나의 인식론적 패러다임이라 할 수 있는 포스트모던은 지식으로부터, 지식과 인간 경험의 통합과 변형인 지혜에 주의를 돌리도록 할 것이다. 그럴 경우, 보다 통합적인 신학교육의 개념이 나타날 수 있을 것이며, 이에 따라 교사와 학습자 사이에 새로운 관계가 형성될 것이다.[8]

3) 세계화 사회

세계화란 전 지구의 상호 의존성이 심화되는 사회현상을 의미하기도 하고, 시대적 변화에 따른 의식과 제도의 변화를 위한 정책을 의

---

7) 유혜령, "포스트모더니즘과 교육", 「정신문화연구」 14:2(1991), 192 – 95; 허숙 · 유혜령 공저, 『교육현상의 재개념화: 현상학, 해석학, 탈현대주의적 이해』(서울: 교육과학사, 1997).

8) Miriam K. Martin and Ramón Martínez de Pisón, "From Knowledge to Wisdom: A New Challenge to the Educational Milieu with Implications for Religious Education", *Religious Education* 100:2(Spring 2005), 157 – 73.

미하기도 하며, 전 세계적으로 활동하는 대자본의 이익 추구를 감추거나 혹은 정당화하는 이데올로기를 의미하기도 한다.9) 부언하면 세계화란 정치, 경제, 사회, 문화 등과 같은 모든 분야에서 상호 의존성이 심화되어 실질적인 지구촌 공동체가 형성되는 현상을 의미하는 것이다.10) 따라서 그 특성을 살펴본다고 할 때, 영역별로 찾아보아야 할 것이다. 사회적 측면에서 세계화는 지역화 현상을 보일 것이다. 세계화가 진행되면서 중앙집권적 체제가 붕괴되고, 지역적 특성을 세계화하려는 움직임이 일어날 뿐만 아니라, 지역적으로 연합하여 세계화에 대항하려 하기 때문이다. 경제적 측면에서 시장경제의 원리에 입각한 경제주체들 간의 무한 자유경쟁이 벌어지게 된다. 경제적 측면에서 세계화는 신자유주의라는 가면을 쓰고 선진국 진입이나 일등시민과 같은 수사를 내세우지만, 말과는 달리 실업과 파산, 빈곤과 소외라는 현실을 양산해 내고 있다.11) 문화적 측면에서 세계화는 문화의 동질화를 초래할 것이다. 값싸고 퇴폐적인 서구 문화가 각 민족의 고유문화를 동질화시켜 가고 있다. 그러나 한편으로는 종교적·가부장적·사회적 독재에서 자유롭고자 하는 사람들에게 세계화는 인권 중시의 문화 운동의 계기가 될 것이다.12) 교육적 차원에서 세계화는 "국경을 넘어선 교육의 국제화 현상 및 교육 시장의 개방과 같은 새로운 도전에 직면해 있다. 국내적으로도 조기 유학, 영어학습 열풍,

---

9) 김종숙, 『정보화사회의 사회학적 접근』(서울: 한국문화사, 2004), 87.

10) 세계화추진위원회, 『세계화의 비전과 전략』(서울: 세계화추진위원회, 1995), 11.

11) Jerry Mander and Edward Goldsmith, *The Case Against the Global Economy: And for a Turn toward the Local*, 윤길순·김승욱 공역, 『위대한 전환: 다시 세계화에서 지역화로』(서울: 동아일보사, 2001).

12) Polly Toynbee, "세계 문화의 동질화와 미디어 제국", Anthony Giddens and Will Hutton, *On the Edge: Living with Global Capitalism*, 박찬욱 외 3인 역, 『기로에 선 자본주의』(서울: 생각의나무, 2000), 371.

교육 시장 개방 문제 등 세계화 영향으로 인해 국가 독점적 교육이 위기에 처해 있다. 특히 활발한 국제교류로 인해 교육에 대한 선택권이 국제적으로 확대되고 있는 상황은 교육 또한 국제비교와 국제경쟁력의 대상임을 분명히 말해 준다."13) 더구나 우리나라에서의 교육은 1995년 '신교육체제 수립을 위한 교육개혁방안' 이래 일관성 있게 추진되어 온 신자유주의 시장경쟁논리에 따른 교육의 효율성 추구, 각종 평가에 따른 정부의 대학 재정 지원 방침이 그러하다.

이 같은 성격을 지닌 세계화 사회는 전통적 교육을 확장시킨다. 세계화가 가져온 무한 경쟁은 더 이상 교육을 인류의 정신유산의 승계나 사회 적응을 위한 지식의 습득이나 기술에 머물 수 없도록 한다. 시장 개방에 맞서 경쟁에서 이길 수 있는 경쟁력을 갖춘 근로자를 양성하는 것이 교육의 큰 과제로 등장한다. 제3세계의 경우, 이제 교육은 바로 생존과 직결된 문제라는 점을 시사한다. 세계화 사회에서의 교육이 추구하는 인간은 경쟁력을 갖춘 인간이다. 여기서 경쟁력은 교육의 내용이 된다. 경쟁력이 있기 위해서는 창조적이며 독특하고 특수성을 지녀야 한다. 진부하거나 일반적이어서는 주목받을 수 없으며 경쟁에서 뒤처진다. 이와 같은 내용을 담당해야 할 교사는 전문가여야 한다.

2. 교 단

1) 신 학

교단이라는 용어는 공통된 신앙 및 교리를 가진 신도들로 조직된 종교단체를 말한다. 교파라는 말로 대신 쓸 수도 있다. 종교개혁 이

---

13) http://www.unesco.or.kr/kor/activity2004/edu2004_1_2.html

후 여러 교파들이 생겨났는데 이들은 각각 그 나름대로의 특성을 갖는다. 장로교회의 경우 하나님의 주권과 예정교리, 감리교회는 인간의 자유의지와 세상 속에서의 성도의 기능, 성결교회는 성결한 삶, 순복음교회는 성령과 은사 등을 강조한다.

전국복음주의협회(N.A.E.; Constitution of the National Association of Evangelicals)의 신앙고백에 의하면, 복음주의교파들의 경우 공통적으로 믿는 신조는 다음과 같다. "① 우리는 성경을 영감되고, 전혀 오류가 없으며, 권위 있는 하나님의 말씀으로 믿는다. ② 우리는 성부, 성자, 성령의 삼위 안에 영원히 존재하시는 한 분 하나님이 계시는 것을 믿는다. ③ 우리는 우리 주 예수 그리스도의 신성을 믿으며, 그의 동정녀 탄생, 그의 무죄한 생활, 그의 이적 행하심, 그가 흘리신 피로 인한 대속적인 죽음, 그의 육체 부활, 그가 승천하셔서 아버지의 오른편에 계시는 것 그리고 권능과 영광 중에 임하실 그의 인격적인 재림 등을 믿는다. ④ 우리는 버림받은 죄인의 구원을 위하여 성령에 의한 중생이 절대적으로 필요하다는 것을 믿는다. ⑤ 우리는 기독교인에게 내주하심으로 경건한 생활을 할 수 있도록 도우시는 성령의 현재적인 사역을 믿는다. ⑥ 우리는 구원받은 사람과 버림받은 사람이 모두 부활할 것을 믿는다. 구원받은 사람은 생명의 부활로, 버림받은 사람은 멸망의 부활로 나타난다. ⑦ 우리는 우리 주 예수 그리스도 안에서 성도들이 영적으로 통일체인 것을 믿는다."14)

복음주의 교파가 공통으로 믿는 위의 내용은 다음과 같이 정리될 수 있을 것이다.15) 첫째, 성경을 하나님의 신적 영감을 받은 인간에

---

14) Constitution of the National Association of Evangelicals, 1 - 2. Marvin J. Taylor, ed., *An Introduction to Christian Education*, 송광택 역, 『기독교교육학』(서울: 대한예수교장로회총회교육부, 1982), 541 재인용.

15) Kevin E. Lawson, "Marginalization and Renewal: Evangelical Christian Education in the

대한 계시로 수용하며 그 내용은 무오하다고 본다. 그러므로 성경은 신앙과 생활을 위한 하나님의 권위 있는 말씀으로 여긴다. 둘째, 예수 그리스도의 구속적 사역에 초점을 둔 전통적 기독교 교리에 대해 확증하며, 개인의 구원은 오직 그리스도를 믿음으로 온다고 믿으며, 그리스도의 구속적 사역에 대한 개인적 신앙의 요청으로서의 전도를 중요시한다. 셋째, 개인적, 공동체적으로 영적 성장을 중시하며, 인격과 태도 면에서 예수 그리스도의 형상을 닮아 변화되어야 한다고 생각한다. 또한 신자의 삶 가운데 활동하시는 성령의 인도를 따라 살아가는 것을 중시한다.

그러므로 복음주의 입장에서의 교육은 전술한 복음주의의 정신을 따라, 성서에 대한 연구와 삶에 대한 성서의 적용, 예수 그리스도의 복음 제시와 회심의 권고 그리고 예수 그리스도의 형상 안에 있는 인격과 생활에 신실한 신앙으로 양육하는 일 그리고 성령과 더불어 기도하는 교사의 파트너십의 특징을 지닌다.

복음주의 교육의 일차적 목적은 예수 그리스도를 영접하게 하는 일이다. 그런 후에야 기독교교육은 양육의 기회를 갖게 된다. 기독교교육의 목적이라고도 할 수 있는 양육의 내용은 "한 사람이 그리스도인의 형상을 닮을 때까지 성격과 행동에서 온전하게 하나님의 사람을 만드는 것이다."16) 이와 같은 목적을 성취하기 위한 교육과정의 중심을 차지하는 것은 성경이다. 성경에 나온 형태대로 진리인 하나님의 말씀을 배우는 것은 중요하다. 그렇다고 해서 성경 교육의 목적이 단순히 성경의 내용을 학습하는 데 있는 것은 아니다. 성경

Twentieth Century", *Religious Education* 98:4(Fall 2003), 438.

16) Charles B. Eavey, "Aims and Objectives of Christian Education", J. Edward Hakes, *An Introduction to Evangelical Christian Education*, 정정숙 역, 『기독교교육학개론』(서울: 성광문화사, 1979), 56.

을 배우는 목적은 영적 성장에 있는데, 이때 하나님의 말씀인 성경은 죽은 인쇄된 문자로서가 아니라 인간 영혼에 직접적으로 작용하는 생생한 변인으로 기능한다. 이 과정에서 성령은 강력한 영향력을 끼칠 뿐만 아니라 교사로서 작용하여 교사와 학습자를 영적 성장을 향하여 인도한다. 물론 이 경우 성령은 사람을 대하여 강압적이지 않으며 인격적인 상호 작용 가운데 일한다.

2) 교파의식

20세기 초 에이치 리처드 니버(H. Richard Niebuhr)는 교파를 기독교의 도덕적 실패라고 비난했다. 그 까닭은 교파가 민족적, 인종적, 계층적인 것에 바탕을 두고 있다고 보았기 때문이다.[17] 오늘날 교파 간의 연합운동이나 신자들의 신앙생활 양태로 보건대, 교회 현장에서 교파 간의 큰 차별은 없는 것으로 보인다. 그럼에도 불구하고 현실적으로 교파는 존재하며 구체적인 영역에서 교리적 차이를 보인다. 우리의 관심은 건강한 교파의식을 살리는 신학교육이라는 입장에서 그와 같은 교파의식이 어떻게 형성되는가이다.

낸시 티 앰머맨(Nancy T. Ammerman)과 루시 쇼(Luci Shaw)가 성공회(the Episcopal Church), 그리스도의 교회(the United Church of Christ), 하나님의 성회(Assemblies of God) 그리고 빈야드교회 (Vineyard churches) 등을 포함한 8개 교파를 대상으로 한 조사에 따르면,[18] 교파의식은 얼마나 그가 그와 같은 교파의 전통 속에서

---

17) H. Richard Niebuhr, *The Social Sources of Denominationalism*(New York: Harper & Row, 1921).

18) 릴리재단(Lilly Endowment)의 지원을 받아 하트포드 종교연구소(Hartford Institute for Religion Research)가 1997~1998년에 걸쳐 8개 교파 549명에 대한 면접조사. Nancy T. Ammerman and Luci Shaw, "New Life for Denominationalism", *The Christian Century* 117:9(Mar 15, 2000), 302-307.

자랐는가와 긴밀히 연관된다. 구체적으로 교파의식이 형성되는 장은 예배, 선교 그리고 교육이다. 신자들의 출신 교파가 어디이든 새로운 신자가 오면 교회에서는 자기 교파에 대해 가르친다. 예를 들어, 장로교인이 되는 것이 무엇인지, 예정론이 무엇인지 등에 대해 가르친다. 예배의 경우도 그렇다. 예컨대 성공회는 자신들의 예배 전통이 자신들을 하나로 묶어 준다고 생각한다. 공동기도서(the Book of Common Prayer)가 그들의 예배서이며 이를 통해 신자들은 동일한 기도를 올리며 그리고 그에 의해 개인보다는 공동체라는 의식을 갖게 된다. 빈야드의 경우도 이에 해당하는데 비정형적인 예배 스타일이 그들만의 교파의식을 형성한다. 선교와 구제 사역 역시 교파의식을 형성시킨다. 신자들은 교파 또는 교회의 다양한 선교를 교파와 연관시킨다. 오늘날 교파는 니버가 원하는 바와는 달리 사라지지 않고 있다. 오히려 교파는 전보다 확장된 세계를 향하여 개방적이고 관계적인 방식으로 교육, 예배 그리고 선교적 차원에서 자신의 경계를 재건하고 있다.

3. 교 회

1) 본 성

칼 바르트(Karl Barth)가 이르듯, 신학은 교회를 위해 봉사하는 학문(Theologie ist eine der Kirche dienende Wissenschaft)이다. 따라서 신학교의 교육은 교회를 섬길 수 있도록 하는 교육이어야 한다. 교회 섬김은 교회의 본성과 사명에 충실한 내용이어야 한다.

교회의 본질에 대한 개념은 크게 셋으로 나눌 수 있다. 그것들은 그리스도의 몸(Corpus Christi), 선택된 사람들의 무리(Coetus Electorum)

그리고 성도의 교제(Communio Sanctorum, Communio Fidelium)
이다. '그리스도의 몸'이란 개념은 중세 로마 가톨릭의 교회론으로서
교회의 근거를 '신비적인 비전이나 추상적 사상'에 두는 것이 아니
라, '갈릴리 어부'를 불러내어(ekklesia) 그들을 제자와 사도로 삼으
신 '예수 그리스도의 사역'에 그 근거를 두고 있다. '선택된 사람들
의 무리'라는 개념은 존 칼빈(John Calvin)의 교회론으로서 교회는
"영원하신 하나님의 선택과 의지"(롬 8:28; 엡 1:9 - 11)에 존재의
근거를 둔다. 교회란 '하나님의 선택된 사람들', '구원받은 작은 무
리', '하나님 나라의 전위'라고 한다. '성도의 교제'로서의 교회 개념
은 마르틴 루터(Martin Luther)의 교회론으로서 교회는 '신자 한 사
람 한 사람의 신앙'에 그 근거를 둔다. 오순절에 제자들의 그룹이 자
라면서 새로운 신자들이 계속 늘어나고 또 첨가된 것과 같은 원리에
근거를 둔다. 교류(Communicatio)를 통하여 교제(Communio)에 이
른다. '선택'에 기초한 교회론과 '몸'에 기초한 교회론을 연결하고 종
합하는 제3의 차원이다.[19]

　이들 교회의 본성에 대한 개념들은 각각 신자의 전인과 관련된다.
신앙의 지적인 차원과 관련이 있는 내용은 '선택된 사람들의 무리'
라는 개념이다. 신자야말로 하나님의 특별한 뜻에 의하여 선택된 사
람들이다. 신앙의 정서적 차원을 고려한다면 하나님에 의해 선택된
자들은 '그리스도의 몸'을 이루며, 신앙의 행위적 차원에서 '성도의
교제'를 이룬다. 교회의 본질에 대한 내용은 신앙의 지적인 차원뿐만
아니라 정서적, 행위적 차원과도 관계됨을 알 수 있다. 교회의 본성
은 신자의 전인과 관계되며, 이는 신학의 교회를 위한 봉사가 바로

---

19) 은준관, 『신학적 교회론: Basileia와 Ecclesia의 관계를 중심으로』(서울: 연세대학교출판
　　부, 1995) 참조.

신자의 전인을 위한 봉사로 이어져야 함을 시사한다.

2) 사 명

마리아 해리스(Maria Harris)에 따르면, 교회는 하나님의 백성으로서의 소명이다. 이 소명은 목회와 교육이다. 교회는 목회와 교육을 하는 공동체이며 그 활동 과정 자체가 하나의 커리큘럼이다. 교회의 소명은 공동체와 교제에 관련된 활동인 코이노니아, 예배와 기도와 영성에 관한 활동인 레이투르기아, 복음을 삶의 언어로 실천하고 구현하는 활동인 케리그마, 교회에 대한 봉사와 세상에 대한 섬김과 관련된 활동인 디아코니아 그리고 교수와 학습의 형태와 관련된 활동인 디다케이다.20) 여기서 중요한 것은 이와 같은 소명이 개인적으로가 아닌 공동체에 맡겨진 사명이라는 것이다. 해리스의 전제 역시 그렇고, 그래서 그녀는 그녀의 논의를 코이노니아로부터 시작한다.21)

한편 교회의 소명과 연관된 해리스의 논의에서 눈여겨볼 점은 그녀가 교회의 소명을 교육적 관점에서 보고 있다는 점이다. 그리하여 교회의 소명은 모두 커리큘럼으로 바뀐다. 그리고 공동체는 학습조직이 된다. 피터 엠 센게(Peter M. Senge)에 따르면, 학습조직의 차원에서 교육의 기능은 회중이 공동체와 세계에서 '참으로 원하는 결과를 창출하기 위한 능력을 지속적으로 확장해 나갈 수 있도록' 돕는 것이다.22)

---

20) Maria Harris, *Fashion Me a People: Curriculum in the Church*, 고용수 역, 『회중 형성과 변형을 위한 교육목회 커리큘럼』(서울: 한국장로교출판사, 1997).

21) Harris, *Fashion Me a People*, 75; 찰스 알 포스터(Charles R. Foster)는 "회중이 문맥이다"고 말한다. *Educating Congregations: The Future of Christian Education*(Nashville: Abingdon, 1994), 13.

22) Peter M. Senge, *The Fifth Discipline: The Art and Practice of the Learning Organization*, 안중호 역, 『피터 센게의 제5경영』(서울: 세종서적, 2002), 13 - 14. 학습조직의 기독교교

이상에서 신학교육의 배경을 이루는 사회, 교단 그리고 교회의 상황과 특성을 교육의 차원에서 살펴보았다. 신학교육과 연관 지어서 볼 때, 사회는 신학교육의 장을 이루며, 교단은 교육의 내용 그리고 교회는 교육의 목적과 관련된 영향 요인이라고 할 수 있다. 전체적으로 이와 같은 맥락에서 아래에서는 교육의 범주에 맞추어 신학교육에 대해 궁리해 보기로 한다.

Ⅲ. 신학교육의 내용

신학교육의 내용은 전술한 바와 같은 사회, 교단 그리고 교회라는 장을 고려한 것이어야 한다. 그럼에도 불구하고 신학교육은 기독교라는 전통에 충실해야 한다. 따라서 신학교육의 내용 구상을 위한 전제는 기독교 전통에 충실하면서도 현실 상황을 고려한 성격이 요청된다. 이 같은 갈등은 변증법적 방식으로 해결될 수 있을 것이다. 즉 현실 상황을 기독교적 전통, 즉 신학의 입장에서 수용한다는 것이다. 신학의 생성이 단지 사변적 유희를 위한 것이 아니라 기독교가 대처해야 할 현실의 상황에 대한 논리적 설명과 주장들로부터 비롯되었다고 한다면 오늘날의 신학 역시 다양한 현대적 문제들에 대해 답변을 시도해야 할 것이다.

육적 응용에 대해서는 Jane Regan, *Toward an Adult Church: A Vision for Faith Formation* (Chicago: Loyola Press, 2002) 참조.

1. 설명되어야 할 사회적 실재

1) 정보, 네트워크 그리고 인간

사회에 대응하기 위한 신학교육의 내용을 여기서는 현대사회의 양상이라 할 수 있는 정보화, 포스트모던 그리고 세계화를 따라 크게 세 가지만 제안한다. 현대 우리 사회는 정보화 사회라 할 수 있다. 정보 시대에 정보는 학습의 대상이 아니라 처리의 대상이다. 필요 없는 정보를 버리고 유용한 정보를 획득하여 목회에 적절한 정보로 가공하는 일이 필요하다. 신학의 경우 그 순환 속도는 어느 분야보다 늦다고 할 수 있다. 쏟아져 나오는 신학 정보에 비해 그 소개가 너무 늦다는 얘기다. 수많은 신학 자료들을 어떻게 효율적으로 처리할 수 있는지에 대한 교육이 필요하다. 이것이 여의치 않을 경우 최소한 신학의 하부 전공 영역별로 저명한 학자들과 그들의 저작이 개론적으로라도 소개되어야 할 것이다.

아울러 정보화 사회의 현상인 네트워크에 대한 이해가 필요할 것이다. 네트워크란 서로 다른 위치에 있는 사람과 집단을 연결하는 새로운 상호 소통 형태를 말한다. 이 네트워크는 인터넷 등 컴퓨터 분야를 비롯한 정보·통신 산업의 기술 혁신이 고성장, 저인플레이션, 생산성 향상을 이룩하여 경제성장을 가져온다는 이론인 신경제뿐만 아니라,[23] 사회 조직과 문화 영역에도 급속히 확산되어 사회 전체를 새로운 방식으로 재구조화하는 원리로 자리 잡고 있다. 따라서 네트워크 사회와 그 원리에 대한 이해는 그 안에 처해 있는 섬겨야 할 인간의 상황을 파악하는 데 필수적이다.[24]

---

23) 신경제의 내용과 예측에 대해서는 Michael J. Mandel, *The Coming Internet Depression: Why the High-Tech Boom will Go Bust, Why the Crash will be Worse that You Think, and How to Prosper Afterwards*(New York: Basic Books, 2000) 참조.

정보화 사회에서 인간은 전 시대의 인간과 다르다. 신학교육을 이루는 내용의 양 날개를 신과 인간이라고 한다면, 전자는 전통적 신학에 의해 전달될 수 있으나, 후자는 일반적 인간과는 전혀 다른 양태를 띨 수 있기 때문에 의도적인 이해 노력이 필요하다. 특히 인터넷을 이용하는 사람들이 이 가상공간에서 새롭고 특이하고 놀라운 방식으로 서로 상호 작용하는 행동과 심리의 패턴과 그 법칙을 읽어내는 일은 흥미롭고 중요하다. 온라인이라는 새로운 환경이 인간이 행동하는 방식에 어떻게 영향을 끼치는지 또 긍정적인 부분은 무엇이고 부정적인 부분은 무엇인지를 이해하는 일은 사람을 섬겨야 할 신학교육의 내용에 포함되어야 한다.25) 신학은 그동안 인간에게 주로 말을 해 왔으나 이제는 인간을 이해할 때이다.

인간 이해에서 종교적 차원은 중요하다. 기독교는 신앙만 강조하여 기독교를 종교가 아니라고 강변하는 경우도 있었다. 그러나 기독교 역시 일반 종교가 갖는 차원이 있으며, 따라서 일반 종교에 대한 이해는 기독교 이해에 도움이 된다. 특히 최근의 종교는 신경 과학(brain sciences, neuroscience)과 인지 과학(cognitive science) 등의 성장으로 이해의 차원을 넘어 설명되는 대상이 되었다.26) 정보사회에서 인간의 심리와 행동은 급변하는 과정 중에 있으며, 그에 따라 종교를 보는 관점도 큰 변화를 겪고 있다. 그것이 무엇인지를 이해하는 일은 신학교육에서 필요하다.

---

24) 네트워크 사회의 이해를 위한 대표적인 저서로는 Manuel Castells, *The Rise of the Network Society*, 김묵한 · 박행웅 · 오은주 역, 『네트워크 사회의 도래』(서울: 한울아카데미, 2003)를 들 수 있을 것이다.

25) Patricia M. Wallace, *The Psychology of the Internet*, 황상민 역, 『인터넷 심리학』(서울: 에코리브르, 2001) 참조.

26) Pascal Boyer, *Religion Explained: The Evolutionary Origins of Religious Thought*(New York: Basic Books, 2001) 참조.

2) 포스트모던 + 문화

이미 포스트모던은 논의의 대상이 아니라 현실이다. 포스트모던은 신학의 방법 자체를 재고하도록 도전하며, 기독교의 전통적, 신학적 주제들에 대해 새롭게 탐구할 것을 요청한다. 그러므로 신학교육은 포스트모던 자체에 대해 그리고 그와 관련된 신학을 소개해 주어야 할 것이다.

특히 포스트모던은 현대의 문화를 새롭게 장식해 가고 있다. 포스트모던 문화는 문화의 세계화와는 다르다. 세계화로 인한 문화는 주로 서구적인 문화와 생활 양식을 전 지구적으로 확산시키면서 동일성을 추구한다. 그러면서 개발도상국 등의 문화를 선진국 문화에 종속시키는 문화의 위계화를 조장한다.27) 그러나 포스트모던 문화는 세계화적 문화 팽창이 주로 경제적 배경을 갖고 있음에 비하여 근대와 대조되는 의미에서의 문화를 말한다. 이 탈근대적 사조는 건축, 미술 그리고 연극을 포함한 전통적인 여러 문화적 표현 수단들 안에 반영되고 있으며, 점차로 보다 더 광범위한 생활 세계로 그 세력을 확장시켜 나가고 있다. 뮤직비디오, 팝 문화, 뉴 에이지, 의상 스타일 등에 이르는 스펙트럼이 그것이다. 그래서 포스트모던은 하나의 지적 풍조이면서 근대의 한가운데 놓여 있는 이상, 원리 그리고 가치에 대해 의문을 제기하는 문화적 표현들의 배열이라고 할 수 있다.28)

폴 틸리히(Paul Tillich)의 말을 빌리면, '종교는 문화의 실체이고 문화는 종교의 형식'이다. 겉으로 나타나는 문화의 핵심을 보면 바로

---

27) Richard R. Osmer and Friedrich Schweitzer, *Religious Education Between Modernization and Globalization: New Perspectives on the United States and Germany*(Grand Rapids: Eerdmans, 2003), 66 – 67.

28) Stanley J. Grenz, *A Primer on Postmodernism*(Grand Rapids, MI: William B. Eerdmans Pub. Co., 1996), 13.

종교가 있다는 것이다.29) 요즘 상황을 보아도 알 수 있듯이 문명(화) 간 갈등은 곧 종교 갈등이다.30) 종교는 사회구성원의 결속을 강화하는 반면 '우리'와 '타자', '안'과 '밖'을 구분하는 이분법적 사고로 분열을 조장하는 기능을 할 수 있다. 신학교에서 문화에 대한 교육의 요청은 일단은 그것이 종교의 핵심을 품고 있어서이다. 문화에 대한 교육이 사회 문화를 긍정적으로 보아서 선교의 접촉점으로 삼을 것인지, 아니면 부정적으로 보아서 교화의 대상으로 보아야 할 것인지는 차후의 문제이다.

3) 신자유주의, 다민족 사회

세계화의 물결로 인해 나타난 현상 중에 두드러진 것은 신자유주의와 다민족 사회이다. 오늘날 빈곤과 종속의 세계화로 나타나고 있는 신자유주의 세계화로부터 교회와 그에 속한 신자들은 자유롭지 못하다. 무엇보다 세계화는 시장의 능력에 대한 최고의 신봉을 통해 실상은 성장에 가장 큰 가치를 부여하는 이데올로기라 할 수 있는데, 이는 기독교적으로 이해될 필요가 있다.

세계화로 인한 또 다른 변화 중의 하나는 다민족 사회이다. 외국인노동자의 대거 유입, 농촌총각들의 국제결혼, 조선족의 유입 그리고 비즈니스와 취업 등을 목적으로 한 선진외국인들의 국내진출 등으로 한국사회가 바야흐로 다인종, 다민족, 다문화 사회로 접어들고 있는 것이다. 2005년 말 기준 법무부 통계에 따르면 국내 거주 외국인은 74만 7,467명으로 전체 인구(4,800만여 명)의 1.5%를 넘어섰

---

29) Paul Tillich, *Theology of Culture*, 남정우 역, 『문화의 신학』, 개정판(서울: 대한기독교서회, 2002).

30) Samuel P. Huntington, *The Clash of Civilizations and the Remaking of World Order*, 이희재 역, 『문명의 충돌』(서울: 김영사, 1997).

다. 외국인의 국내 유입과 혼혈인 출산이 크게 늘고 있는 추세를 감안한다면 타 인종·외국인 100만 명 시대는 시간문제라는 예상이 지배적이다. 그럴 경우 목회 현장에서 외국인들을 접하는 일은 지금보다 더 일반적이 될 것이다.

전문가들은 한국사회가 '다름'과 '차이'를 인정하고 이들을 수용하지 않을 경우 프랑스 등 유럽 국가들이 겪고 있는 인종 갈등과 같은 사회적 충돌도 배제할 수 없을 것이라고 진단한다. 이에 따라 다민족, 다인종, 다문화 사회를 포용할 수 있는 법적, 제도적 장치를 시급히 마련하고, 배타적 국수주의와 민족주의에서 벗어나, 인종·민족 차별적 전통의식을 세계화 시대에 걸맞은 열린 의식으로 전환하는 운동에 나서야 한다고 전문가들은 입을 모은다.31) 신학교는 신학생들에게 이들 외국인들을 위한 목회를 준비시켜야 하며 구체적인 프로그램 등의 모색에도 신경을 써야 할 것이다. 전술한 예로부터 볼 때, 세계화 시대의 신학교육의 내용은 세계화 자체에 대한 교육과 세계화 문제가 된 현실의 문제를 신학적으로 다루어야 할 것이다.

2. 변화를 추구하는 전통적 교단 신학

신학교와 교단의 관계는 주로 재정적인 면에서 언급된다. 신학교육의 향상으로 인한 최대의 수혜자는 교회임에도 불구하고 교단의 신학교 재정 지원이 부족하다는 것이다. 그리하여 '재단이 취약하고 교단의 지원이 부족한 현실이라 학교 경영을 위해 종합대학화는 불가피한 일'이 되었으며, '제한된 입학정원 내에서 타 학문 분야 신설을 위해 정원감소도 감안할 수밖에 없었다.'는 강변까지 나오고 있

---

31) <문화일보>(2006. 4. 3.)

다.32) 그러나 신학교육적 차원에서 신학교와 교단관계에서의 문제는 단지 재정 문제에만 그치지 않는다. 보다 근본적인 문제는 신학적인 것이다. 교단과의 신학적 문제는 말 그대로 신학교육에서 교단 신학의 문제이다. 즉 신학교는 교단 신학을 제대로 가르치는가? 최근 목회 현장에서는 신학의 불필요성을 얘기하는 소리가 들린다. 목회 현장은 실천의 장이기 때문에 구태여 이론적인 신학은 큰 소용이 없다는 것이다. 그러기에 더욱 차별성을 지닌 교단의 신학은 불필요하다는 것이다. 그러나 한편 신학교는 선배들이 지켜 온 정체성을 지켜 나가겠다는 결심을 굽히지 않는다. 목회의 현장과 신학교육의 정체성 사이에 교단의 신학이 있다. 교단 신학이 목회 현장과 신학교 사이에서 제 역할을 다하기 위해서는 우선 그 자신의 입장이 분명히 정리되어야 한다.33)

교단 신학의 정립과 신학교에서의 교단 신학교육은 종종 시대착오적인 것으로 생각된다. 즉 이처럼 모든 것이 자유롭고 평등한 시대에 자신의 신학을 고집하는 것 자체가 무의미하다는 것이다. 그러나 다양성이 존중되는 시대일수록 그 다양성을 이해하고 설명하기 위해 다양한 신학들이 필요하다. 문제는 신학의 내용이 아니라 신학이 현대 사회의 다양한 문제들을 설명할 수 있느냐 하는 역량에 있다. 물론 신학은 본질적으로 전통을 지향하지만 그 전통은 변화에 대한 답변으로부터 출발한 것임을 잊어서는 안 될 것이다. 전통을 지키되 새롭게 변화하려는 노력이 필요하다. 그 변화의 노력은 교단의 신학적 전통으로 교회의 목회 현장을 읽어 내려는 노력으로 나타난다 할 것이다.

---

32) <성결교단 신학교육발전을 위한 토론회>(성결대학교, 2004. 11. 11.)

33) 이 같은 예에 대해서는, 기독교대한성결교회 교단창립 100주년기념사업위원회 교육분과 성결교회신학연구 프로젝트 2002 - 2007 참조.

3. 실천적 교회론

교회를 위한 오늘날의 신학교육의 문제에는 어떤 것이 있을까? 이 물음은 신학교육의 본질과도 통하는 문제이다. 신학교육은 교회를 섬기기 위한 그리스도의 일꾼들에 대한 교육이다. 신학생들은 신학교육을 수료한 후 다양한 분야에서 봉사할 수 있지만 그 일차적 의도는 교회에서 성도들을 섬기기 위해 부름을 받은 이들이다. 그러나 종종 신학생들은 이 사실을 망각한다. 자신을 신학이라는 학문을 하는 사람으로 생각한다. 신학교 역시 교회를 위하여 봉사하기보다 교회를 판단하고 정죄한다. 따라서 신학교육은 자신의 정체성이 교회를 섬기는 데 있음을 알고 교회를 위한 일꾼을 양육하기 위해 힘써야 한다.

교회와 관련된 신학 과목들은 대부분 교회의 기능과 관련된 전문적인 것들이다. 그 같은 과목들을 왜 배우는지, 그것들이 어떤 맥락 안에 놓여 있는지에 대해서 알 수 있는 통로는 없다. 이와 같은 과목들의 학습은 필요하지만 전체적인 맥락 안에서 교육되어야 한다. 그러기 위해서는 먼저 교회가 무엇인지에 대한 가르침이 있어야 한다. 교회론은 주로 조직신학적 체계 안에서 가르쳐지지만 따로 분리해서 가르칠 정도로 비중이 있다고 본다. 또한 교회론이 이론적으로만 아니라 실천적 차원에서도 가르쳐져야 한다고 본다.[34] 그럴 경우 신학교육의 내용은 현재처럼 학문적 하부 전공으로 나뉜 신학의 파편화를 극복하는 통합적인 성격의 것이어야 할 것이다. 실천에 대한 신학적 성찰은 학문적 하부 전공으로 나뉜 신학의 파편화를 극복하면서 기독교 공동체의 나눔의 생활에 봉사하는 지적 작업이 되도록

---

34) 그 예로 은준관, 『실천적 교회론』(서울: 대한기독교서회, 1999)을 들 수 있다.

통합을 격려한다.35)

　신학교육에서 다루어야 할 것들로서 이상에서 제시한 내용들의 함의는 첫째, 이제 신학교육은 이해로부터 설명의 성격으로 나아가야 한다는 것이다. 설명될 수 없는 것들에 대해 이해가 요구된다. 따라서 이해에는 일정한 권위가 요구된다. 이제까지 신학교육에서 이해를 요구하는 지식들이 권위 있게 교수되어 왔다. 신학교 내에서는 아직 권위가 유효하나 권위가 무너진 시대에 처한 교회에서도 앞으로 계속 권위는 유효할 것인가, 교회를 섬겨야 할 신학생들에 대한 신학교육은 여전히 권위를 배경으로 한 이해에 기댈 것인가, 아니면 설명에도 필요한 정도의 비중을 둘 것인가는 생각해야 할 문제이다. 이제까지 논의한 신학교육의 내용이 갖는 또 다른 함의는 전통적 신학 교과목의 재구성이 필요하다는 것이다. 이 말은 기존의 전통적이고 일반적인 내용을 교육과정에서 제거하라는 말이 아니다. 기존의 교육 내용을 살리되 새롭게 변화된 상황을 고려해야 한다는 말이다. 신학교육의 내용에서 교회, 교단 그리고 사회라는 신학교육의 장을 염두에 두고 무엇을 지우고(Ctrl + E) 무엇을 붙이기(Ctrl + V)할 것인지 주의를 기울여야 할 것이다.

　신학교육의 내용에 대한 이와 같은 함의를 수용할 경우 신학교육의 커리큘럼은 분과학문의 경계를 넘어 교차학문적이 될 수 있을 것이다. 이 단계는 관련 신학 교과목들 간의 공동 연구를 하는 단계가 선행하며, 새로운 교과목의 탄생 단계로 이어진다. 예컨대 설교학은 내용에 있어서 관련되는 성서학 과목 등과 함께 공동 연구할 경우

───────────────

35) Craig Dykstra, "Reconceiving Practice", Barbara G. Wheeler and Edward Farley, eds., *Shifting Boundaries: Contextual Approaches to the Structure of Theological Education*(Louisville, KY: Westminster/John Knox Press, 1991), 35 - 66.

크게 유익할 것이다. 그러나 이 경우 공통적인 것은 설교자, 설교 내용 그리고 청중이라는 설교의 세 요소 가운데 청중에 대한 이해가 크게 부족하다는 점이다. 이 청중은 전술한 하부전공에서 생각하는 그런 청중은 이미 아니다. 그 청중은 새로운 시·공간에 있는 새로운 청중이다. 그들에 대한 적절한 이해는 신학에는 없으며 일반 학문에 있으며, 이 점에서 설교학은 일반 다른 분과학문의 성과를 수용해야 한다. 이 같은 요청이 신학 과목의 관련 과목들 간의 공동 연구에 이어져야 할 단계를 필요로 하는 것이다. 신학 교과와 일반 분과학문의 교차 연구의 다음 단계는 새로운 교과목의 탄생 단계이다. 이 단계는 설교학을 중심으로 현대사회의 특성을 설명할 수 있는 과목들 간의 화학적 결합이라 할 수 있을 것이다.

Ⅳ. 나가는 글

이제까지 신학교육은 주로 그 목적이 무엇인지를 중심으로 내부적으로 논의되어 왔다. 이것은 마치 신학교육이 세상이라는 바다 위에 떠 있는 섬처럼 고립되어 있다는 것을 전제로 한 논의라고 할 수 있다. 그러나 신학교육은 이미 세계와 관계를 맺고 있으며, 그래서 세계를 무시할 수 없는 숙명에 처해 있다. 신학교육이 세계와 밀접한 관련성이 있다면 그것은 세계와 관련된 내용을 포함해야 할 것이다.

이 같은 차원에서 신학교육은 교회, 교단 그리고 사회와 관련된 내용을 포함해야 한다. 교회와 관련해서는 신학생 또는 신학교육의 정체성 재고의 입장에서 교회론을 심화시켜야 하며, 나아가 교회론을 중심으로 한 신학적 내용의 구성이 필요하다. 교단과 관련해서는 신학교육의 내용이 좀 더 실천적이어야 하며, 교단 신학교육을 통해서 목회의 현장을 교단의 신학으로 해석해 낼 수 있는 능력을 길러 주어야 한다. 사회와 관련해서는 크게 세 가지 교육 내용이 필요한데, 정보화와 관련해서 신학의 양을 조절할 수 있는 학문적 정보처리 능력을 길러 주어야 하며(이는 지형도 역할을 할 수 있는 개론적 내용 제공으로 어느 정도는 처리될 수 있을 것이다), 현대 인간 상황의 파악을 위한 네트워크 이해 그리고 새 시대에 변화된 인간 이해와 종교에 대한 새로운 이해 역시 필요한 내용이다. 포스트모던과 관련해서, 신학교육은 신학 방법, 기독교의 전통적, 신학적 주제들에 대한 새로운 탐구가 요청된다. 아울러 포스트모던의 성격이 표출되는 문화에 대한 이해는 시급하다. 세계화와 관련해서는 그 근본원인인 신자유주의에 대한 이해와 오늘날의 세계의 문제를 신학적 주제로 삼아 탐구하는 연습이 필요하다.

신학교육의 내용을 세계와의 관련성 속에서 재편할 때, 생길 수 있는 이점은 첫째, 전통적 신학교육 내용의 파편화를 극복하고 목회 중심으로 서로 관계망을 형성하면서 신학이 생생한 학문이 될 수 있다는 것이다. 둘째, 신학교와 목회 현장과의 거리를 좁힐 수 있다는 점이다. 신학교육은 더 이상 현학적이지 않고 자연스럽게 실천 지향적이 될 수 있다. 셋째, 신학교육이 세계와의 관련성 속에서 이루어질 때, 신학교육은 전통에 뿌리박은 2세기 이상의 뿌리 깊은 체계를 세계와 목회를 고려한 유연한 체제로 바꾸어 나갈 수 있게 될 것이다.

여기에서 말한 세계와 관련된 신학교육 내용으로의 구성을 가로막는 가장 큰 장해는 교수이다. 엘 그레고리 존스(L. Gregory Jones)가 말하듯, 신학교의 변화 추세가 느린 것은 정년제 때문인지 모른다.36) 신학교육 개선을 위한 교회와 교단의 소리와 학생들의 요구에

도 불구하고 신학교육의 요지부동은 신학교육을 하는 교수가 신학교
육에 대한 최고의 주도권을 잡고 있는 까닭이다. 따라서 신학교육의
내용에는 교수를 위한 신학교육의 정체에 대한 교과목 삽입이 필요
하다.

---

36) David S. Cunningham, *To Teach, to Delight, and to Move: Theological Education in a Post −
Christian World*(Eugene, OR: Cascade Books, 2004), x .

한국 기독교교육 관련 연구기관의 현황과 전망

: 신학대학교 기독교교육연구소를 중심으로

Ⅰ. 들어가는 글

한국에서 기독교교육 관련 연구기관의 기원은 1960년대 초까지 거슬러 올라간다. 1962년에 한신대학교에 기독교교육문제연구소가 설립된 이후 2007년 현재 대부분의 신학대학교에 기독교교육연구소가 설치되어 있다. 뿐만 아니라 최근에는 대학 외에도 기독교교육 관련 연구소들이 설립되고 있다. 이와 더불어 교단의 교육부(국), 교육원 등도 연구를 포함한 본격적인 기독교교육 활동을 하고 있다. 이론적 연구는 아니지만 실천적인 면에서 현장에 큰 영향을 끼치고 있는 기독교교육 관련 선교 단체들의 활동은 이미 오래되었다.

이들 기독교교육 관련 연구기관의 존재 이유 중의 하나는 이론과 실천의 연계에 있다. 기독교교육 관련 연구기관을 신학대학교의 기독교교육연구소에 한정시킬 경우 더욱 그렇다. 기독교교육연구소는 지형적으로 이론을 상징하는 기독교교육(학)과와 실천을 상징하는 교회라는 공간의 중간에 배치되어 있다. 이 같은 지형도적 위치는 기독교교육의 이론들을 교회의 교육 현장으로 흘러가도록 하면서, 교회교육의 현장으로부터의 실천 또는 실천의 이론화라는 도도한 요구를 대학으로 전달하는 척수와 같은 역할을 하고 있다.

기독교교육과 관련해서 대학은 그 어느 때보다 이론의 풍성함에 파묻혀 있다. 무게를 견디기 힘들 만큼의 이론의 양과 교차학문적 연구에 의한 이론의 복잡성과 난해성이 이론의 질적 향상의 계기가 되고 있는 것이 대학의 상황이다. 이에 비해 대학과 대치점을 이루고 있는 교회 현장은 이론은 전무하며 실천만이 득세하고 있다. 이 같은 이론과 실천의 양극화는 결국 서로에게 기대어 공존해야 할 대학과 교회 양편 모두에게 부정적 영향을 끼칠 것이다. 더구나 공적으로 표현되지 않은 일종의 적대감, 즉 서로 상대를 향해 이론의 비효율성과 실천의 무근거성이라는 화살을 쏘아 대고 있다.

이 같은 상황에서 교회교육의 현장보다는 조직화되어 있다는 이유만으로도 먼저 기독교교육 관련 연구기관들의 자기반성이 필요하다. 기독교교육연구기관들은 왜 생겨났으며 그 설립 취지에 맞추어 활동을 하고 있는지, 검토가 요구되는 시점이다. 만약 연구기관들이 그 설립목적에 상응하는 활동을 하고 있지 못하다면 그 이유는 무엇인지를 물어야 할 것이다. 이와 같은 물음에 정직하게 대답하는 것 자체가 연구기관들에 그 본분을 다할 수 있도록 하는 자극이 될 것이다.

이 글은 기독교교육 관련 연구기관의 각성과 도전을 위한 자극이 되기를 바라는 마음에서 먼저 기독교교육 관련 연구기관에 대한 현황을 보여 줄 것이다. 그러면서 매칭의 불편을 피하기 위해 해당 현황 항목에 바로 이어 그에 대한 분석을 할 것이다. 이 부분에서의 접근 방식은 '분석'이란 말 그대로, 얽혀 있거나 복잡한 것을 풀어서 개별적인 요소나 성질로 나누는, 즉 부분을 알 때 전체를 알 수 있다는 입장의 원자적 환원적인 방법(atomic reductive principles)을 취한다.[1] 다음으로 연구기관들의 현실을 더 잘 파악하기 위해 중요하다고 여겨지는 내용들에 대해서 앞에서 다루지 않은 다른 종류의 연구기관들과 비교할 것이다. 이 부분은 앞의 부분과는 달리 전체에 비추어 볼 때 부분을 알 수 있다는 비교적인 방법을 사용한다(통전적 탐구원리[holistic principles of enquiry]).[2] 마지막으로, 앞부분에서 살펴본 현황과 그에 대한 분석 그리고 타 기관들과 비교한 내용들을 바탕으로 기독교교육 관련 연구기관들에 대한 건설적 대안을 할 것이다. 이 부분에서는 앞의 두 방법, 즉 부분을 앞세우는 입장과 전체를 앞세우는 입장들 역시 문제를 보는 방식의 일부이며 또 다른 다양한 방식들의 가능성이 있을 수 있다는 면에서 절충적 방식(eclectic method)의 입장에서[3] 자유로운 의견을 개진하는 방식을 취할 것이다. 그러니까 이 글은 부분→ 전체→ 절충의 방식으로 전개된다.

---

1) 이에 대해서는 Joseph J. Schwab, "What do Scientists Do?", Ian Westbury and Neil J. Wilkof, eds., *Science, Curriculum, and Liberal Education*(Chicago: University of Chicago Press, 1960/1978), 188. Alex Sinclair, "A Dialogical Approach to Critical Bible Study: The Use of Schwabian Deliberation to Integrate the Work of Bible Scholars with Educational Philosophy", *Religious Education* 99:2(Spring 2004), 110 재인용.

2) 이에 대해서는 Schwab, "What do Scientists Do?", 193 – 96. Sinclair, "A Dialogical Approach to Critical Bible Study", 114 재인용.

3) 이에 대해서는 Joseph J. Schwab, "The Practical: Arts of Eclectic", Westbury and Wilkof, *Science, Curriculum and Liberal Education*, 297 – 339. Sinclair, "A Dialogical Approach to Critical Bible Study", 108 – 10 재인용.

Ⅱ. 기독교교육연구소의 사태

1. 기독교교육 관련 연구기관의 유형

기독교교육 관련 연구기관의 유형은 크게 세 가지로 나눌 수 있다. 첫째, 신학대학교 부설기관으로서의 기독교교육연구소이다. 예를 들어, 감리교신학대학교(이하 '감신대'로 표기), 고신대학교(이하 '고신대'로 표기) 등의 연구소들은 대학에 소속되어 있다는 성격 때문에 생래적으로 연구기관으로 볼 수 있다. 대부분의 연구소에서 기독교교육 관련 연구지를 발행하기 때문이다. 둘째, 대학 외의 연구소다. 예를 들어, 기독교학교교육연구소(소장: 박상진), 이마고데이 교회교육 커리큘럼 연구원(소장: 여성훈), 기독교대안교육협의회(대표: 김성수), 기독교학교연구소(소장: 오춘희), 한국코메니우스 연구소(소장: 정일웅), 한국기독교교육교역연구원(원장: 임창복) 등이다. 이들 연구소들은 대부분 대학의 교수들이 필요에 따라 개인적으로 세운 것들이다. 개인에게 전적으로 의존하기 때문에 역량에 따라 활동 내용에서 큰 차이를 보인다. 셋째, 교육 현장의 기관들이다. 이 범주의 기관들은 다시 크게 두 부류로 나눌 수 있을 것이다. 하나는 교단의 교육 담당부서이고, 다른 하나는 사립 교육선교적 성격의 기관들이다. 교단은 사실 신학대학을 포함한 교단의 교육적 방향을 정하고 그것을 추진하는 기관이다. 한편 교단은 직접적으로 기독교교육 관련 연구를 수행하기도 한다. 예를 들어, 교재 개발 연구가 대표적이다. 물론 그 형태는 교단 교육부에서 하는 경우가 있고, 교육원을 통해서 하는 경우가 있다.4) 그 밖에 교단은 교육조직을 편성하고 운영하는 일

---

4) 예를 들어, 예수교장로회(고신)의 총회교육원, 기독교장로회의 선교교육원, 대한성공회의

과 교육행사 등을 진행한다. 기독교교육 관련 사립 기관들은 많다. 이들이 모두 통상적 의미에서의 연구와 관련되어 있다고 보기는 어려우나, 그러나 나름대로 실천을 위한 다양한 시도를 하고 있으며 이를 실제적 연구의 한 형태로 볼 수도 있을 것이다. 대표적으로 파이디온선교회, 한국어린이전도협회, 한국어린이교육선교회 등이다. 그 밖에 이 부류에 속하는 단체들에는 메빅코리아(MEBIG Korea), 어와나한국본부(Awana, 부끄러울 것이 없는 인정된 일꾼(Approved Workmen Are Not Ashamed), 딤후 2:15)[5] 등이 있다.

그러나 이 같은 단체들은 부흥, 전도, 교사교육, 양육 등 특정 영역에 집중하고 있고, 그것도 연구에 의한 체계적 수행보다는 특정 이념이나 내용을 전달하고 있어 그 성격상 기독교교육 관련 연구기관이라고 할 수 없다. 따라서 기독교교육 관련 연구기관이라고 할 수 있는 경우는 신학대학교의 기독교교육연구소, 기독교교육 관련 개인연구소 그리고 교단의 교육 관련 부서이다. 그러나 이들 연구기관들은 그 목적과 성격에 있어서 차별성을 띠고 있기 때문에 그것들을 하나의 관점에서 다룰 수는 없다. 한편, 대학 외 현장의 기관들을 연구대상에서 제외하는 이유는 두 가지이다. 첫째, 연구기관에 포함시키는 범위의 문제이다. 어디까지를 연구기관에 포함시키느냐 하는 것이다. 순수연구기관이라고 할 만한 곳이 있는가 하면,[6] 이름과는

선교교육원 등이다.

5) 어와나의 일부 성격에 관해서, Michael W. Firmin, Perry C. Kuhn, Jared D. Michonski, and Terra N. Posten, "From Outside – In to Inside – Out: A Qualitative Analysis of Childhood Motivation by Achievers in AWANA Programs", *Christian Education Journal* 2:1(Spring 2005), 77 – 96 참조. 어와나에 참석하는 초등학교 학생들의 동기가 외적인 것으로부터 내적인 본질적 동기로 전환되고 있음을 주장하는 논문이다.

6) 예를 들어, 기독교학교교육연구소(소장: 박상진), 이마고데이 교회교육 커리큘럼 연구원(소장: 여성훈), 기독교대안교육협의회(대표: 김성수), 한국코메니우스 연구소(소장: 정일웅), 한국기독교교육교역연구원(원장: 임창복) 등.

달리 상업적인 곳7)이 병존하기 때문이다. 둘째, 현실적인 문제로 연구 대상에 포함시킬 만하다고 여겨져도 그에 대한 내용을 파악하기가 어렵다는 점이다. 연구자의 시간적 여유와 대상 연구기관의 사정 때문에 흡족할 만한 파악이 어려웠다. 따라서 이 글에서는 다른 연구기간과 달리 질적 공통성을 담보할 수 있는 신학대학교의 기독교 교육연구소를 다루기로 한다.

2. 조사 대상과 조사 방법

이번 연구를 위한 조사는 우리나라에 있는 신학대학교의 기독교교육연구소 총 13곳에 대해 문서조사와 인터넷조사로 시행되었다. 기독교교육 관련 연구기관에 대한 1차 조사는 기독교학교교육연구소(소장: 박상진)가 2007년 8월 27일~9월 10일에 걸쳐서 연구소에 대한 기초적 내용을 기재하도록 한 문서를 통해 행해졌다. 조사문항은 '기독교교육 관련 연구소 현황 파악'이라는 이름 아래, 연구기관 명칭, 설립연월일, 소(원)장, 기관 주소, 연락처, 팩스, **Website**, 설립 목적/비전, 주요 사업, 주요 연구결과물(단행본, 연구시리즈(소책자), 자료집, 기타), 이사 구성, 직원 수(연구원/간사), 직원 구성(이름, 성별, 전공, 최종학력, 비고), 주요 수입원, 전년도결산(액) 등의 내용으로 구성되었다.

조사문건은 감신대, 고신대, 기독교교육교역연구원, 기독교학교교육연구소, 서울신대, 영남신대, 장신대, 총신대, 한국코메니우스연구소, 한일장신대 등 총 10개 기관에 발송되었으며, 이 중 회수된 곳은 고신대, 기독교교육교역연구원,8) 기독교학교교육연구소, 서울신대,

---

7) 예를 들어, 교회학교성장연구소(소장: 박연훈) 등.

영남신대, 장신대, 한국코메니우스연구소 등 7군데였다. 조사 문건을 보낸 기관의 숫자가 많지 않은 것은 문건 발송 전에 관련 인사나 자료들을 통해 응답 여부를 예측하고 가능한 곳에만 보냈기 때문이다. 즉 연구기관의 활동이 미약하여 조사 문건을 보낸다고 해도 관련 사항에 대한 내용을 기재할 수 없을 것으로 여겨지는 곳을 제외했기 때문이다.

그 밖의 연구소에 대한 2차 조사는 연구자에 의해 인터넷을 통해 학교의 홈페이지에 접속하는 방법으로 행해졌다. 연구기관들의 활동 상황 등에 대한 내용 파악을 위한 방문이나 전화 접촉은 정보 수집에 효과가 있으리라 예상되지만 관련 수신자가 불명확하며, 설사 수신자를 파악하여 알 수 있다 하더라도 수신자의 여러 가지 여건상 접속 가능성은 대단히 희박할 것이기 때문에 부득이 인터넷조사를 실시하였다.

이를 통하여 목적/비전, 활동 내용 등의 가장 기초적인 내용이라도 파악된 곳은 감신대, 나사렛대, 백석대, 성결대, 아세아신대, 총신대, 한세대, 한신대, 한일장신대9) 등 9개 기관이었다.10) 그러니까 이번 기독교교육 관련 연구소의 대상은 문서조사에 의한 5개 기관 중에서 기독교학교교육연구소를 제외한 네 곳과 인터넷을 통해 파악된 아홉 곳을 포함해 총 13개 기독교교육연구소이다. 이는 전국기독교교육과 학생연합회(전기련) 소속 15개 학교11)와 한일장신대를 포함한 전체

---

8) 요청한 형태의 방식은 아니었다.

9) 한일장신대의 경우는 금번 학회에서 고신대, 기독교학교교육연구소, 서울신대, 영남신대, 장신대, 한국코메니우스연구소 등과 함께하는 직접 발표를 통해 그 내용을 더 잘 알 수 있을 것이다.

10) 기독교교육연구소가 있으나 학교 홈페이지에 그 내용이 탑재되어 있지 않을 경우 누락되었을 수 있다.

11) 감신대, 고신대, 나사렛대, 목원대, 백석대, 서울신대, 성결대, 아세아신대, 안양대, 영남

16개 학교 중에서 13개 교로 **81%**를 차지한다. 결국 이 연구는 1차 문서조사와 2차 인터넷조사를 통해 기독교교육연구소가 있다고 확인된 감신대, 고신대, 나사렛대, 백석대, 서울신대, 성결대, 아세아신대, 영남신대, 장신대, 총신대, 한세대, 한신대, 한일장신대 등(가나다순) 총 13개 기관을 대상으로 하였다.

3. 기독교교육연구소의 현실과 분석

이 부분에서는 앞서 언급한 조사문항의 내용을 소개하고 그에 대해 분석을 할 것이다. 분석은 평가와는 다르다. 분석은 복잡한 현상이나 대상 또는 개념을, 그것을 구성하는 단순한 요소로 분해하는 일이다. 거기에는 처음에 정한 조사 항목에 개재될 수 있는 관점 외에는 일반적으로 특별한 기준이나 가치가 개입되지 않으며 분석 대상 편에서 가능한 객관적이고 과학적인 접근을 취하려 한다. 이에 비해 평가는 사물의 가치나 수준 따위를 평하는 것을 말하는데, 이에는 평가의 기준이 필요하고 그 기준의 배경을 이루는 가치가 개재된다. 평가는 평가자의 관점에서 특정한 목적을 위해 의도를 갖고 시행된다.[12) 여기서는 이 같은 성격의 평가가 아닌 연구소들의 현실을 단순히 살펴보고 주어진 내용의 한도 내에서 객관적으로 분석하기로 한다.

신대, 장신대, 총신대, 침신대, 한세대, 한신대(가나다순).

12) 아빗쏜(Arvidsson)에 의하면, 기관 평가의 경우, 목적과 그에 따른 평가자의 역할은 다음 <표 1>과 같이 다양하다(1992: 259). 박재희 외, 「기관평가제도의 효과적 운영방안」(한국행정연구원, 2002), 9 재인용.

1) 설 립

기독교교육연구소의 설립은 1962년 한신대를 시작으로,[13] 감신대 1968년,[14] 고신대 1991년 3월(1987년 4월[15]), 서울신대 1980년 3월, 영남신대 1985년, 장신대 1977년 6월(1976년 6월,[16] 1979년,[17]) 한세대 1996년[18] 등으로 이어진다. 조사된 일곱 군데의 기독교교육 연구소들은 60년대에 감신과 한신 두 곳, 70년대에 장신대 한 곳, 80년대에 고신대, 서울신대, 영남신대 등 세 곳, 90년대에 한세대 한 곳으로 60년대에서부터 90년대까지 사반세기 이상에 걸쳐 꾸준히 설립되었다.

연구소는 대학에 학과가 설치된 이후 설립되는 순서였다. 고신대와 장신대처럼 학과 설립 이후 10년 이상이 경과된 후에 설치된 경우도 있고, 서울신대와 한세대처럼 3년 만에 생긴 곳도 있으며, 한신대처럼 오히려 연구소보다 학과가 20여 년 후에 설치된 경우도 있고,[19] 아예 침신대처럼 설립되지 않은 경우도 있다. 기독교교육연구소의 꾸준한 설립 사실로 보아 연구소의 필요성은 분명한 것 같다.

〈표 1〉 평가의 목적과 평가자의 역할

평가의 목적	평가자의 역할
• 통제(control)	• 통제자 또는 감시자(controller or watchdog)
• 인과관계의 검증(validation)	• 연구조사자(researcher)

• 조직 혁신(organizational innovation)
  - 문제해결(problem - solving)
  - 자기반성(self - reflection)
	• 자문관
	  - 문제해결사(problem - solver)
	  - 전문가(expert)
	  - 계도자(enlightener)

그리고 연구기관의 평가에 대해서는 김세영, 「정부출연 인문사회과학 연구기관의 평가 지표개발에 관한 연구」(서울대 행정대학원, 1996)도 참조. 기독교교육 관련 연구기관 평가에 대해서는 2007년 현재 서울신학대학교에서 부설연구소들에 대한 평가에 사용하는 다음의 <표 2>를 참조.

〈표 2〉 기독교교육연구소 평가표의 예

부설연구소(실) 평가표 - 인문계   서울신학대학교

평가 영역	조사항목	채점기준	배점	점수
I. 연구소 운영 (15점)	1. 중장기 발전계획 및 연간운영계획	계획 수립 여부 및 적정성	4점	
	2. 운영위원회 개최 실적	2회 이상	4점	
	3. 연구소(실) 운영비 사용의 적절성	통장관리 장부관리 및 관련영수증 관리	5점	
	4. 연구기금 조성	연도 말 기금 조성액 1천만 원 이상	2점	
II. 연구 및 학술 활동 (75점)	1. 연구 실적	연구결과 논문 편수(1편당 2점) 연구보고서 포함	20점	
	2. 연구비 수주실적	학교(연구소) 명의로 계약된 연구 건수 2건 이상 (연구수주실적 1건 ⇒ 5점)	10점	
	3. 학술대회(세미나) 개최 실적	국제규모 10점 전국규모 10점 세미나 5점 기타 모임 2점 (학술 특강/TOEIC강좌, 자격증취득과정 등의 교육/학술강좌/워크숍/20명 이상의 간담회와 연구모임/학술포럼(참석인원 100명 이상인 세미나와 기타 모임⇒ 전국규모 학술대회기준 점수 부여)	15점	
	4. 연구소(실)지 발간 실적	연구소지 1종당 5점	15점	
	5. 기타 연구 및 학술활동	논문집/교재/자료집 발간 5점 교육과정 개설 3점 집단 상담/심리검사/설문조사/성격검사 5점 개인상담/심리검사 0.5점	15점	
III. 기타 활동 (10점)	홈페이지 운영 등의 기타 활동	특별 기획 프로그램 4점 홈페이지 운영(개편작업 등) 2점 선교여행/동화구연대회/캠프/집단실습활동/DB구축/영어웅변대회/시범예배 등의 연구소 활동 2점	10점	
합계(100점)			100점	

연구소명:

13) 오인탁, "총론: 한국 교단의 기독교교육사", 「한국 교단의 기독교교육사」 기독교교육논총5(한국기독교교육학회, 1999), 23.

14) 오인탁, "총론: 한국 교단의 기독교교육사", 23.

15) 강용원, "대한예수교장로회(고신)의 교회교육사", 「한국 교단의 기독교교육사」 기독교교육논총5(한국기독교교육학회, 1999), 216.

기독교교육연구소들 중에는 한신대의 경우처럼 학술원의 신학연구소 내에서 '교회와 신학연구부', '평화연구부', '민중교육연구부'와 함께 '기독교육연구부'로 바뀌어,[20] 설립 때와는 다른 체제로 운영되는 경우도 있다. 기독교교육연구소 설립과 관련해서 반성할 일은 연구소들이 설립 당시의 정신과 열성을 그대로 유지하면서 지금도 활동하고 있느냐 하는 것이다.

2) 설립목적/비전

각 신학대학교 기독교교육연구소의 설립목적과 비전은 다음과 같다.

감신대

기독교교육학의 이론과 실천의 면에서 균형 있게 발전할 수 있는 길을 연구하고, 신학대학 교육의 과제를 전인교육의 방향에서 실현할 수 있도록 모색한다.

교회 및 학교교육의 현장에서 발생하는 문제를 신학과 교육학의 차원에서 해결하는 데 그 목적을 둔다.[21]

---

16) http://www.pcts.ac.kr/org_4.html, 2007년 9월 17일 접속. 이하 동일 웹사이트는 표시하지 않음.

17) 오인탁, "총론: 한국 교단의 기독교교육사", 23. 장신대의 경우, 기독교교육연구원 설립일에 대한 여러 전승이 있다. 그러나 2007년 10월 6일 장로회신학대학교에서 열린 한국기독교교육학회의 2007년 추계학술대회에서 원장인 김도일 교수는 1977년이 맞다고 주장하였다. 그 대회의 「자료집」, 38 참조.

18) 박문옥, "기독교대한하나님의 성회의 기독교교육사", 「한국 교단의 기독교교육사」, 기독교교육논총5(한국기독교교육학회, 1999), 327.

19) 윤응진, "한국기독교장로회의 기독교교육사", 「한국 교단의 기독교교육사」, 기독교교육논총5(한국기독교교육학회, 1999), 189.

20) http://www.hs.ac.kr/organ/org_divinity.html, 2007년 9월 17일 접속.

21) http://web.mts.ac.kr:8080/index.htm, 2007년 9월 17일 접속.

고신대

기독교교육의 제반 영역, 곧 기독교교육 이론, 학교교육, 교회교육, 학교에서의 종교교육, 사회교육, 가정교육 일반에 관한 기독교적 이론과 실제를 연구하여 올바른 기초를 확립하고 연구 활동을 하며, 교회와 학교와 사회에서의 올바른 교육실행을 위해 기여함을 목적으로 한다.22)

부설 기독교교육연구소는 21세기의 새로운 사회에 효율적으로 대응하는 한국기독교교육의 전략과 발전을 선도하기 위해 다음과 같은 네 가지 목표를 갖고 있다.

첫째, 전통적인 동양적 세계관과 현대 세속적 세계관들로 구성된 한국교육의 왜곡 구조를 성경적인 개혁주의 세계관으로 극복하면서 하나님 나라를 지향하는 참교육과 기독교학교교육을 추구한다.

둘째, 개혁주의 기독교신앙교육의 발전을 도모함으로써 건강하고 성숙한 교회공동체를 형성하며, 한국 그리스도인들이 개인적으로 또한 집단적으로 삶의 전 영역에서 균형 잡힌 제자도를 실천할 수 있게 하는 다양한 교육프로그램을 개발한다.

셋째, 기독교 상담을 연구하고, 상담가를 교육하며, 상담활동을 지원함으로써 소외와 각종 중독으로 고통받는 개인, 해체 위기를 겪고 있는 가정 그리고 다양한 갈등으로 내적 에너지를 소진하고 있는 교회 및 교육공동체를 건강하게 만드는 일에 기여한다.

넷째, 기독교교육연구의 전문적 네트워크를 형성하여 기독교교육 전문가와 교사들과 부모들의 소통을 원활하게 함으로써 우리나라 기독교교육의 발전을 도모할 뿐만 아니라, 선교지인 제3세계 기독교교육을 지원하는 일에 노력한다.

---

22) 강용원, "대한예수교장로회(고신)의 교회교육사", 216.

나사렛대

본 연구소는 대한기독교나사렛성결회의 신앙적 전통과 나사렛대학교의 교육이념에 근거하여 기독교교육학에 대한 학문적 연구, 교육지도력 개발과 기독교교육 지도자 양성 등을 통하여 교회교육현장을 지원하고, 교육 자료를 연구 개발함으로써 지역교회에 기여함을 그 목적으로 한다.23)

백석대

교회, 학교, 사회에서 요구하는 기독교교육에 관한 주요 문제들을 연구함으로써 기독교교육 이론의 발전과 이에 따른 실질적인 현장교육의 방안 제시를 목적으로 설립.24)

서울신대

본 연구소는 기독교대한성결교회와 서울신학대학교의 교육이념에 근거하여 교회교육지도자의 양성에 부합하는 연구 활동과 한국교회와 교단 기독교교육에 공헌할 수 있는 교육활동의 운영을 목적으로 한다.

성결대

성결교육연구소는 사범대학의 교사양성 교육 및 본 교단(예수교대한성결교회)의 신앙교육 발전을 위하여 관련 제 분야의 이론과 실제적 기초 연구 및 제반 과제의 수행을 그 목적으로 한다.25)

---

23) http://cedu.campushomepage.com, 2007년 9월 17일 접속.

24) http://jinri.chonan.ac.kr/~cerc, 2007년 9월 17일 접속.

25) http://www.sungkyul.edu/ko/sungkyul/attachment/annex_laboratory.html, 2007년 9월 17일 접속.

아신대

본 연구원은 궁극적으로 교육을 통해 예수 그리스도의 지상명령인 인류의 복음화 사명을 수행하는 것을 목적으로 연구하고 교육하는 공동체이다. 따라서 신본주의, 복음주의에 기초하여 온전한 인격의 변화와 성장을 돕는 교육프로그램을 연구 개발하고 '교육' 전반에 대한 기독교적 접근의 이론적 기초를 제공하고자 한다.26)

영남신대

한국적인 교회 상황하에 기독교교육학의 이론적 근거를 제시하며 실제적인 기독교교육방법을 개발하고 교육 지도자들의 계속 교육을 담당하며 다양한 자료를 통해 교회교육 현장에 도움을 주는 것을 목적으로 설립되었다.

장신대

본 연구원은 기독교교육에 관한 학문적 연구와 국제적 교류, 교회 교육 지도자 양성, 기독교교육을 위한 다양한 자료 간행 및 제작, 미디어 자료 개발을 통해 한국교회의 교육에 기여하는 것을 목적으로 한다.

총신대

기독교교육의 계승 및 발전과 기독교교육학의 학문 발전을 위한 고유한 연구 공동체로서 학술전문지를 발간해 각종 교육정보를 제공하며, 관계 자료의 개발과 기독교교육의 연구 영역을 높여 가고 있다.27)

---

26) http://www.acts.ac.kr/acts/unisociety/unisociety_03_3.html, 2007년 9월 17일 접속.

27) http://www.chongshin.ac.kr/organ/organ_main_02.html, 2007년 9월 17일 접속.

한세대

본 연구소는 한세대학교의 의(義), 진리(眞理), 사랑(愛)을 지향하고 기독교신앙과 학문을 겸비한 전인교육(全人敎育)을 실천하기 위하여 설립되었다. 또한 교회교육의 오순절적 특성 구현과 전문성을 높이고, 교회에서의 '교회학교'의 영성개발과 단편적 접근으로 부실화된 교회의 교육 행위에 전문성을 부여하여, 특히 교육공학적인 측면에서 다양한 정보를 제공하고, 전인적인 교육적 과제를 실현하는데 목적이 있다.

실천하는 신앙인, 창조하는 전문인, 봉사하는 세계인이 되기 위하여 다음과 같은 목표를 설정한다.

- 평신도 교육 강화
- 순복음교단의 교육정체성 확립
- 오순절 교육의 확립
- 기독교교육연구의 활성화
- 교회교육의 전문화
- 기독교교육의 전문인 양성[28]

한일장신대

교회 내에서 기독교교육을 실천할 수 있는 이론과 실제를 연구하여 보급한다.[29]

한신대

기독교교육연구부는 교회교육의 발전과 전문화를 지향하며 구체적인 교육교재의 개발을 위한 연구 활동을 한다.[30]

---

28) http://www.hansei.ac.kr/organization/organ03_02.asp, 2007년 9월 17일 접속.

29) http://www.hanil.ac.kr, 2007년 9월 18일 접속.

이상에서 살펴본 신학대학교 기독교교육연구소들의 설립목적은 네 가지 내용으로 분류될 수 있다. 기독교교육연구소의 설립목적은 첫째, 교단 신학적 입장의 기독교교육연구를 위해서이다. 대부분 특정 교단에 의해 설립된 신학대학교에 소속된 연구소들은 태생적으로 교단 신학의 매트릭스를 벗어날 수 없다. 고신대('개혁주의 기독교신앙교육의 발전을 도모함'), 나사렛대('대한기독교나사렛성결회의 신앙적 전통 …… 에 근거하여'), 서울신대('기독교대한성결교회 ……에 근거하여'), 성결대('본 교단[예수교대한성결교회]의 신앙교육 발전을 위하여'), 한세대('오순절적 특성 구현')의 경우, 그 같은 입장을 목적에 명시하고 있다. 비록 연구소의 설립목적에 연구소의 활동을 교단 신학이라는 바탕에 둔다는 언급이 없다 하더라도 암묵적으로 내재되어 있다고 보아야 할 것이다. 이런 면에서 기독교교육연구소는 일종의 '신학하기'(doing theology)를 위한 기관임을 알 수 있다.

둘째, 연구소들의 설립목적은 기독교교육에 대한 학문적 탐구이다. 대부분의 연구소가 이 내용을 명시하고 있다. 그 방향은 크게 두 가지이다. 하나는, 한국적 상황에서의 탐구이다. 이는 우리나라 현실에 맞는 기독교교육이론 형성과 외래 이론을 우리 현실에 맞게 적용하려는 시도를 포함한다. 고신대('한국기독교교육의 전략과 발전을 선도하기 위해'), 영남신대('한국적인 교회 상황하에') 등이 여기 속한다. 그러나 기독교교육을 선교와 구분하지 않거나 그 방편으로 사용하는, 즉 기독교교육의 학문적 탐구를 거부하는 듯한 인상을 주는 입장도 있다(아신대, '교육을 통해 예수 그리스도의 지상명령인 인류의 복음화 사명을 수행하는 것을 목적으로'). 이 같은 입장은 기독교교육학을 신학과 교육학적 입장에서 한다고, 그 학문적 입장을 명시

30) http://www.hs.ac.kr/organ/org_divinity.html, 2007년 9월 17일 접속.

한 감신대의 경우와는 대조된다('……교육의 현장에서 발생하는 문제를 신학과 교육학의 차원에서 해결하는 데 그 목적을 둔다').

연구소들이 기독교교육을 연구하는 다른 하나의 방향은 이론과 실천의 연계 모색이다. 이에는 이론과 실천의 관계적 균형(감신대, '기독교교육학의 이론과 실천의 면에서 균형 있게 발전할 수 있는 길을 연구하고'), 현장의 교육 실천에 이론적 기초를 제공하려는 입장(아신대, "'교육' 전반에 대한 기독교적 접근의 이론적 기초를 제공하고자", 영남신대, '기독교교육학의 이론적 근거를 제시하며 실제적인 기독교교육방법을 개발하고'), 이론과 실천 어느 한편에 비중을 두는 접근(성결대, '신앙교육 발전을 위하여 관련 제 분야의 이론과 실제적 기초 연구 및 제반 과제의 수행을 그 목적으로', 서울신대, '교회교육지도자의 양성에 부합하는 연구 활동과 한국교회와 교단 기독교교육에 공헌할 수 있는 교육활동') 등으로 나뉜다. 기독교교육연구소들은 한국적 상황에서 기독교교육의 이론과 실천의 발전을 위해 설립되었다고 볼 수 있다.

셋째, 기독교교육연구소들은 교육 현장을 돕기 위해 설립되었다. 그러나 연구소들마다 그 관심을 갖는 현장은 다르다. 대부분의 연구소들은 교회에 관심을 갖고 돕고자 한다(나사렛대, 서울신대, 영남신대, 장신대, 한세대, 한일장신대, 한신대 등). 그러나 고신대('하나님 나라를 지향하는 참교육과 기독교학교교육을 추구한다')와 감신대('학교교육의 현장에서 발생하는 문제를')는 특히 학교에 관심을 갖고 있으며,[31] 고신대, 백석대의 경우에는 가정, 교회, 학교, 사회 등 전반적인 영역에 관심을 표명한다.

---

31) 감신대의 학교교육에 대한 관심은 교단적인 것 같다. 교단본부 교육국에도 '교회교육부', '제자교육부'와 더불어 '학교교육부'가 편제되어 있다.
http://www.kmcedu.or.kr/introduce/sub03.php, 2007년 9월 22일 접속.

마지막으로 기독교교육연구소들은 구체적인 교육의 실천을 수행하기 위하여 설립되었다. 그 내용은 다양하다. 이들 연구소에서는 교재개발에서부터 교사교육, 교육지도자 훈련과 양성, 교육자료 개발, 교육정보 제공, 상담 활동, 기독교교육자 네트워크 형성, 국제교류, 선교지 교육지원 등에 이르기까지 다양한 활동을 펼치고 있다. 대부분의 연구소가 공통적으로 하는 활동은 교재개발, 교사교육, 교육정보 제공 등이라 할 수 있다.

3) 주요 사업

각 신학대학교 기독교교육연구소의 주요 사업은 다음과 같다.

고신대

- 연구과제 수행(자체 연구와 위탁 연구)
- 국내외 학자를 초청하여 기독교육에 관련된 특강 및 세미나 개최(부정기적)
- 본 연구소의 연구결과와 연구자료를 수록한 소책자 연구시리즈 발간

나사렛대

기독교교육연구소의 목적사업

① 수잔나 웨슬리의 신앙적 및 교육학적 전통을 통찰하고 이에 관한 연구 결과들을 공개함으로써 기독교교육학도 및 지역교회 교회학교 교사들에게 나사렛 기독교교육학의 이론적 실마리를 제공한다.

② 선교 2세기를 향한 한국교회의 지상과제인 성장과 성숙의 균형을 이루기 위한 대안 목회적 개념으로서의 교육목회에 대한

신학적 가능성을 탐구하고 목회 현장에 적용할 수 있는 새로운 모델을 개발한다.

③ 대한기독교나사렛성결회가 추진하고 있는 나사렛교회 교회학교 교재 편찬을 위한 교과과정(Curriculum)을 연구 개발한다.

④ 교사대학 또는 계절 성경학교 준비를 위하여 교회학교 지도자 및 교사들을 대상으로 한 교육 및 강습회를 개최한다.

⑤ 사순절, 부활절, 성령강림절, 추수감사절, 대강절, 성탄절 등과 같은 교회학교 절기 프로그램에 대하여 신학적, 교육학적 방향을 탐구하고 교육활동 자료를 개발하고 출판한다.

⑥ 국내외의 대표적인 교단에서 발간되는 공과 및 교재들을 수집 보관하여, 기독교교육학도들로 하여금 다양한 교재 연구 경험 및 분석을 통하여, 교재 개발 및 집필에 있어서 전문가를 양성할 수 있도록 독자적인 공간인 Curriculum Lab 및 교육자료실을 운영한다.

⑦ 나사렛 교단 본부의 국제교육부(International Board of Education: IBOE)를 통하여 전 세계 나사렛교회교육기관 및 자매 대학교들과 교육적 교류를 활성화한다.

⑧ 웨슬리적 성결 및 복음주의 전통에 충실하게 연구된 영미 계통의 기독교교육 관련 서적들을 번역 출판한다.[32]

서울신대

- 기독교교육 학문 연구 및 편찬(학술대회 연 1회, 정기간행물 연 1회, 단행본 출간, 전문워크숍, 자료집 발간)
- 기독교교육현장 조사연구 및 제안(교회교육현장 조사, 교회교육 세

---

32) http://cedu.campushomepage.com, 2007년 9월 17일 접속.

미나 연 1회, 교회교육 관련 프로젝트 수주, 교회학교교육 컨설팅)
- 기독교교육 프로그램 및 제도 개발(계절별 강습회, 하계캠프 운영)
- 기독교교육 인력 개발(기독교교육전문인 콘퍼런스, 교회교육인력개발을 위한 워크숍)

아신대

① 격월로 소식지를 간행한다. 소식지는 기독교교육에 대한 정보 교환 및 기독교적 교육원리의 확산을 목적으로 하여 교사, 학부모, 각 교회의 목회자 등 다양한 대상들에게 발송되고 있다.

② 교육전공자들이나 교육에 관심이 있는 기독교인들과 함께 정기 월례 모임을 가져 왔다. 이 모임을 통하여 교육문제에 대한 기독교적 인식을 수렴하고 대안을 모색해 왔다.

③ 기독교 교사들과의 연대를 통하여 기독교학교교육에 대한 연구를 계속해 오고 있다. 기독교 교사들을 중심으로 한 기독교학교연구회와의 협력사역을 통하여 기독교학교 교육프로그램 개발에 참여하고 있다.

④ 기독교 교사 재교육의 일환으로서 본교의 교육대학원과 드림교사연수원의 프로그램 개발 및 운영을 지원하고 있다.

⑤ 교육 전반에 대한 기독교적 관점에서의 연구를 통하여 본교의 대학원 기독교교육학과, 학부 기독교교육학과 등의 교육과정 개발 및 운영을 지원하고 있다.[33]

영남신대

- 기독교교육지도자 훈련 및 양육
- 각종 교육자료의 개발 및 보급

---

33) http://www.acts.ac.kr/acts/unisociety/unisociety_03_3.html, 2007년 9월 17일 접속.

- 2000년 9월 홈페이지 오픈(http://www.cedu.info)
- 교육상담 및 각종 세미나·강습회를 통한 교육지도자 교육

장신대
- 연구조사활동(교회위탁 연구: 교회교육컨설팅, 교수 연구 프로젝트: 연구 도서)
- 교회교육 커리큘럼 개발(하나님 닮은 부모학교, 유아신앙가베학교 어린이정원, JTS 교사교육)
- 교회교육지도자를 위한 전문지「교육교회」정기 간행
- 각종 절기 강습회 및 세미나(연 5회 이상)
- 자료 개발(미디어 자료 및 성경교재 개발)
- 교육자료실 운영

총신대
각종 세미나 개최, 학술지와 단행본 발간 외에도 기독교교육 관련 자료실을 구비해 열람과 대출을 하고 있다.
- 1년 2차례 학술세미나 개최
- 해외학자 초청 세미나
- 「기독교교육연구」학술지 발간
- 기독교교육도서 비치(열람 및 대출)
- 각종 워크숍 운영
- 연구소 연구원 모임
- 회원제도 운영34)

---

34) http://user.chollian.net/~isce, 2007년 9월 17일 접속.

한세대

① 학술 활동

- 연 4회 이상의 학술 세미나(춘계, 추계 학술세미나, 오순절교육 세미나)
- 교육공학 전시회 C.E.T.(Christian Education Technology)전
- 전문학술지「오순절 교육」연 2회 발행
- 한국기독교교육정보학회, 한국기독교교육학회 활동
- 교육학저서 번역집 발간
- 「오순절 교의학」집필

② 교육사업

- 기독교대한 하나님의 성회 총회 교육국 공과 집필(유치, 유년, 중등, 고등, 청, 장년부)
- 기독교대한 하나님의 성회 교단 잡지「월간 순복음」교회교육 원고 집필
- 대한기독교교육협회 교육 잡지「기독교교육」교회교육설교 집필
- 개교회 교사 보수교육
- 기독교대한 하나님의 성회 여름성경학교 교재 집필 및 강습회 강의

③ 연구소 소장 자료

- 500권 이상의 논문집
- 일반교육학 서적 200권 이상
- 기독교교육학 서적 300권 이상
- 신학서적 200권 이상
- 전 교단 교회공과 자료 200권 이상
- 영상물 자료 50개 이상35)

기독교교육연구소들이 계획하고 있는 주요 사업들을 그 성격별로 나누어 보면 다음과 같다. 첫째, 세미나이다. 거의 대부분의 연구소들이 일 년에 한두 차례씩 세미나를 하는 것으로 보인다. 세미나는 학문적인 내용과 교육 현장과 관련된 주제로 진행된다. 그것은 성격상 세 가지로 나누어진다. 하나는 특강 형식의 세미나이다. 이 같은 세미나는 주로 기독교교육 관련 이론에 대한 내용을 다룬다. 해당 주제에 대해 전문가가 강의를 하며, 청중은 대개 기독교교육을 전공하는 학부나 대학원생들이다. 다른 하나는 기독교교육지도자들을 위한 세미나이다. 교육정책이나 교육지도자들을 위한 강좌나 워크숍 또는 콘퍼런스 등이 이에 속한다. 마지막으로 하나는 교사들을 위한 세미나이다. 이는 주로 강습회라는 형식으로 진행되는데, 신년교사강습회, 계절교육(여름·겨울성경학교[수련회]), 절기교육(대강절, 성탄절, 사순절, 추수감사절), 부서를 위한 교육 등이 있다. 이와 같은 유형의 세미나를 균형 있게 실시하고 있는 곳은 장신대의 기독교교육연구원이다.36) 연구소들은 세미나, 워크숍, 강습회 등을 통하여 신학생, 교육지도자 그리고 교사 등을 교육하는 것이 연구소들의 우선되는 사업으로 보인다.

여러 연구소가 하는 사업의 두 번째는 연구지 발간이다. 연구소가 행하거나 주관한 연구결과와 연구자료를 수록한 연구지들이 서울신대의 경우, 「기독교와 교육」, 총신대의 경우, 「기독교교육연구」, 한세대의 경우, 「오순절 교육」 등의 이름으로 발행되고 있다. 연구지가 기독

---

35) http://www.hansei.ac.kr/organization/organ03_02.asp, 2007년 9월 17일 접속.

36) 예를 들어, 장신대 기독교교육연구원의 경우, 절기(대강절, 성탄절, 사순절, 추수감사절) 교육 세미나, 교육전도사 교육과정, 교육정책 세미나, 교회교육 세미나, 청년·대학부 교육 세미나, 영적 성장을 위한 장년 성경공부 워크숍 등의 세미나가 진행되었다. http://www.pcts.ac.kr/org_4.html, 9월 18일 접속.

교교육 지도자들을 대상으로 기독교교육 관련 전문적이고 이론적인 내용들을 담고 있는 데 비하여, 장신대의 경우처럼 교사들을 위한 실제적이고 구체적인 내용을 담은 교육지(「교육교회」,37) 「교사클릭」)를 발간하는 경우도 있다.38) 아신대의 경우는 격월로 소식지를 간행하여 교사, 학부모, 목회자 등에게 발송하기도 한다. 그러나 그보다 많은 연구소들이 어떤 형태로든 간행물을 발행하고 있지 않다.

기독교교육연구소들의 세 번째 사업은 교회교육 컨설팅이다. 이에는 교회의 교육프로그램 개발, 교육행사 대행, 연구 프로젝트 수주 등이 있다. 연구소들은 도움을 받기 원하는 교회의 교육프로그램, 예를 들어 교사대학 커리큘럼을 작성해 주는 일 등이다. 교육행사를 대행해 주는 일도 있는데, 예를 들어 서울신대의 경우 지역이나 전국적인 어린이여름수련회를 위탁 운영하기도 한다. 연구 프로젝트는 일반적으로 교회나 교단 등의 요구로 이루어지는데, 이에는 개교회의 교육진단, 교육백서 작성, 교회학교 모델설정에서부터 교단 등의 커리큘럼 개발, 교재 개발, 교육 관련 조사, 제도 개선 등에 이르기까지 다양하다.

이상에서 연구소들이 어떤 목적하에 어떤 일들을 하는지를 살펴보았다. 그러나 실제로 하겠다고 하는 것과 한 일은 다르다. 다음에서 그동안 신학대학교의 기독교교육연구소들이 한 일을 살펴보자.

4) 주요 연구결과

연구소들이 한 일들은 크게 문서조사 문항을 따라 단행본, 자료집, 기

---

37) 이는 영남신대에서 발행되던 「교사월보」의 후신이다.

38) 감신과 고신의 경우는 각각 교단 쪽에서 「신앙과 교육」, 「교회와 교육」이란 이름으로 교회교육을 위한 잡지가 발행되고 있다. http://www.kmcedu.or.kr/introduce/sub02.php; http://www.edpck.org, 2007년 9월 20일 접속.

타로 나누었다. 회수된 대학의 기독교교육연구소의 실적은 다음과 같다.

고신대

연구집: 기독교교육연구(제1권 - 1호)

연구시리즈(소책자): 기독교교육학의 성격과 구조, 신앙교육에서의 통찰, 목회상담에 있어서의 성경적 방법론 연구, 칼빈주의 문화관과 학문론, 기독교적인 교육이란 무엇인가, 도덕판단 발달을 위한 집단상담 프로그램, 개혁주의 신학이란 무엇인가, 칼빈주의 세계관, 인간관과 개혁주의 교육관, 슐라이어마허 사상에 관한 고찰(1), 아동과 신학적 개념형성, 어거스틴의 교육사상, 신피아제 이론 개관, 기독교 문학이란 무엇인가, 청장년 교육의 중요성과 과제, 특수교육에서의 음악치료, 무덤파기 작전 스터디 가이드, 기독교인간학, 교회청소년 교육의 방향, 기독교세계관과 기독교학교교육, 21세기 한국교회의 교육목회적 대응, 기독교상담의 성격과 구성(이상 20권)

자료집: 하이델베르크 기독교교리교육서

서울신대

단행본: 『성인 기독교교육』, 『성서교육』 Ⅰ, Ⅱ, 『기독교교육개론』, 『기독교교육의 시선』, 『청소년 비타민설교』, 정기간행물 「기독교와 교육」 1 - 13호

자료집: 1998 - 2000년 OHP 설교자료집, 2003년 "이야기로 들려주는 성경", 2003년 기독교교육학 관련 석사학위논문초록집, 2004년 "교회교육 문화 콘텐츠"

기타: 1987년 부산 수정동교회 새 교육 체제개발(「기독교와 교육」 게재), 1988년 천호동교회교육연구계획서 1차(연구결과보고), 1989년 천호동교회교육연구계획서 2차(연 결과보고), 1990년 한국교회

성인들의 신앙유형과 사회의식에 관한 관계성 연구(문교부), '90학년도 졸업예정자 진로 및 취업의식에 관한 조사보고, 1997년 서울신학대학교 인지도 연구조사(기획실 의뢰), 1999－2000년 성결교회교육 실태 조사(교육국 의뢰), 2002년 성결교회 인천동지방 어린이 리더십캠프 "우리는 하나님의 리더예요!" 기획 운영, 2002－2003년 부천제일장로교회(통합) 어린이교회 모델 연구 프로젝트, 2002년 장충단 교회교육장터 "인터넷과 교회교육" 기획운영, 2003년 장충단 교회교육장터 "홀로 서는 장년을 위한 교육" 기획 운영, 2004년 청소년 리더십 캠프 기획(2005. 1. 24－27.) "청소년을 향한 하나님의 사랑은 언제나 무한 리필!!", 2005년 서울신학대학교 비전 캠프(교회 고등부임원 초청 여름수련회) 1－4회 평가 및 5회 방향 제안 및 프로그램 개발, 2005년 교단 전문사역자 훈련원 운영기획, 2005－2006년 교단 100주년 기념 사업위원회 교육분과 프로젝트 "새 교육제도 연구"(BCM 교육목회제도 연구, 교사교육과정, 교육지도자 교육과정 개발, 성결교회교육 관련 의식조사), 2007년 교회학교 전국연합회 주최 "어린이 소명 캠프" 기획 운영.

영남신대
단행본: 복음과 교육 자료집시리즈 1(여름행사 기획부터 평가까지)
기타: 복음과 교육지(폐간)

장신대
연구도서: 『포스트모던 시대의 기독교교육』, 『기독교교육개론』, 『평화와 기독교교육』
아동부 성경교재: 『성경 읽을 시간이다.－창세기, 출애굽기, 레민신, 사복음서 1, 2, 사도행전, 편지복음1』, 『기도의 용사 레벨업』 교사

용, 어린이용

청소년부 성경교재: 『성경의 맥잡기 1, 2, 3, 4』, 『윈도우-1, 2, 3, 4』

아동부 소책자 시리즈: 『나도 기도할 수 있어요』, 『나도 예수님을 알아요』, 『나도 전도할 수 있어요』

찬양집: 『호산나, 호산나』, 『어린이정원 찬양집』

주간학교 커리큘럼: 『나는 예수님의 어린이 J-Kids』 교사용, 어린이용, 『유아신앙가베학교 어린이정원』 Ⅰ, Ⅱ, Ⅲ, 『하나님 닮은 부모학교』 지도자용, 부모용, 『하나님이 기뻐하시는 가정』

교사교육: 『JTS 교사교육』 지도자용, 교사용, 『꿈꾸는 좋은 교사』 유아·유치부용, 아동부용, 『목회자-교사경건회』, 『예배드릴 시간이다』, 『성서일기』, 『예배드릴 시간이다』

절기자료집: 『우리 위해 오신 예수님』, 『사순절·부활절기 자료집』 Ⅰ, Ⅱ, Ⅲ, 『대림·성탄절 자료집』 Ⅰ, Ⅱ, Ⅲ, <사순절 묵상자료집: www.십자가.net>, <부활절기묵상자료집: www.부활의기쁨.net>, 『여름성경학교 교회교육 자료집』 Ⅰ, Ⅱ, Ⅲ

교육정책: 2001년-2006년 『교육설계를 위한 교육정책자료집』

기타 자료: 『유아세례 앨범』, 『꿈을 담은 앨범』, 『색칠공부-하나님 참 감사합니다, 나는 예수님이 좋아요.』

미디어자료: 각종 절기: 미디어 CD, 찬양 오디오 CD, 찬양 율동 비디오, 찬양율동 DVD, 발표회를 위한 CD, 극활동 비디오 등

어린이정원: 어린이정원 찬양 CD 1, 2, 3, 설교자료 CD 1, 2, 3 행정자료 CD 1, 2, 3, 가베수업 비디오 자료 등

부모교육: 하나님 닮은 부모학교 행정자료 CD, 말씀송 CD

교사교육: JTS 교사교육행정자료 CD

기타: J-Kids 찬양 CD, 하나님 선물 찬양 CD, 찬양 Tape, 기독교교육연구원 찬양 베스트 MP3 찬양 CD, S.G.S 영어 CD

잡지: 월간지 「교육교회」

기타: 영·유아·유치부 어린이를 위한 설교그림자료 1-3, 배너 및 각종 장식, 만들기 작업 및 각종 스티커, 각종 배지

한일장신대

최근 컴퓨터정보통신학부와 「천지창조-CD」를 동영상으로 제작하였다.39)

위의 자료들을 통해서 보았을 때, 고신대 연구소의 경우 실적은 모두 간행물들이다. 연구지, 소책자, 자료집 중에서 소책자는 20권이나 발행되었다. 서울신대의 경우, 대학에서 교재로 사용할 수 있는 단행본 발간과 1998년부터 2000년까지 3년간 발간되었던 OHP 설교자료가 있으나, 눈에 띄는 것은 교육컨설팅이다. 교육 체제개발, 교육 진단, 연구, 실태조사, 행사 기획·운영 등 다방면에 걸쳐 있다. 장신대의 경우, 성경교재 등 다양한 교육교재와 시청각 자료 등을 제작 출판하였다. 학생용뿐만 아니라 교사용 지도서까지 발행하고 있다. 시청각 교재의 경우도 CD, DVD는 물론이고, MP3용 자료와 웹상에서까지 자료를 제공하고 있다. 연구물이 아닌 교회 현장을 위한 자료들의 경우에 경우 종전의 평면적 자료에서 입체적 자료로, 현실에서 사이버공간으로까지 확장되고 있다.

---

39) http://www.hanil.ac.kr, 2007년 9월 18일 접속.

5) 직 원

연구소에서 연구와 사업을 담당하는 직원에 대해 살펴보자.

고신대

소장 1명(교수) 연구부장 4명(교수), 파트(간사) 2명

서울신대

비상근 연구원 3명(박사급), 상근 연구간사 1명, 조교 3명

영남신대

소장 1명(교수), 전임 1명(MA), 파트 2명

장신대

소장 1명(교수), 전임 5명(연구원 2/ 간사 3)

대부분의 연구소가 소(원)장을 교수가 맡고 있다. 고신대의 경우에는 교수들이 연구부장이라는 직책을 갖고 있다. 직원은 전임과 비전임 그리고 파트로 나뉜다. 서울신대와 영남신대에는 전임자가 한 명이고, 장신대의 경우에는 다섯 명이다. 고신대, 영남신대, 서울신대의 경우를 보면 조사되지는 않았지만 많은 연구소들이 기독교교육을 전공하는 석·박사과정 대학원생을 파트타임 조교로 사용하고 있는 듯하다.

6) 이사구성(운영위원회)

일부 학교 기독교교육연구소의 이사나 운영위원회의 구성은 다음과 같다.

장신대

기독교교육과 교수(6명)와 교역자로 구성된 이사회(7명)

서울신대

기독교교육과 교수(3명)가 운영위원회 위원

장신대 연구원의 경우 이사회가 학과 교수와 교외의 교역자로 구성되어 있다.

7) 주요 수입원

일부 학교 기독교교육연구소의 주된 수입원은 다음과 같다.

고신대

학교 지원, 개인후원

서울신대

학교 지원, 후원, 연구 프로젝트

영남신대

교회 후원, 자료판매 및 대여

장신대

세미나 등록비, 자료판매, 정기구독료, 후원

고신대와 서울신대의 경우와는 달리 영남신대와 장신대는 학교 지원을 받지 않고 있다. 학교 지원에만 의존하는 경우가 있고 사업을 벌여 수익을 내서 사업을 더 확장시키는 경우도 있어 보인다. 학교 외부의 교회 등의 후원은 크지 않아 보인다.

8) 전년도 결산(액)

일부 학교의 기독교교육연구소의 2006년도 결산액은 다음과 같다.

고신대 420만 원

서울신대 6,600만 원

영남신대 1,000만 원

장신대 6억 원

결산액은 학교 간의 차이가 크다. 장신대는 다양한 사업의 결과 결산액의 규모가 크다. 학교의 지원금은 서울신대의 경우 900만 원이다. 전체 6,600만 원 중에서 학교 지원금 900만 원을 뺀 나머지 5,700만 원은 사업에 따른 결산액이다. 다른 학교의 경우 그 금액을 확인할 수 없다. 따라서 사업에 따른 결산액이나 그 비중을 알 수 없다.

이상 신학대학교의 기독교교육연구소의 현황을 살펴보았다. 자료와 정보의 부족으로 만족스러운 실태 파악이 되지 않았지만 최소한의 파악은 되었을 것이다. 이하에서는 위에서 알아본 항목들의 내용들을 바탕으로 필요에 따라 신학대학교 외부의 기독교교육 관련 연구소나 유관 기관과 비교해 가면서 논의를 할 것이다.

Ⅲ. 기독교육연구소의 활성화를 위한 제언

1. 교회 현장의 교육을 위한 전문적 연구

기독교교육연구소들의 첫 번째 설립목적은 대부분 기독교교육에 대한 학문적 연구이다. 연구결과를 묶어 연구지를 발행하는 것은 그 같은 목적이 있기 때문이다. 문제는 그 같은 연구지들의 효과성이다. 연구지라면 동일 영역의 전문가들에게 학문적 도움을 줄 수 있어야 한다. 그러나 연구소들이 발행하는 연구지들로부터 얼마나 학문적 정보를 제공받고 있는지, 논문 등에 인용되고 있는지 확인할 필요가 있다. 만일 그렇지 못하다면 그 이유는 대개 실적 위주의 형식적 발간이다 보니 진지하고 전문적 편집을 하지 못하기 때문일 것이다. 또한 연구지라고 하지만 게재된 글의 성격이 이론과 실제가 혼재되어 있는 상태이기 때문에 독자들의 혼란을 초래할 수 있다는 것이다. 따라서 연구지를 발행할 경우, 분명한 편집 의도가 있어야 할 것이다.

제안하고 싶은 기독교교육연구지의 편집 방향은 교회교육의 실천과 관련된 것이다. 앞서 말했듯이 학문적 성과로서의 연구지의 권위를 인정받고 있지 못한 실정에서 과거의 방식을 그대로 고집하기보다는 새로운 방향으로 전환할 필요가 있다. 그 방향 중의 하나는 교회 현장의 교육과 관련된 연구이다. 여기서 분명히 하고 고쳐야 할 점 하나는 이론적인 것은 실제적이지 않고 실제적인 것을 이론적인 것으로 보지 않는 태도이다.

모든 학문은 현실의 문제를 해결하는 데서 출발한다. 특히 기독교교육학은 그 성격을 어찌 보든 이론과 실천의 관계 양상을 교회교육을 구체화하고자 해야 하는 노력을 해야 한다.40) 연구지에서 이와

---

40) 기독교교육은 '복음'이라는 내용과 '전달'이라는 과정의 변증법적 사건이다. 기독교교육학은 바로 이 신앙과 교육이 만나는 장에 관심을 갖는다. 기독교교육학은 신과 인간의 관계 양상, 인간과 세계의 관계 양상 그리고 그 두 관계가 만나는 장에 대해 탐구한다. 은준관, 『교육신학: 기독교교육의 이론적 근거』(서울: 대한기독교서회, 1976), 15, 동일 저자, "기독교교육의 신학적 기초", 오인탁 외 편, 『기독교교육론』(서울: 대한기독교교육협회, 1984), 25 - 26, 기독교교육학의 기본 바탕을 이루는 것은 이론과 실천의 관계이다. 오인탁, "기독교교육철학", 오인탁 외 편, 『기독교교육론』(서울: 대한기독교교육협회, 1984), 55, 기독교교육학의 이론은 방법론적으로 탐구되기보다는, 이론과 실천의 관계를 설정하고 관계화하기 위한 측면에서 이해되는 이론이어야 한다. 이론과 실천의 관계를 규명하는 것은 학문성 논의의 기초가 된다. 한숭홍, 『기독교교육철학사상』(서울: 장로회신학대학교 출판부, 1991), 191, 기독교교육에서 신학이 차지하는 위치는 전제되어 있고 또한 자명한 사실이기 때문에, 이것을 강조하는 것은 그리 의미가 없다. 그러므로 교육학 안에서 기독교교육학적 주제들을 인식하고 발전시키는 것이 중요하다. 송순재, "기독교교육학의 학문적 가능성", 변선환학장은퇴기념논문집출판위원

같은 노력은 교회교육의 구체적 문제를 다루되 그것을 이론적으로 다룸으로써 교회 현장의 실천에 근거를 제시할 수 있어야 한다는 것이다. 우리 기독교교육학계에서 가장 취약한 연구 영역 중의 하나가 바로 이 현장에 대한 연구이다. 매년 여름 수(만)많은 교회에서 여름 성경학교, 수련회 등이 열리지만 이에 대한 전문적 논문 한 편을 찾아보기 어려운 형편이다. 이는 기독교교육학계가 깊이 반성할 문제라고 생각한다. 이와 같은 기독교교육학계의 문제점 극복 방안 중의 하나가 바로 기독교교육연구소들이 간행하는 연구지의 내용을 교회의 현장 교육으로 하는 것이다. 이는 기독교교육연구소의 암묵적 사명 중의 하나인 대학과 현장을 잇는 일을 이루는 방편이기도 하다. 이는 교회의 교육 현장에 있는 유사 기독교교육연구기관들이 할 수 없는 일이기 때문에 더욱 필요한 일이다.[41]

2. 블루오션(Blue ocean)적 특성화 사업

기독교교육연구소의 차원에서 사업을 말하는 것 자체가 이미 기독교교육연구소가 교회의 교육현장을 위해 봉사를 해야 한다는 당위를 나타낸다. 위에서 보았듯이 기독교교육연구소들은 그 주요 사업으로 내세운 것들이 대동소이하며 그 종류도 다양하다. 이 레드오션(Red

---

회 편, 『종교다원주의와 한국적 신학: 변선환 학장 은퇴기념 논문집』(천안: 한국신학연구소, 1992), 468 - 69, 기독교교육학은 이론과 실제 사이를 끊임없이 성찰하는 비판적 관심에 의해 그 연구 주제를 찾아내는 학문인 것이며, 그 연구 결과는 교회적 실천(ecclesial praxis)이라는 맥락에서 지속적으로 재평가되어야 한다. 강희천, 『기독교교육 사상』(서울: 연세대학교 출판부, 1991), 10, 모든 신학(성서, 이론, 실천)은 그것이 인간 삶의 실천적 영역에 관련되어 있는 한 실천적이다. James W. Fowler, "Pratical Theology and the Shaping of Christian Lives", Don S. Browning ed., *Pratical Theology: The Emerging Field in Theology, Church and World*(San Francisco: Harper & Row, 1983), 148 - 66.

41) 연구지의 학문적 성격에 대한 미련이 있을 경우, 단행본 형태로 발간해서 지금처럼 대부분 교내에 한정된 독자층의 확대와 더불어 보급을 늘리는 방안이 있다.

ocean)적인 접근은 성공을 장담하기 어렵다. 동일 품목에 대한 다수의 경쟁자가 존재하기 때문이다. 그리고 현실적으로 연구소들이 그 여러 사업을 다 할 수 있는지 의심스럽다. 하고 싶은 일과 할 수 있는 일은 구분해야 한다. 따라서 기독교교육연구소들은 그 사업의 목록을 정리하고 남이 안 하는 것 중에서 가장 잘할 수 있는 것에 집중하는 블루오션적인 집중화와 특성화에 눈을 돌려야 한다.

예를 들어 기독교학교교육연구소의 경우, 그 장을 학교로 한정시키고 있다. '기독교학교교육연구소는 그 장(場)을 학교로 하는 기독교교육의 교육이념, 교육과정, 교육과정, 교육방법, 교육행정, 교육상담, 생활지도, 교육정책 등을 연구하고, 그 결과를 홍보, 출판, 연수 등을 통해 보급'하는 것을 목적으로 하고 있다.42) 기독교교육을 하되 학교에 관해서 하는 단일화 품목에 집중하고 있다.

그 밖에 한국교회의 교육 현장에 영향을 끼치는 어린이전도협회나 메빅, 어와나 등을 보자. 어린이전도협회의 경우, 어린이전도와 그것을 위한 지도자 양성에 집중하고 있다.43) 메빅의 경우, 그 이름에서 보듯이 성경말씀 암송과 예배와 놀이를 강조한다(Memory: 말씀을 암송하여 생활 속에 실천하게 함, Bible: 설교, 성경공부, 찬양과 기도가 핵심을 이루는 강력한 예배를 드리게 함, Game: 즐겁고 신나는 놀이를 예배에 접목시켜 진정한 예배로 나아가게 함).44) 어와나의 경우, 구원과 훈련이라는 목적에 초점을 맞추어 분명한 사역 원리 위에서 사업을 진행하고 있다.45) 그들은 여러 가지 활동을 하느

---

42) http://www.cserc.or.kr, 2007년 9월 24일 접속.

43) http://www.cefkorea.org, 2007년 9월 24일 접속.

44) http://www.mebigkorea.or.kr, 2007년 9월 18일 접속.

45) 어와나의 5가지 사역 원리: 1원리: 복음 중심(centered around the gospel), 2원리: 성경 암송(high scripture memory content), 3원리: 재미있게(exciting to young people), 4원리:

라 산만하지 않다. 자신들이 잘하는 것 하나를 택해서 거기에 집중하고 그것들을 다양한 형식에 담아낼 뿐이다.

연구소들이 할 수 있는 특성화 사업 중의 하나는 교단의 신학을 교육화해서 상품화하는 것이다. 어느 교단의 신학이든 그 내용은 대단히 소중한 것이며 이미 오랜 역사를 통해서 그 가치가 입증된 것이라 할 수 있다. 우선 신학적 내용을 교육적 관점에서 정리하고 그것을 사업화한다면 교단 소속의 신학교의 부설연구소로서의 명분도 설 수 있을 것이다.

3. 조정자로서의 전임자

신학대학교 기독교교육연구소들의 직원 현황은 앞에서 보았듯이 대단히 빈약하다. 대부분의 연구소가 교수를 소장으로 하고 파트타임의 조교로 운영이 되고 있는 듯하다. 기독교교육과 교수가 소장을 맡고 있으나 연구나 강의 등으로 연구소에 집중하기 어려울 것이다. 조교는 조교대로 학업과 연구소 일을 병행하기가 힘이 겨울 것이다. 그러다 보니 일관성 있게 사업을 추진하기가 쉽지 않을 것이다.

이 같은 문제를 극복하기 위한 방안 중의 하나는 전임자를 두는 것이다. 전임자 채용에 가장 큰 걸림돌은 사례비 문제일 것이다. 전임자의 필요성을 절실히 느낀다 하여 대책 없이 전임자를 두어서는 곤란하다. 어느 연구소의 경우 예산의 대부분을 사례비에 지출한다는 말을 들었다. 그러니 다른 사업을 할 수 있는 여유가 없어진다. 막상 사업을 하라고 채용한 전임자가 할 일이 없는 상황이 벌어지는 것이다. 연구소에 대한 학교에서의 지원이 만족할 만한 하지 않은

지도자 양성(trains youth to serve), 5원리: 지도자 훈련(built on leadership), http://www.awanakorea.net, 2007년 9월 18일 접속.

상황에서 전임자를 두는 것은 이상에 가까운 일이다. 따라서 연구소의 현안은 전임자의 사례비이다.

이 문제를 해결하는 방안 중의 하나는 전임자 사례비의 자급이다. 즉 전임자가 자신의 사례비를 스스로 벌게 하는 것이다. 대학의 연구소라는 이름값을 이용하여 능력을 발휘해 보라는 것이다. 아직도 우리 사회에서는 대학과 그 연구소라는 이름은 전문적 기관으로 권위를 인정받고 있다. 이를 잘만 이용한다면 사업 면에서 괄목할 만한 성과를 거둘 것으로 예측된다.

이 지점에서 전임자의 역량이 요구된다. 전임자는 우선 기독교교육에 대한 사명이 있어야 한다. 그리고 교회의 교육현장을 바라보면서 그 필요를 감지할 수 있어야 하며 그것을 사업으로 구체화할 수 있는 창의적인 능력이 있어야 한다. 교회의 교육 현장은 요구가 있으면서도 그것이 무엇인지 모르는 경우가 있다. 전임자는 '당신에게 필요한 것은 무엇이다.'라고 현장의 일꾼들을 대신해서 필요를 발견하고 그 내용을 일러 줄 수 있는 감각이 있어야 한다.

연구소의 전임자는 하나의 코디네이터(coordinator, 조정자)이다. 즉 정적인 연구를 하는 사람이 아니라는 말이다. 그는 마치 경영자와 같이 현장의 요구를 사업화하고 그것을 실제로 할 수 있는 사람을 찾아 맡기고 조정하는 역할을 해야 한다. 그는 마치 중개인과 같아서 교회와 해결자를 연결해 주는 역할을 하는 사람이다.

여기서 해당 사업의 예산마다 반드시 전임자의 사례비가 책정되어야 한다. 할 사업은 많지만 사람이 없어서 일을 못 한다는 투정에서 최소의 전임자로 많은 일을 벌일 수 있게 되며, 사업이 많아질수록 전임자의 사례비는 늘어나게 된다.

4. 교육전문가 훈련

연구소의 사업이 많아진다 해도 문제가 될 수 있는 상황은 그것을 감당할 만한 인력이 없을 경우이다. 실제로 일에 종사하는 사람들의 고충 가운데 하나는 '일할 만한 사람이 없다.'는 것이다. 이것은 연구의 경우에도 마찬가지이다. 막상 사업을 하려고 해도 그것을 해낼 사람이 없다는 것이다. 그러나 정말 사람이 없는가. 양적으로만 본다면 기독교교육을 전공한 사람들의 수효는 적지 않다. 문제는 요청되는 사업을 할 수 있는 능력이다.

기독교교육연구소들 중에는 기독교교육지도자 양성을 표방하는 곳들도 있으나 그 의미는 여기서 말하고자 하는 것과는 사뭇 다르다. 기독교교육연구소들이 말하는 지도자 양성이란 말에 포함된 이들은 일반적으로 교회의 교육에 조사하는 교사나 교육지도자들을 말한다. 이에 비해 여기서 말하는 사람은 연구소의 사업에 필요한 사람들을 뜻한다. 그렇게 생각하지는 않겠지만 현상적으로는 기독교교육과를 졸업하면 기독교교육에 관한 일들을 모두 할 수 있다고 생각하는지 신학대학의 기독교교육과는 아무 일도 하지 않고 손을 놓고 있다. 그러나 학교에서 배운 내용은 기독교교육연구소에서 무슨 사업을 하려고 할 때 해야 할 일과는 그 성격이 크게 다르다. 전자의 교육 내용은 현장이라는 몸을 입지 않은 원형 같은 이념과 같고, 응용력과 창의력이라는 도구에 의해 형상을 입어야 할 거친 소재와 같다. 기독교교육연구소가 해야 할 일은 학교에서 배운 그 원형과 소재를, 원색의 색상을 세련된 색깔을 입힌 하나의 '물건'으로 만들 수 있는 장인을 양성하는 것이다.

연구소가 일꾼 양성과 관련해서 할 일은 예상되는 사업과 가장 근사한 소재를 직접 다루는 일이다. 군더더기 같은 이론이라는 서론은 필요 없다. 바로 수영장에서 다이빙하듯 본론으로 뛰어들어야 한다. 그 과정 중에 우리가 예측했던 것과는 아주 다른 기독교교육의 세계가 전개될 것이다. 그 낯선 세계에 익숙해지거나 극복하기 위해서는 세뇌된 기독교교육을 버리고 기독교교육을 새롭게 만들어 가는 과정을 진정 몸으로 겪어야 한다.

5. 경영적 관점의 운영

신학대학의 기독교교육연구소가 활성화되지 않은 이유 중의 하나는 연구소 운영에 대한 소극적 자세이다. 연구소들을 보면 운영에의 의지가 없어 보인다.46) 연구소의 얼굴이라고 할 수 있는 홈페이지의 경우, 장신대를 제외하고는 홈페이지가 없는 곳이 대부분이고, 대부분 원활한 운영이 이루어지지 않고 있다. 홈페이지는 사업의 대상인 연구소 외부와의 통로라 할 수 있다. 그것을 스스로 차단하고 있다.

연구소 운영을 경영적 관점에서 해야 한다는 말은 연구소들이 더 활성화되어야 한다는 뜻이고, 조직과 재정 면에서 몸집이 더 커져야 한다는 뜻이다. '경영'이란 말에는 '기업이나 사업을 관리하고 운영함', '기초를 닦고 계획을 세워 어떤 일을 해 나감', '계획을 세워 집을 지음', '궁리하여 일을 마련하여 나감' 등의 뜻이 있다. 그래서 '연구소를 경영한다'는 말은 연구소의 운영을 계획적으로 관리하고 운영한다는 뜻이다. 그렇게 한다면 행·재정 면에서 연구소의 건강은 자연스레 회복될 것이다.

연구소가 더 활성화되어 번창해야 하는 이유는 크게 두 가지이다.

---

46) 혹시 연구소에 대한 경영을 신앙적 입장에서 백안시한다면, Myron Rush, *Management: A Biblical Approach*(Colorado Springs, CO: Victor Books, 2002/1983) 참조.

첫째, 연구소가 행·재정 면에서 확충될 때, 그것은 연구소의 고유한 존재 목적 중의 하나인 대학과 현장을 연결해 주는 역할을 하고 있다고 볼 수 있기 때문이다. 물론 연구소의 몸집이 커졌다고 해서 그 임무를 충실히 할 것이라고 단정할 수는 없지만 연구소의 현재 구조상 현장과의 연결 없이는 연구소가 활성화될 수 없기 때문에 연구소의 확대를 대학과 현장과의 중개 역할을 잘하게 된 것으로 보아도 큰 무리는 없을 것이다. 연구소가 확정되어야 할 두 번째 이유는 그렇게 됨으로써 인력이 필요하며 이는 기독교교육 전문 인력들에게 일터를 제공한다는 의미가 되기 때문이다. 기독교교육을 훈련할 뿐만 아니라 배운 내용을 펼칠 수 있는 장을 마련해 주는 것은 책임을 다하는 일이다.

위에서 보았듯이 연구소들의 결산액이 큰 차이를 보이게 된 이유에는 여러 가지가 있겠지만, 가장 큰 이유 중의 하나는 연구소 운영을 어떤 관점에서 하느냐일 것이다. 연구소를 '두고 있는' 입장에서 '경영'하면 당장 연말 결산액에서 차이를 보일 것이다. 6시그마[47] 등을 도입하여 품질 개선에 매진하는 일반 조직들을 따라갈 수는 없겠지만 운영 자체를 경영으로 생각하지 못하는 시대착오의 늪으로부터는 벗어나야 할 것이다. 경영의 기본은 계획 – 실행 – 평가/피드백이다. 계획의 경우 합목적성, 구체성, 도전성, 실행의 경우 효과성, 효율성 그리고 평가/피드백의 경우 타당성, 신뢰성 그리고 엄정성 등이 요건이다.[48] 이 단순한 경영의 원리만 지켜도 조직 역량은 확대 재생산될 것이다. 그럼에도 불구하고 경영의 이 기본 주기가 충실히

---

47) 6시그마는 80년대 말부터 세계적인 통신기기업체인 모토롤라사로부터 시작된 품질개선 운동이다. 시그마(σ)는 통계학에서 표준편차(Standard Deviation)를 말한다. 6시그마는 100만 개당 3, 4개의 결함, 즉 99.9997% 수준을 의미한다. 6시그마 경영은 시그마(σ)라는 통계 척도를 활용하여 제품과 서비스의 품질을 전사적으로 혁신하는 고객만족 경영이다. 장성근, "경영의 기본 사이클에 충실하라", <LG 주간경제>(1997. 11. 12), 7.

48) 장성근, "경영의 기본 사이클에 충실하라", 3.

적용되지 못하는 주된 이유는 장성근에 따르면, 평가 목적의 간과, 일관된 리더십 미흡 그리고 사업가/전문가 육성 부족 등이다.49) 연구소를 크게 육성하고자 할 경우 우선 이 같은 기준에 맞추어 조건을 구비해 나가야 할 것이다.

Ⅳ. 나가는 글

우리나라의 신학대학에는 대부분 기독교교육(학)과와 연관되어 부설기관으로 기독교교육연구소(원)가 설치되어 있다. 충실하지 못한 문서 조사와 인터넷 조사에 의해서만 보더라도 대학과 교회를 연결시키는 교량의 역할을 하는 등 의미 있는 목적을 갖고 설립되었지만 그에 비해 활동과 결과에서 크게 미흡하다. 일부 학교를 제외하고는 연구소 운영의 최소조건인 직원과 재정도 구비되지 않은 실정이다. 기독교교육연구소들이 이름만이 아닌 실질적으로 존립하기 위해서는 이와 같은 상황을 타개해야 한다. 그러기 위해서는 좀 더 교회의 교육현장에 관심을 가져야 하며, 현장의 문제를 사업화할 수 있어야 한다. 여기에 그 같은 일을 할 수 있는 일꾼이 필요하다. 연구소의 전임직원이 충원되어야 하며 연구소의 사업을 위해 활용할 수 있는 많은 기독교교육 전문가들도 훈련시켜야 한다. 마지막으로 기독교교육연구소를 경영의 관점에서 운영해야 한다는 것이다. 그것은 연구소에 대한 책임과 그에 따르는 열성 외에 다른 것이 아니다. 기독교교육연구소는 교회와 교단의 교육을 쇄신하고 발전시키기 위해 설립되었다. 이 글에서 제안한 내용들이 기독교교육연구소들에 대한 현

---

49) 장성근, "경영의 기본 사이클에 충실하라", 4.

황 분석에서 나타난 초라한 모습들을 새롭게 단장해 주는 역할을 해
주기를 바라는 마음이다.

한국 주요 교단의 교육조직에 대한 검토와 제언

Ⅰ. 들어가는 글

최근 교회의 성장이 둔화되면서 성장 지속 문제를 해결하기 위한 다양한 방안들이 논의되고 실행되고 있다. 곧 성인이 될 청년들에 대한 투자가 그 예가 될 것이다. 교회의 성장을 지속시키려는 노력은 크게 양적 처방과 질적 처방으로 나누어 볼 수 있을 것이다. 최근 기독교교육학계에서는 질적 성숙의 연장선상에서 교회의 사명을 아우르는 교육목회에 대한 관심 표명과 그 구체화를 위해 노력하고 있다.[1] 교회성장을 회복시키려는 양적, 질적 노력에서 결코 배제될 수 없는 부분은 교육이다. 질적 노력은 더 이상의 설명이 필요 없을 정도로 교육을 통해 목회를 새롭게 정의하려 한다. 양적 노력 역시 교육이 뒷받침되지 않고는 소기의 목적을 달성할 수 없다.

---

[1] 정웅섭, 『현대 교육목회의 전개』(천안: 한국신학연구소, 2001); 김재은, 『교육목회』(서울: 성서연구사, 1998); 신현광, 『교육목회와 교회성장』(서울: 민영사, 1997); Maria Harris, *Fashion Me a People: Curriculum in the Church*, 고용수 역, 『교육목회 커리큘럼: 회중 형성과 변형을 위한』(서울: 한국장로교출판사, 1997); Richard R. Osmer, *A Teachable Spirit: Recovering the Teaching Office in the Church*, 박봉수 역, 『교육목회의 회복』(서울: 한국장로교출판사, 1996).

교육은 교회의 주요 사명(케리그마, 디다케, 코이노니아, 디아코니아, 레이투르기아) 중의 하나이다. 교회가 교육을 강조하든 안 하든 신자들은 어떤 식으로든 교육되고 있으며, 교회의 교육 체계가 규모가 있든 없든 교회는 교육을 나름대로 시행하고 있다. 여기서 교육의 효과 면을 생각할 때, 우리는 새로운 사실에 접하게 된다. 우리는 일반적으로 교육을 개(지역)교회의 문제로만 생각하기 쉽다. 그런데 교회는 홀로 고립되어 존재하지 않는다. 교회는 이 세계에서 다른 교회와 그리고 교회들의 모임들과 더불어 존재한다. 우리는 이 교회의 모임을 '교단'이라고 부른다. 교단은 원칙적으로 지역의 개교회들을 돕지만 통제하기도 한다. 교육의 경우도 마찬가지이다. 교단은 지역교회의 교육의 방향을 지시하며, 교육정책과 교육교재 등을 통해 후원과 통제를 병행한다.

그동안 한국의 교단들은 교회의 질적 성장을 위해 꾸준히 교육 사업을 벌여 왔으며, 교회의 양적 성장이 막다른 벽에 부딪힌 오늘날, 교회성장을 위한 돌파구의 하나로 교육에 관심을 돌리고 있다. 그러나 교회성장의 방편이 아니더라도 교회를 돕는 교단이 교회의 사명인 교육 사역을 더 잘 돕고자 하는 노력은 의무에 속한다. 따라서 교단의 주요 사명과 교회성장의 길로서의 교육은 오늘날 그 어느 때보다 관심을 갖고 노력을 경주해야 할 영역이라 할 수 있을 것이다.

한편, 어느 집단의 과제 수행은 그 집단의 조직의 능력과 긴밀한 관계가 있다. 교육의 경우에도 예외는 아니다. 교단은 교회의 교육 사명을 돕기 위해 교육조직들을 운영하고 있다.2) 교단의 교육조직이

---

2) 조직 면에서 볼 때, 교단은 지역교회의 집합명사이며 군집명사이다. 집합명사로서의 교단은 지역교회를 대표하는 역할을 한다. 군집명사로서 교단은 지역교회 전체의 모임이다. 전자는 형식적 조직의 성격을 띠며, 후자는 유기체적 공동체의 성격을 띤다. 한편, '교회를 조직으로 볼 수 있느냐.' 하는 물음이 있을 수 있다. 그런데 성서에는 교회를 조직의 관점에서 본 몇 가지 사례가 나온다. 광야교회의 조직(출 18:13 – 27; 신 1:9 – 18), 성벽의 재건(느헤미야서), 초대교회의 일곱 집사 선택(행 6:1 – 7), 예루살렘 회의(행 15:1 –

지역교회의 교육활동을 지원 또는 규제하는 행위는 교단의 교육행정의 본질에 속한 문제이다.3)

조직은 생명 없는 무형의 형식이 아니라, 주요한 행위 주체이다. 조직과 개인은 너무 밀접하여 개인은 조직의 일원으로서 정체성을 갖게 마련이며, 그 행위는 조직을 통하여 하게 된다.4) 이 조직의 효율성에 따라 지교회에 미치는 영향에 큰 차이를 보일 것이다.5) 따라서 우리는 교단의 교육조직이 이와 같은 역할을 잘 수행하고 있는지를 확인하기 위해, 여기서 교단의 교육조직에 어떤 것들이 있으며, 그것들이 어떻게 운영되고 있는지를 살펴보려고 한다. 그런데 좋은 점들은 서로 배운다는 입장에서 우리 교단을 포함해, 일반적으로 인정하는 한국의 주요 교단이라고 할 수 있는 대한예수교장로회(이하 예장통합, 합동), 한국기독교장로회(이하 기장), 기독교대한감리회 그리고 기독교대한침례회의 교육조직들을 검토하여 지역교회의 교육을 보다 더 잘 지원하며 바른 방향으로 인도하여 교육의 효과를 극대화할 수 있는 시사점을 얻고자 한다.

---

35) 등. 배완수, 「교회조직구조의 원리와 형태에 관한 연구」 석사학위논문(서울: 총신대학교 대학원, 1999), 41 - 48. 그럼에도 불구하고 교회를 조직으로 보는 데 대한 부정적 시각이 엄연히 있다. 이와 같은 시각은 교회를 조직이 아닌 공동체로 보려고 한다. 그러나 공동체 역시 유동적인 느슨한 조직이라고 볼 수 있기 때문에 교회를 전적으로 공동체로 보기는 어렵다. 더구나 교회는 현실적으로 그 성격이 어떻든 조직으로 존재하고 있지 않은가. 그러므로 교회의 공동체성과 조직은 상호 배타적인 것이 아니라 상호 보완되어야 할 내용이라고 볼 수 있다. 노정각, 「조직체 교회에서의 공동체성 회복」 석사학위논문(부산: 고려신학대학교, 1991), 16 참조.

3) 교육활동의 지원은 교육행정의 학문적 성격이기도 하다. "교육행정학의 대상은 사회적, 공공적, 조직적 활동으로서의 교육활동을 지원 또는 규제하는 교육행정활동이라고 할 수 있다. 이와 같은 교육행정활동이 교육활동의 부문별 영역에 따라 구분될 수도 있고, 교육행정 업무내용에 따라 구분될 수 있으며 또한 교육행정의 과정별, 요인별로 나눌 수가 있다. 어쨌든 교육행정학은 사회적, 공공적, 조직적 활동으로서의 교육행정활동을 지원 규제하는 작용을 한다." 서울대학교 사범대학 교육학과 홈페이지(http://learning.snu.ac.kr).

4) 이창순, 『조직』(서울: 박영사, 1998), 3 - 5.

5) 이창순, 『조직』, 3 - 5.

이와 같은 목적을 이루기 위해 이 글에서는 먼저 주요 교단의 교육조직을 소개하고 가장 기본적인 인사와 업무라는 척도에 의해 평가하고 정리를 한다. 그리고 이 내용을 바탕으로 교육조직이 어떤 성격을 띠어야 할 것인지를 제안하려고 한다.

교단의 교육조직에 대한 연구는 희소하다. 대부분 조직과 관련된 연구는 교단[6]과 개교회[7]와 관련된 것들이다. 교단의 교육조직에 대한 연구는 거의 전무하다고 할 수 있다.[8] 교육조직에 대한 연구는 대부분 교회의 경우에 한정되어 있다.[9] 전체적으로 볼 때, 교단의

---

6) 유순하, 「장로교조직에 관한 연구: 한국 장로교를 중심으로」 석사학위논문(서울: 장로회신학대학 대학원, 1975); 차기남, 「한국 감리교회의 조직과정」 석사학위논문(서울: 감리교신학대학교 신학대학원, 1984).

7) 이용범, 「조직이론에서 본 교회행정」 석사학위논문(서울: 감리교신학대학교 신학대학원, 1984); 마효락, 「교회조직의 원리 및 실제에 관한 연구」 석사학위논문(부천: 서울신학대학, 1982); 배완수, 「교회조직구조의 원리와 형태에 관한 연구」, 석사학위논문(서울: 총신대학교 신학대학원, 1998); 이무웅, 「교회의 조직과 관리에 대한 연구」 석사학위논문(부천: 서울신학대학, 1983); 박성인, 「교회 조직 관리에 관한 연구」 석사학위논문(서울: 한신대학, 1984); 송준섭, 「교회 경영에 관한 연구: 조직과 관리를 중심으로」 석사학위논문(부천: 서울신학대학, 1984); 권용수, 「교회 행정에 관한 연구: 조직과 조직관리를 중심으로」 석사학위논문(대전: 침례신학대학교 신학대학원, 1995); 박은주, 「바람직한 교회조직 원리」 석사학위논문(대전: 침례신학대학교 신학대학원, 1999); 김기일, 「교회조직개발에 관한 연구」 석사학위논문(대전: 침례신학대학교 대학원, 1984); 오광석, 「조직 개발론의 한국교회 적용에 관한 연구: 소위원회 개발을 중심으로」 석사학위논문(서울: 감리교신학대학교 신학대학원, 1993); 장태식, 「교회 행정조직의 건강 상태 진단 모형」 석사학위논문(대전: 침례신학대학교 신학대학원, 1995); 권오영, 「한국교회 조직의 효율성 제고방안」 석사학위논문(경기: 강남대학교 사회복지대학원, 1998).

8) 외국의 경우에서 일례를 볼 수는 있다. Ruth Butler, "Freedom or Order: A Lutheran Approach to Critical Theory of Educational Administration", *Lutheran Theological Journal* 33:2(Adelaide: Openbook Publishers, Aug 1999), 72 – 78. 그러나 이 경우도 비판이론을 루터교의 입장에서 검토하고 그것을 다시 학교교육행정 입장에서 의미를 되짚어 보기 때문에 교단의 교육조직에 대한 연구라고 보기는 어렵다.

9) 오균언, 「효율적인 교회교육행정에 관한 연구」 석사학위논문(서울: 총신대학교 교육대학원, 2001); 홍정근, "교회교육조직의 이론과 실제", 1 – 4, 「교육교회」 267 – 70(서울: 장로회신학대학교 기독교교육연구원, 1999); 유재진, 「효율적인 교회 행정을 통한 교회성장 방안 연구: 교회교육행정을 중심으로」 석사학위논문(서울: 총신대학교 신학대학원, 1997); 윤호석, 「교회교육행정의 이론적 고찰」 석사학위논문(서울: 한신대학교 신학대학원, 1994); 이충섭, 「전회중을 위한 교회교육행정연구: 체제이론 중심으로」 석사학위논문(서울: 감리교신학대학 신학대학원, 1990); Robert K. Bauer, *Adminstering Christian*

교육조직에 대한 연구는 없다고 볼 수 있다.

이 글에서, 조직 이론에 대해서는 문헌을 통해 연구했으며, 교단의 교육조직에 대해서는 발간된 문헌의 부족 때문에 인터넷 검색을 통해 알아보았다. 그래도 미진한 부분은 해당 내용관계자에게 전화로 문의하고 그 대답을 들었으며, 내용이 필요하지만 전화상으로 내용 전달이 불가능할 경우, 이메일 등으로 전송을 받았다.

교단의 교육조직에 대한 이 방면의 문헌이 희소하다는 것이 무엇보다 먼저 이 연구의 한계이다. 또한 필자의 개인사정과 교단 교육 관계자들의 사정에 의해 직접 방문이 어려웠다. 따라서 인터넷 등에 올린 교단 교육조직에 대한 내용이 수정을 하지 않았을 경우 틀린 정보가 있을 가능성이 있다. 또한 조직론에서 중시되는 리더, 리더와 직원 간의 커뮤니케이션, 전략 실행 등, 조직의 내부적 성격에 대해서는 보다 구체적이고 장기간의 연구가 필요하기 때문에 언급될 수 없었으며 조직의 형식적 측면에 대해서만 논의했다.

Ⅱ. 현행 교단의 교육조직 내용

1. 배경적 고찰

현행 교단의 교육조직은 우연한 것이 아니다. 현재의 교육조직은 과거의 그것과 다양한 방식으로 상호 연결되어 있을 것이다. 교단 교육조직의 배경을 살피는 까닭은 바로 과거가 이 현재를 분석하고 설명해 주는 이해의 틀을 제공한다고 보기 때문이다.

Education, 신청기 역, 『기독교교육행정의 원리와 실제』(서울: 성광문화사, 1983).

여기서는 한국의 주요 교단의 교육조직의 역사를 간략하게 살펴보려고 한다. 이를 통해 우리는 교단의 교육조직의 목적과 동기 등에 대해 어렴풋이나마 파악할 수 있을 것이다. 대한예수교장로회(이하 예장) 통합 측의 교육의 역사는 1938년으로 거슬러 올라간다. 성경주석 욥기·시편 합본 발행을 시작으로, 1948년 총회에서 총무를 선임하고 종교교육부 사업도 겸하기로 하였다.10) 1954년 총회 종교교육부를 교육부로 개칭하여11) 조직의 규모를 확대해 해외의 교회를 위한 교육까지 다루고 있다.

예장 합동 측의 경우, 1911년 총회에서 '주일학교위원' 4인을 두기로 한 것(후에 '주일학교부'가 됨)을 시작으로 1934년 '주일학교부'를 '종교교육부'로 개명하여 교단 내에 신설하고 1963년 '종교교육부'를 '교육부'로 개칭하고 교육부 산하에 간사를 두었다. 오늘날과 같은 총회본부 내에 '교육국'을 신설한 것은 1980년이었다. 2001년에 총회교육개발원을 개설하게 되었다.

예장 고신 측의 경우, 1952년 총노회가 조직될 때부터 상비부로 종교교육부를 설치하여 교육에 힘을 기울였다. 당시 종교교육부는 주일학교 아동을 비롯하여 청소년 교육, 일반 장년 교육을 전담하게 되었는데, 교단 초기 교육을 주도적으로 이끌어 왔다. 이러한 교단 교육에의 노력은 교단 교육 전문기구로 신학자, 교육학자, 목회자, 소장 교육 실무자 등을 위원으로 하는 1964년 교과과정 심의 위원회를 조직하였다. 이는 오늘날 총회 교육위원회의 모태가 되는 것으로 교단 교육정책 수립, 생명의 양식 교재 개발 등을 맡았으며, 교단 교육대회의 개최 등을 통해 범교단적으로 교육에의 관심을 확산시켜

---

10) http://www.edupck.net/intro/history.asp

11) http://www.edupck.net/intro/history02.asp

나갔다. 이러한 노력은 1970년대 교단 내 분쟁과 관련하여 크게 침체하게 되었고, 교단 내 거의 모든 에너지를 재판 관계 일로 소진하게 되었다. 그리하여 교단 내 교육, 선교, 학생운동, 신학교육, 사회봉사 등에 사용할 자원이 고갈되어 본질적인 사업이 크게 위축되었다. 1982년 교단 제32회 총회에서 기존의 이름뿐이던 교육국을 교육위원회로 개편하였고, 1983년 전담간사 채용과 증원, 교사통신대학의 설치와 교재개발 등으로 교단 교육의 새로운 도약을 위한 발판을 마련하게 되었다.[12]

기장 측은 1887년 한국 최초로 교회를 조직한 이후 1928년 미국 로스앤젤레스에서 열린 '세계 주일학교 대회'에 총회 대표가 참석할 정도로 주일학교조직이 어느 정도 형성되어 있었던 것으로 보인다. 1972년 현직전도사 통신 신학교육 실시 결의(5년간)하였고, 1976년 4월 선교교육원 개원 1984년 총회의 기구개혁으로 총회교육원으로 개명하였다. 1999년에는 교단의 사회적 선교의 전통을 21세기의 변화된 상황에 접목시키면서 열린사회를 향한 교회의 책임과 사명을 감당코자 총회교육원 부설로 '사회교육원'을 개설하였다.

감리교의 교육은 선교초기부터 주된 사역 중의 하나였다. "초기 한국의 모든 지도자들을 키워 냈던 배재학당과 이화학당은 교육사업의 시초에 지나지 않았다. 남감리교회 캠벨 부인이 세운 배화학당, 평양 선교사였던 홀이 세운 광성학교, 그 외에 정의여학교, 영화여학교, 영명학교, 호스돈여학교, 마리흠여학교, 루씨여학교, 양정여학교 등은 초기 한국사회를 각성시킨 위대한 감리교회의 발자취들이다."[13] 이와 같은 흐름에 힘입어 현재 감리교 계통의 중·고등학교는 총 52

---

12) http://edpck.org/edpck/index.html
13) http://www.kmcweb.or.kr/tong/frame1.htm

개 교에 이른다.14)

성결교회의 교육조직은 1911년 경성성서학원이 개교한 이래, 1923년부터 <활천>에 이명직 목사가 집필한 "만국주일공과"를 실었다. 이것은 나중에『주일학교 독본』으로 발전하였다. 교단적인 차원에서 1928년 교역자회의에서 교회에 '주일학교부'라는 조직을 두도록 의결했다. 주일학교는 날로 부흥하여, 1934년에는 '경성 성결교회 유년주일학교 직원연합회'가 조직되었다. 이것은 1945년 주일학교전국연합회의 창립으로 이어졌지만, 1952년에야 교단의 조직으로 인정을 받았다. 주일학교전국연합회는 총회종교교육부를 대행하여 공과의 편집과 실무를 맡는 등 큰 역할을 해 왔다. 1948년에는 주일학교 직제를 통일하였는데, 그 내용은 교장 1인을 두고, 그 밑에 장년과 소년 그리고 유년을 담당하는 부장 3인을 두도록 하고 교재로는『주교 독본』을 쓰기로 결의하였다. 1961년 총회 교육부에 상임자를 두게 되었고, 1969년에는 상임 간사가 임명되어 실제적 업무가 시작되었다.

침례교의 경우, 교육은 문서사역과 깊은 관계 속에서 진행되어 왔다. 이는 초기 선교사들의 문서 사역의 정신적 전통을 이어받았다고 할 수 있다. 그 후 1952년, 미국남침례회 한국선교회(KBM)의 선교가 시작된 이래 새로운 차원의 현대적인 교육 및 문서사역의 시대로 진입하게 되었다. 그러나 조직적으로 이 사역을 하지는 못하다가 오늘날 교회진흥원의 모태가 되는 '침례회출판부'가 1958년에 부산에서 발족되고, 1959년에는 드디어 최초의 주일학교공과 교재를 펴내는 등 서서히 조직화된 사역을 하게 되었다. 1960년대는 교회행정국

---

14) 배재고등학교, 서울여자상업고등학교, 서울예술고등학교, 예원학교, 이화여대사대부속 이화 · 금란중학교, 이화여자고등학교, 호수돈여자고등학교 등.
http://www.kmcweb.or.kr/main－gamri/1main.htm

의 신설과 출판부와의 통합이 시도되었으며, 부산에 소재하고 있던 사무실이 대전을 거쳐 서울로 이전하는 등 어느 정도 조직적인 문서 사역의 면모를 갖추어 나가기 시작하였을 뿐 아니라 강습회 등을 개최하였다. 1970년대는 다시 나뉘어 있던 '출판국'과 '교회행정'을 통합하여 '한국침례회 교회진흥원'으로 개명하였다. 1980년대에는 '요단출판사' 등록, '요단기독교서적센터' 개점, '대전침례회서관' 등의 기독교서점 사역을 통해 문서선교 사역의 범위를 넓혀 갔다.[15]

이하에서는 한국의 주요 교단의 현행 교육조직들을 인사와 업무 면에서 살펴본다. 교단마다 나름대로의 특성이 있음을 발견하게 될 것이다.

2. 장로교

1) 예장 통합

부장, 회계 각 1인의 임원과 16명의 실행위원, 실무자로 총무가 있으며,[16] 부서로 교재개발부(영·유아·유치부, 아동부, 중·고·청년부, 장년부 각 간사 1명, 연구원 1명, 구역공과 연구원 1명, 기타 1명 총 10명), 자료개발부(2명), 프로그램부(2명, 교재개발부 장년부와 겸임), 행정부(4명)에 총 16명의 간사, 차장 그리고 직원의 직급을 두고 있다.

특별위원회로는 ① 교육과정(커리큘럼)위원회, ② 총회찬송가위원회, ③ 제7차 교육부(정부) 교과과정 시정대책위원회, ④ 기독교대학 협력위원회, ⑤ 해외한인교회교육과 목회 협력의 해 준비위원회, ⑥

---

15) http://www.holylife.co.kr/frame/aboutus/briefhistory.htm

16) 1978년 "총무(각부)의 임기를 총회 총무와 같은 연한으로 하기로 가결하다." http://www.edupck.net/intro/history04.asp

교회교육사제도시행 위원회, ⑦ 총회학, 노회학 발간준비위원회, ⑧ 주일행사시정대책위원회, ⑨ 감수위원회, ⑩ 매포청소년수련센타 운영 관리위원회, ⑪ 교육정책자문위원회, ⑫ 어린이, 청소년 부흥사 위원회, ⑬ 기독교용어연구위원회, ⑭ 도덕교과서 시정 대책위원회, ⑮ 종교과목 교과서 정부 무상 공급을 위한 대책위원회 등이 있다.

2) 예장 합동

합동 측에서 교단의 교육을 총괄하는 곳은 교육부이다. 교육부는 "총회교육의 비전을 바라보며 교육정책, 교재개발, 교육행사, 평신도 교육 등을 전담하여 개교회별 교육의 방향을 제시"[17]하며, "또한 교육국과 관련 있는 상비부(교육부, 면려부, 학생지도부, 신학부)의 행정업무를 처리"한다.[18] 교육부는 부장, 서기, 회계 각 1명씩의 임원과 실행위원 14명 그리고 1~3년조의 부원 44명으로 구성된다.

그리고 총회교육국/교육개발원이 있으며, 행정팀이 있고, 부서별(영유아부, 유치부, 유년부, 초등부, 중등부, 고등부, 청년부, 장년부, 찬양율동) 교육을 맡는 교육개발팀으로 구성되어 있다.

교육국에서 구체적으로는 하는 일들에는 교육행정, 평신도교육(성경통신대학, 주교교사통신대학, 평신도성경교육대학원), 공과개발(계단공과, 겨울성경학교 및 수련회교재, 여름성경학교 및 수련회), 교재개발("평신도를 위한 신학총서", "기독교교육총서", 단행본 개발 및 원서번역), 교육행사(전국교역자 하기수양회, 통신대 및 평신도 하기수련회, 여름성경학교·수련회 지도자강습회, 겨울성경학교·수련회 지도자 교사강습회) 등이 있다.

---

17) http://www.gapck.org/education.

18) http://www.gapck.org/education.

3) 예장 고신

교단에는 교육부가 있어 주일학교 연합회 활동을 지도하고 있고, 학생신앙운동 지도위원회가 있어 학생신앙운동(SFC)을 지도하고 있다. 그리고 교단 교육의 실제를 담당하고 있는 총회 교육위원회가 있어 교육정책, 교재개발, 교사훈련 등을 맡고 있다.

총회교육위원회는 총회가 선정한 9인으로 하고, 임원회는 위원장, 서기, 회계로 구성(임기 1년 1회 연임 가능)된다. 실무진으로 대표간사, 간사 5인, 연구원 2인, 직원 2인이 있고, 필요에 따라 임시직을 두어 일한다. 교육위원장은 지난 20년간 관례적으로 고신대 총장 혹은 고려신학대학원장이 봉사해 왔으나 2000년부터 목회자가 맡고 있다.19)

총회 교육위원회가 하는 중요한 업무는 총회의 교육정책의 수립·추진·평가, 교회교육 각 단계별 교재개발, 교사통신대학의 운영, 성경통신대학의 운영, 장년부 성경공부 교재를 확대 발전시킨 '복 있는 사람'이라는 말씀 운동의 전개, 전국 및 각 노회 주일학교 연합회 협력, 교육행사의 주관, 총회교육위원회와 '복 있는 사람' 홈페이지 운영이다.

4) 기 장

한국기독교장로회는 본부에 교육부 조직을 두지 않고 교육에 관한 업무들을 총회교육원이 담당하고 있다. 총회교육원은 교수부, 선교훈련부, 출판부, 교재개발부로 나뉘어 있다. 총회교육원 교수부는 지금까지 목회자와 평신도의 교육 전반에 걸쳐 담당해 왔다. 이번에 총회교육원이 4개 부서 체제로 변화를 모색하면서 평신도의 교육은 선

---

19) http://www.edpck.org/edpck/index.html.

교훈련부가 담당하게 되었고, 목회자 교육(목회자 양성과 재교육)은 교수부가 담당하게 되었다. 교수부의 주요 업무는 선교신학대학원과정과 여자전도사대학과정을 통하여 목회자 양성과 재교육을 하고 있으며, '신년목회계획 목회자세미나'를 담당하고 있다.

선교훈련부는 평신도들의 다원화되고 전문화된 선교와 봉사의 리더십 개발을 통하여 교회를 보다 더 활성화함과 동시에 지역사회의 복음전파와 선교사업의 확장을 위한 업무를 담당하고 있다.

출판부는 교육원에서 발행하는 모든 교재를 비롯한 모든 출판물을 담당하고 있다. 목회자들에게 설교자료를 제공하기도 한다.

교재개발부는 연중교재 수정작업, 여름성경학교 교재집필작업, 21세기 새교회학교 연중 교재 발간을 위한 노력을 기울이고 있다.

3. 감리교

교육국은 감리회의 교육정책을 수립하고 이를 효율적으로 시행하기 위한 실천계획과 그 결과에 대한 평가분석을 관장하며, 교회교육, 학교교육, 사회교육에 관한 업무와 교회학교 및 속회교재의 편찬 및 교회학교연합회와 청년회전국연합회, 감리회 산하 교육기관을 지도 육성하고 있다.

총무 휘하에 학교교육부, 교회학교교육부, 제자교육부로 구성되어 있으며, 부별 간사 1인씩 3인 그리고 직원 3인으로 구성되어 있다. 학교교육부는 학원 선교교육정책(감리교계통학교 교육정책, 교회와 학교 협력관계, 학원선교사 교육정책), 청년교육정책(개체교회 청년부 교육정책, 청년회 연합운동정책, 청년선교정책, 청년관[20] 정책),

---

20) 청년 문화의 형태를 빌려 복음전파를 목적으로 하는 조직. 사회와 교회를 이어 주는 교량 역할을 담당할 목적으로 세워진 조직이다.

장학정책(기독교대한감리회 장학재단 설립, 십자군 장학생 추천, 계통학교 · 신학대학교 · 신학원 모범 졸업생 포상), 신학 및 교역자교육정책(감리교신학교육 기본지침서, 기독교대학의 기독교학 과정 연구, 신학대학의 교육과정연구, 교역자의 계속교육과정 연구), 문화교육정책(개체교회 문화선교 프로그램 개발, 방송설교 프로그램), 통일교육정책(교회 통일교육 모델 개발, 기독교학교 통일교육 모델 개발)을 담당하고 있다.

교회학교교육부에서는 '하나님이 모든 자녀로 교회 공동체 안에서 기독교신앙의 본질과 감리교회의 유산을 바탕으로 올바른 그리스도인으로 성장하도록 도와줌으로써 하나님 나라가 실현되기까지 세상에서 기독교적인 삶과 그 실천을 구현'하려는 목적을 갖고, 연령별 교육, 교회학교 교사 교육, 계절학교 교육, 유아교육기관 교육, 교육목회자 교육, 기독교교육 진흥주간 프로그램, <신앙과 교육> 발간에 관한 일들을 하고 있다.

제자교육부에서는 일반교인 교육, 속회 교육, 등급사경회 교육, 성경연구 교육, 개체교회사역자 교육(신학원 및 심방전도사 교육), 가정신앙교육 그리고 여성 교육 등을 담당하고 있다.

산하 단체에는 교육훈련원(감리교 연수원,[21] 감리교 교육원[22]), 교회학교 전국연합회, 청년회전국연합회, 청년관(서울청년관 외 다섯 곳),[23] 감리교 계통학교(중 · 고등학교), 감리교신학원(서울여자신학

---

[21] 이곳에서는 교역자(정회원, 준회원, 심방전도사, 교육사) 재교육 사업, 평신도 지도자(교회평신도 지도자, 여성지도자, 평신도기관 임원) 영성교육, 목회자 전문과정(설교, 교육, 치유상담, 멘토링, 예배 분야) 교육, 교회성장 세미나, 교회관리 · 봉사자(사무원, 사찰, 기사) 교육훈련, 청소년 캠프지도자 세미나, 권역별(동부지역, 영호남지역, 충청중부지역) 목회세미나, 에큐메니컬운동연구협의회 및 국제협력사업, 자료출판사업 등을 한다.

[22] 이곳에서는 목회자 부부 세미나, 사회교육(세계 교회 동향, 평화통일, 창조의 보전, 자주 농업) 세미나, 목회구조개혁 세미나, 평신도 신앙교육 및 영성 훈련, 차세대 신앙교육 훈련 등을 한다.

원 등 여덟 곳)[24) 등이 있다.

4. 성결교

교육부는 부장, 서기 각 1인, 실행위원 7명으로 구성되어 있다. 실행소위원회에는 출판, 교재 편집, 교재 개발, 청소년교육, 교육목회, 교사 교육, 멀티미디어교육, 새교육과정개발 분과위원회가 있으며, 관련 총회 항존위원회에는 고시, 이단 사이비 대책, 신학교육정책, 역사 편찬, 장학, 새예식서수정, 교회학교부흥대책 위원회 등이 있다.

국장 1인 교재연구(영·유아, 아동부, 청소년부) 간사 2명, 구역공과·가정예배서 담당 간사 1명, 출판담당 간사 1명, 직원 1명, 장학·목사 고시 관련 간사 1명, 행정·경리 담당 간사 1명, 기타 간사 1명, 직원 1명 등 총 10명이다. 산하기관으로 주일학교전국연합회가 있다.

총회교육원의 교육은 전도사후보자교육, 전도사교육, 목사교육, 여전도사교육, 교역자부인 세미나, 지방교육원장 세미나, 목회나누기, 목회계획 세미나, 목회클리닉, 해외연수 등이다.

5. 침례교

침례교회의 교육조직은 교회의 독립적 운영 성격 때문에 연합체적인 성격을 띤다. 총회본부에는 총무와 3개의 국이 있는데, 총무 아래 전도부 등 여러 부서가 편제되어 있다. 독립적인 기구로서 협력기구로 볼 수 있으나 실제로는 유명무실하다.[25) 이 중의 하나가 교육부

---

23) http://www.kmcweb.or.kr/main − gamri/1main.htm.

24) http://www.kmcweb.or.kr/main − gamri/1main.htm.

인데, 교육부장은 총회장이 임명하는 임명직으로 임기는 1년이다. 교육부에는 직원이 없기 때문에 자체적으로 사업을 벌일 수 없다. 그래서 교육부가 사업을 하고 싶을 경우 교회진흥원 등과 연합하여 하게 된다.

교육부 외에 교육을 담당하는 조직은 침례회신학대학교, 수도신학교 그리고 교회진흥원(www.holylife.co.kr)이다. 이 중에서 교회진흥원은 실질적으로 교단의 교육에 관한 실무를 하는 곳으로 볼 수 있다. 교회진흥원은 원장 1인, 원장을 보좌하는 경영지원실에 기획팀과 재정·경영팀에 5명이 있으며 크게 교육·목회지원사업본부, 도서·자료출판사업본부, 도서·용품사업본부의 3개 부서로 나뉘어 있다.

교육·목회지원사업본부는 목회와 교회교육을 지원하는 여러 프로그램과 자료를 개발하여 보급하는 것을 목적으로 한다. 이 부서는 다시 프로그램기획팀(간사 6명), 교회교재편집팀(직원 5명), 교육업무지원팀(4명)으로 나뉜다. 이들이 하는 주요 사업은 기본프로그램과 자료를 개발하고 제작하여 진흥하고 보급하는 일이다. 프로그램과 자료의 개발 사업에는 기본프로그램(목회사역 일반, 성경교육 프로그램, 제자훈련 프로그램, 교회음악 프로그램, 통신대학 프로그램)과 자료의 개발 제작, 강조 프로그램(전도훈련, 가정사역, 청지기 훈련, 상담훈련)과 자료의 개발 제작 그리고 봉사프로그램(교회행정, 교회도서관, 교회 레크리에이션)과 자료를 개발하는 일을 한다. 그리고 프로그램과 자료의 진흥과 보급 사업에는 각종 강습회, 수련회, 세미나 개최 등이 포함된다.

도서·자료출판사업본부는 침례회출판사와 요단출판사(jordanpress. com) 사업을 한다. 침례회출판사는 주로 교단의 서적을 출판하며, 요단

---

25) http://www.koreabaptist.org/church_map.asp?i＝bar_organization.

출판사는 초교파적인 서적을 출판한다. 이 사업본부에는 출판기획·편집팀, 자료출판제작팀, 출판업무지원팀에 10명의 직원이 일하고 있다.

도서·용품사업본부는 주로 서점 사업으로 요단서적센터(jordanbook.com), 대전침례회서관, 둔산침례회서관, 침신구내서점, 부산센터를 운영하고 있다. 이들 서점의 직원은 30여 명이 된다.

그리고 400여 명 수용 규모의 옥천수양관이 있어 교회와 기독교 단체의 영성훈련 장소로 활용되고 있다. 이곳의 직원은 2명이다. 그래서 교회진흥원 소속 직원은 총 57명에 달한다.

III. 논의 및 제언

여기서는 위에서 언급한 교단의 교육조직들의 특성을 대표적인 것들을 중심으로 논의하고 그로부터 비롯된 제언들을 한다. 논의보다 비중을 더 둔 것은 제언이다.

1. 네트워크식 조직

우리가 앞에서 보았듯이 각 교단의 조직들은 나름대로 특징을 갖고 있다. 장로교의 경우 교재, 감리교의 경우 학교, 침례교의 경우 출판 쪽에 강세를 보이고 있다. 교재, 학교 그리고 출판의 영역은 교단의 교육 발전을 위해서는 어느 하나도 포기하거나 경시할 수 없는 내용들이다. 따라서 교단의 교육 발전을 위한 조직은 교재, 학교 그리고 출판 영역을 모두 포함하는 조직이어야 하며, 그것들의 균형을 이룬 조직이어야 한다.

교재, 학교 그리고 출판의 균형을 갖춘 조직은 기존의 조직처럼 독립적으로 조직되어서는 안 될 것이다. 왜냐하면 그 세 영역들은 별개의 영역이 아니기 때문이다. 교재, 학교 그리고 출판은 모두 교육을 목표로 하기 때문이다. 즉 이 영역들을 교육이라는 목적을 향해 수직적으로 관계한다. 문제는 수직적 연관에 불과한 이 세 영역을 어떻게 수평적으로 연계 짓느냐이다.

교재, 학교, 그리고 출판, 세 영역의 수평적 연계성을 위한 방안 중의 하나는 네트워크(network) 조직일 것이다. 네트워크는 그 본성상 수평적이다. 조직 개혁의 목적이 발전에 있다면 네트워크조직은 질 들뢰즈(Gilles Deleuze)가 『천 개의 고원』(mill plateaux)에서 말하듯 중간을 추구하는 리좀(rhizome)적 성격을 띤다. 즉 기존의 조직이 나무줄기와 같은 중심을 가진 조직이었다면, 네트워크식의 조직은 중심이 없는 뿌리와 같은 것이다. 이와 같은 조직의 작동 방식은 크게 두 가지로 나눌 수 있을 것이다. 하나는 레티 엠 러셀(Letty M. Russell)이 말하는 기동타격대식이고, 다른 하나는 센터식이다. 전자는 필요에 따라 뭉쳐서 일하고 일이 끝나면 해산되는 조직이며, 센터식은 상설형으로, 서울신학대학교 기독교교육과에서 특성화 사업으로 추진하려고 하는 교육목회지원센터 등이 일례가 될 것이다.

중심이 없는 수평식의 조직은 기존의 상향적 수직적 조직에 익숙한 이들에게는 낯설고 때로는 반감을 불러일으키는 조직이다. 그러나 이미 우리 사회는 수평적 사회로의 전환이 급속하게 일어나고 있으며, 그것을 시험해 가고 있는 상태로 보인다. 수평적 조직에 의구심을 던지는 눈길은 그것을 무질서와 혼란 등으로 여기기 때문이다. 그러나 수평적 조직은 오히려 철저한 전문성과 책임성이 강조되지 않을 경우 그 의미를 상실하는 조직이기 때문에, 그와 같은 우려는 불필요하다.26)

2. 장의 확대

앞에서 살펴본 교단의 조직과 관련하여 눈에 띄는 내용은 조직이 다루는 업무 내용의 확대이다. 예를 들어 감리교는 교육을 교회로부터 학교로까지 확대하고 있으며, 장로교 통합 측은 교육을 국내로부터 국외로까지 확대하고 있다.27) 감리교 '본부 교육국과 감리교신학대학교 기독교교육연구소는 진리의 영에 사로잡혀 이 땅에 정의를 펴고, 자라나는 생명들을 구하며 그들 삶의 자유로운 꽃핌을 돕기 위하여 대안학교를 세우려고 준비하고' 있다.28) 대안학교의 설립은 감리교 교육조직의 특성인 학교교육의 장을 더욱 확대시키려는 노력으로 보인다. 장로교 통합 측은 이미 오래전에 해외 한인교회의 교육을 위한 자료집을 출판한 적이 있다.

교육의 장을 확대해야 한다는 요구는 최근 지역교회의 현장으로부터 자연스럽게 요구되고 있다. 지역교회들은 청년들에 대해서뿐만 아니라, 가정에 대한 관심들을 키워 가고 있는데, 이것은 교육의 장 확대에 다름 아니다. 더 나아가 교회는 정보화 사회가 낳은 사이버 세계를 현실로 인정하여 그것을 교육의 장으로 수용하는 노력이 필요할 것으로 보인다.29) 또한 사회가 노령화되면서 노년층에 대해 교회가 관심을 가질 수밖에 없는 상황이 되고 있다. 노인목회가 노년을 수동적인 경로의 대상이 아니라 주체적으로 활동할 수 있는 장을 마련해 주어야 한다는 방향으로 나가고 있는 추세 역시 교육의 장

---

26) Harry S. Dent, Jr., *The Roaring 2000s: Building the Wealth and Lifestyle You Desire in the Greatest Boom in History*(New York: Simon & Schuster, 1998) 참조.

27) http://edupck.net/intro/greet.asp

28) http://www.kmcweb.or.kr/main – gamri/1main.htm

29) 황상민, 『사이버공간에 또 다른 내가 있다: 인터넷세계의 인간심리와 행동』(서울: 김영사, 2000) 참조.

확대를 요구하고 있는 것이다. 따라서 교단의 교육조직은 전통적인 장의 영역에 머물 것이 아니라 적극적으로 교육의 장을 확대하려는 노력이 필요하다.

3. 조직 개발

오늘날의 특징 중의 하나는 경계가 사라지고 있다는 것이다.[30] 경계의 존재는 구시대적이기까지 하다. 경계가 관련 영역의 소통을 방해하고 결과적으로 상호 도움을 주고받을 수 없게 하기 때문이다. 교단과 지방회 그리고 교회는 매우 밀접하게 연계되어야 함에도 불구하고 그렇지 못한 실정이다.

교단의 교육조직의 목적 중의 하나는 지역교회의 교육사역을 돕는 일이다. 그럼에도 불구하고 현실적으로는 다양한 특성을 갖는 지역교회들의 교육을 돕기는 어렵다. 따라서 교회들은 자신의 교육을 발전시키기 위해 여러 가지 노력들을 기울이고 있다. 교사교육을 중심으로 한 지역교회의 교육 발전을 위한 노력들은 대개는 일정 수준에 올랐을 경우 진부한 것으로 치부되면서 교회의 교육적 노력 전체의 방향성 상실로 나타나기 일쑤이다. 이와 같은 현상은 종종 교회의 교육적 무력감으로 나타나고 때로는 교육적 노력을 중지하고 다른 방향에서 해결책을 찾으려는 몸짓으로 나타난다.

그런데 이와 같은 결과를 낳은 교회의 교육적 노력들은 대개 교회학교에 의한 것이다. 교회의 교육을 교회학교에만 맡겨 놓는 교회의 교육조직은, 목회는 교육이 아니라는 그릇된 이해로부터 비롯된다.

---

30) Stanley M. Davis and Christopher Meyer, *Blur: The Speed of Change in the Connected Economy*, 김한영 역, 『블러 현상: 21세기를 지배하는 핵심 패러다임』(서울: 씨앗을 뿌리는 사람, 2005) 참조.

설사 교회 전체의 교육적 노력이 수반되었다 하더라도 발전의 여지는 남는다. 이 여지는 바로 교단의 교육조직과 관계된 것이다. 교단의 교육조직은 지역교회의 구체적 필요를 파악하거나 채워 주기가 쉽지 않은데, 이는 어떤 이유로든 우선적으로는 교단의 문제이고 또한 지역교회가 교단을 향해 자신의 요구를 전할 수 있는 언로를 갖고 있지 못하다는 데 있다.

따라서 지역교회의 교육이 더한층 발전하기 위해서는 지역교회가 다른 교육적 단위와 연계할 필요가 있다. 감리교는 최근 연회단위별 상설 교육기구 설치를 추진 중에 있는데, 이는 일선 교회 현장의 3대 평신도사역 분야인 교사교육, 속회지도자교육, 임원(직분자)교육을 전담하는 상설 '평신도 교육원'(가칭)을 연회별로 설치 운영하려는 계획이다.[31] 감리교의 이와 같은 계획에 착안하여 제안할 수 있는 하나의 대안적 교육조직은 지역교회와 지방회, 지역총회 그리고 교단이 참여하는 협의체의 구성이다. 이 협의체 구성을 위한 처음 단계로는 지역교회와 지방교육원의 협의체 구성이 될 수 있을 것이다.

협의체는 학생, 교사, 평신도 그리고 교역자의 모든 계층으로 구성되어야 할 것이다. 학생과 교사를 조직의 구성원에 포함시킨다는 것은 낯설 수 있다. 그러나 실제로 교육에서 가장 중심을 차지하고 있는 이들을 배제하고서는 교육에 대한 온전한 논의는 어려울 것이다. 모든 구성원의 포함은 앞서 말한 수평적 조직의 기본이며, 현장의 구체적 욕구를 담아낼 수 있는 기초적 지반이 될 수 있기 때문이다.

---

31) Davis and Meyer, *Blur*.

4. 조직 혁신

조직 개발이 새로운 조직의 형성이라면, 조직 혁신은 새로운 환경
에 대처하기 위한 기존 조직의 쇄신을 말한다. 오늘날 조직의 혁신
은 불가피하다. 급변하는 환경은 조직의 생존을 위협하고 있기 때문
이다. 더구나 환경 변화의 속도는 조직 변화를 더 이상은 미룰 수
없게 만든다. 이와 같은 상황에서의 조직 개혁은 새로운 환경을 재
빨리 파악하고 방해되는 요소들을 제거하는 것이다.32) 뿐만 아니라
필요한 요소들을 보완하는 일이다.33) 그러나 문제에 대한 자료수집
과 분석을 통해 도식적으로 마련된 해결방안을 따르는 것은 조직이
변화에 대응하는 데 있어 극적인 효과를 가져오기 어렵다는 지적이
있다.34) 이 경우 정서적 동기 유발을 통해 효율적으로 변화에 대처
해야 한다고 말한다. 조직 혁신은 기존 조직원들에게 저항을 불러일
으킬 수 있는데,35) 그럼에도 불구하고 조직이 살아남기 위해서는 취

---

32) Jason Jennings and Laurence Haughton, *It's Not the Big that Eat the Small ⋯⋯It's the
Fast that Eat the Slow: How to Use Speed as a Competitive Tool in Business*, 신동욱 역, 『큰
것이 작은 것을 잡아먹는 것이 아니라 빠른 것이 느린 것을 잡아먹는다』(서울: 해냄,
2001) 참조.

33) 조직 혁신을 위한 핵심 요소는 다음과 같은 것일 수 있다. 핵심 능력과 핵심 경직성,
비전, 능력 분야, 프로젝트 리더십과 조직력, 주인의식과 헌신성, 프로토타입(Prototype,
原型) 제작, 개발프로젝트 내부적인 통합성. H. Kent Bowen, Kim B. Clark, Charles A.
Holloway, and Steven Wheelwright, *The Perpetual Enterprise Machine: Seven Keys to
Corporate Renewal through Successful Product and Process Development*, 류춘호 · 신건철 역, 『신
제품 개발의 7가지 성공 비결: 미국 일류기업의 20개 프로젝트 사례연구』(서울: 21세
기북스, 1997) 참조.

34) John P. Kotter and Dan S. Cohen, *The Heart of Change: Real−Life Stories of How People
Change Their Organizations*, 김기웅 · 김성수 역, 『기업이 원하는 변화의 기술: 경영혁신
에 성공한 34개 조직사례에서 배우는 현장 노하우』, 개정판(파주: 김영사, 2007) 참조.

35) 이를 극복하기 위한 방안 중의 하나가 커뮤니케이션 방법이다. 이에 대해서는 Stephen
Denning, *Story Telling*, 김민주 · 송희령 역, 『기업 혁신을 위한 설득의 방법 스토리텔링』
(서울: 에코리브르, 2003) 그리고 동일 저자의 *The Leader's Guide to Storytelling: Mastering
the Art and Discipline of Business Narrative*(San Francisco: Jossey−Bass/A Wiley Imprint,
2005)도 참조.

할 수밖에 없는 태도이다.36)

우리가 위에서 살펴본 교단의 교육조직은 대부분 조직의 형태와 업무에 있어서 오랫동안 변화가 없다. 이와 같은 원인 중에서 가장 큰 원인으로 생각되는 것은 조직의 리더이다. 특히 리더의 임기가 정년제로 운영되고 있어 리더가 조직을 혁신할 마음을 갖지 않을 경우 조직의 혁신은 요원하다.

근무 연한은 일반적으로 임기제와 정년제로 나뉜다. 임기제가 조직을 우선시한다면, 정년제는 조직의 구성원을 배려하는 제도라 볼 수 있다. 이 같은 사실로 볼 때, 임기제와 정년제는 서로 상반된 성격의 제도라 할 수 있을 것이다. 따라서 조직의 목표에 따라 임기제와 정년제를 적절히 시행해야 그 갈등을 줄일 수 있을 것이다.

최근 사회는 신자유주의의 물결에 따라 무한경쟁의 시대로 접어들었다. 신자유주의 물결의 본질이 자본주의의 심화라는 데서는 문제가 있을 수 있다. 그러나 만약에 교단의 교육조직이 은혜라는 명분으로 무능력을 방치했으며, 하나님의 뜻이라는 미명 아래 정치를 눈감아 주었다면, 그래서 결과적으로는 교육을 통한 하나님 나라의 확장을 방해했다면, 이제 우리는 신자유주의의 경쟁 개념을 도입해야 할 것이다. 경쟁은 부정적으로 보면 비인간적인 개념이지만, 그 개념을 신앙적으로 수용할 경우 성실이 될 것이다. 또한 경쟁은 책임적이라는 의미를 갖고 있다. 전문성을 갖춘 성실과 겸손하게 책임진다는 의미의 경쟁이 조직 내에 수용될 때, 그것은 임기제가 될 것이다.

기업의 성장은 조직원들 대부분의 노력에 의해 선형적으로 이루어지는 것이 아니라 마치 바이러스의 세계처럼 일정 시점37)을 지날 경우

---

36) 이학종, 『경영혁신과 조직개발: 현대 기업의 전략적 변신관리』(서울: 법문사, 2003).

37) 이를 티핑 포인트(Tipping Point)라 한다. 이 용어는 전염병을 연구한 의학전문가들이

기하학적 성장곡선을 그리며 급속한 성장세를 탄다는 것이다.[38] 그런데
이 같은 과정은 대규모적으로 일어나는 것이 아니라 극소수의 재능 있
는 사람들에 의해 발단이 된다는 것이다.[39] 그렇다면 조직의 책임자가
리더십이 없는 경우,[40] 그 조직의 성장은 기대하기가 어려울 것이다.
이와 같은 경우를 방지하기 위해서도 임기제가 필요하다.[41]

임기제 외에 조직 혁신과 관련된 문제는 구조 조정이다. 구조조정
이란 말은 인원 감축으로 오해하기 쉽다. 그러나 구조조정이란 말의
참뜻은 적재적소에 사람을 쓴다는 말일 것이다. 우리가 위에서 보았
듯이 교단의 교육조직들은 어떤 형태로든 구조조정을 해 왔다. 이와
같은 구조조정은 합리적일 경우, 누구도 저항을 하지 않을 것이다.
목표에 맞추어 조직을 새롭게 정비하되, 관계없는 사람은 관련 있는
조직으로 이동시키고, 연수 등을 통해 업무 내용에 변화를 줄 수도
있을 것이다.

만들어 낸 말로 전염병 또는 바이러스가 일정한 수량에 도달한 시점을 가리킨다. 전염
병이 이 시점에 도달할 경우 그 직후부터 폭발적인 확산을 하게 된다는 것이다.

38) Malcolm Gladwell, *The Tipping Point: How Little Things Can Make a Big Difference*, 임옥
희 역, 『티핑 포인트: 작은 아이디어를 빅트렌드로 만드는』(파주: 21세기북스, 2004).

39) 이들은 크게 세 가지 유형의 사람들이다. 첫째, 네트워킹 전문가로서 인간관계를 넓히고
사람을 끌어모으는 데 남다른 재능을 보이는 사람들이다. 둘째, 정보전문가이다. 이들은
새롭고 흥미로운 것에 항상 앞서가는 정보기술전문가들이다. 셋째, 세일즈맨이다. 이들
은 사람들을 특정한 방향으로 행동하게끔 설득하는 데 특출한 재능이 있는 사람들이다.

40) 리더십의 핵심은 직원들에게 동기를 부여함으로써 잠재력을 끌어내고 확고한 팀워크를
구축하는 것이다. 이와 같은 리더십의 핵심요건은 직원의 참여를 끌어낼 수 있는 조직
내의 원활한 의사소통, 조직의 효율적 관리와 혁신, 쾌적한 근무환경 제공, 변화에 대한
민감한 대응, 격려 등의 항목이 포함된다. Alexander Hiam, *Making Horses Drink: How to
Lead and Succeed in Business*, 홍정희 역, 『말 물 먹이기: 직원들의 열정을 이끌어 내는 동
기부여의 리더십』(서울: 한국능률협회, 2003) 참조.

41) 참고로 대한예수교장로회 통합 측의 경우, 총회에서 투표로 선출, 4년 임기 연임이 가
능, 합동 측의 경우는 임원회에서 선출 65세 정년, 고신 측의 경우는 위원장 1년 임기,
연임 가능, 한국기독교장로회의 경우 3년 연임 가능, 기독교대한감리회의 경우 교육국
위원회(20인)에서 선출, 4년 임기, 연임 가능, 기독교한국침례회 교회 진흥원이사회(9명)
선출, 교단 총회 추인, 5년 임기, 연임 가능.

Ⅳ. 나가는 글

우리가 이제까지 한국의 주요 교단의 교육조직을 살펴본 바에 의하면 장로교는 교재의 개발에, 감리교는 학교교육에 그리고 침례교는 출판사역에 강점을 지니고 있음을 알았다. 이와 같은 사실은 우리 성결교회의 교육조직에 시사하는 바가 크다고 생각한다. 성결교회의 교육조직은 그 영역과 장을 확대하는 것은 물론 교단 교육의 향상을 꾀하기 위해 새로운 교육조직을 개발하고 기존의 조직을 혁신해야 할 것이다.

교단의 교육조직이 교재 – 학교 – 출판 등의 유기적 관계의 성격을 형성하게 될 때, 지역교회는 교재를 통해서는 교육의 내실화에 도움을 받을 것이고, 학교를 통해서는 장기적으로 선교에 도움이 될 것이며, 그것은 교회의 성장으로까지 이어질 수 있을 것이다. 그리고 출판을 통해서는 교육의 내용을 다양화하는 통로로 삼을 수 있을 것이며, 선교적 차원에서도 세계와 교회를 이어 주는 교량 역할을 할 수 있을 것이다. 교단의 교육조직에 대한 이 연구는 기초적인 것이기 때문에 이어지는 연구가 필요하다. 교육조직의 성격 탐구는 앞으로의 중요한 연구과제가 될 수 있을 것이다.

참고문헌

Adams, Daniel J. *Toward a Philosophy of Christian Education.* 이기문 역. 『기독교교육철학』. 서울: 대한예수교장로회총회교육부, 1985.

Alfonso, Regina M. *How Jesus Taught: The Methods and Techniques of the Master.* New York: Alba House, 1986.

Ammerman, Nancy T. and Shaw, Luci. "New Life for Denominationalism." *The Christian Century* 117:9, Mar 15, 2000: 302 – 307.

Anderson, Lorin W. and Sosniak, Lauren A. Eds. *Bloom's Taxonomy: A Forty-Year Retrospective.* NSSE: University of Chicago Press, 1994.

_____. and Krathwohl, David. *A Taxonomy for Learning, Teaching, and Assessing: A Revision of Bloom's Taxonomy of Educational Objectives.* 강현석 외 역. 『교육과정 수업 평가를 위한 새로운 분류학: Bloom 교육목표분류학의 개정』. 서울: 아카데미프레스, 2005.

Ankoviak, Mary A. "The New Hermeneutic. Language and the Religious Education of the Adolescent." *Religious Education* 69:1, January 1974: 40 – 52.

Arther, Chris. "Some Remarks on the Role and Limitations of Phenomenology of Religion in Religious Education." *Religious Education* 90:3 – 4, Sum-Fall 1995: 445 – 62.

Astley, Jeff. *The Philosophy of Christian Religious Education.* Birmingham. AL: Religious Education Press, 1994.

Bainton, Roland H. *Christian Attitudes toward War and Peace.* 채수일 역. 『전쟁 · 평화 · 기독교』. 서울: 대한기독교출판사, 1981.

Barnes, L. Philip. "What is Wrong with the Phenomenological Approach to Religious Education?" *Religious Education* 96:4, Fall 2001: 445 – 61.

Barret, Charles K. *The Gospel According to St. John.* 김필진 · 박재순 · 박경미 공역. 『요한복음 II』. 서울: 한국신학연구소, 1985.

Bauer, Robert K. *Adminstering Christian Education.* 신청기 역. 『기독교교육행정의 원리와 실제』. 서울: 성광문화사, 1983.

Belth, Marc. *Education as a Discipline*. Boston: Allyn and Bacon, 1965.

Bernstein, Richard J. *Praxis and Action: Contemporary Philosophies of Human Activity*. Philadelphia: Praxis and Action, 1971.

Berryman, Jeronme W. "Teaching as Presence and the Existential Curriculum." *Religious Education* 85:4, Autumn 1990: 509 - 34.

Bertalanffy, Ludwig von. *General System Theory*. 현승일 역. 『일반체계이론』 대우학술총서번역 32. 서울: 민음사, 1990.

Beversluis, Nicholas H. *Christian Philosophy of Education*. 최광석 역. 『기독교 교육철학』. 서울: 한국개혁주의 신행협회, 1979.

Bloom, Benjamin S. Ed. *Taxonomy of Educational Objectives, The Classification of Educational Goals. Handbook 1, Cognitive Domain*. 임희도 외역. 『교육목표분류학: 교육목표의 분류 및 평가의 실제, (1) 지적 영역』. 서울: 교육과학사, 1984.

Bowen, H. Kent, Clark, Kim B. Holloway, Charles A. and Wheelwright, Steven. *The Perpetual Enterprise Machine: Seven Keys to Corporate Renewal through Successful Product and Process Development*. 류춘호 · 신건철 역. 『신제품 개발의 7가지 성공 비결: 미국 일류기업의 20개 프로젝트 사례연구』. 서울: 21세기북스, 1997.

Boyer, Pascal. *Religion Explained: The Evolutionary Origins of Religious Thought*. New York: Basic Books, 2001.

Boys, Mary C. *Biblical Interpretation in Religious Education*. Birmingham, AL: Religious Education Press, 1980.

Brelsford, Theodore. "Politicized Knowledge and Imaginative Faith in Religious Education." *Religious Education* 94:1, 1999: 58 - 73.

Brockman, Jeff. "A Somatic Epistemology for Education." *The Educational Forum* 65:4, 2001: 328 - 34.

Bromiley, Geoffrey W. Ed. *Theological Dictionary of the New Testament*. 요단출판사 번역위원회 역. 『신약성서신학사전: 킷텔 단권 신약원어 신학사전』. 서울: 요단출판사, 1986.

Bruce, Alexander B. *The Training of the Twelve*. 김영봉 역. 『열두제자 훈련』. 서울: 생명의말씀사, 1984.

Brueggemann, Walter. *The Creative Word: Canon as a Model for Biblical Education*. 강성열 · 김도일 역. 『창조적인 말씀을 통한 기독교교육: 성서교육의 모델로서의 정경』. 서울: 한들, 1999.

Brumbaugh, Robert. Whitehead. *Process Philosophy and Education*. Albany:

State University of New York, 1981.

Buber, Martin. *Paths in Utopia*. New York: Collier Books, 1949.

Bushnell, Horace. *Christian Nurture*. 김도일 역. 『기독교적 양육』. 서울: 장로회신학대학교 출판부, 2004.

Butler, Ruth. "Freedom or Order: A Lutheran Approach to Critical Theory of Educational Administration". *Lutheran Theological Journal* 33:2. Adelaide: Openbook Publishers, Aug 1999: 72 – 78.

Castells, Manuel. *The Rise of the Network Society*. 김묵한 외 2인 역. 『네트워크 사회의 도래』. 서울: 한울아카데미, 2003.

Chamberlin, J. Gordon. *Freedom and Faith: New Approaches to Christian Education*. 신서균 역. 『새로운 기독교교육의 접근』. 서울: 기독교문서선교회, 1999.

Choon Ki Han. "A Study on Christian Education based on Evangelical Theology". 『성경과 신학』 35(한국복음주의신학회, 2004): 414 – 39.

Coleman, Robert. *The Master Plan of Evangelism*. 홍성철 역. 『주님의 전도계획』. 서울: 생명의말씀사, 1980.

Comiskey, Joel. *Groups of 12: A New Way to Mobilize Leaders and Multiply Groups in Your Church*. 정진우 · 홍원팔 공역. 『지투엘브 이야기: G – 12』. 서울: NCD, 2000.

Conrad, Robert L. "A Hermeneutic for Christian Education". *Religious Education* 81:3, Summer 1986: 392 – 400.

Cosgrove, Francis M. Jr. *Essentials of Discipleship*. 『제자의 삶』. 서울: 네비게이토출판사, 1984.

Cox, Richard C. and Unks, Nancy Jordan. *A Selected and Annotated Bibliography of Studies Concerning the Taxonomy of Educational Objectives: Cognitive Domain*. Learning Research and Development Center. University of Pittsburgh, 1976.

Cully, Iris V. & Cully, Kendig B. Ed. *Harper's Encyclopedia of Religious Education*. San Francisco: Harper & Row Publishers, 1990.

Cunningham, David S. *To Teach, to Delight, and to Move: Theological Education in a Post – Christian World*. Eugene. OR: Cascade Books, 2004.

Dave, Ravindrakumar H. "Psychomotor levels". Robert J. Armstrong. Ed. *Developing and Writing Behavioral Objectives*. Tucson AZ: Educational Innovators Press, 1970: 33 – 34.

Davis, Stanley, and Meyer, Christopher. *Blur: The Speed of Change in the Connected Economy.* 김한영 역.『블러 현상: 21세기를 지배하는 핵심 패러다임』. 서울: 씨앗을 뿌리는 사람, 2005.

Denning, Stephen. *Story Telling.* 김민주 · 송희령 역.『기업 혁신을 위한 설득의 방법 스토리 텔링』. 서울: 에코리브르, 2003.

_____. *The Leader's Guide to Storytelling: Mastering the Art and Discipline of Business Narrative.* San Francisco: Jossey- Bass/A Wiley Imprint, 2005.

Dent, Harry S. Jr. *The Roaring 2000s: Building the Wealth and Lifestyle You Desire in the Greatest Boom in History.* New York: Simon & Schuster, 1998.

Dewey, John. *Democracy and Education.* New York: Macmillan, 1929.

Dunkel, Harold B. *Whitehead on Education.* Columbus: Ohio State University Press, 1965.

Dykstra, Craig. "Reconceiving Practice". Wheeler, Barbara G. and Farley, Edward. Eds. *Shifting Boundaries: Contextual Approaches to the Structure of Theological Education.* Louisville. KY: Westminster/John Knox Press, 1991.

Earle, Ralph. "The Gospel According to St. John". Charles W. Carter. Ed. *The Wesleyan Bible Commentary.* 웨슬레주석번역위원회 역.『요한복음 – 사도행전』웨슬레 주석. 인천: 임마누엘, 1991.

Eavey, Charles B. "Aims and Objectives of Christian Education". Hakes, J. Edward. *An Introduction to Evangelical Christian Education.* 정정숙 역.『기독교교육학개론』. 서울: 성광문화사, 1979.

Ebeling, Gerhard. *Word and Faith.* Philadelphia: Fortress Press, 1963.

Eisner, Elliot W. *Benjamin Bloom 1913 – 99.* UNESCO: International Bureau of Education, 2000.

Elias, John L. *The Foundations and Practice of Adult Religious Education.* Malabar: Robert E. Krieger Publishing Co., 1982.

_____. *Conscientization and Deschooling.* 김성재 역.『의식화와 탈학교』. 서울: 사계절, 1984.

_____. *Studies in Theology and Education.* FL: Robert E. Krieger Publishing Co., 1986.

_____. and Merriam, Sharan. *Philosophical Foundations of Adult Education.* 기영화 역.『성인교육의 철학적 기초』. 서울: 학지사, 2002.

Ellul, Jacques. *L'homme et l'argent.* 양명수 역. 『하나님이냐 돈이냐』. 안양: 도서출판 대장간, 1991.

Fakkema, Mark. *Christian Philosophy and Its Educational Implications.* 황성철 역. 『기독교교육철학』. 서울: 한국기독교교육연구원, 1982.

Farley, Edward. "Phenomenology and Pastoral Care". *Pastoral Psychology* 26, 1977: 95 – 112.

──────. "he Reform of Theological Education as a Theological Task". *Theological Education* 17, 1981: 93 – 117.

──────. *Theologia: The Fragmentation and Unity of Theological Education.* Philadelphia: Fortress Press, 1983.

──────. "Theology and Practice Outside the Clerical Paradigm". Browning, Don S. Ed. *Practical Theology: The Emerging Field in Theology, Church, and World.* 이기춘 역. 『실천신학』. 서울: 대한기독교출판사, 1986: 27 – 48.

Ferre, Nels F. S. *A Theology of Christian Education.* 이정기 역. 『기독교교육신학』. 서울: 보이스사, 1979.

Fiorenza, Francis S. "Thinking Theologically about Theological Education". *Theological Education* 24. Supplement 2: 89 – 119.

Fischer, Wolfram. *Pfarrer auf Probe: Identität und Legitimation von Vikaren.* Stuttgart; Berlin; Köln; Mainz: Kohlhammer, 1977.

Fleischer, Barbara J. "From Individual to Corporate Praxis: A Systemic Re – Imagining of Religious Education". *Religious Education* 99:3, Summer 2004: 316 – 33.

Flew, Antony. Ed. *A Dictionary of Philosophy.* London: Pan/Macmillan, 1979.

Forrey, Jeffrey S. "Building a Christian Philosophy of Education". *Christian Education Journal* 4:1, Spring 2000: 111 – 24.

Foster, Charles R. *Educating Congregations: The Future of Christian Education.* Nashville: Abingdon, 1994.

Fowler, James W. "Pratical Theology and the Shaping of Christian Lives". Don S. Browning. Ed. *Pratical Theology: The Emerging Field in Theology, Church and World.* San Francisco: Harper & Row, 1983: 150 – 52.

Freire, Paulo. *Education for Critical Consciousnes.* 채광석 역. 『교육과 의식화』. 서울: 중원문화, 1978.

──────. *The Pedagogy of the Oppressed.* 성찬성 역. 『페다고지』. 서울:

한국천주교 평신도사도직협의회, 1979.

_____. *Cultural Action for Freedom*. 김쾌상 외 역. "문화적 행동으로서의 교육". 『민중교육론』. 서울: 한길사, 1979: 11 - 44.

_____. "Education, Liberation and the Church". *Religious Education* 79:4, Autumn 1984: 524 - 45.

_____. *The Politics of Education*. 한준상 역. 『교육과 정치의식: 문화, 권력 그리고 해방』. 서울: 학민사, 1986.

_____. *Teachers as Cultural Work: Letters to Those Who Dare Teach*. 교육문화연구회 역. 『프레이리의 교사론: 기꺼이 가르치려는 이들에게 보내는 편지』. 서울: 아침이슬, 2000.

_____. *Pedagogy of Hope: Reliving Pedagogy of the Oppressed*. 교육문화연구회 역. 『희망의 교육학: 프레이리의 삶과 페다고지』. 서울: 아침이슬, 2002.

_____. and Frei Betto. *Essa Escola Chamada Vida*. 김종민 역. 『인생이 학교다: 해방신학의 구체 적 실천을 위한 대담』. 서울: 분도출판사, 1988.

Friemelt, Angar and Oser, Fritz. *Den Frieden Lernen: Christentum und Wissenschaft auf der Suche nach Frieden*. 김종민 편역. 『평화추구』. 왜관: 분도출판사, 1987.

Frykberg, Elizabeth A. "Transforming Bible Study Transformed". *Religious Education* 88:2, Spring 1993: 178 - 89.

Gadamer, Hans - Georg. "Hermeneutik". *Historisches Wörterbuch der Philosophie* Bd.3. Basel, Stuttgart, 1974: 1 - 61 - 1073.

_____. *Truth and Method*. New York: Crossroads, 1975.

Galtung, Johan. *Peace by Peaceful Means*. 이재봉 외 역. 『평화적 수단에 의한 평화』. 서울: 들녘, 2000.

Gam, H. J. *Aggression und Friedensfähigkeit in Deutschland*. München, 1968.

German Bible Society. *Stuttgarter Erklärungsbibel*. 『해설 · 관주 성경전서: 독일성서공회판』. 서울: 대한성서공회, 1997.

Giddens, Anthony and Hutton, Will. Eds. *On the Edge*. 박찬욱 외 역. 『기로에 선 자본주의』. 서울: 생각의 나무, 2000.

Gladwell, Malcolm. *The Tipping Point: How Little Things Can Make a Big Difference*. 임옥희 역. 『티핑 포인트: 작은 아이디어를 빅트렌드로 만드는』. 파주: 21세기북스, 2004.

Glasse, James D. *Profession: Minister*. Nashville: Abingdon Press, 1968.

Grenz, Stanley J. *A Primer on Postmodernism*. Grand Rapids, MI: William

B. Eerdmans Pub. Co., 1996.

Grimmitt, M. *What can I do in RE?*. Great Wakering: McCrimmon, 1973.

Groome, Thomas H. *Christian Religious Education: Sharing Our Story and Vision*. 이기문 역. 『기독교적 종교교육』. 서울: 대한예수교장로회총회 교육부, 1983.

_____. "Religious Education for Justice by Educating Justly". O'Hare, Padraic. Ed. *Education for Peace and Justice*. Cambridge: Harper & Row Pub., 1983.

_____. *Sharing Faith: A Comprehensive Approach to Religious Education and Pastoral Ministry*. San Francisco: Harper Colins, 1991.

_____. *Sharing Faith: A Comprehensive Approach to Religious Education and Pastoral Ministry*. 한미라 역. 『나눔의 교육과 목회』 요약판. 서울: 기독교대한감리회 홍보출판국, 1997.

Hannah, Larry S. and Michaelis, J. U. *A Comprehensive Framework for Instructional Objectives: A Guide to Systematic Planning and Evaluation*. Reading, MA: Addison – Wesley Educational Publishers Inc., 1977.

Harper, Norman E. *Making Disciples: The Challenge of Christian Education at the End of the 20th Century*. 이승구 역. 『제자훈련을 통한 현대기독교교육』. 서울: 엠마오, 1990.

Harris, Chris. "Toward an Understanding of Home: Levinas and the New Testament". *Religious Education* 90:3 – 4, Summer 1995: 433 – 44.

Harris, Maria. *Fashion Me a People: Curriculum in the Church*. 고용수 역. 『교육목회커리큘럼: 회중 형성과 변형을 위한』. 서울: 한국장로교출판사, 1997.

_____. *Teaching & Religious Imagination*. 김도일 역. 『가르침과 종교적 상상력』. 서울: 한국장로교출판사, 2003.

_____. and Moran, Gabriel. *Reshaping Religious Education: Conversations on Contemporary Practice*. Louisville. KY: Westminster John Knox Press, 1998.

Harrison, Melissa. "Theological Education: Past, Present, and Future: A Comparison with Legal Education". *Sewanee Theological Review* 45:4. Michaelmas 2002: 400 – 10.

Harrow, Anita J. *A Taxonomy of the Psychomotor Domain: A Guide for Developing Behavioral Objectives*. 김종선 · 김기웅 공역. 『교육목표분류

학: 심리운동적 영역』. 서울: 동화문화사, 1978.

Hauenstein, A. Dean. *A Conceptual Framework for Educational Objectives: A Holistic Approach to Traditional Taxonomies.* 김인식 외 7인 공역. 『신 교육목표분류학』. 서울: 교육과학사, 2004.

Hess, Ernest. "Practical Biblical Interpretation". *Religious Education* 88:2, Spring 1993: 190 – 210.

Heywood, S. J. "Peace Education". Y. S. Cho Ed. *World Encyclopedia of Peace.* London: Pergamon Press, 1987: 182 – 97.

Hiam, Alexander. *Making Horses Drink: How to Lead and Succeed in Business.* 홍정희 역. 『말 물 먹이기: 직원들의 열정을 이끌어 내는 동기 부여의 리더십』. 서울: 한국능률협회, 2003.

Hill, Brennan. "Alfred North Whitehead's Approach to Education: Its Value for Religious Education". *Religious Education* 85:1, Winter 1990: 92 – 104.

Horne, Herman H. *Jesus, the Master Teacher.* 박영호 역. 『예수님의 교육방법론』. 서울: 예수교문서선교회, 1980, 고봉환 역. 『예수의 교육 원리』. 서울: 요나, 1993.

_____. *Teaching Techniques of Jesus.* 박영호 역. 『예수의 교육방법론』. 서울: 기독교문서선교회, 1980.

Hough, Joseph C. Jr. and Cobb, John B. Jr. *Christian Identity and Theological Education.* Chico, CA: Scholars Press, 1985.

Huebner, Dwayne. "Curriculum Language and Classroom Meanings". Pinar, William F. Ed. *Curriculum Theorizing.* Berkley: MaCutchan Publishing Co., 1975: 223 – 35.

Huntington, Samuel P. *The Clash of Civilizations and the Remaking of World Order.* 이희재 역. 『문명의 충돌』. 서울: 김영사, 1997.

Jaarsma, Cornelius. *The Education Philosophy of Herman Bavinck: a Textbook in Education.* 정정숙 역. 『헤르만 바빙크의 기독교교육철학』. 서울: 총신대학출판부, 1983.

Jennings, Jason and Haughton, Laurence. *It's Not the Big that Eat the Small···It's the Fast that Eat the Slow: How to Use Speed as a Competitive Tool in Business.* 신동욱 역. 『큰 것이 작은 것을 잡아먹는 것이 아니라 빠른 것이 느린 것을 잡아 먹는다』. 서울: 해냄, 2001.

Kang, Hee – Chun. "Christian Education for Freedom". *Journal of Christian Education & Information Technology* 2, June 2001: 262.

Kearney, Richard. *Strangers, Gods, and Monsters: Ideas of Otherness*. 이지영 역. 『이방인, 신, 괴물: 타자성 개념에 대한 도전적 고찰』. 서울: 개마고 원, 2004.

Kennedy, William B. "Education for a Just and Peaceful World". *Religious Education* 79:4, Fall 1984: 550 – 57.

Kittel, Gerhard and Friedrich, Gerhard. *Theological Dictionary of the New Testament*. 요단출판사번역위원회 역. 『신약성서 신학사전: 킷텔 단권 신약원어 신학사전』. 서울: 요단출판사, 1986.

Knight, George R. *Philosophy and Education: An Introduction in Christian Perspective*. 박영철 역. 『철학과 기독교교육』. 대전: 침례신학대학 출판 부, 1995.

Knowles, Malcolm S. *The Modern Practice of Adult Education: From Pedagogy to Andragogy*. Englewood Cliffs: Prentice Hall/Cambridge, 1980.

Kotter, John P. and Cohen, Dan S. *The Heart of Change: Real – Life Stories of How People Change Their Organizations*. 김기웅 · 김성수 역. 『기 업이 원하는 변화의 기술: 경영혁신에 성공한 34개 조직사례에서 배우는 현장 노하우』 개정판. 파주: 김영사, 2007.

Krathwohl, David R. Bloom, Benjamin S. and Masia, Bertram B. *Taxonomy of Educational Objectives, The Classification of Educational Goals. Handbook 2, Affective Domain*. 임희도 · 진위교 · 고종열 · 신세호 공역. 『교육목표분류학: 교육목표의 분류 및 평가의 실제, (2) 정의적 영역』. 서울: 교육과학사, 1964.

Lawson, Kevin E. "Marginalization and Renewal: Evangelical Christian Education in the Twentieth Century". *Religious Education* 98:4, Fall 2003: 437 – 53.

Lee, James M. *The Flow of Religious Instruction*. Dayton, OH: Pflaum, 1973.

_____. "The Authentic Source of Religious Instruction". Tompson, Norma. Ed. *Religious Education and Theology*. Birmingham, AL: Religious Education Press, 1982: 100 – 97.

_____. "Religious Education and the Bible: A Religious Educationist's View". Marino, Joseph S. Ed. *Biblical Themes in Religious Education*. Birmingham, AL: Religious Education Press, 1983: 1 – 61.

_____. "Growth in Faith through Religious Instruction". Lee, James

M. Ed. *Handbook of Faith*. Birmingham, AL: Religious Education Press, 1990: 264 – 302.

Lindquist, John T. "The Grammar of Religious Education". *Religious Education* 67:2, March 1972: 98 – 106.

Lines, Timothy A. *Functional Images of the Religious Educator*. Birmingham, AL: Religious Education Press, 1992.

_____. *Systemic Religious Education*. Birmingham, AL: Religious Education Press, 1987.

Little, Sara P. "Theology and Religious Education". Taylor, Marvin J. Ed. *Foundations for Christian Education in an Era of Change*. Nashville: Abingdon, 1970: 31 – 40.

Loder, James E. *The Transforming Moment: Understanding Convictional Experiences*. New York: Harper & Row Publishers, 1981.

_____. "Epistemology". Cully, Iris V. & Cully, Kendig B. Eds. *Harper's Encyclopedia of Religious Education*. San Francisco: Harper & Row, 1990. 219 – 20.

Logan, James C. *Theology As a Source in Shaping the Church's Educational Work*. United Methodist Board of Discipleship, 1974.

Lovat, Terrance. "In Defense of Phenomenology". *Religious Education* 96:4, Fall 2001: 564 – 71.

Lyotard, Jean – François. *The Differend: Phrases in Dispute*. Trans. Abbeele, G. Minneapolis: University of Minnesota Press, 1988.

_____. "Lessons in Paganism". Bemjamin, Andrew. Ed. *The Lyotard Reader*. Oxford: Blackwell, 1998.

Mandel, Michael J. *The Coming Internet Depression: Why the High – Tech Boom will Go Bust, Why the Crash will be Worse that You Think, and How to Prosper Afterwards*. New York: Basic Books, 2000.

Mander, Jerry and Goldsmith, Edward. *The Case Against the Global Economy: And for a Turn toward the Local*. 윤길순 · 김승욱 공역. 『위대한 전환: 다시 세계화에서 지역화로』. 서울: 동아일보사, 2001.

Marshall, I. Howard. *The Gospel of Luke: A Commentary on the Greek Text*. 한국신학연구소 번역실 역. 『루가복음』 Ⅱ. 국제성서주석. 서울: 한국신학연구소, 1984.

Martens, Ekkehard. *Einführung in die Didaktik der Philosophie*. 이기상 역. 『철학교육』. 서울: 서광사, 1988.

Martin, Miriam K. and Pisón, Ramón Martínez de. "From Knowledge to Wisdom: A New Challenge to the Educational Milieu with Implications for Religious Education". *Religious Education* 100:2, Spring 2005: 157 – 73.

Martin, Robert K. "Having Faith in Our Faith in God: Toward a Critical Realist Epistemology for Christian Education". *Religious Education* 96:2, Spring 2001: 245 – 61.

Marzano, Robert J. *Designing a New Taxonomy of Educational Objectives.* 강현석 외 공역. 『신 교육목표분류학의 설계』. 서울: 아카데미프레스, 2005.

_____. and Kendall, John S. *The New Taxonomy of Educational Objectives.* 2nd Ed. Thousand Oaks, CA: Corwin Press, 2007.

Meland, Bernard E. *Higher Education and the Human Spirit.* Chicago: University of Chicago Press, 1953.

Miller, Randolph C. *The Clue to Christian Education.* NY: Charles Scribner's Sons, 1950.

_____. *Biblical Theology and Christian Education.* NY: Charles Scribner's Sons, 1956.

_____. *Education for Christian Living.* 장병일 역. 『기독교교육개론』. 서울: 대한기독교서회, 1961.

_____. *The Language Gap and God.* Philadelphia: Pilgrim Press, 1970.

_____. "Linguistic Philosophy and Religious Education". *Religious Education* 65:4, July 1970: 309 – 17.

_____. "Whitehead and Religious Education". *Religious Education* 68:3, May 1973: 315 – 22.

_____. *The Theory of Religious Education Practice.* Birmingham. AL: Religious Education Press, 1980.

_____. "Theology in the Background". Thompson, Norma H. Ed. *Religious Education and Theology.* Birmingham, AL: Religious Education Press, 1982: 17 – 41.

_____. *Christian Nurture and the Church.* 서광선 · 박형규 공역. 『기독교교육과 교회』. 서울: 대한기독교교육협회, 1980.

_____. Ed. *Empirical Theology: A Handbook.* Birmingham. AL: Religious Education Press, 1992.

_____. Ed. *Theologies of Religious Education*. 고용수 · 박봉수 공역. 『기독교 종교교육과 신학』. 서울: 한국장로교출판사, 1998.

Moran, Gabriel. "From Obstacle to Modest Contributor: Theology in Religious Education". Thompson, Norma H. Ed. *Religious Education and Theology*. Birmingham, AL: Religious Education Press, 1982: 42–70.

_____. "Interest in Philosophy: Three Themes for Religious Education". *Religious Education* 81:3, Summer 1986: 424–45.

Mudge, Lewis and Polding, James. Ed. *Formation and Reflection*. Philadelphia: Fortress, 1987.

Pazmiño, Robert W. *Foundational Issues in Christian Education: An Introduction in Evangelical Perspective*. 2nd ed. Grand Rapids. MI: Baker Books, 1997.

Niebuhr, H. Richard. *The Purpose of the Church and Its Ministry: Reflections on the Aims of Theological Education*. New York: Harper, 1956.

_____. *The Social Sources of Denominationalism*. New York: Harper & Row, 1921.

Nisbett, Richard E. *The Geography of Thought: How Asians and Westerns Think Differently···and Why*. 최인철 역. 『생각의 지도: 동양과 서양, 세상을 바라보는 서로 다른 시선』. 서울: 김영사, 2004.

Nouwen, Henri J. M. *With Burning Heart: A Meditation on the Eucharistic Life*. 정한교 역. 『뜨거운 마음으로: 엠마오 가는 길(루가 24:13–35)에 바탕한 성찬생활 묵상』. 왜관: 분도출판사, 1997.

Osmer, Richard R. *A Teachable Spirit: Recovering the Teaching Office in the Church*. 박봉수 역. 『교육목회의 회복』. 서울: 한국장로교출판사, 1996.

_____. and Schweitzer, Friedrich. *Religious Education Between Modernization and Globalization: New Perspectives on the United States and Germany*. Grand Rapids: Eerdmans, 2003.

Palmer, Parker J. *To Know as We Are Known: A Spirituality of Education*. San Francisco: Harper & Row Publishers, 1983.

Panneberg, Wolfhart. *Wissenschaftstheorie und Theologie*. Frankfurt. Surkamp, 1973.

Peterson, Michael L. *Philosophy of Education: Issues and Options*. 김도일 역. 『기독교교육을 위한 교육철학』. 서울: 한국장로교출판사, 1998.

Piaget, Jean. *Main Trends in Interdisciplinary Research*. 오세철 역. 『현대학 문체계와 그 엇물림』. 서울: 연세대학교 출판부, 1980.

_____. *The Moral Judgment of the Child*. NY: Free Press, 1965.

Plummer, Alfred. *The Gospel according to S. Luke*, The International Critical Commentary. Edinburgh: T. & T. Clark, 1977.

Polanyi, Michael. *The Tacit Dimension*. Garden City: Doubleday & Company, 1967.

Powell, Ivor. *Bible Names of Christ*. 고봉환 역. 『예수의 이름들』. 서울: 요나, 1990.

Rahner, Karl. *Zur Reform des Theologiestudiums*, Quaeestiones Disputatae 41. Freiburg: Herder, 1969.

Rajotte, Freda. "Jusyice, Peace, and the Integrity of Creation". *Religious Education* 85:1, Winter 1990: 5 – 14.

Ramsey, Ian T. *Models and Mystery*. London: Oxford University Press, 1964.

Ranson, Stewart. Bryman, Alan and Hinings, Bob. *Clergy, Ministers and Priests*. London; Boston: Routledge & Kegan Paul, 1977.

Regan, Jane. *Toward an Adult Church: A Vision for Faith Formation*. Chicago: Loyola Press, 2002.

Richards, Lawrence O. *A Theology of Christian Education*. 문창수 역. 『교육신학과 실제』. 서울: 정경사, 1980.

_____. "Experiencing Reality Together: Toward the Impossible Dream". Norma H. Thompson, ed., *Religious Education and Theology*. Birmingham, AL: Religious Education Press, 1982: 198 – 217.

Runes, Dagobert D. Ed. *Dictionary of Philosophy*. New York: Philosophical Library, 1965.

Rush, Myron. *Management: A Biblical Approach*. Colorado Springs, CO: Victor Books, 2002/ 1983.

Russell, Letty M. *Christian Education in Mission*. 정웅섭 역. 『기독교교육의의 새 전망』. 서울: 대한기독교서회, 1972.

_____. *Ferment of Freedom: A Guide to Help Women Relate the Christian Faith and Participation in Social Change*. New York: National Board of the Young Women's Christian Association of the U.S.A., 1972.

Schreyer, George M. *Christian Education in Theological Focus*. 채위 역. 『신학과 기독교교육』. 서울: 대한기독교교육협회, 1979.

Senge, Peter M. *The Fifth Discipline: The Art and Practice of the Learning*

Organization. 안중호 역. 『피터 센게의 제 5경영』. 서울: 세종서적, 1996.

Seymour, Jack L. "The Clue to Christian Religious Education: Uniting Theology and Education, 1950 to the Present". *Religious Education* 99:3. Summer 2004: 272 – 86.

_____. and Donald E. Miller, Eds. *Theological Approaches to Christian Education*. 김재은 · 임영택 역. 『기독교교육과 신학의 대화』. 성광문화사, 1994.

Sherrill, Lewis J. *The Rise of Christian Education*. New York: MacMillan Co., 1944.

_____. *The Gift of Power*. 김재은 · 장기옥 공역. 『만남의 기독교교육』. 서울: 대한기독교출판부, 1981.

_____. *The Struggle of the Soul*. 정웅섭 역. 『만남의 종교심리: 인간 영혼의 고투』. 서울: 전망사, 1981.

Simmons, Henry C. "A Pilgrim Tale". *Religious Education* 78:4, Fall 1983: 477 – 79.

Simpson, E. J. *The Classification of Educational Objectives in the Psychomotor Domain*. Vol.3. Washington, DC: Gryphon House, 1972.

Sinclair, Alex. "A Dialogical Approach to Critical Bible Study: The Use of Schwabian Deliberation to Integrate the Work of Bible Scholars with Educational Philosophy". *Religious Education* 99:2, Spring 2004: 107 – 24.

Smart, James D. "Basic Principles: Christian Faith and Life: A Program for Church and Home". *Paper on Basic Principles of the New Curriculum*, 1947.

_____. *The Teaching Ministry of the Church: An Examination of the Basic Principles of Christian Education*. 장윤철 역. 『교회의 교육적 사명』. 서울: 대한기독교서회, 1960.

_____. *The Creed in Christian Teaching*. Philadelphia: Westminster Press, 1962.

Stewart, Charles W. *Person and Profession: Career Development in the Ministry*. Nashville: Abingdon Press, 1974.

Stock, Alex. "Wissenschaftstheorie der Religionspädagogik". Stock, Alex. Hrsg. *Religionspädagogik als Wissenshaft*. Zürich, Einsiedeln, Köln: Benziger Verlag, 1975.

Taylor, Vincent. *The Names of Jesus*. London: Macmillan; New York: St.

Martin's Press, Inc, 1953.

Thompson, Norma H. Ed. *Religious Education and Theology*. 손승희 역.『종교교육과 신학』. 서울: 한국신학연구소, 1990.

Tillich, Paul. *Theology of Culture*. 남정우 역.『문화의 신학』 개정판. 서울: 대한기독교서회, 2002.

Toynbee, Polly. "세계 문화의 동질화와 미디어 제국". Giddens, Anthony and Hutton, Will. *On the Edge: Living with Global Capitalism*. 박찬욱 외 3인 역.『기로에 선자본주의』. 서울: 생각의나무, 2000.

Usher, Robin. and Edwards, Richard. *Postmodernism and Education*. London, New York: Routledge, 1994.

Vogel, Linda J. *The Religious Education of Older Adults*. Birmingham: Religious Education Press, 1984.

_____. *Teaching and Learning in Communities of Faith: Empowering Adults through Religious Education*. San Francisco: Jossey‑Bass, 1991.

Vogelsang, John D. "A Hermeneutics of Reconstruction". *Religious Education* 88:2, Spring 1993: 167‑77.

Wallace, Patricia M. *The Psychology of the Internet*. 황상민 역.『인터넷 심리학』. 서울: 에코리브르, 2001.

Warner, Sharon. "An Epistemology of 'Participating Consciousness': Overcoming the Epistemological Rupture of Self and World". *Religious Education* 93:2, 1998: 189‑205.

Watzlawick, Paul. Weakland, John H. and Fisch, Richard. *Change: Principles of Problem Formation and Problem Resolution*. 박인철 역.『변화: 역설과 심리요법』. 서울: 동문선, 1995.

Westerhoff, John H. Ⅲ. Ed. *A Colloquy on Christian Education*. 김재은 역.『기독교교육논총』. 서울: 대한기독교출판사, 1978.

_____. "Theological Education and Models for Ministry". *Saint Luke's Journal of Theology* 25, 1982: 153‑69.

Wiersbe, Warren W. *The Names of Jesus*. 장미숙 역.『예수님의 이름』. 서울: 은성, 2008.

Wink, Walter. *The Bible in Human Transformation: Toward a New Paradigm for Biblical Study*. Philadelphia: Fortress Press, 1973.

_____. *Transforming Bible Study*. Nashville: Abingdon Press, 1980.

Wittgenstein, Ludwig. *Philosophische Untersuchungen*. 이영철 역.『철학적 탐

구』. 서울: 서광사, 1994.

Wolterstorff, Nicholas. *Curriculum: By What Standard?* Grand Rapids, MI: National Union of Christian Schools, 1967.

Wood, Charles M. *Vision and Discernment: An Orientation in Theological Study.* Atlanta, GA: Scholars Press, 1985.

Wulf, Christoph. *Theorien und Konzepte der Erziehungswissenschaft.* 정은해 역. 『해석학 · 경험론 · 비판론 사이에서의 교육학』. 서울: 철학과현실사, 1999.

Wyckoff, D. Campbell. "Toward a Definition of Religious Education as a Discipline". *Religious Education* 62:5, Sep‒Oct, 1967: 387‒94.

_____. *Theory and Design of Christian Education Curriculum.* 김국환 역. 『기독교교육과정의 이론과 설계』. 서울: 성광문화사, 1990.

_____. and Brown, George Jr. Eds. *Religious Education. 1960‒1993: An Annotated Bibliography.* Wesport, CT · London: Greenwood Press, 1995.

Yob, Iris M. "Teaching in the Language of Religion". *Religious Education* 67:2, Spring 1993: 227‒37.

Yorks, Lyle. and Sharoff, Leighsa. "An Extended Epistemology for Fostering Transformative Learning in Holistic Nursing Education and Practice." *Holistic Nursing Practice* 16:1, October 2001: 21-29.

강내희. "분과학문 체계의 해체와 지식생산의 '절합적 통합'". 「문화과학」 11, 1997 · 봄: 13‒35.

강봉균 외. 『월경하는 지식의 모험자들: 혁명적 발상으로 세상을 바꾸는 프런티어들』. 서울: 한길사, 2003.

강영안. 『우리에게 철학은 무엇인가』. 서울: 궁리출판사, 2002.

강용원. "基督敎敎育과 神學". 총신대학교 기독교교육연구소 강좌, 2003.

_____. "기독교교육의 사회과학적 접근에 대한 비판적 연구: 논평". 「성경과 신학」 21. 서울: 도서출판 햇불, 1997: 205‒12.

_____. "기독교교육학의 성격과 구조". 「논문집」 12. 부산: 고신대학교, 1984: 29‒69.

_____. "대한예수교장로회(고신)의 교회교육사". 「한국 교단의 기독교교육사」 기독교교육논총5. 한국기독교교육학회, 1999: 201‒39.

강희천. 『기독교교육사상』. 서울: 연세대학교 출판부, 1991.

_____. "기독교교육학의 학문적 성격". 『기독교교육사상』. 서울: 연세대학교 출

판부, 1991.
_____. 『기독교교육의 비판적 성찰』. 서울: 대한기독교서회, 1999.
_____. 『기독교교육사상』. 서울: 연세대학교 출판부, 1991.
고용수. "교회교육의 신학적 기초". 「기독교사상」, 29:7, 325, 1985 · 7: 23 - 37.
_____. "기독교교육의 신학적 접근이론: 1950년대 Neo - Orthodoxism에 기초한
        교육 사상". 「교회와 신학」. 20. 서울: 장로회신학대학, 1988: 301 - 35.
_____. "대한예수교장로회(통합)의 기독교교육사". 「한국 교단의 기독교교육사」
        기독교교육논총5. 한국기독교교육학회, 1999: 95 - 118.
권기현. 『정보사회의 논리: 지식정보사회와 국가경영 논리』. 서울: 나남출판,
        2000.
권오영. 「한국교회 조직의 효율성 제고방안」 석사학위논문. 경기: 강남대학교 사
        회복지대학원, 1998.
권용수. 「교회 행정에 관한 연구: 조직과 조직관리를 중심으로」 석사학위논문.
        대전: 침례신학대학교 신학대학원, 1995.
김광식. 『조직신학』 Ⅱ. 서울: 대한기독교서회, 1990.
김균진. 『기독교조직신학』 Ⅰ. 서울: 연세대학교 출판부, 1984.
김기일. 「교회조직개발에 관한 연구」 석사학위논문. 대전: 침례신학대학 대학원,
        1984.
김득룡. "기독교교육철학의 원천". 「신학지남」 32:1. 서울: 신학지남사, 1965: 31
        - 45.
_____. 『기독교교육학 원론』. 서울: 총신대출판부, 1976.
김민수 외. 『국어대사전』. 서울: 금성출판사, 1991.
김성곤 편저. 『D12 비전: D12 비전으로 변화된 건강한 교회 이야기』. 부산: 두
        날개, 2007.
김성곤. 『두 날개로 날아오르는 건강한 교회』. 서울: NCD, 2001.
김성은. "사회와 기독교교육". 서울신학대학교 기독교교육연구소 편. 『기독교교육
        개론』. 서울: 기독교대한성결교회 출판부, 2003: 339 - 56.
김성재 편. 『평화교육과 민중교육』. 서울: 풀빛, 1990.
김성재. 『분단현실과 기독교민중교육』. 서울: 한국신학연구소, 1988.
김세영. 「정부출연 인문사회과학 연구기관의 평가지표개발에 관한 연구」. 서울대
        행정대학원, 1996.
김양원. 「신학의 학문성에 관한 연구: W. 판넨베르크를 중심으로」 석사학위논
        문. 광주: 호남신학대학교 대학원, 1997.
김용복. "생명과 평화의 상관관계에 대한 성서적 연구". 대한예수교장로회총회교
        육부 편, 『그리스도께서 주신 생명과 평화』. 서울: 한국장로교출판사,

1996: 80 - 100.

김욱동. "포스트모더니즘의 개념과 본질". 김욱동 편. 『포스트모더니즘의 이해』. 서울: 문학과지성사, 1990.

김재은. 『교육목회』. 서울: 성서연구사, 1998.

_____. 『기독교 성인교육』. 서울: 기독한교, 2004.

김정환 · 강선보. 『교육철학』. 서울: 박영사, 1998.

김종숙. 『정보화사회의 사회학적 접근』. 서울: 한국문화사, 2004.

김현숙. "실천신학의 연구방법론". 「기독교교육정보」 1. 한국기독교교육정보학회, 2000: 131 - 56.

노윤백. "한국에서의 기독교교육 정립을 위한 기초요인 연구". 「복음과 실천」 14. 대전: 침례신학대학출판부, 1991: 41 - 67.

노정각. 「조직체 교회에서의 공동체성 회복」 석사학위논문. 부산: 고려신학대학, 1991.

대한기독교교육협회 편. 『여름성경학교(수련회) 공동교재: 그리스도의 평화가 이 땅에』. 서울: 대한기독교교육협회, 1992.

마효락. 「교회조직의 원리 및 실제에 관한 연구」 석사학위논문. 부천: 서울신학대학, 1982.

문동환. "행동신학과 신학교육: 민중신학적 입장에서". 「신학연구」 27, 1986: 93 - 110.

_____. 『교회교육 지침서』. 서울: 한국기독교장로회, 1970.

_____. 『인간해방과 기독교교육』. 서울: 한신대출판부, 1979.

문인숙. "기독교 사회교육사". 대한기독교교육협회 편. 『한국기독교교육사』. 서울: 대한기독교교육협회, 1973: 203 - 20.

박문옥. "기독교대한하나님의 성회의 기독교교육사". 「한국 교단의 기독교교육사」 기독교교육논총5. 한국기독교교육학회, 1999: 305 - 28.

박봉수. 「기독교교육의 새로운 파라다임 형성을 위한 한 연구: 최근의 실천신학 논의를 중심으로」 박사학위논문. 서울: 장로회신학대학교 대학원, 1994.

_____. 『교회의 성인교육』. 서울: 한국장로교출판사, 2003.

박성인. 「교회 조직 관리에 관한 연구」 석사학위논문. 서울: 한신대학 신학대학원, 1984.

박은주. 「바람직한 교회조직 원리」 석사학위논문. 대전: 침례신학대학교 신학대학원, 1999.

박재희 외. 「기관평가제도의 효과적 운영방안」. 한국행정연구원, 2002.

박종석. "교회의 사명 수행을 위한 교육목회: BCM 교육목회제도". 「기독교교육논총」 17. 한국기독교교육학회, 2008: 1 - 34.

_____. "엠마오 사건에 나타난 기독교교육의 구조". 「한국기독교신학논총」 23. 한국기독교학회, 2002: 245 - 65.

_____. "체제적 기독교교육의 구상". 「교수논총」 17. 서울신학대학교, 2005: 183 - 208.

_____. 「한국에서의 기독교교육학의 학문성에 대한 연구」 박사학위논문. 부천: 서울신학대학교, 2000.

_____ · 황선희. "대담 - 현대 가정의 해체와 그 대안: 혈연이 아니라 사랑의 관계를 이루는 가정 공동체". 「기독교사상」, 509, 2001 · 5: 93 - 114.

배완수. 「교회조직구조의 원리와 형태에 관한 연구」 석사학위논문. 서울: 총신대학교 대학원, 1999.

서울신학대학교 기독교교육연구소 편. 『BCM 교육목회 핸드북: BCM 유아교회 핸드북, BCM 어린이교회 핸드북, BCM 청소년교회 핸드북』. 서울: 기독교대한성결교회 출판부, 2007.

_____. 『BCM 교육목회』. 서울: 기독교대한성결교회 출판부, 2007.

세계화추진위원회. 『세계화의 비전과 전략』. 서울: 세계화추진위원회, 1995.

손승희. 『기독교교육학』. 서울: 기독교방송, 1984.

송남순. "기독교평화교육의 이론과 실제". 대한예수교장로회총회교육부 편. 『성숙한 교회와 평화교육』. 서울: 대한예수교장로회출판국, 1988: 218 - 27.

송순재. "기독교교육학의 학문적 가능성". 『종교다원주의와 한국적 신학: 변선환 학장 은퇴기념 논문집』. 천안: 한국신학연구소, 1992: 441 - 71.

송준섭. 「교회 경영에 관한 연구: 조직과 관리를 중심으로」 석사학위논문. 부천: 서울신학대학, 1984.

신현광. 『교육목회와 교회성장』. 서울: 민영사, 1997.

양금희. "생명을 위한 평화교육". 대한예수교장로회총회교육부 편. 『그리스도께서 주신 생명과 평화』. 서울: 한국장로교출판사, 1996: 309 - 25.

엄태동. "반정초주의적 교화의 철학으로부터 온 초대장: 교육적 인식론의 매력과 의의". 「교육원리연구」, 2:1. 교육원리연구회, 1997: 45 - 96.

_____. 「갈매기의 꿈에 나타난 가르침과 배움의 구조 분석」 석사학위논문. 서울: 서울대학교대학원, 1990.

_____. 「교육적 인식론 연구: 키에르케고르와 폴라니의 교화적 방법에 대한 교육학적 고찰」 박사학위논문. 서울대학교대학원, 1998.

오광석. 「조직 개발론의 한국교회 적용에 관한 연구: 소위원회 개발을 중심으로」 석사학위논문. 서울: 감리교신학대학교 신학대학원, 1993.

오균언. 「효율적인 교회교육행정에 관한 연구」 석사학위논문. 서울: 총신대학교교육대학원, 2001.

오만록. "교육학의 학문적 발전과정과 성격에 관한 고찰". 「논문집」 4. 나주: 동 신대학교, 1991: 33 - 46.

오인탁 편. 『한국기독교교육학 문헌목록 1945 - 1980』. 서울: 연세대학교 출판 부, 1983.

_____. "기독교교육철학".

_____ 외 편. 『기독교교육론』. 서울: 대한기독교교육협회, 1984: 53 - 74.

_____. "기독교교육학이란 무엇인가?". 오인탁 편. 『기독교교육학개론』. 서울: 도서출판기독한교, 2004: 19 - 53.

_____. "총론: 한국 교단의 기독교교육사". 「한국 교단의 기독교교육사」 기독교 교육논총5. 한국기독교교육학회, 1999: 9 - 32.

_____. "평화교육의 근거와 조건". 대한예수교장로회총회교육부 편. 『성숙한 교회와 평화교육』. 서울: 대한예수교장로회출판국, 1988: 195 - 206.

_____. "한국기독교교육학 연구사". 한국문화연구원 편. 『한국신학연구 50년』. 서울: 혜안, 2003.

_____. 『현대교육철학』. 서울: 서광사, 1990.

오춘희. "교육학의 입장에서 본 기독교교육학: 학문적 성격을 중심으로". 총신대 학교 기독교교육연구소 발표논문, 2003.

오해석. "인터넷 시대의 미래교회". 임성빈 편저. 『현대문화의 한계를 넘어서』. 서울: 예영커뮤니케이션, 2000.

우실하. "동양의 눈으로 본 한국 사회학의 현재와 미래". 홍원식 외. 『동양을 위하여 동양을 넘어』. 서울: 예문서원, 2000: 131 - 49.

유석성. 『현대사회의 사회윤리』. 부천: 서울신학대학교출판부, 1997.

유순하. 「장로교조직에 관한 연구: 한국 장로교를 중심으로」 석사학위논문. 서 울: 장로회신학대학 대학원, 1975.

유영안. "체제과학에 비추어 본 교육공학의 괘도이탈: 적용과정에서 나타난 오 류분석". 「교육공학연구」 13:2. 한국교육공학회, 1997: 211 - 40.

유재봉. "자생성의 관점에서 본 한국교육학 50년". 한국교육학회50년사 편찬위 원회 편. 『자생적 한국교육학의 미래』. 서울: 원미사, 2003: 3 - 33.

_____. "한국교육학의 자생성에 관한 논쟁 검토". 「韓國敎育史學」 25:2. 韓國 敎育史學會, 2003: 29 - 51.

유재진. 「효율적인 교회 행정을 통한 교회성장 방안 연구: 교회교육행정을 중심 으로」 석사학위논문. 서울: 총신대학교 신학대학원, 1997.

유혜령. "포스트모더니즘과 교육". 「정신문화연구」 14:2, 1991: 192 - 95.

윤응진. "정웅섭의 삶과 학문세계". 「기독교교육논총」 3. 한국기독교교육학회,

1998.

_____. "한국교회 평화 교육의 과제와 전망". 「기독교사상」 419, 1993 · 11: 48
－56.

_____. "한국기독교장로회의 기독교교육사". 「한국 교단의 기독교교육사」 기독
교교육논총5. 한국기독교교육학회, 1999: 147－99.

윤호석. 「교회교육행정의 이론적 고찰」 석사학위논문. 서울: 한신대학교 신학대
학원, 1993.

윤화석. "기독교교육 인간론의 기독교교육 신학적 의의". 『기독교교육논총』 4.
한국기독교교육학회, 1999: 47－108.

은준관. "기독교교육의 신학적 기초". 오인탁 외 편. 『기독교교육론』. 서울: 대한
기독교교육협회, 1984: 25－51.

_____. 『교육신학: 기독교교육의 이론적 근거』. 서울: 대한기독교서회, 1976.

_____. 『신학적 교회론: Basileia와 Ecclesia의 관계를 중심으로』. 서울: 연세대
학교출판부, 1995.

_____. 『실천적 교회론』. 서울: 대한기독교서회, 1999.

이귀윤. "교육학의 학문적 성격에서 본 교육연구의 과제". 「논총: 교육학편」 50.
서울: 이화여자대학교 한국문화연구원, 1986: 177－98.

이기상. "이 땅에서 철학하기, 탈중심 시대에서의 중심 잡기". 우리사상연구소
편. 『이 땅에서 철학하기: 21세기를 위한 대안적 사상 모색』. 서울: 솔,
1999: 13－80.

_____. "존재 또는 있음: 우리말에서 읽어내는 존재의 사건". 우리사상연구소
편. 『우리말철학사전1』. 서울: 지식산업사, 2001: 339－83.

_____. 『서양철학의 수용과 한국철학의 모색』. 서울: 지식산업사, 2002.

이무웅. 「교회의 조직과 관리에 대한 연구」 석사학위논문. 부천: 서울신학대학,
1983.

이소연. "신앙 성숙 단계에 따른 가치체계의 변화에 관한 일 연구". 『교수논총』
4. 부천: 서울신학대학교출판부, 1994: 143－60.

이숙경. "기독교교육의 사회과학적 접근에 대한 비판적 연구". 「성경과 신학」
21. 한국복음주의신학회, 1997: 165－204.

이숙종. "기독교교육의 철학적 기초". 한국기독교교육학회 편. 『기독교교육』. 서
울: 대한기독교교육협회, 1992: 48－61.

이용남. "한국 교육학의 두 전형 비교". 「교육원리연구」 2:1. 교육원리연구회,
1997: 98－111.

이용범. 「조직이론에서 본 교회행정」 석사학위논문. 서울: 감리교신학대학교 신
학대학원, 1984.

이정근. "기독교교육과 신학의 관계에 대한 연구". 趙鍾南博士回甲紀念論文集
　　　　出版委員會 편.「哲學博士 趙鍾南牧師 回甲紀念論文集」. 서울: 기
　　　　독교대한성결교회 출판부, 1987: 512 - 32.

_____. "한국문화 안에서의 기독교교육의 한 연구: 한국문화의 정태성과 관련하
　　　　여".「신학사상」 17. 서울: 한국신학연구소, 1977: 349 - 72.

이정배. "한글과 기독교 - 문화신학의 과제로서 한글로 신학하기: 유영모와 김흥
　　　　호의 한글풀이를 중심으로".「한국기독교신학논총」 22. 한국기독교학회,
　　　　2001: 407 - 43.

이종각.『교육학 논쟁』. 서울: 도서출판 하우, 1994.

이준형.『시스템의 이해』. 인천: 인하대학교출판부, 2000.

이창순.『조직』. 서울: 박영사, 1998.

이충섭.「전회중을 위한 교회교육행정연구: 체제이론 중심으로」 석사학위논문.
　　　　서울: 감리교신학대학 신학대학원, 1990.

이학종.『경영혁신과 조직개발: 현대 기업의 전략적 변신관리』. 서울: 법문사,
　　　　2003.

임창복. "기독교교육과 신학".「교회와 신학」 18. 서울: 장로회신학대학, 1986:
　　　　232 - 59.

_____. "기독교교육과 신학의 관계".「기독교사상」 30:3, 331, 1986: 71 - 81.

장상호. "교육의 재개념화에 따른 10가지 새로운 연구영역".「교육원리연구」
　　　　2:1. 교육원리연구회, 1997: 111 - 212.

_____. "교육의 재개념화에 따른 10가지 새로운 탐구 영역".「교육원리연구」
　　　　2:1. 교육원리연구회, 1997: 112 - 213.

_____. "교육적 관계의 인식론적 의의".「교육원리연구」 1:1. 서울대학교 교육
　　　　원리연구회, 1996: 1 - 63.

_____. "교육적 방법론".「교육국가의 건설: 교육의 세기와 기초주의」 청뢰 한
　　　　기언 박사고희기념 논문집. 서울: 양서원, 1994: 281 - 321.

_____. "교육학의 비본질성".「교육이론」 1:1. 서울대학교 사범대학, 1986: 5 - 53.

_____. "또 하나의 교육관". 이성진 편.『한국 교육학의 맥』. 서울: 나남출판사,
　　　　1994: 291 - 326.

_____. "학문공동체의 지적 풍토에 대한 소고".「서울대학교 사대논총」 47.
　　　　1993: 25 - 59.

_____.「교육학 탐구 영역의 재개념화」 서울대학교 교육학연구 91 - 2. 서울:
　　　　서울대학교 사범대학 교육연구소, 1991.

_____.『학문과 교육(상): 학문이란 무엇인가?』. 서울: 서울대학교 출판부,
　　　　1997.

_____. 『학문과 교육(하): 교육적 인식론이란 무엇인가』. 서울: 서울대학교출판부, 2000.

장성근. "경영의 기본 사이클에 충실하라". <LG 주간경제>, 1997. 11. 12: 1 - 8.

장태식. 「교회 행정조직의 건강 상태 진단 모형」 석사학위논문. 대전: 침례신학대학교 신학대학원, 1995.

전국신학대학협의회 편. 『한국신학교육기관자료집 1999/2000』. 서울: 전국신학대학협의회, 1999.

_____. 『한국신학교육기관자료집 2001 - 2002』. 서울: 전국신학대학협의회, 2001.

정범모. "한국교육학의 자족성 문제". 「교육학연구」 25:2. 한국교육학회, 1987: 1 - 8.

정웅섭. "교회의 평화교육". 김성재 편. 『평화교육과 민중교육』. 서울: 풀빛, 1990: 142 - 58.

_____. "기독교교육에 대한 신학적 조명: 교회교육의 장을 중심으로". 「신학연구」 32. 오산: 한신대학 신학부, 1991: 83 - 103.

_____. "신학과 교육 사이". 「신학사상」 20. 서울: 한국신학연구소, 1978 · 봄: 41 - 52.

_____. "신학과 교육 사이". 『기독교교육이론과 실제』. 서울: 대한기독교출판사, 1981. 7 - 19.

_____. 『교회의 교사교육 과정: 지침과 교재』. 서울: 대한기독교교육협회, 1992.

_____. 『기독교교육의 이론과 실제』. 서울: 대한기독교출판사, 1981.

_____. 『현대 교육목회의 전개』. 천안: 한국신학연구소, 2001.

조동일. 『우리 학문의 길』. 서울: 지식산업사, 1993.

_____. 『인문학문의 사명』. 서울: 서울대학교출판부, 1997.

차기남. 「한국 감리교회의 조직과정」 석사학위논문. 서울: 감리교신학대학교 신학대학원, 1984.

최기호. 『살려 쓸 만한 토박이말 5000』. 서울: 한국문화사, 2004.

최성욱. 「변신이야기에 나타난 교육의 구조 탐색」 박사학위논문. 서울: 서울대학교 대학원, 1994.

최성찬. "교육의 종교신학적인 해석". 「계명신학」 5. 대구: 계명대학교 신학연구소, 1990: 1 - 27.

_____. "신학이 기독교교육의 학문적 기초가 되는 이유". 「기독교교육 논총」 3. 한국기독교교육학회, 1998: 259 - 90.

탁석산. 『한국의 정체성』. 서울: 책세상, 2000.

평화통일희년준비위원회 편. 『희년을 향한 순례』. 서울: 대한기독교교육협의회,

1993.

하영선. "현대의 평화 연구". 그리스도교철학연구소 편. 『현대사회와 평화』. 서울: 서광사, 1991: 193 - 211.

한국기독교교육학회 편. 「기독교교육논총5: 한국 교단의 기독교교육사」. 서울: 한국장로교출판사, 1999.

한승홍. "기독교교육철학에 관한 소고". 「신학춘추」. 1981. 8.

_____. "기독교교육철학이란 무엇인가?". 오인탁 외 편. 『기독교교육론』 증보신판. 서울: 대한기독교교육협회, 1984: 455 - 93.

_____. "기독교교육철학이란 무엇인가?". 「신학사상」 38. 서울: 한국신학연구소, 1982 · 가을: 565 - 95.

_____. "기독교교육학의 철학적 이론형성". 「교회와 신학」 14. 서울: 장로회신학대학, 1982: 253 - 75.

_____. 『기독교교육철학사상』. 서울: 장로회신학대학교 출판부, 1991.

한영제 편. 『기독교사전』. 서울: 기독교문사, 1991.

한춘기. "김득룡의 기독교교육관". 「기독교교육논총3」. 한국기독교교육학회, 1998: 11 - 25.

허숙 · 유혜령 공저. 『교육현상의 재개념화: 현상학, 해석학, 탈현대주의적 이해』. 서울: 교육과학사, 1997.

홍정근. "교회교육조직의 이론과 실제" 1 - 4. 「교육교회」 267 - 270. 서울: 장로회신학대학교 기독교교육연구원, 1999.

황상민. 『사이버공간에 또 다른 내가 있다: 인터넷세계의 인간심리와 행동』. 서울: 김영사, 2000.

"21세기 가정의 패러다임: 달라지는 가족개념". ≪세계일보≫, 2004. 2. 15.

"지식인 사회 - 이것이 이슈다<5> '우리 학문' 어떻게 정립할 것인가". ≪조선일보≫, 2002. 4. 10.

≪문화일보≫, 2006. 11. 28.

≪한겨레신문≫, 2006. 11. 28.

기독교대한성결교회 총회본부 교육국. 「The BCM」 창간준비호, 2007. 9. 17.

기독교대한성결교회 총회본부 교육국. 「The BCM」 창간호, 2007. 11. 13.

『독일성서공회판 성경전서』. 서울: 대한성서공회, 1997.

사서편집국 편. 『동아 새국어사전』 5판. 서울: 두산동아, 2003.

서울대학교 교육연구소 편. 『교육학 용어사전』. 서울: 하우, 1994.

http://learning.snu.ac.kr.

http://web.mts.ac.kr:8080/index.htm. 감리교신학대학교 기독교교육연구소.

http://www.koreabaptist.org/church_map.asp?i = bar_organization.

http://cedu.campushomepage.com. 나사렛대학교 기독교교육학과.

http://edpck.org/edpck/index.html.

http://jinri.chonan.ac.kr/~cerc. 백석대학교 기독교교육연구소.

http://user.chollian.net/~isce. 총신대학교 기독교교육연구소.

http://www.acts.ac.kr/acts/unisociety/unisociety_03_3.html. 아세아연합신학대학교 교육연구소.

http://www.awanakorea.net. 어와나.

http://www.cefkorea.org. 한국어린이전도협회.

http://www.ceri.co.kr. 장로회신학대학교 기독교교육연구원.

http://www.chongshin.ac.kr/organ/organ_main_02.html. 총신대학교 부설연구소.

http://www.cserc.or.kr. 기독교학교교육연구소.

http://www.edpck.org. 대한예수교장로회 총회교육원.

http://www.edupck.net/intro/history04.asp.

http://www.gapck.org/education.

http://www.hanil.ac.kr. 한일장신대학교.

http://www.hansei.ac.kr/organization/organ03_02.asp. 한세대학교 부설기관.

http://www.holylife.co.kr/frame/aboutus/briefhistory.htm.

http://www.hs.ac.kr/organ/org_divinity.html. 한신대학교 학술원.

http://www.kmcedu.or.kr/introduce/sub03.php. 기독교대한감리회본부 교육국.

http://www.kmcweb.or.kr/main − gamri/1main.htm.

http://www.mebigkorea.or.kr. 메빅코리아.

http://www.psh.or.kr. 풍성한 교회 홈페이지.

http://www.sungkyul.edu/ko/sungkyul/attachment/annex_laboratory.html. 성결대학교 대학기관.

색 인

인명

국내

(ㄱ)

강내희; 234, 453
강봉균; 232, 453
강선보; 17, 455
강영안; 42, 453
강용원; 182, 185, 201, 217, 382,
　　384, 453
강희천; 182, 192, 217, 229, 241,
　　405, 453
고용수; 114, 182, 217, 360, 444,
　　449, 454
권기헌; 349, 454
권오영; 417, 454
권용수; 417, 454
김광식; 36, 124, 454
김균진; 36, 454
김기일; 417, 454
김득룡; 186, 217, 454, 461
김민수; 143, 454
김성은; 217, 225, 454
김성재; 174~75, 218, 327, 330,
　　337, 441, 454, 460
김세영; 381, 454
김양원; 36, 454
김용복; 329, 454
김욱동; 351, 455
김재은; 103, 108, 217, 295, 307,

　　414, 451, 455
김정환; 17, 455
김종숙; 353, 455
김현숙; 184, 455
김흥호; 211, 459

(ㄴ)

노윤백; 181, 217, 455
노정각; 416, 455

(ㅁ)

마효락; 417, 455
문동환; 187~88, 218, 455
문인숙; 225, 455

(ㅂ)

박문옥; 218, 383, 455
박봉수; 114, 184, 295, 414, 449,
　　455
박성인; 417, 455
박은주; 417, 455
박재희; 380, 455
박종석; 198, 201, 228, 236, 258,
　　277, 290, 331, 455
배완수; 416~17, 456

(ㅅ)

서광선; 113, 448
손승희; 100, 181, 217, 452, 456
송남순; 218, 342, 456
송순재; 182, 193, 217, 404, 456
송준섭; 417, 456
신현광; 217, 414, 456

(ㅇ)

양금희; 217, 329~30, 456
엄태동; 82, 94, 456
오광석; 417, 456
오균언; 417, 456
오만록; 196, 457
오인탁; 21, 182, 189~90, 218,
   224, 325, 382~83, 457~58,
   461
오춘희; 201, 217, 376, 457
오해석; 350, 457
우실하; 41, 457
유석성; 330, 457
유순하; 417, 457
유영모; 211, 459
유영안; 254, 457
유재봉; 238, 457
유재진; 417, 457
유혜령; 352, 457, 461
윤응진; 207, 218, 327, 333, 383,
   457
윤호석; 417, 458
윤화석; 19, 217, 458
은준관; 182~83, 214, 217, 359,
   368, 404, 458
이귀윤; 197, 458
이기상; 41, 43, 211, 241, 447,
   458
이무웅; 417, 458

이소연; 217, 458
이숙경; 182, 217, 458
이숙종; 43, 217, 458
이용남; 74, 458
이용범; 417, 458
이원론; 18
이정근; 36, 131, 181, 217, 459
이정배; 211, 459
이종각; 239, 241, 459
이준형; 255, 459
이창순; 416, 459
이충섭; 417, 459
이학종; 435, 459
임창복; 182, 217, 376~77, 459

(ㅈ)

장상호; 38, 53, 61, 71, 74, 76
장성근; 411, 460
장태식; 417, 460
정범모; 238, 460
정웅섭; 108, 182, 206~07, 218,
   309, 345, 450, 457, 460
조동일; 45, 205, 239, 460
조한혜정; 205

(ㅊ)

차기남; 417, 460
최기호; 266, 460
최성욱; 94, 460
최성찬; 182, 217, 460

(ㅌ)

탁석산; 45, 460

(ㅎ)

하영선; 325, 461

한숭홍; 34, 190~91, 404, 461
한영제; 144, 461
한춘기; 186, 217, 461
허숙; 352, 461
홍정근; 417, 461
황상민; 363, 431, 452, 461

국외

(A)

Adams, Daniel J.; 32, 438
Alfonso, Regina M.; 438
Ammerman, Nancy T.; 357, 438
Ankoviak, Mary A.; 29, 438
Arther, Chris; 24, 438
Astley, Jeff; 36, 58, 438
Augustine; 50

(B)

Bainton, Roland H.; 334, 438
Barnes, L. Philip; 48~49, 438
Barret, Charles K.; 152, 438
Barth, Karl; 26, 130, 358
Barthes, Roland; 210
Bauer, Robert K.; 417, 438
Bavinck, Herman; 50~51, 445
Belth, Marc; 196, 439
Bernstein, Richard J.; 209, 439
Berryman, Jeronme W.; 24, 439
Bertalanffy, Ludwig von.; 251,
    253, 439
Beversluis, Nicholas H.; 18~19,
    49, 439
Bloom, Benjamin S.; 5, 135, 137,
    439, 446
Bowen, H. Kent; 434, 439
Boyer, Pascal; 363, 439
Brelsford, Theodore; 439
Brockman, Jeff; 56, 439
Bromiley, Geoffrey W.; 90, 439
Brown, George Jr.; 23, 214, 453
Browning Don S.; 346, 405, 442
Bruce, Alexander B.; 154, 439
Brumbaugh, Robert; 30, 439
Bryman, Alan; 347, 450

Buber, Martin; 27, 440
Butler, Donald; 47
Butler, Ruth; 417, 440

(C)

Calvin, John; 249, 359
Castells, Manuel; 363, 440
Clark, Kim B.; 434, 439
Cobb, John B. Jr.; 347, 445
Coe, George A.; 47, 126
Cohen, Dan S.; 434, 446
Coleman, Robert; 151, 440
Conrad, Robert L.; 25, 440
Cosgrove, Francis M. Jr.;
    149, 440
Cully, Iris V.; 46, 144, 440, 447
Cully, Kendig B.; 46, 144, 440,
    447
Cunningham, David S.; 372, 440

(D)

Darwin, Charles; 251
Davis, Stanley; 432, 441
Deleuze, Gilles; 430
Denning, Stephen; 434, 441
Dent, Harry S. Jr.; 431, 441
Descartes René; 55
Dewey, John; 23, 51, 63, 441
Dunkel, Harold B.; 30, 441
Dykstra, Craig; 369, 441

(E)

Earle, Ralph; 156, 441
Eavey, Charles B.; 356, 441
Ebeling, Gerhard; 28, 441

Edwards, Richard; 233, 452
Elias, John; 175, 295, 441
Ellul, Jacques; 340, 442

(F)

Fakkema, Mark; 17, 65, 442
Farley, Edward; 346, 369, 441~42
Fiorenza, Francis S.; 347, 442
Fisch, Richard; 204, 452
Fischer, Wolfram; 347, 442
Fleischer, Barbara J.; 258, 442
Flew, Antony; 37, 442
Forrey, Jeffrey S; 50, 442
Foster, Charles R.; 360, 442
Fowler, James W.; 158, 405, 442
Freire, Paulo; 5, 8, 10, 127,
   152, 159~66, 173~74, 442
Friedrich, Gerhard; 142, 446
Friemelt, Angar; 340, 443
Frykberg, Elizabeth A; 26, 443

(G)

Gadamer, Hans-Georg; 26, 229,
   443
Galtung, Johan; 334, 443
Gam, H. J.; 443
Giddens, Anthony; 339, 353,
   443, 452
Gladwell, Malcolm; 436, 443
Glasse, James D.; 347, 443
Goldsmith, Edward; 353, 447
Grenz, Stanley J.; 364, 443
Grimmitt, M.; 54, 444
Groome, Thomas H.; 25, 77,
   115~16, 228, 337, 444

(H)

Harper, Norman E; 17, 50~51,
   444
Harris, Chris; 24, 444
Harris, Maria; 235~36, 241,
   360, 414, 444
Harrison, Melissa; 347, 444
Haughton, Laurence; 434, 445
Hegel, Georg W F.; 251
Hess, Ernest; 26, 445
Heywood, S J.; 326, 445
Hiam, Alexander; 436, 445
Hill, Brennan; 30, 445
Hinings, Bob; 347, 450
Holloway, Charles A; 434, 439
Horne, Herman H.; 47, 98, 150,
   201, 445
Hough, Joseph C. Jr.; 347, 445
Huebner, Dwayne; 342, 445
Huntington, Samuel P; 365, 445
Husserl, Edmund; 54, 196
Hutton, Will; 339, 353, 443, 452

(J)

Jaarsma, Cornelius; 19, 51, 445
Jakobson, Roman; 210
Jennings, Jason; 434, 445
Jung, Carl G; 26

(K)

Kang, Hee-Chun; 337, 445
Kearney, Richard; 233, 446
Kelman, H. C.; 152
Kennedy, William B.; 337, 342,
   446
Kittel, Gerhard; 142, 446
Knight, George R.; 21, 446

Kohlberg, Lawrence; 58
Kotter, John P.; 434, 446
Krathwohl, David R.; 135, 137, 438, 446
Kuyper, Abraham; 18

(L)

Lawson, Kevin E.; 355, 446
Lee, James M.; 59, 77, 99, 123, 128, 446
Lindquist, John T.; 28, 447
Lines, Timothy A.; 257, 447
Loder, James E.; 46, 59, 204, 447
Lovat, Terrance; 54, 447
Luther, Martin; 249, 343, 359
Lyotard, Jean-François; 233, 447

(M)

Mandel, Michael J.; 362, 447
Mander, Jerry; 353, 447
Marshall, I. Howard; 84, 447
Martens, Ekkehard; 43, 447
Martin, Miriam K.; 352, 448
Martin, Robert K.; 57, 448
Marx, Karl H.; 171, 237, 251
Masia, Bertram B.; 135, 446
Meland, Bernard E.; 30, 448
Meyer, Christopher; 432, 441
Miller, Donald E.; 103, 451
Miller, Randolph C.; 28~30, 107, 112~14, 448
Moran, Gabriel; 23, 117, 235~36, 241, 444, 449
Mudge, Lewis; 185, 449

(N)

Niebuhr, H. Richard; 347, 357, 449
Nisbett, Richard E.; 240, 449
Nouwen, Henri J. M.; 84, 449

(O)

Oser, Fritz; 340, 443
Osmer, Richard R.; 364, 414, 449

(P)

Palmer, Parker J.; 342, 449
Panneberg, Wolfhart; 36, 449
Paul; 450, 452
Pazmiño, Robert W.; 187, 449
Peterson, Michael L.; 32, 449
Piaget, Jean; 124, 232~33, 449
Pinar, William F.; 342, 445
Plummer, Alfred; 86, 450
Polanyi, Michael; 55, 204, 450
Polding, James; 185, 449

(R)

Rahner, Karl; 347, 450
Rajotte, Freda; 329, 450
Ramsey, Ian T.; 69, 450
Ranson, Stewart; 347, 450
Regan, Jane; 361, 450
Runes, Dagobert D.; 32, 450
Rush, Myron; 410, 450
Russell, Letty M.; 308~309, 430, 450

(S)

Saussure, Ferdinand de.; 196,

210

Schweitzer, Friedrich; 364, 449
Senge, Peter M.; 258, 360, 450
Seymour, Jack L.; 103, 451
Sharoff, Leighsa; 453
Shaw, Luci; 357, 438
Sherrill, Lewis J.; 107~108, 133, 451
Simmons, Henry C.; 338, 451
Sinclair, Alex; 375, 451
Stewart, Charles W.; 347, 451

(T)

Taylor, Vincent; 132, 451
Tillich, Paul; 364, 452
Toynbee, Polly; 339, 353, 452

(U)

Usher, Robin; 233, 452

(V)

Vogelsang, John D.; 27, 452

(W)

Wallace, Patricia M.; 363, 452
Warner, Sharon; 55, 452
Warnock Geoffery; 58
Watzlawick, Paul; 204, 452
Weakland, John H.; 204, 452
Westerhoff, John H., III.; 100~101, 307, 347, 452
Wheelwright, Steven; 434, 439
Whitehead, Alfred N.; 29~30, 445
Wink, Walter; 25, 77, 452
Wittgenstein, Ludwig; 48, 70, 232, 452
Wolterstorff, Nicholas; 19, 453
Wood, Charles M.; 346, 453
Wulf, Christoph; 22, 190, 453
Wyckoff, D. Campbell; 23, 76, 107, 214, 453

(Y)

Yob, Iris M.; 29, 453
Yorks, Lyle; 453

주제어

(ㄱ)

가르침의 구조; 77, 83, 92, 198
가르침의 차원; 80~81
가치 또는 가치 복합에 의한 인격화
    (characterization by a value
    or value complex); 147
가치관; 19, 147~48, 152, 154, 262,
    271, 341
가치론; 31~32, 44
가치화; 139, 153
감리교; 332, 420, 425~26, 429,
    431, 433, 437
감신대; 376, 378~79, 381, 383,
    389
감정주의적-경건주의적 개인주의
    (emotional, piestistic
    individualism); 249
개혁신학; 186
개혁주의; 384, 388, 397
경험 중심의 인식론; 59~60, 62~
    66, 69
경험적-분석적 논리; 21~22, 189
경험주의적 교육 방식; 52
고신대; 376, 378~79, 381, 388~
    90, 397, 400, 402
고유한 탐구 영역; 76, 196, 198
공동기도서(the Book of Common
    Prayer); 358
공통점의 원리; 232, 234
과정적인 실재; 71
과정철학; 29
과학만능주의; 350
과학적 사고; 62
관계 중심적; 264
관상기도; 63, 315
교과서; 423

교단 신학; 256, 366~67, 388
교사-학생의 수평구조; 162
교수모형; 79
교수이론; 77
교수-학습과정; 17
교수-학습의 상황; 80
교육목표 분류학; 135~37
교육목회; 106, 226, 245~47, 249,
    256, 273, 275, 278, 360,
    414, 449, 456
교육본위론(敎育本位論); 73
교육부; 116, 216, 284~87, 373,
    376, 419, 421, 423, 428
교육의 구조; 73~74, 78, 82
교육의 목표와 방법; 133, 136, 149,
    158
교육의 장; 54, 221, 223, 236,
    267, 297, 302, 431
교육의 통로; 151
교육의 효과; 133~34, 324, 415~16
교육의 효율성; 236, 354
교육적 정황; 83
교육적 해석; 18
교육철학; 21, 29, 38, 449, 455
교육체계; 78
교재; 161, 165~66, 174, 216,
    256, 282, 292, 294, 391,
    394, 421, 427
교제의 관계; 145
교조적 명령 체계; 173
교파의식; 357~58
교회교육; 160, 182, 189, 207, 226,
    305, 374, 376, 386~87, 396
교회론; 124, 246, 248~50, 359,
    368, 370
교회성장; 323~24, 414~15, 426,
    456~57

교회의 문제; 104, 209, 415

교회의 사명; 103, 159, 248, 250, 263, 268~69, 290, 322, 415, 455

교회의 신학; 256, 262

교회학교; 41, 158, 202, 226, 235, 237, 243, 247, 265, 278, 284, 391

구성주의(constructivism); 66

구속적 사역; 356

구조(structure); 252

구조성; 198

구조적 차원; 73

구조적 폭력; 334

구조주의적 관점; 74

권위의 해체; 210

귀납적인 방식; 57

규범적 기독교교육철학; 37

규범적, 신학적 연구; 17

규범적-연역적 논리; 21, 189

그리스도의 몸(Corpus Christi); 358

기능의 정교화; 67

기독교 비전; 80

기독교 이야기; 80

기독교교육과정; 15, 222, 224, 453

기독교교육구조; 80~81

기독교교육신학; 15, 20, 35, 97

기독교교육심리; 15

기독교교육연구소; 248, 259, 269, 273, 275, 277~78, 373, 376, 378~79, 381, 383, 389~90, 396~97, 401, 403, 412

기독교교육의 역사; 201

기독교교육의 재개념화; 37

기독교교육철학; 15~18, 33, 35, 38, 189, 224, 457, 461

기독교교육학; 15, 17, 20, 72, 82, 179~81, 183, 185, 188, 191, 194, 199, 202, 222, 226,

231, 240, 390, 405, 457

기독교교육학의 실효성; 231

기독교교육학의 정체성; 72~74, 93, 179~81, 188, 199~200, 208, 213, 231

기독교교육학회; 216, 290, 454, 458

기독교교육행정; 15, 222, 224, 418, 438

기독교대한성결교회 총회본부 교육국; 276, 461

기독교윤리; 124, 260

기독교적 가치관; 270

기독교적 행동 양식(orthopraxis); 185

기독교철학; 18

기독교평화교육; 326, 332, 335~36, 338, 344~45

기독교학교교육연구소; 376~78, 406, 462

(ㄴ)

나사렛대; 379, 385, 388~90

내면화(internalization); 139

네트워크식 조직; 429

노동과 분배의 개념; 251

논리학; 32

능동적 구성자; 71

(ㄷ)

다민족 사회; 365

닫힌 시스템; 255

담론의 이질성; 233

당사자적 진리(truth for me); 58

대안학교; 431

대중교육; 170

대한기독교교육협회; 21, 43, 113, 182, 225, 237, 345, 394, 404, 448, 450, 455, 458, 460

대화법; 62, 275
대화의 원리; 232~34
도덕적 성장; 18
도덕적 행위; 143~44
독자적인 탐구 영역; 196
동기화; 150, 156
동일화; 108, 153
디다케(Didache); 247
디아코니아(Diakonia); 248

(ㄹ)

레이투르기아(Leitourgia); 247
루터(Martin Luther)의 교회론;
　　249, 359

(ㅁ)

마루; 266, 268~69
마르크스주의; 67, 341
몸 차원(somatic dimension); 56
묵상(silence and meditation); 25
문맹자교육; 167
문자습득 교육; 170
문제 제기의 원리; 232, 234
문제들의 해결책; 204
문제의 본질; 204
문학비평(literary criticism); 27
문학적, 역사적 비평; 25
문화적 폭력; 334
미니홈피(Mini homepage); 266
미래주의(futurism); 20
미적(aesthetic) 접근; 241
미학; 31~32
민중 편애적; 188
민중신학; 187

(ㅂ)

반즈의 이론; 49

발견카드; 169
방관(on-looking); 55
배움의 구조; 80~81, 87, 92~94,
　　198, 456
배움의 차원; 80~81
백석대; 379, 385, 389
변증법적-이념비판적 논리; 21, 189
변형된 변증법적 해석학(Transformed
　　Dialectical Hermeneutic); 26
변형된 변형시키는 성서연구
　　(Transforming Bible Study
　　Transformed); 26
변형시키는 성서연구(Transforming
　　Bible Study); 26
보수정통; 17
복음의 언어; 28
복음의 의미; 28
복음주의; 186, 210, 295, 355~
　　56, 386, 391
본문(text)과 문맥(context)의 문제;
　　207
본질주의(essentialism); 20
분과학문적 체계; 234
분석적 기억(analytical memory); 343
블로그(Blog); 266
블루오션; 405
비판이론(critical theory); 67
비판적 사고(critical reason); 343
비판적 실재론; 57
비판적 의식; 166, 343

(ㅅ)

사(史)적 근거; 201
사춘기; 42
사회교육; 225, 318, 384, 425~26
사회기능주의(Sociological
　　Functionalism); 252
사회의 변혁; 166

사회적 문맥; 64~68
사회적 체험; 61
사회체계; 252
산업사회; 290, 349~50
삶으로서의 평화; 336~37
삶의 경향; 147
삶의 방식; 69
삶의 자리; 20, 296
삶의 정황; 69
상구(上求, ascending education);
    75
상구계; 75
상대주의; 52, 57~58
상황 중심적; 264
새로운 해석학(New Hermeneutic);
    29
생성어; 167, 169
생의 가치; 145
생활세계; 41, 199, 209, 240
서울대학교 교육연구소; 146, 461
서울신대; 378~79, 381, 385, 388
    ~89, 391, 395, 397, 400~402
서울신학대학교 기독교교육연구소;
    225, 273, 278, 454, 456
선교 패러다임; 246
선택된 사람들의 무리(Coetus
    Electorum); 358
성결교; 427
성결대; 379, 385, 388~89
성경 속의 기독교교육; 201
성경수업; 236
성도의 교제(Communio Sanctorum/
    Communio Fidelium); 249, 359
성례전적 계급주의(sacramental
    hierarchism); 249
성례전적 입장; 33
성서교육; 77, 123, 397, 439
성서와 전통; 80, 102, 116~17,
    258~60, 269, 274~75, 281

성서의 평화; 333
성서적 인간론; 57
성서적 중심; 199~200
성장의 가능성; 18
세계 이해; 325
세계 정보화지수(ISI: Information
    Society Index); 350
세계개혁교회협의회(WARC); 327
세계관(Weltanschauungen); 17
세계교회협의회(WCC); 327
세계화; 38, 210, 339, 349, 353,
    362, 365, 371, 447
세계화 더하기 시장; 339
세계화 사회; 349, 352, 354
세계화추진위원회; 353, 456
세속적 경험론; 17
셀(Cell); 247
소그룹; 247, 256, 258~60, 264,
    269, 274, 281, 291
수직적 구조; 257
수평적인 구조; 257
숨겨진 교육과정(hidden curriculum);
    338
시간과 공간의 극복; 349
시간을 단위로 묶어 준다는 것
    (packaging of time); 338
시스템 이론(system theory); 251
신경 과학(brain sciences,
    neuroscience); 363
신스콜라주의(neo-scholasticism)
    ; 20
신앙 체험; 61
신앙교육; 40, 58, 69~70, 197~98,
    266, 305, 385, 389, 397, 426
신앙을 가르치고 배우는 현상; 197
신앙의 성장; 83
신앙의 양육; 158
신앙적 교육인식론; 70
신자유주의; 210, 238, 339, 353~

54, 365, 371, 435
신자의 전인; 359
신적 담화; 29
신학교; 348~49, 358, 365~66,
　　368~69, 371, 407
신학교육; 346~49, 352, 357, 361
　　~63, 366~67, 369~71
신학은 교회를 위해 봉사하는 학문
　　(Theologie ist eine der Kirche
　　dienende Wissenschaft); 358
실용주의(pragmatism); 20
실용주의적 지식관; 227
실재주의(realism); 20
실제적 성서해석의 과정; 27
실존주의(existentialism); 20
실증주의(positivism); 20, 66
실천 연구; 237
실천신학; 109, 125, 184~85, 346,
　　442, 455
실천의 본성; 237
실천의 주제; 238
실천적 맥락; 199

(ㅇ)

아는 과정; 46, 60, 62
아래로부터의 해석학; 25
아신대; 386, 388~89, 392, 396
알파(Alpha); 247
양식비평(form criticism); 27
양육 프로그램; 247, 265
어린이전도협회; 406
어와나; 377, 406, 462
언어의 문제; 28
언어적 문맥; 28
언어철학; 28
에큐메니컬 운동; 426
엠마오 사건; 73, 82~83, 92~93,
　　201, 456

역리(逆理); 233
역사 안에서 전개되는 그 이야기(the
　　story unfolding in history);
　　27
연극 활동; 170
연역적인 추론의 과정; 53
열린 시스템; 255, 265
열린사회; 349, 420
영남신대; 378~79, 381, 386, 388
　　~89, 392, 396, 401~402
영성 운동; 245
영적 성장; 356~57, 395
영적 존재; 144
예수 그리스도의 몸; 209
예수 그리스도의 사역; 249, 359
예수 부활의 현현; 90
예수의 교육목표; 134~36, 141,
　　150~51, 154, 157
예장 고신; 419, 424
예장 통합; 422
예장 합동; 419, 423
예정론; 358
옵다르모스(ὀφθαλμός); 90
외래 이론; 181, 205, 207, 227~
　　29, 239~42, 388
우리말 철학; 212
우리의 이야기(our story); 27
우주론; 32
운동기능적 영역; 136
위계(hierarchy); 254
위안으로서의 평화; 333
유기체론; 248
은행저축식 교육(Banking Education); 161
응용신학; 184
응용철학; 22
의로운 전쟁론(the just war); 334
의미의 다층성; 212
의식화 교육; 172~73
의식화함(Bewuβtseinwer－den);

34, 191
의심의 해석학(hermeneutics of
　　suspicion); 27
이론의 실천화; 207
이론적 한계의 극복; 199
이상주의(idealism); 20
이성 중심의 세계관; 210
이성 중심의 인식론; 60, 62~66
이성적인 능력; 49, 55
이종 교배(hybrid); 207
인간다운 사람으로서의 교육(education as
　　a human person); 49
인간자유의 사회; 162
인간행동의 사회; 162
인격의 특성; 143~44, 146
인격적 존재; 144
인격형성; 144
인격화(characterization); 148
인권 및 민주화 운동; 331
인본주의(humanism); 21
인식론; 31~32, 39, 46~48, 55,
　　59~60, 65, 456, 460
인식의 정당성 문제; 68
인식의 주체; 64
인식자의 문제; 64
인지 과학(cognitive science); 363
인터넷; 218, 265, 350, 362~63,
　　379, 412, 418, 452
일반적 의미에서의 평화; 333
일반체계이론(General Systems
　　Theory); 252
일반화된 행동태세(generalized set); 148

(ㅈ)

자기 의지; 143~44, 147
자기화 단계; 80
자기-조절(self-regulation); 254
자본주의; 41, 166, 171, 339, 435,

443
자아 이해; 325
자아의 가치; 143~44, 147
자족하는 삶; 340
작업가설; 252
장로교; 358, 422, 429, 431, 437
장신대; 378, 380~81, 383, 386,
　　393, 398, 401~402, 410
재개념화; 38, 73, 459, 461
재건(reconstruction); 27
재건주의(reconstructionism); 20
재형성(reshaping); 241
전국복음주의협회(N.A.E.;
　　Constitution of the National
　　Association of Evangelicals);
　　355
전인적 존재; 144
전일성(wholeness); 254
절합(articulation); 233
정경비평(canonical criticism); 27
정보사회; 349, 363, 454
정신과학적-해석학적 논리; 21, 189
정의·평화·창조세계의 보전(Justice, Peace,
　　and the Integrity of Creation) 세계대
　　회; 327
정의와 생명의 문제; 327, 337
정의적 영역; 135~37, 139~40,
　　151~52, 157
정초주의(foundationalism); 61, 71
제3세계적 입장; 330
조직 개발; 432, 434
조직 혁신; 381, 434, 436
조직론(Systematik); 21, 189
조직적 구조(organizational tructure);
　　197
존재 상황; 67
존재론; 31~32, 60
종교과목; 236, 423
종교언어; 28

종교적 경험; 61
종의 특성; 149
종합 학문; 225
주관적인 과정; 58
주일학교운동; 225
지각방식; 101, 240
지각의 장(perceptual field); 153
지식을 계층화(stratified); 337
지식을 분류화(classified); 337
지식의 대상에 대한 물음; 62
지식의 절대성; 52
지식의 통제; 337
지식인의 식민성; 205
지적 성장; 18
지적 영역; 136~37, 139~40, 439
직접적 폭력; 334
진보주의(progressivism); 20

(ㅊ)

참여하는 의식(participating
    consciousness); 55
창의적 교육; 350
창의적 상상력(creative
    imagination); 343
창조적 성장; 19
창조적 수용; 173
창조질서의 보전; 327
철학적 존재(animal
    philosophicum); 42
철학적 주제; 24, 31, 37
체계적(systematic); 254
체제적(systemic); 254
총신대; 378, 380, 386, 393, 395
추상적인 영적 지식주의(abstract
    spiritual intellectualism); 249
침례교; 421, 427, 429, 437

(ㅋ)

카페(Cafe); 266
칸트의 구성적 인식론; 67
칼빈(John Calvin)의 교회론; 249
커리큘럼; 32, 293, 338, 360, 369,
    376~77, 393, 396
케리그마(Kerygma); 247
코이노니아(Koinonia); 247
클럽(Club); 266

(ㅌ)

탈냉전시대; 341
탈속적 평화; 333
탈학교화(deschooling); 21
태도변동이론; 153
터; 271
통일을 위한 교육; 332
통일을 준비하는 교육; 332

(ㅍ)

판단중지(epoche); 54
편견(prejudices); 27
편찬물; 167~68
평화교육; 326~27, 335~36, 338
    ~39, 457
평화의 제물; 333
평화주의(Pacifism); 334
폐쇄 환상(環狀)적 피드백 체계(a
    closed-loop feedback
    system)의 모형; 78
포스트모더니즘; 57, 351~52, 455, 457
포스트모던 사회; 349, 351~52
포스트모던 시대; 57, 398
품위(品位, transtalent); 74
프락시스(praxis); 24
프랑크푸르트학파(Frankfurter
    Schule); 67

(ㅎ)

하나님 나라(God's commonwealth);
    28
하나님 체험; 61
하나님의 은혜; 65, 111
하나님의 지력(知力, understanding);
    50
하나님의 통치; 80
하나님의 형상; 18~19, 51, 144
하위전공 영역; 15, 222~25
하화(下化, descending education); 75
하화계; 75
학교교육; 120, 174, 225, 264,
    384, 425
학교식의 교회학교 교육; 226
학문공동체; 180, 206~207, 209,
    216, 219, 222~23, 225, 242
학문의 바탕; 199
학문의 우생학적 차원; 227
학문적 뿌리; 200
학문적 상호 작용; 241
학문적 전체주의; 205
학습공동체; 25
학습상황; 79
학습조직(learning organization)이론;
    258
한국기독교교육학회; 20, 182, 186,
    207, 218, 290, 382~83, 394,
    453, 460
한국기독교교회협의회(NCCK); 331
한국적 독특성; 239
한국적 문맥; 231
한국적 이론; 239
한세대; 379~81, 387~88, 394
한신대; 379~81, 387, 389

한인교회; 431
한일장신대; 378~79, 387, 400
항존주의(perennialism); 20
해방의 프락시스; 188
해석학; 22, 24, 28, 229
해석학적 원(hermeneutical circle); 26
해체주의(deconstructionism); 27
행동주의(behaviorism); 20
헤겔의 변증법적 인식론; 67
현실의 문맥; 187
환경 속의 인간관; 252
회복의 해석학(hermeneutics of
    recovery); 27
회상(anamnesis); 64
회심; 101, 187, 356
후기 근대성의 시대; 205
후기 비트겐슈타인(Ludwig
    Wittgenstein) 학파; 48
후기실증주의(postpositivism); 66
힘에 의한 질서유지를 통한 평화; 333

20세기 철학; 24
BCM; 250, 253, 258~60, 262,
    264~66, 269, 276~82, 284,
    287
i-세대(internet generation); 265
IDC(International Data
    Corporation); 350
JPIC 운동; 327
n-세대(net generation); 265
the Body of Christ Model; 250

박종석

▌약력

서울신학대학교 기독교교육과(B.A.)
연세대학교 대학원 신학과(Th.M.)
한국 4개 신학대학교(감리교신학대학교, 서울신학대학교, 장로회신학대학교, 한신대학교) 공동
박사학위과정(Ph.D.)

현재
서울신학대학교 기독교교육과 교수
한국복음주의기독교교육학회 회장
한국복음주의신학회, 한국복음주의기독교교육학회 편집위원
한국기독교교육학회 이사

▌주요 저서

『기독교교육의 지형도』
『기독교교육학의 선구자들』
『십대, 말씀으로 바로 세우기』
『기독교교육심리』
『성서교육론』
『기독교교육과 프락시스: 성결교회를 중심으로』
『성결교회교육의 비전과 실천』
『기독교교육학은 무엇인가』
『성서적 신앙공동체 교육』
외 다수

기독교교육의
현실적 정초

초판인쇄 | 2010년 7월 26일
초판발행 | 2010년 7월 26일

지 은 이 | 박종석
펴 낸 이 | 채종준
펴 낸 곳 | 한국학술정보㈜
주 소 | 경기도 파주시 교하읍 문발리 파주출판문화정보산업단지 513-5
전 화 | 031) 908-3181(대표)
팩 스 | 031) 908-3189
홈페이지 | http://ebook.kstudy.com
E-mail | 출판사업부 publish@kstudy.com
등 록 | 제일산-115호(2000. 6. 19)

ISBN   978-89-268-1153-5 93230 (Paper Book)
        978-89-268-1154-2 98230 (e-Book)

내일을여는지식 ■은 시대와 시대의 지식을 이어 갑니다.